ÉLÉMENTS

DE

STATISTIQUE HUMAINE.

Paris. — Impr. de H. CARION père, r. Richer, 20.

ÉLÉMENTS

DE

STATISTIQUE HUMAINE

OU

DÉMOGRAPHIE COMPARÉE

OÙ SONT EXPOSÉS LES PRINCIPES DE LA SCIENCE NOUVELLE, ET CONFRONTÉS, D'APRÈS
LES DOCUMENTS LES PLUS AUTHENTIQUES,
L'ÉTAT, LES MOUVEMENTS GÉNÉRAUX ET LES PROGRÈS DE LA

POPULATION

DANS LES PAYS CIVILISÉS :

PAR

ACHILLE GUILLARD

docteur-ès-sciences.

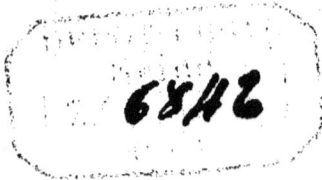

Σοφώτατον μεν εἶναι τον
εὑρόντα τὸν ἀριθμόν. Proclus.

Que l'esprit humain a été sublime
dans la création du NOMBRE

PARIS

GUILLAUMIN ET Cie LIBRAIRES,

Éditeurs du Journal des Économistes, de la Collection des principaux Économistes,
du Dictionnaire de l'Économie politique, etc.

RUE RICHELIEU, 14.

—

1855

Si quelque lecteur scrupuleux s'offense du titre ambitieux infligé à ce modeste livre, l'auteur avoue que ce titre n'est pas à lui. Il demande pardon pour l'avoir souffert par faiblesse, et il dénonce son éditeur pour l'avoir exigé par calcul. Le titre de l'auteur était simplement *Études de Démographie comparée*. Mais, disait le libraire, « qui vous lira? (qui m'achetera, pensait-il?). Qui veut passer pour étu-
» dier? On n'étudie plus, même au collége. A peine lit-on encore: on parcourt les
» journaux quotidiens, les revues de toutes couleurs, qui dévorent le loisir et tuent
» la réflexion. »

Sans approuver cette satire, nous ne pouvions nous empêcher d'y trouver quelque vérité. Mais le public aussi a-t-il bien tort d'accueillir froidement tout ce qu'on lui présente? Il y a si peu de livres qui méritent d'être lus!

Celui-ci, lecteur bienveillant, espère seulement de toi que tu le consulteras, lorsque tu voudras t'occuper des hommes, de leur état encore précaire, de leurs progrès encore contestés, des lois physiologiques qui les régissent, des lois sociales qui les doivent régir, de l'économie des forces humaines qui est de théorie, et de leur dissipation qui est de fait, de la liberté et de la servitude, du travail obligatoire et du repos mérité, du bien-être par hérédité, de la misère par ignorance, de la naissance et de la mort, de l'argent et du sang, de l'agriculture, du commerce, du gouvernement, de l'industrie, et de quelques autres géhennes de tes semblables. Car la Démographie peut, en se personnifiant, revendiquer la touchante devise du vieux poète :

Ἀνὴρ ἐγὼ καὶ πάντα μοι τ' ἀνδρος μέλει (Men.).

Je suis homme, et tout ce qui est de l'homme fait l'objet de mes soins.

<hr/>

Les premiers chapitres de ce traité ont été soumis à l'Académie des sciences morales de l'Institut de France, qui, sur le jugement de son bureau, en a entendu ce qu'elle a pu ou voulu entendre, — dûment expurgé. Le texte que nous donnons est conforme, non point à la lecture publique, mais à ce qu'il était avant la censure amiable. Ainsi, l'académie et son bureau n'ont pas la moindre responsabilité des écarts d'expression ou de pensée que se permet l'auteur.

Nous devons exprimer à cette occasion notre gratitude au secrétaire perpétuel M., qui allége une fonction répugnante par l'urbanité d'un esprit élevé et bienveillant, et qui nous a fait maintes remarques solides et ingénieuses, dont nous avons avidement profité.

Qu'il nous soit permis d'adresser aussi nos remercîments à notre typographe M. L. Guérin : il a dirigé la difficile exécution de ce volume avec le zèle et l'intelligence qui accompagnent en lui une véritable passion pour son art.

SIGNES REPRÉSENTATIFS

des éléments démographiques.

D la moyenne annuelle des Décès.

D' id.   des Décès masculins.

D'' id.   des Décès féminins.

d_0 Décès avant l'âge d'un an. — d_0', d_0'', pour chaque sexe.

d_n Décès à un âge donné.

$d_{n-\infty}$ Décès depuis un âge déterminé jusqu'à la fin de la vie.

H la hauteur moyenne des lieux habités.

M la moyenne annuelle des Mariages.

N id.   des Naissances.

N' id.   des Naissances masculines.

N'' id.   des Naissances féminines.

ND id.   des mort-nés.

ND' id.   des mort-nés mâles.

ND'' id.   des mort-nés féminins.

P la Population moyenne. — p la Population d'un âge donné.

P' hommes, la Population mâle.

P'' femmes, la Population féminine.

P_a la Population agricole.

P_i la Population industrielle.

S Survivants. — S_n id. à un âge donné.

S' Survivants du sexe masculin.

S'' Survivants du sexe féminin.

V le nombre moyen des vivants, — des habitants.

V' Id.   du sexe masculin.

V'' Id.   du sexe féminin.

V_n vivants d'un âge donné.

V'_n id.   id.   du sexe masculin.

V''_n id.   id.   du sexe féminin.

V_m la vie moyenne.

V'_m id. du sexe masculin.

V''_m id. du sexe féminin.

V_p la vie probable. — V'_p, V''_p, pour chaque sexe.

L'emploi de ces signes n'est pas dicté seulement par le

soin de la brièveté et la crainte des fastidieuses répétitions de mots. En rapprochant les termes, les signes simples élucident les rapports qu'obscurcit l'abondance et la trivialité des paroles ; ils concentrent l'attention qui se dissipe sur les phrases délayées. Il ne faut qu'un peu d'efforts pour s'y habituer. Si l'on surmonte, par quelques actes de bonne volonté et de fermeté, cette petite répugnance que cause au premier regard tout appareil de concision scientifique, on en sera promptement récompensé par l'économie du temps et la densité des progrès. Si *l'art de raisonner se réduit à une langue bien faite* (Condillac,— nous ajouterions *et bien parlée*), la langue la mieux faite est celle qui dit le plus de choses avec le moins de lignes et le plus de clarté.

Comme nous citerons fort souvent les deux seuls mais beaux volumes de la *Statistique de France* qui traitent de la Population (et qui ont pour titre *Territoire et P*), nous les désignerons compendieusement par (P. I.) et (P. II.). On sait que le premier a paru en 1837, et le second en juin 1855. *Tantœ molis erat !*

INTRODUCTION.

a. *Motifs.*

De toutes les branches de l'histoire naturelle, la plus importante à connaître est assurément celle qui raconte la vie de l'homme. Elle intéresse au même degré toutes les classes de citoyens. Ceux qui gouvernent les nations, ceux qui administrent les affaires publiques, ne doivent-ils pas connaître à fond tout ce qu'on a découvert des lois sous lesquelles gravite l'humanité? Et ceux qui bon gré mal gré sont toujours gouvernés, ne doivent-ils pas s'inquiéter si on les dirige selon les décrets providentiels, ou à contre-sens de ces décrets?

Cependant, il n'est pas de science dont les principes soient moins popularisés que ceux de la *Statistique humaine.* On les voit journellement méconnaître, violer avec le laisser-aller de l'arbitraire, comme si c'étaient articles de constitution. Les erreurs les plus graves sont accréditées et répétées, soit par les journaux quotidiens, soit par les recueils plus sérieux ou par les lourds volumes. Il n'est pas un économiste, pas un publiciste, qui ne reconnaisse abstractivement l'empire souverain de la *Loi de Population* sur tous les faits sociaux; et il n'est presque pas un écrit d'économie publique ou de politique, qui ne lui porte aveuglément quelque coup.

Un encyclopédiste avance que « les causes de l'accroisse-

ment ou de la diminution du nombre des hommes sont infi-
nies » ; et dans la même page que « le nombre des hommes a
été et sera toujours le même [1] ». Un orateur, qui voit avec
raison dans l'accroissement de Population un symptôme du
progrès de l'humanité, n'en veut pas reconnaître d'autre : il
exalte la barbarie au-dessus de la civilisation, et il attribue
plus de force vitale à la servitude abjecte qu'à la liberté coor-
donnée [2]. D'autres s'épouvantent de cet accroissement : ils assurent que « le problème le plus redoutable est comment l'on
nourrira dans 30 ans les 46 millions d'habitants que la
France aura, et elle les aura ! » s'écrie-t-on bouche gonflée [3].
Un économiste anglais, dès le siècle passé, voyait déjà, *dans
un avenir prochain*, les nations moissonnées par la famine, ou
prêtes à s'entre-dévorer, et pour prévenir cet affreux cataclysme, il s'ingérait plaisamment de donner des conseils à
l'humanité ; il l'exhortait à reproduire moins vite [4], comme
si l'humanité avait des yeux pour lire, des oreilles pour entendre, comme si elle participait à la liberté morale des individus qui la composent, comme si elle ne roulait pas inévitablement sur le rail inflexible où Dieu a jeté le premier
couple ! Ἀριθμὸν ἑαυτὸν κινοῦντα. Πυθ [5]. *Il mondo va da se.*

L. Cador ne se contente pas de conseils : il veut que la
loi arrête de force l'accroissement de la Population, et que le
code pénal châtie l'homme qui se marie avant 30 ans révo-
lus [6]. Il ne sait pas que ce bel article de loi s'extrairait du

[1] Encycl., t. 26. Damilaville, art. P.
[2] De Falloux à l'ass. législ. Séance du 14/7/51. *Monit. univ.*
[3] Cormenin, *Ann. char.* 1847, p. 301.
[4] Malthus, *princ. de P.* l. I, ch. 2 et l. II, ch. 4.
[5] *Un nombre qui se meut par lui-même.* Pyth. *in* Plat. l. IV.
[6] *Subsistances et populations,* 1850.

code religieux des barbares Malais[1]. Par contre, les souverains qui satisfont leur orgueil à augmenter le nombre de leurs sujets, donnent des primes à la procréation[2].

Que de soins superflus on a pris, que de mesures fausses, coûteuses, contradictoires et stériles, on a proposées, prescrites, révoquées et rétablies, faute d'avoir reconnu l'accord parfait et réciproque de la Population et de la production !

Un chef de bureau, qui remarque enfin cet accord, l'attribue au *hasard des événements*[3]. Un académicien érudit aime mieux le nier : il nourrit de sa plume 40 millions d'hommes dans des provinces sans culture, sans industrie ni commerce, sans liberté ni ordre public[4]. Ses confrères, Villermé, Benoiston, Mathieu, n'ont pu lui apprendre que disette, servitude, anarchie, tuent et empêchent de naître.

Dans une *Charte des travailleurs*, (encore une charte !) G. Varennes propose, pour combattre la pauvreté, une *milice agricole* (monstrueux accouplement de mots), qui soit tenue de mettre en valeur, pour compte du gouvernement, les terres incultes de France, moyennant une paie de 1 f. 25 par jour (chère pour un soldat, insuffisante pour un père de famille). Le complément de ce beau projet est de retarder *le mariage des travailleurs manuels*, et, pour les disposer à cette salutaire humiliation, de les envoyer assidûment à confesse.

Ce sage auteur, qui ne lit pas l'hérétique Malthus[5], est

[1] Mandesloe, 1744.
[2] Auguste, Trajan, Louis XIV, Napoléon.
[3] *Élém. de stat.*, p. 558.
[4] *Mém. ac. inscr.*, t. XIV, 2ᵉ p. p. 56.
[5] Malthus a démontré, et l'on verra plus loin, chap. IV et V, que les terres incultes ne font aux pauvres ni tort ni profit. (*Essai*, p. 462, coll. *Guill*.)

aussi avancé en Statistique humaine que les patriciens romains, qui nommaient *prolétaires* les pauvres, parce qu'ils leur voyaient plus d'enfants qu'à eux riches. Mais dans l'antiquité et même jusqu'aux jours de la science nouvelle, on pouvait ignorer que, si le pauvre a hâte de naître, c'est parce qu'il a hâte de mourir. Cette ignorance ne se peut excuser aujourd'hui dans un homme qui écrit sur l'abolition de la misère.

Au reste, si G. Varennes ignore la loi de P et la loi de liberté, il témoigne cependant un sincère amour du Peuple : il faut lui pardonner beaucoup pour cela. Il faut même admirer sa définition de la richesse, qui est une sanglante critique du pédantisme économiste :

« Le peuple le plus riche, dit-il avec une profonde raison, est celui qui a le moins de pauvres » [1].

Dans un article écrit avec la chaleur de cœur d'un bon citoyen, A. Erdan cherche à concilier toutes ces contradictions. Faute de recherches suffisantes, il échoue, et il conclut avec chagrin que la loi de P n'existe pas [2].

Un catholique, qui a son intérêt de foi à nier le progrès, et qui voudrait le faire en toute sûreté de conscience, ne trouve rien de mieux que de nier la science elle-même, de s'inscrire en faux contre ses procédés et sa méthode ; il déclare que la *Vie moyenne* est une chimère, une absurdité, et

---

[1] P. Vinçard critique la charte-Varennes avec cette modération bienveillante qui fait le fond et l'honneur de son caractère ; mais il n'en relève pas les plus grosses erreurs. Il en commet une lui-même, en contestant que l'ouvrier de la ville ne soit tenu à plus de dépenses que celui de la campagne, et n'ait droit par conséquent à un plus fort salaire (*Presse*, 14/12/54).

[2] La *Presse*, oct. 1852.

il espère bien qu'en supprimant le ministère de l'Agriculture et du Commerce, on aura supprimé tous les bureaux de statistique [1]. Le gouvernement lui répond par l'institution des *comités cantonnaux* de statistique et d'hygiène, — acte important que l'on ne peut s'empêcher de louer quoiqu'incomplet, et qui rehausse par une heureuse actualité l'intérêt permanent attaché aux recherches qui nous occupent.

On ne saurait croire avec quelle onction d'honnêtes et chers dévots (pourquoi pas?), qui nous aiment quoique mécréant, nous pressent chaque jour de laisser là cet œuvre du démon, cette damnée statistique, et de retourner à nos herbes,

Innocuas « *stirpes quondam pariente retentas* ». Ov.

Malheureusement pour nos affections, notre conscience nous défend cet *accommodement*. Point de trève aux préjugés. C'est un devoir de faire feu sur l'erreur, dès qu'elle se découvre et partout où l'on peut l'atteindre.

Janne Lafosse, dans un morceau d'ailleurs plein de bonne intention et de détails instructifs, soutient que la Vie moyenne a pour mesure le rapport P/D ; car « il est clair, » dit-il, que lorsque sur 42 personnes de tout sexe et de tout » âge, il en meurt 1 dans l'année, la Vie moyenne de » chacune de ces personnes est de 42 ans [2]. Sur quoi nous demandons qu'est-ce qui empêche que celle de ces 42 personnes qui décède chaque année, ne meure à l'âge de 20 ans, ou à tout autre âge. Un mathématicien propose, sans équation ni formule, de prendre pour cette mesure un moyen terme entre les deux rapports P/N et P/D [3]. Un autre donne

---

[1] *L'Univers*, 26 *janv.* /52. — [2] *La Presse*, 24/10 /52. — [3] *Ctes rendus ac. sc.* XXVI. p. 586; XXVIII, p. 370.

comme immuable le rapport N' : N'' [1]. Un autre démontre par $a+b$ que la mortalité a doublé depuis que la vaccine sauve la moitié des enfants ; il va plus loin : il établit comme *théorème fondamental* que, lorsque les naissances diminuent, c'est que la mortalité des femmes adultes augmente, et il érige un *tableau* (qu'il appelle statistique) *de la révolution du prolétariat causée par la découverte de Jenner* [2].

Celui-ci, enchérissant encore, fait voir que, sur tous les points, la France est en décadence, depuis que la royauté y fait chute sur chute [3] ;

Celui-là prend avec tant de flegme les intérêts de l'humanité, qu'il trouve que c'est bien assez pour la science d'en relever les mouvements une année sur trois [4] ;

Tel découvre que la population de Paris s'est élevée dans « des proportions incroyables, inconnues » (oui vraiment inconnues !) de 1841 à 1846, mais qu'au contraire elle a eu « un arrêt, un abaissement » de 1847 à 1850 [5].

Tel autre enseigne que les subsistances manquent à la population [6] ; tel autre, que la population manque aux subsistances [7].

Malthus est bien plus avisé : il enseigne l'un et l'autre à la fois dans le même livre.

Faut-il le dire ? Les pères de la statistique eux-mêmes,

---

[1] *Ctes rend. ac. sc.* xv, 861, 7/11/42.
[2] *Revue médic.* 15/ 2 /54.
[3] Raudot, *Décadence de la France.*
[4] *Tabellen und amtliche Nachrichten.* Berlin.
[5] *Annu. de stat.* 1854, p. 254.
[6] Tous les malthusiens.
[7] Rusconi, *Prolegomeni. Torino,* 1852. Passy, *J. écon.* 1855, t. xxxiv.

laborieux, estimables, s'égarent trop souvent dans leur voie, et, par inadvertance, se rendent coupables comme le neveu d'Abraham. On dirait qu'ils croient, en touchant à la science la plus sérieuse, ne faire qu'œuvre de littérature : tant ils prennent peu de soin de fixer l'ordre des temps, de se mettre d'accord entr'eux et avec eux-mêmes, d'autoriser leurs chiffres par des citations exactes, d'enchaîner leurs assertions par des raisonnements serrés ou par la vue complexe des faits.

La légèreté en fait de logique ne reste jamais impunie : l'inconséquence mène facilement à l'inconvenance, et l'inconvenance à l'injustice. On entendait hier, au sein d'une académie qui a dans son cadre une section de statistique, un savant, qui a longtemps présidé à la destinée administrative de la science, outrager à la fois la méthode statistique et l'un de ses plus estimables praticiens, sans qu'une voix s'élevât pour demander que cette page grotesque, livide de calomnie et de rancune vivace, fût effacée des *comptes-rendus*. Heureusement, pour l'honneur de la science, cette algarade avait lieu devant une assemblée très-respectable mais sans public, et on la consignait dans un recueil fort digne d'estime mais sans lecteurs [1]. Le huis-clos a parfois du bon. Nous n'aurions pas tiré le rideau, sans l'indiscrétion d'une revue économiste, qui a répété à l'oreille de ses cent lecteurs ce qu'il fallait laisser mourir incognito dans l'ombre épaisse de l'enceinte réservée aux vaines déclamations.

Devant une *société* de *statistique universelle* on avance, sans contradicteur, que le plus grand accroissement de la

[1] T. vi, p. 422, 20/8/53.

Population française dans notre siècle eut lieu de 1802 à 1806 [1].

Voici un annuaire bien précieux aux démographes, écrit par un savant sérieux, respectable, où l'on dit que la Vie moyenne en France est *maintenant* de 36 ans, et un peu plus loin, qu'elle est *actuellement* de 39 ans 7 mois [2]. Tout auprès, on avance négligemment que, pour avoir la Population totale de 20 à 21 ans, il faut doubler le nombre des jeunes gens soumis au recrutement [3], sans se rappeler qu'en France l'égalité des deux sexes n'est pas encore rétablie, et que, notamment à l'âge indiqué, le dernier recensement a constaté un déficit de 0.03 dans P'.

Dans un *Cours complet d'agriculture*, on lit que « le prix des blés diminue en raison des progrès de la culture » [4]; — dans la *France statistique* couronnée par l'Institut : que, depuis le 16e siècle, « la France a vu successivement *diminuer* ses produits en céréales, par l'*augmentation* incessante du domaine arable [5] ».

Partout on calcule sérieusement des périodes de doublement de P, sans songer à tenir compte du ralentissement progressif et normal des mouvements [6]. Puis on s'effraie du fantôme que l'on a créé ; on ferme les yeux de peur de

---

[1] *Journ. soc. fr. stat. univ.* XIV, p. 258.

[2] *Annu. bur. long. pour* 1852, p. 168 ; p. 205, 206, 210.

[3] *Annu. long. pour* /54, p. 239.

[4] Morogues.

[5] P. LXXV. Mais ce n'est probablement qu'une faute d'impression, dans un livre qui résume d'énormes travaux, et dont nous avons trop profité pour n'en pas relever à regret une ligne incorrecte.

[6] *J. des écon.* t. 32, p. 74-77, *et passim.* D'Angeville, *Essai,* append. III.

voir un mal imaginaire, et l'on n'ose plus regarder les maux réels.

C'est par de telles légèretés que l'on a déconsidéré la statistique aux yeux de ceux qui n'ont pas le temps ou ne se donnent pas la peine de vérifier et d'approfondir. On a traité la pauvre science avec un tel sans-façon, qu'on en a fait le scandale des faibles, l'ébahissement des benêts, l'arsenal des sophistes et des intrigants. Quant aux honnêtes gens qui cherchent sincèrement à s'instruire, ils se sont éloignés d'elle, parce qu'ils ont pensé que, semblable à certains budgets fameux, c'est une *embobelineuse*, qui fait dire aux chiffres tout ce qu'elle veut, dans un intérêt tout autre que la vérité. Il faut donc bien avertir les hommes de bonne foi, que la noble science ne sait rien des fredaines de ses enfants perdus, et qu'il y a erreur et injustice à la rendre responsable des faux billets qu'ils font courir sous son nom au grand détriment de son crédit.

Arrêtons ici cette liste d'erreurs, qui est déjà trop longue, et qui bientôt peut-être se rallongera de nos propres erreurs. Car on ne peut marcher dans ces routes scabreuses sans se dire avec crainte,

> . . . Incedo per ignes
> Suppositos cineri doloso. . . .

Si la statistique paraît moins formée que les sciences ses sœurs, est-ce donc qu'elle soit la plus jeune? Au contraire, elle remonte à la plus haute antiquité, à Servius, sixième roi de la vieille Rome[1], au philosophe Confutzée[2], à David,

---

[1] T. Liv. *l.* I, ch. 42. — [2] Chou-King, 2ᵉ *p. trad. de* Gaubil.

**

second roi de Juda [1], au pharaon Amasis [2]. Mais ce qui retarde sa marche, c'est qu'elle ne dépend pas de l'activité individuelle. Il ne faut qu'une lampe au chimiste, un peu de cuivre au physicien, une fleur au botaniste, pour multiplier à l'envi l'un de l'autre leurs expériences fécondes et leurs savantes observations. Les nombres immenses qui sont la matière atomique, les corps simples de la statistique, ne peuvent être amassés par des particuliers. Il faut les attendre des bureaux ministériels, organisations qui, par nature, répugnent au mouvement, et, par défaut de contrôle, reposent dans la routine. Tout ce que peut faire l'adepte de la science, c'est de comparer les nombres que l'on veut bien lui fournir, et de réclamer ceux qui lui manquent. Voilà pourquoi les progrès de la statistique sont lents. Mais ils n'en sont que plus sûrs. C'est aussi ce qui excuse et les savants qui, dans leur passion pour le progrès des sciences, vont plus vite que l'addition, se heurtent et se contredisent, et le public qui, dans sa confiante bonhomie, croit les savants sur parole et ne compte pas après eux.

Pourquoi donc nous sommes-nous permis ces critiques, qui ont un vernis de présomption? Parce qu'un auteur ne doit pas taire le motif qui le pousse à écrire. L'ambition nous a pris de rompre ce mouvement perpétuel d'erreurs pernicieuses, en exposant avec plus de clarté et de logique les quelques articles de la LOI DE POPULATION que l'on peut formuler aujourd'hui : afin que ceux qui voudront bien lire avant de toucher à ces sujets scabreux, s'il leur plaît de s'amuser encore au mirage de leur imagination, sortent au

---

[1] II *Reg.* c. 24. — [2] Herod. II, 77. Diod. I, p. 22.

moins du cercle rebattu, et ouvrent une voie d'erreurs nouvelles... puisque ce n'est guères sans de tels détours, hélas ! qu'il est donné à l'homme d'arriver à la vérité.

Au surplus, nous nous proposons dans ce Prodrome d'une science qui est essentiellement positive, et qui répugne plus que toute autre à l'arbitraire de l'idée et au système préconçu, d'éviter autant que possible les considérations tirées de la logique pure, de supprimer tout ce qui serait une suggestion d'opinion, et de suivre fidèlement la méthode statistique qui veut que l'on s'appuie uniquement sur les moyennes des *grands nombres* publiquement constatés.

b. *Définition, méthode.*

Un usage pédantesque, fort suivi, veut que tout livre qui traite d'une science, en donne d'abord la définition. C'est peu logique. La définition est l'idée générale de l'objet défini. Or, l'idée générale est incompréhensible à qui ne connaît pas les idées particulières d'où elle dérive. Pour comprendre la définition d'une chose, il faut donc connaître cette chose. Définir, c'est résumer. Est-il rationnel de résumer ce que l'on n'a pas détaillé? De plus, comme chacun se fait l'idée d'une science d'après la connaissance qu'il en a acquise, il est rare qu'une définition convienne parfaitement à un autre qu'à son auteur. Le lecteur définira donc la statistique le mieux et le plus utilement possible pour lui, quand il sera à notre dernière page, si tant y a qu'il ait le courage d'y arriver. Alors il sera à même de juger à la fois la science et le livre.

On insiste : et l'on exige de l'auteur qu'il montre au moins du doigt le champ où il va entrer avec le désir d'y être accompagné ou suivi.

Nous regardons la statistique comme une méthode pour juger de l'utilité des nombres, et pour arriver par eux à toute connaissance positive et calculable. Cette méthode a pour premier principe (elle le doit à Pascal), que les nombres sont d'autant plus utiles et plus solidement instructifs, qu'ils sont plus grands.

Si donc on veut absolument une définition, l'auteur, tout en déclarant qu'elle n'est pas à sa place ici, en peut essayer une, parce qu'au jour où il écrit cette page, tout son volume est déjà rédigé.

La STATISTIQUE est, pour lui, dans son acception la plus générale,

la science qui se compose de toutes les observations susceptibles d'être réduites en moyennes exprimées par des nombres [1].

Cette définition ne vaut rien pour personne, si elle ne renferme pas la méthode statistique, puisque la science est une méthode. Or, la méthode statistique consiste à recueillir le plus grand nombre possible d'observations similaires, à prendre la moyenne des nombres qui les expriment, et à traiter par la raison cette moyenne comme un fait révélé. Si donc, au lieu de traiter des moyennes, vous traitez des nombres absolus, quelque grands qu'ils

---

[1] Cette définition se rapproche de celle qu'a donnée le démographe criminaliste Guerry : « Énumération d'éléments variables dont on détermine la moyenne ». Nous ne pensons pas que la Statistique puisse être conçue sans chiffres, ni qu'elle se réduise aujourd'hui à une *énumération d'éléments.*

soient, vous faites de l'arithmétique, vous ne faites pas de statistique. Vous êtes dans une autre science ; ne compro-mettez pas le nom de celle que vous méconnaissez. Si vous composez vos moyennes de nombres arbitrairement choi-sis, ou si vous ne les formez pas de tous les nombres au-thentiques qu'il vous a été donné de recueillir en y em-ployant tous vos efforts, tous vos moyens, toutes vos ressources, vous péchez encore contre la statistique ; vous l'amoindrissez, vous la faussez ; vous êtes coupables de suppression d'état : le bagne du blâme public vous attend dans le présent ou dans l'avenir.

Il y a beaucoup d'exemples, dans l'histoire des sciences, du danger des définitions prématurées ; — prématurées, c'est-à-dire mort-nées : et que de fois les opérateurs ont failli tuer la mère avec l'enfant ! Voici un de ces exem-ples, qui est récent et qui nous touche : l'Auteur qui le fournit est bien respectable, non-seulement par l'énorme poids des volumes qu'il se vante d'avoir fourni seul à l'ad-ministration et au public, mais encore, nous le reconnais-sons avec joie, par le maintien, dû à sa persévérance, d'une institution qu'il a enracinée dans un sol mal préparé, et qui, sous des mains plus habiles, commence à porter de beaux fruits.

On lit à la première ligne d'un joli livre d'*Éléments* :
» La statistique est la science des faits sociaux, exprimés par
» des termes numériques. »

Tu trouves, lecteur, que cette définition est la même que la nôtre ? Laisse donc là les définitions, et occupe-toi de la science : entre *ex abrupto in medias* RES. Tu t'obstines ?

Ne vois-tu pas que cet auteur fait fi des moyennes, ou qu'il en ignore le mérite ? Il s'égarera, n'en doute point ; il manque de boussole. Il donnera pour des faits des assertions sans preuve, car un nombre observé n'est pas une preuve, c'est tout au plus un indice : la moyenne seule prouve quelque chose. Par contre il supprimera les faits les plus essentiels (les relevés mortuaires, les dénombrements par âges), sous prétexte qu'ils ne sont pas encore parfaitement observés, comme si le moyen de perfectionner les observations était de les cacher à tous les yeux. Il colonnera 35 années consécutives sans les distribuer en périodes ; il oubliera les plus simples garanties des rapports ; il en perdra jusqu'à l'arithmétique. Ignorant la Loi qui lie la reproduction des hommes à la durée de leur vie, il ne verra dans la diminution des Naissances qu'un affaiblissement de la fécondité. Il méconnaîtra l'équilibre éternel et providentiel de la Population et des subsistances. Il dérivera, les yeux bandés, sur des déductions impossibles, pour donner contre des prédictions extravagantes : « La France aura, en l'an 1980, 66 millions d'habitants ; » l'Angleterre est menacée d'en avoir 30 millions dès l'an » 1915 (*l. c.* p. 336) ; la Belgique en doit avoir 7 millions en » 1880 » (*ib.* 416) ! Enfin il tombera dans le pathos inhumain que voici : « Les progrès de la prospérité publique atténuent » la multiplication des hommes en imposant des conditions » plus difficiles à leur existence sociale » (*ib.* 336). Et ne pensez pas que ce soit un ignorant : tous nos confrères, les statisticiens des deux mondes, savent que cet Auteur est pétri d'une instruction variée, toute arrosée d'idées libérales dont le parfum s'exhale du livre que nous critiquons avec regret. Mais il a voulu traiter d'une Science dont il reniait la méthode : la Science austère l'a frappé d'un juste arrêt.

Quand vous comprendrez mieux les termes de cette jurisprudence, vous pourrez lire bien d'autres condamnations aussi méritées.

On ne saurait croire combien le progrès, disons mieux, l'institution de la science a été retardée par la facilité avec laquelle beaucoup d'écrivains ont cru s'en faire accepter, s'en rendre maîtres et lui donner à soutenir les assertions les plus opposées et les plus inconsistantes. Ils se sont crus statisticiens, parce qu'ils savaient l'arithmétique. MM. Moreau de Marseille ou autre lieu, H. Carnot, doct. Bayard, rect. Fayet, Diet. Raud. Ju. Gar. Ma. font parfaitement l'addition, et même beaucoup mieux : quelques-uns s'élèvent aux sublimes hauteurs des mathématiques pures ou appliquées. Mais ils ignorent la méthode statistique ; ils ont oublié de s'en informer.

Il arrive si souvent, je ne dis pas aux statisticiens, mais aux personnes qui écrivent sur la statistique, de comparer des années isolées et d'en tirer de stériles déductions, qu'il sera utile de rappeler ici une judicieuse remarque faite par un savant vulgarisateur du calcul des probabilités.

A. Quetelet remarque *(Bull. Comm. centr. IV. 74)* que

$$N - d_{o} = V_{o}$$

n'est pas traduit exactement par les relevés annuels d'état-civil, quand on prend une année isolée, parce que, pour 1846 par exemple, d_{o} ne se compose pas seulement d'enfants nés en 1846, mais aussi d'enfants nés l'année précédente et décédés en 1846 avant d'avoir vécu douze mois. Un recensement fait au dernier jour de 1846 pourra donc donner pour V_0 une quantité tout autre que la différence des naissances de cette année aux décès de 0 - 1 an donnés par les relevés officiels.

Mais, d'un autre côté, il mourra en 1847 des enfants de moins de 1 an nés en 1846.

Si donc N était le même en /45 qu'en /46, et si d_0 était le même en /46 qu'en /47, la compensation se ferait d'une année à l'autre; ce qui manquerait à d_0 par /47 serait fourni par /45; et l'équation ci-dessus serait exactement traduite par les seuls relevés de 1846.

C'est cette compensation que l'on ne peut jamais se promettre d'une année considérée à part, et que l'on obtient en prenant la moyenne de plusieurs années : et on l'obtient d'autant plus complète et plus certaine que le nombre des années *fusionnées* est plus grand.

Le démographe belge montre par là que des nombres bruts et simples non-seulement ne peuvent fournir de déductions généralisables, mais qu'en certains cas, et quoique relevés avec une parfaite exactitude, ils ne donnent pas même le chiffre vrai de l'année sur laquelle ils sont recueillis.

Hélas! le juste peut pécher; le premier des papes a renié Jésus : il faudra donc pardonner au célèbre auteur de la *Physique sociale*, si plus tard nous découvrons qu'une fois dans sa belle vie de savant, il s'est écarté des principes qu'il a si vaillamment établis.

c. *Division.*

La Statistique humaine ou Démographie est-elle une branche de la science qui vient d'être définie ?

Nous soutenons qu'elle en doit être le tronc.

Nous lui donnons un nom nouveau, dans l'espoir que, sous l'influence d'une nouvelle position de la grande question *Quid est veritas?* surgira une science nouvelle. Est-il au monde un nombre, un raisonnement, une idée qui mérite le moindre intérêt, le plus léger regard de l'homme, s'il ne se rapporte à l'avancement de l'espèce, à ses besoins, à l'amélioration de son sort ? La tendance des recherches scientifiques de notre époque est d'abandonner l'idéal fantastique pour demander tout à l'observation des faits, de rehausser toute observation de la matière morte par l'application perpétuelle à la vie, et d'apprécier toutes les conditions de la vie dans l'intérêt exclusif des masses. D'où résulte que, comme la *science des richesses* doit devenir, par le progrès des connaissances, la science du bien-être commun, de même la science appliquée des grands nombres doit se transformer, par une meilleure direction des études, en la science de toutes les moyennes numériques qui intéressent l'humanité. La Démographie est donc le réservoir commun où doivent confluer tous les courants de la statistique.

N'est-ce pas pour l'homme, pour son progrès, pour son élévation, pour son bien-être, que l'on recueille tous les faits de l'agriculture et des arts, du commerce, de l'administration, de la médecine descriptive et curative, et de toutes les autres sortes ? La Statistique agricole, l'industrielle, la commerciale, la financière, l'administrative, la judiciaire, la médicale et quelqu'autre que ce soit, ne dessinent donc que les rameaux de cet arbre immense de l'humanité, qui doit couvrir la terre entière de son feuillage toujours vert, et faire contribuer à son développement tout ce qu'elle porte et enserre. C'est la Statistique humaine ou Démographie qui peut seule le portraire dans son ensemble.

Faut-il vous définir aussi la Démographie? C'est, dans son sens le plus étendu, l'histoire naturelle et sociale de l'espèce humaine. Dans le sens restreint où nous devons la prendre ici, c'est la connaissance mathématique des populations, de leurs mouvements généraux, de leur état physique, civil, intellectuel et moral.

Son domaine, circonscrit de la sorte, est encore très-vaste. Il embrasse la succession des générations, la durée de la vie, les rapports de l'homme à la nature et ceux de l'homme à l'homme, en un mot, tous les genres d'études qui ont trait directement à l'espèce, à ses besoins, à ses souffrances et à son bien-être.

La Démographie décrit les masses au moyen des nombres, et selon les lieux qu'elles couvrent. On pourrait l'appeler la géographie mathématique du genre humain. Pour elle, il n'y a pas d'empire britannique, autrichien ou ottoman : elle n'entend rien aux divisions politiques du Globe. Elle voudrait ne s'en occuper point, et ne connaître que les divisoins naturelles : elle appelle ainsi toute région occupée par une race. Les subdivisions sont à déterminer par les circonstances homogènes du sol, du climat, des eaux, de l'atmosphère.

Pour le démographe les divisions naturelles du globe habité sont de grandes urnes d'expériences. Le mouvement de la Population y jette et en tire incessamment les individus qui se succèdent; et les registres de ce mouvement révèlent les Lois auxquelles il obéit.

Cette science ne vise pas à l'éclat : son modeste lot est l'utile. Elle est satisfaite de fournir le piédestal solide sur lequel se posera le groupe des sciences économiques et sociales.

C'est une science de faits, et qui répugne aux raisonnements abstraits. Elle est jeune, et n'a pas encore de théorie : peut-être est-il à souhaiter qu'elle n'en soit jamais affublée. Elle a ses principes propres, comme toute science née d'observations positives, principes qui s'appuient exclusivement sur la *Loi des grands nombres* ou calcul des probabilités.

Elle est fort négligée en France. Elle n'a pas parmi les sciences, ses sœurs aînées, la place que sa valeur mérite. Nous avons tant de peine à tourner nos regards sur nous-mêmes ! Sur douze grands et beaux volumes que la Statistique nationale a produits, un seul, un à peine, est consacré à la race ; et, dans ce volume unique, quelques-unes des pages les plus essentielles sont restées vides. On nous apprend ailleurs, en fort grands détails, combien nous abattons chaque année de bœufs, de vaches, de veaux, de moutons et de porcs, en quoi l'on a grandement raison : mais on néglige de nous dire combien nous perdons d'enfants, combien d'adultes et de vieillards ; en quoi l'on nous fait grand tort.

Le ministère de l'Intérieur, celui de l'Agriculture et du Commerce, avec des bureaux bien montés, sous les chefs la-

borieux et habiles qui les dirigent, pourront combler ces
lacunes regrettables. Déjà, depuis près d'un an, l'on annonce un second volume de *Population*. Les démographes
y trouveront avec reconnaissance les recensements méthodiques et détaillés, les tables de vie et de mort, que le premier leur a refusés. C'est ainsi que l'administration, fournissant à la science de nouveaux aliments, acquittera le prix
des lumières qu'infatigablement la science verse à l'administration [1].

Notre nation pourrait-elle aujourd'hui céder le pas à
aucune autre dans la culture de la branche la plus importante des connaissances? Si elle ne peut se flatter d'avoir
devancé tous les Peuples dans la carrière scientifique, elle a
au moins un légitime orgueil : c'est de leur avoir donné le
précepte et l'exemple de rajeunir les bases du vieil édifice
social, et de fouir profondément le sol sur lequel il s'élève.
C'est elle qui a réussi la première à appliquer les sciences à
son perfectionnement effectif. La France est la mère-patrie
de l'égalité. Elle est, aux yeux de tous les peuples, le symbole de la liberté et du progrès continu. C'est chez elle d'a-
bord que le tiers-état, *qui n'était rien*, est devenu tout.
C'est elle qui a chassé par trois fois, et enfin pour jamais, les
rois, représentants légitimes ou bâtards de l'ancienne superstition et de l'ancienne servitude. Ailleurs, on peut régner encore de par Dieu seul : chez Elle on ne peut plus
commander qu'au nom du Peuple et par la volonté souve-

---

[1] Ce volume vient de paraître. Il remplit quelque lacune et fait espérer pour
les autres. En ce qu'il contient et comparativement au premier, il témoigne autant
des progrès de la science que de ceux de la Population française.

raine du Peuple[1]. Sur sa constitution, toute imparfaite qu'elle soit encore, aucune main ne pourrait effacer l'empreinte de cette révolution fondamentale. Les faits matériels peuvent sembler rétrograder pendant quelques instants, trop longs à notre impatience, trop courts pour le mûr enfantement des doctrines. Mais le progrès de l'humanité profite de toutes les fluctuations et de toutes les crises. C'est la France qui en porte le flambeau : et quand sa main puissante le secoue sur les nations, les nations sortent de l'antique abîme de la conquête, et paraissent au jour avec une volonté, une foi épurée et un espoir de l'avenir.

Leur premier soin doit être de se connaître elles-mêmes, de se palper, de constater ce qu'elles sont et ce qu'elles ont, pour juger et faire juger de ce qu'elles peuvent. C'est à la fois le premier fruit de leur émancipation et la première condition de leur nouvelle vie. C'est le résultat que promet la Démographie. Il est encore bien éloigné pour la plupart d'entre elles. Le soin de recueillir des chiffres authentiques et complets est tout récent. Il faudra des efforts persévérants et bien des années de cette heureuse paix que nous conquérons en ce siècle sur l'anarchie et le despotisme du passé, pour voir s'élever l'édifice de la jeune science qui est appelée à révéler l'homme social, et qui est chargée d'enregistrer les observations à l'aide desquelles on pourra un jour tracer dans l'infini l'orbite de l'humanité.

Si la Démographie est en principe l'histoire naturelle de

---

[1] « Le Peuple français, **par sa souveraine volonté,** a ressuscité bien des « choses que l'on croyait mortes à jamais ». (*Monit.* 10/1/55.)

la société humaine, elle est en résultat l'histoire de ses progrès. Comme objet de recherches, elle est synonyme de la *Loi de Population*. Or, la Loi de Population, dans le sens le plus étendu, signifie la loi ou l'ensemble des lois sous lesquelles l'humanité accomplit son progrès, en quantité d'abord, puis en instruction, en moralité, en vigueur, en bien-être. Ce sont ces lois que nous nous proposons de rechercher. Notre ambition est seulement de tracer le cadre de ce travail, sachant bien que nous sommes hors d'état de le remplir, par des causes qui tiennent et à l'imperfection actuelle des documents et à notre propre insuffisance.

Pascal a avancé que l'humanité se développe comme un homme. Pour suivre cette comparaison, on pourra dire que le développement en quantité répond à l'enfance et à l'adolescence, le développement intellectuel et moral à la jeunesse, le développement en vigueur et bien-être à la virilité. Nous allons interroger les registres des nations : un petit nombre peut-être répondra à l'appel. Nous entendrons au moins les Peuples les plus civilisés accuser *leur âge* respectif et en fournir les preuves : ils serviront de leçon aux arriérés, pour que ceux-ci apprennent à améliorer leur régime, et ne se traînent pas éternellement dans une enfance abortive et souffreteuse.

––––––––––

Nous ne refaisons pas ici les essais d'histoire de la Statistique, que l'on peut trouver dans plusieurs auteurs connus. Il y a eu, dès la plus haute antiquité et chez divers peuples, des tentatives de *recensement*, dans le seul intérêt des possesseurs des nations. Beaucoup plus tard on a songé à relever les *mouvements* de Population. Chez les modernes, la Suède a d'abord donné l'exemple, l'Allemagne ensuite. Mais il y a loin de ces essais partiels et incohérents à la constitution d'une science, c'est-à-dire, d'un ensemble de faits coordonnés, renfermant et révélant les lois générales qui les déterminent. La Statistique ne pouvait donc être fondée comme science que par la comparaison des travaux faits dans les diverses stations de l'humanité. Or, cette comparaison demeurait imparfaite et souvent impossible par le défaut d'uniformité dans le plan des travaux. L'éminente *Commission centrale* de la statistique belge, que préside le célèbre astronome A. Quetelet, a senti ce besoin fondamental de la science. Elle a arrêté le plan d'un *Congrès international*, devant réunir périodiquement les statisticiens, et les mettre à même, par ce rapprochement, de se communiquer leurs vues, « de donner à leurs travaux une impulsion commune » et d'adopter, pour les opérations, des bases uniformes qui permettent de compa-» rer les observations et les résultats » (*Bull.* V. 106*). A la différence de tant de plans utiles qui sont conçus et qui ne viennent pas à terme, la Commission belge a exécuté le sien. Bruxelles a vu la 1re session du congrès international, en septembre 1853 ; Paris doit voir la deuxième au même mois de cette année 1855, c'est-à-dire, dans quelques jours, selon des avis qui ont un cachet officiel, bien qu'ils n'aient pas encore reçu la publicité qui les doit caractériser.

Ainsi s'ouvre, dans la nouvelle destinée de la science, un avenir gros d'espoir et de progrès. Nous n'exagérons pas en disant que cette fondation sera l'un des beaux titres de gloire de la Belgique, — de ce Peuple qui a prouvé qu'il ne le cède à aucune grande nation pour l'amour de l'indépendance, des lumières et du travail.

La Commission fondatrice prépara pour la 1re session du congrès un programme comprenant 11 questions seulement ; et elle les classa en 3 sections, dont « la 1re embrassait l'organisation de la statistique, le recensement de la Population, le territoire et le cadastre, les émigrations ; — la 2e, l'agriculture, l'industrie et le commerce ; — la 3e, le budget économique des classes laborieuses, l'indigence, l'instruction et l'éducation, la criminalité et la répression.

Ce classement servit de cadre à la constitution du congrès.

La 1re question (organisation de la statistique, adoption de BASES UNIFORMES, dans tous les pays, pour les OPÉRATIONS et pour les PUBLICATIONS officielles) indiquait d'une manière lumineuse le but essentiel de la réunion internationale. Elle comprenait les 10 autres questions, qui n'étaient évidemment que des développements partiels de la première.

On nous pardonnera de dire que cette corrélation, que cette dépendance des questions de détails envers la question fondamentale, n'a pas été assez sentie ; et que, si les discussions tant des sections que des assemblées générales, tout en gardant les objets qui les spécialisaient, eussent été dirigées vers ce point centralisateur, les décisions du congrès eussent gagné en précision et en puissance.

Une Commission française a élaboré aussi un programme pour la seconde session. Nous ne l'avons pas encore à cette heure ; mais on apprend qu'il n'aura pas moins de 130 pages in-4°, et que l'on y proposera de former le congrès en 4 sections, dont la 1re s'occuperait de certains détails intéressants de Démographie partielle, tels que causes de décès, aliénation mentale, accidents, épidémies ; — La 2e, de l'industrie (comprenant l'agriculture, les transports et le commerce); — la 3e, de la justice civile et répressive ; — la 4e, des institutions de prévoyance et des questions relatives aux grandes villes.

Si le programme n'est pas explicite sur le but de la seconde session, c'est sans doute parce qu'il regarde comme but permanent celui qui a été posé et accepté pour la première : amener les publications officielles à l'unité de principes et de plan et de forme.

Les statisticiens, tant fonctionnaires qu'amateurs, n'ont pas besoin qu'on leur fasse des homélies sur l'importance et l'intérêt des questions statistiques ; ils en sont pénétrés ; et chacun s'attache naturellement à la branche que lui départ son devoir ou son goût. Mais ils ont besoin que les documents de même nature soient de même forme et de même mesure, qu'ils soient jetés au même moule ou taillés sur le même patron, sans quoi il est impossible de les ajuster.

On nous permettra de dire que, si le besoin de cette uniformité (sans laquelle la science restera toujours incertaine et niable) ne préoccupe pas les sections, s'il n'est pas le phare qui éclaire toutes les discussions générales et partielles, il y a danger que la session ne manque son but, et qu'une assemblée de savants voulant sérieusement se communiquer leurs points de vue et en concilier les divergences, ne tourne malgré eux aux oiseuses parades d'un cercle littéraire.

Si l'on conserve le but primitif de la création du congrès, but qui est loin d'être atteint, on croit qu'il devra s'ouvrir, cette fois comme l'autre, par l'appel et la communication réciproque des faits accomplis, des institutions complétées, des opérations réformées, des documents publiés, dans les divers pays. En effet, il paraît naturel que des statisticiens, réunis pour assurer le progrès général de la science à laquelle ils sont voués, commencent par en faire la statistique pour eux-mêmes.

20 août /55.

ÉLÉMENTS

DE

STATISTIQUE HUMAINE

OU

DÉMOGRAPHIE COMPARÉE.

—◦◦◦◦◦◦—

LIVRE I.

DÉVELOPPEMENT NUMÉRIQUE DE L'ESPÈCE HUMAINE.

—◦◦◦◦—

CHAPITRE PREMIER.

DISTRIBUTION DES FAMILLES SUR LE GLOBE TERRESTRE.

Observons d'abord comment l'Espèce se distribue et s'étend sur le globe qui lui est échu en part de la création.

En recherchant ces chiffres dans les publications officielles et chez les auteurs les plus estimés, nous avons heurté contre bien des contradictions, bien des incertitudes. Il y a tant de peuples qui s'ignorent eux-mêmes ! si peu de gouvernements qui accomplissent leur mission d'ordre et de publicité !

PAYS.	ARÉA kilom. carrés	HABITANTS.	Époques	Densité [1]	AUTORITÉS.
GLOBE TERRESTRE....	513 707 000				
— Mers..........	380 212 000				
— Terres..........	133 495 000	817 000 000		6	
ANCIEN Continent et îles	84 000 000	747 000 000		9	
NOUVEAU »(Amériques)	[2] 39 265 000	50 000 000	1850	1.50	Guibert, *Dict. Stat.*
OCÉANIE..........	10 250 000	20 000 000	»	2	
EUROPE	10 000 000	267 000 000	»	27	Reden.
ASIE.............	46 000 000	400 000 000		9	
AFRIQUE..........	28 000 000	80 000 000		3	

Les terres habitables n'occupent guère qu'un quart de la surface du globe.

De ces terres, un peu plus des 3/5 forment l'ancien continent.

L'ancien continent est 7 fois plus peuplé que le nouveau ; l'Europe l'est 3 fois plus que l'Asie ; l'Asie, 3 fois plus que l'Afrique.

On pressent déjà que le développement des peuples marche de pair avec leur civilisation et leur liberté.

Mettant à part les circonstances spéciales, on observe qu'en général les régions tempérées peuplent plus que les glaciales et les torrides ; les pays de plaines plus que ceux de montagnes ; les îles plus que les continents, et les pays riverains plus que ceux éloignés des eaux.

L'Asie a toujours été regardée comme le berceau du genre humain. Les peuples qui l'habitent sont restés dans les langes : atrophiés par les superstitions et par l'esclavage, ils n'ont pu sortir de l'ignorance originelle ; et l'on étudierait sur eux, encore aujourd'hui, l'enfance de l'humanité. De vigoureux rejetons se sont portés vers l'ouest ; ils y ont opéré leur développement à travers bien des siècles et bien

[1] Population par kilom. carré.
[2] Dont 2 800 000 pour les îles.

des expériences dures et meurtrières. Ce sont eux qui fournissent les données au moyen desquelles on peut constater les progrès sociaux et tracer les linéaments de la science démographique.

TABLEAU

DE LA DISTRIBUTION GÉNÉRALE DES NATIONS.

PAYS.	ARÉA kilom. carrés	HABITANTS.	Époques	Densité	AUTORITÉS.
FRANCE.............	550 400	35 941 919	1851	68	*Recens. rectifié.*
ILES BRITANNIQUES....	313 156	27 435 325	1851	88	*Census.*
— Angleterre.......	151 500	16 921 888	»	129	»
— Galles..........	19 350	1 005 721	»	52	»
— Écosse.........	80 700	2 888 742	»	36	»
— Irlande.........	82 773	6 515 794	»	79	Heuschl. *Rev. brit.*
— V. *Hindoustan*....					
Hollande [1]	50 459	2 874 552	1850	94	Guib. *Rec. off.*
Belgique...........	29 456	4 431 348	1851	151	Heuschl. Quet.
Danemark.......... [2]	47 000	1 778 000	1850	38	Guib.
— Islande.........		50 151	1826		D'Ivernois.
Suède.............	441 211	3 399 341	1849	7. 70	M.-Brun. *Rec. off.*
Norvége...........	315 800	1 328 471	1845	4. 24	» »
RUSSIE (empire de)....	22 000 000	67 000 000	1850	3	Guib. Tegoborski.
— d'Europe........	5 450 000	55 035 000	»	11	Tegob. I, 2e édit.
— Finlande........	378 000	1 524 000	1849	37	Guib. Tegob.
— Pologne (roy. de)..	126 000	4 852 000	1850	38	» »
— V.*Sibérie, Amér.russe*					
Pologne non-démemb..	810 000	21 683 869	1822		*R. Brit.* 1830, t. 29.
Krakovie (rép.).....	1 261	145 787	1843		Guib.
PRUSSE (puissance)....	282 697	16 935 420	1852	60	
— (Grande) (conf. g.)	138 000	7 654 247	1843		Guib.
— (orient.) (h. de conf.)	94 000	3 696 567	»		»
— Westphalie, pr. Rh.	47 000	4 100 951	»	87	»

[1] Non compris Limbourg et Luxembourg.
[2] Non compris Holstein et Lauenburg.

PAYS.	ARÉA kilom. carrés	HABITANTS.	Époques	Densité	AUTORITÉS.
AUTRICHE (empire d'). .	666 620	36 514 466	1851	55	*Stat. off.* Hain.
— Autriche (h. et b.). .	31 760	2 244 365	»	71	Hain *Handb.*[1].
— Salzburg.	7 170	146 007	»	20	»
— Styrie (conf. germ.).	22 418	1 006 971	»	45	»
— Karnten (conf. g.). .	10 350	319 224	»	31	»
— Krain (conf. g.). . . .	10 004	463 956	»	46	»
— Bohême (conf. g.).	52 000	4 409 900	»	85	»
— Moravie (conf. g.). .	22 200	1 799 838	»	81	»
— Silésie.	5 170	438 586	»	85	»
— Galicie, Lodomérie.	78 000	4 555 477	»	58	»
— Bukowine	10 400	380 826	»	36.50	»
— Tirol et Vorarlb. (c.g.)	28 700	859 706	»	30	»
— Hongrie.	179 500	7 864 262	»	44	»
— Voïvodie serbe. . . .	30 000	1 426 221	»	47	»
— Croatie et Slavonie.	18 300	868 456	»	47	»
— Transylvanie.	60 650	2 073 737	»	34	»
— Dalmatie.	12 925	397 051	»	31	»
— Confins militaires. .	33 600	1 009 109	»	30	»
— *Lombardo-Vénétie, Litt. illyrien, v. Italie.*					
CONFÉDÉRAT. german.	[2]630 080	37 526 248		60	*Alm. Goth.* 1852.
— Saxe royale.	15 000	1 894 431	1849	125	*Stat. Mitth.*
— S.-Weimar.	3 685	261 370	1851	71	Guibert.
— S.-Altenburg	1 347	128 819	1847	95	»
— S.-Cobourg	2 070	149 755	1849	72	»
— S.-Meiningen	2 520	163 523	»	65	»
— Hanovre.	38 500	1 758 847	1848	46	M.-Brun. *Rec. off.*
— Bavière.	77 900	4 559 452	1852	58.50	Guib. *Allg. Zeit.*
— Wurtemberg.	19 538	1 733 203	»	89	*Ann.* Guillaumin.
— Luxembourg (gr.d.)	2 580	186 485	1849	72	Block, *Charges.*
— Limbourg.	2 200	206 600	1850	94	»
— Bade (gr. duché). .	15 275	1 356 943	1852	89	Block. *Ann.* Guilln.
— Hesse-Cassel	11 825	759 630	1849	64	Guibert.
— Hesse-Darmstadt. .	8 405	852 524	»	101	Block. Heuschlmg.
— Hesse-Hombourg. .	275	24 205	1846	88	Heuschling. *Alm.G.*

[1] Ne comprend dans les provinces que la Population civile.
[2] Compris Autriche et Prusse.

PAYS.	ARÉA kilom. carrés	HABITANTS.	Époques	Densité	AUTORITÉS.
— Mecklemb.-Schwer.	12 974	556 724	1450	41	*Recens.*
— M. — Strelitz....	2 000	96 292	1848	48	*Alm. Goth.* 35.
— Holstein, Lauenburg	9 645	525 850	1845	55	Guibert.
— Nassau.........	4 646	414 863	1850	90	Guib. *Alm. Goth.*
— Brunswik........	3 850	270 090	1846	70	» »
— Oldenburg.......	6 267	278 030	1850	44	Hain *Handb.*
— Hambourg........	385	188 054	1846		*Alm. Goth.*
— Lippe-Detmold ...	1 150	108 236	»		Guib. *Alm. Goth.*
— Schauenburg.....	550	28 837	»	52	*Alm. Goth.*
— Reuss-Greiz (aînée)	386	33 803	»	88	Guib. *Alm Goth.*
— R.—Schleitz (cad.)	1 160	74 883	»	65	» »
— Brême..........	275	72 820	1842		» »
— Schwarz.-Sonderh.	855	60 002	1849	70	» »
— Schwarz.-Rudolsta.	860	69 650		81	» »
— Francfort-sur-Mein.	248	70 244	1849		» »
— Anhalt-Dessau....	908	63 700	»	70	» »
— Anh. — Bernburg.	770	49 356	1847	57	» »
— Anh. — Kœthen..	850	42 100	1846	50	» »
— Waldeck........	1 100	58 219	1849	53	» »
— Lubek..........	335	47 197	1845		» »
— Liechtenstein.....	135				» »
SUISSE	40 300	2 394 917	1850	60	2ᵉ *recens. gén.*
ITALIE...........	316 445	25 000 000		80	
— Littoral Illyrien ¹.	7 960	508 016	1857	64	
— Lombardie......	22 165	2 725 740	»	123	Hain. »
Vénétie........ .	24 695	2 281 732	»	93	»
— Etats-Sardes......	76 199	4 916 087	1848	64	*Inform. stat.*
— id. Terre-ferme...	51 500	4 368 972	»		»
— id. Piémont, Montf.	33 000				
— id. Gênes	3 260				
— id. Nice.........	4 191				
— id. Savoie.......	11 054	583 812	1848	51	»
— id. I. Sardaigne...	24 698	547 112	»	22	»
— Monaco.........	50	7 200	1857	240	Orlandini.
— Modène........	6 035	586 458	1850	97	Block. *Alm. Goth.*

¹ Comtés de Gorice et Gradisca, Istrie et Trieste.

PAYS.	ARÉA kilom. carrés	HABITANTS.	Époques	Densité	AUTORITÉS.
— Toscane.........	52 308	1 761 140	1851	55	Zuccagni. Block.
— Lucques.........	1 100	173 205	»	158	Block. *Alm. Goth.*
— Parme.........	6 200	494 737	1850	80	»
— Etat-Romain.....	44 745	3 016 771	»	65	*Annali stat.*
— S. Marin, (rép.)..	54	7 800	1836	145	Guib.
— Naples (continent).	85 700	6 640 679	1851	78	Guib. *Alm. Goth.*
— Sicile..........	27 400	2 040 610	1845	75	*Risult. Alm. Goth.*
ESPAGNE..........	488 098	14 216 219	1849	29	Block.
— I. Baléares.......	....	200 000			
ANDORRE (rép. d')....	495	18 000		37	Guib.
PORTUGAL (continent)..	91 285	3 471 000	1850	38	Guib. *Ann.* Guilln.
— 9 Iles Açores.....	3 825	343 000	»	90	
TURQUIE d'Europe [1]...	694 000	15 500 000	»	22	Schaetzung.
— Serbie.........	38 300	1 000 000	1844	26	Guib. Ubicini.
— Valachie........	71 500	2 600 000	»	36	» »
— Moldavie........	51 550	1 400 000	»	45	» »
GRÈCE	47 615	998 266	1851	21	*Ann.* Guill.
— I. Ioniennes (rép.).	2 850	219 797	1844	77	Block. *Alm. Goth.*
ASIE............	46 000 000	400 000 000		9	Guib.
— Turquie d'Asie....	....	16 050 000	1844		
— I. Chypre........	21 564	84 000	1822	4.50	Malte-Brun.
ARABIE...........	2 850 000	13 000 000		4.50	Guib.
Iran (Perse)........	1 100 000	11 000 000		10	»
TARTARIE indép......					
SIBÉRIE	15 644 695	5 585 000	1846	0.35	Guib.
JAPON............	700 000	40 600 000		58	*Alm. Goth.* 1828.
Licou-Kieou........		500 000			Guib.
Formose...........	40 000	2 000 000		50	»
CHINE (emp. de).....	13 960 000	360 000 000	1813	26	»
— Propre.........	3 375 000	200 000 000	»	60	Pauthier.
— Corée..........					
— Boutan.........	167 000	1 500 000		9	Guib.
Hindoustan (anglais)...	1 533 469	83 473 417	1820	63	Hamilton.
Pays vassaux........	1 467 986	41 278 092		28	Guib.

[1] Non compris Serbie, Valachie, Moldavie.

PAYS.	AREA kilom. carrés	HABITANTS.	Époques	Densité	AUTORITÉS.
Syndhyah (indép.)....	1 520 000	1 000 000		0.75	Guib.
Neypâl (id.).........	2 900 000	2 000 000		0.69	»
Lahore.............	3 300 000	4 000 000		1.20	»
Kaboul.............					
I. Ceylan..........	65 338	1 241 825	1835	20	»
BIRMAN (empire).....	520 000	4 000 000		7.70	»
Siam...............	495 000	2 800 000		5.65	»
Cochinchine........	534 000	7 500 000		14	»
AFRIQUE..........	28 000 000	80 000 000			
MAROK (empire de)...	753 000	8 500 000		11	Guib.
ALGÉRIE (Fr.).......		2 000 000			»
Tunis.............	190 000	3 000 000		16	»
Tripoli.............	160 000	200 000		1.25	»
Sahara.............	1 000 000				»
Abyssinie..........		4 000 000			»
— Tigré..........					»
— Gondar.........		50 000			»
— Ankober........					»
NUBIE (Egyp.)......	800 000	400 000		0.5	»
Sennaar (id.)........	297 000	1 500 000		5	»
EGYPTE............	500 000	2 000 000	1844	4	Alm. Goth. 1852.
— Rég. du Nil et delta.	41 250				Guib.
Sénégambie........					
Soudan (Takr. Nigritie)		20 000 000			Alm. Goth. 1825.
Fellatahs...........					
Bornou............	310 000				
Guinée du Nord.....	310 000				
— Achanti.........	200 000	3 000 000		15	Guib.
— du Sud (Congo)...					
Cimbébasie (Hotten)..					
Cafrerie...........					
Monomotapa........					
Zanguebar.........					
Madagascar........	609 400	4 700 600		7.60	Guib.
I. Bourbon (Réunion).		105 552	1847		Tabl. offic.
I. Meurice (Angl.)...		179 520	1845		Ann. éc. pol.

PAYS.	AREA kilom. carrés	HABITANTS.	Époques	Densité	AUTORITÉS.
I. Canaries (Esp.)....	8 336	257 719	1849	51	*Alm. Goth.* 1853.
I. du Cap-Vert (Port.)	37 700	80 000		2.13	»
Ceuta (Esp.)	....	3 002	1797		*Ann. b. long.*
AMÉRIQUE du Nord.	18 810 000				
— Russe...........	960 000	60 000	1850	0.06	Tegoborski.
— Groenland	10 230	9 400	»	1	*Alm. Goth.* 1852.
— Nlle Bretagne.....	....				
— I. Terre-Neuve...↘	148 200	70 957	1836	0.50	Guib.
— Haut-Canada.....	¹565 500	336 461	1834	1	»
— Bas-Canada.....	650 000	691 183	1844	1	
— N. Brunswik	71 809	119 557	»	1.65	Guib.
— Nlle Ecosse.......	50 612	155 000	1838	5	»
— I. Cap-Breton....	8 096	35 000	1850	4	»
— I. Pr.-Edward....	5 632	33 000		6	»
— Bermudes.......	4 457	8 455	1837	2	»
ETATS-UNIS	8 430 824	25 267 498	1851	3	*Alm. d'État* Wash.
— Maine..........	84 334	583 018	1850	7	»
— N. Hampshire	24 500	317 999	»	13	»
— Vermont........	26 400	314 322	»	12	»
— Massachussets ...	19 400	994 665	»	51	»
— Rhode-Island.....	3 457	147 543	»	43	»
— Connecticut......	12 291	371 947	»	30	»
— New-York	119 250	3 098 818	»	26	»
— N.-Jersey........	21 500	489 381	»	23	»
— Pensylvanie......	113 800	2 314 897	»	20	»
— Delaware	5 487	90 407	»	16	»
— Maryland	35 800	575 150	»	16	»
— Virginie	165 600	1 424 863	»	9	»
— Caroline du N....	126 200	868 870	»	7	»
— — du Sud. .	72 866	668 247	»	9	»
— Georgie	160 200	888 726	»	6	»
— Alabama	131 300	779 001	»	6	»
— Mississipi........	121 800	605 488	»	5	»
— Louisiane.......	120 000	523 094	»	4	»
— Tennessée	117 000	1 006 213	»	9	»

¹ Dont seulement 85 mille colonisés.

PAYS.	ARÉA kilom. carrés	HABITANTS.	Époques	Densité	AUTORITÉS.
— Kentucky........	104 700	993 344	1850	9.50	*Alm. d'Etat* Wash.
— Ohio..........	103 300	1 981 940	»	19	»
— Indiana........	87 500	990 258	»	11	»
— Illinois........	145 600	855 384	»	3	»
— Missouri.......	174 500	682 907	»	4	»
— Michigan	145 500	402 041	»	3	»
— Arkansas.......	135 000	198 796	»	1.40	Guib.
— Floride.........	139 000	89 459	»	6.50	»
— Visconsin......	139 400	305 538	»	2	»
— Jowa..........	151 700	192 247	»	1.50	»
— Texas.........	576 234	230 000	»	0.40	»
— Nlle Californie....	488 000	214 000	»	0.44	»
— District fédéral(Col.)	200	51 670	»		»
— Territ. d'Orégon...	883 000	13 323	»	0.015	»
— — Utha.....	486 000	20 000	»	0.04	»
— — Minesota..	214 400	6 077	»	0.03	»
— — N.-Mexiq.	545 000	61 575	»	0.11	»
— MEXIQUE	2 420 000	6 744 140	1841	3	*Inst. estat.*
— La Sonora......	378 000	121 400		0.32	Humboldt.
— Californie.......	98 000	15 000		0.15	Guib.
— Yucatan........	138 000	580 948	1836	4.20	»
— Etats-un. de l'Am. c.	709 300	1 325 174		2	*Alm. Goth.* 1853.
— — Guatemala	214 000	502 000		2.35	»
— — S. Salvador....	31 700	288 000		9	»
— — Honduras	202 000	200 000		1	»
— — Nicaragua.....	164 000	235 000		1.45	»
— — Costa-Rica	97 600	100 174		1	»
— I. Haïti (S.-Dom.)	76 405	943 000		12.50	Guib.
— I. Cuba (Esp.)...	123 964	945 000	1850	8	V. Queipo.
— I. Porto-Ricco(E.)	10 000	357 086	1836	36	Guib.
— I. Jamaïq. (Angl.)	16 250	380 000	1840	23	»
— I. Guadeloupe (F.)	1 643	129 659	1847	80	*Tabl. off.*
— I. Martinique (F.)	988	121 291	1847	123	»
AMÉRIQUE DU SUD....					
— Nlle Grenade.....	1 000 000	2 138 000	1850	2.14	*Ann.* Guilln. 1853.
— Equateur (Rép.)...	844 000	600 000		0.7	Guib.

PAYS.	ARÉA kilom. carrés	HABITANTS.	Époques	Densité	AUTORITÉS.
— Venezuela	1 080 000	1 356 000	1851	1.26	*Alm. Got.* 1852-3.
— Guyane française..	320 000	20 629	1841	0.06	Guib.
— — hollandaise...	155 000	64 270	1849	0 40	*Alm. Goth.* 1852.
— — anglaise	62 000	116 000		2	Malte-Brun.
— Brésil..........	7 516 840	5 004 000	1840	0.67	*Ann. éc pol.* 1851.
— Pérou (rép.)	1 500 000	1 373 736		1	*Alm. Goth.* 1852
— Bolivie	825 000	1 330 000		1.60	»
— Chili..........	337 000	1 300 000	1847	4	*Guia de* Ch.
— Paraguay (rép.) ..	192 400	500 000	1841	1.56	»
— Conf. argentine...	2 260 000	675 000		0.30	Woodbine Parish.
— Uruguay (rép.)....	290 000	200 000		0.70	Guib.
OCÉANIE	10 631 000	20 300 000		2	»
Hawai (îles Sandwich).	15 000	200 000	1836	13	»
Philippines (Espagn.).	137 885	3 815 878	1850	19.50	*Alm. Goth.*
Bornéo............	675 000	4 000 000		6	»
Macassar (Célèbes)...	190 000	2 000 000		10	»
Moluques..........	11 000	300 000		27	»
— Amboine........	12 000	60 000		5	»
Sumatra...........	520 000	2 000 000		6	»
Java et Madura.......	118 820	7 000 000		6	»
Timor.............	27 500	150 000		4	Malte-Brun.
Papoua (Nouv.-Guinée)	792 000	500 000		0.63	»
— partie hollandaise..	177 000	200 000	1849	1	*Alm. Goth.*
Nouvelle-Bretagne	63 500	65 000		1	Malte-Brun.
Tahiti.............	1 100	10 000		9	
AUSTRALIE..........	9 000 000	1 360 000		1.45	Guib.
— Nouv.-Hollande ...	7 750 000	160 000	1836	0.02	»
— New-Caledonia ...	16 000	40 000	»		Malte-Brun.
— Australie anglaise .					
— N.-Galles du Sud..	89 370	220 474	1848	2.50	*Ann.* Guilln. 1851.
— Australie du Sud..	588 795	54 175	1850	0.14	»
— — Swan-rider....	259 050	4 547	1846	0.02	Guib. *Ann.* Guilln.
— T. Van-Diemen..	82 400	80 164	1848	1	» *Alm. Goth.*
— Nouvelle-Zélande..	300 000	18 171	1838	0.06	*Ann.* Guilln.

L'Amérique et l'Océanie sont avides de nouveaux habitants. L'Europe leur cède des siens, attirés en aveugles par le triple appât du changement, du lointain et de l'or. On ne peut pas dire assurément que l'Europe regorge, puisque la population s'y accroît encore, dans presque tous les États. Elle s'accroît en Lombardie, où pourtant telle partie de la province de Milan (*Brianza e Varesotto*) a 332 habitants au kilom. carré. (*Mil. Territ.* I. p. 183. (off.)

Les causes et conditions de cette distribution inégale, de ces accroissements, de ces migrations, seront recherchées dans les chapitres qui suivent. Comme la vie est soutenue par la subsistance, et la subsistance par le travail, ces recherches seront dirigées de manière à découvrir et constater le rapport permanent qui doit exister entre ces trois termes :

Population,   Subsistances,   Travail.

CHAPITRE II.

LOI DU RAPPORT INVERSE.

Si l'on recherche les conditions de l'*accroissement annuel* de P, on trouve d'abord que, toutes choses égales d'ailleurs, l'accroissement est *en raison inverse de la densité*. Cette loi, que nous nommons loi du rapport inverse, a été indiquée par Sadler (*The law of P*). Pour la mettre en relief, substituons à l'ordre géographique suivi dans le chapitre qui précède, l'ordre de condensation.

L'accroissement est calculé sur la moyenne des deux recensements les plus récents et sur leur différence. Lorsque le recensement manquait, on y a suppléé par les évaluations que donnent les auteurs compétents, cités p. 3 et suiv.

ÉCHELLE DE DENSITÉ ET D'ACCROISSEMENT.

	DENSITÉ.	ACCROISSEMENT MOYEN ANNUEL.
Lucques (duché de)	158	0.0024
Belgique	151	0.0059
Saxe (roy. de)	125	0.0130
I. Martinique.	123	0.0024
Lombardie.	123	0.0071
Hessse (gr. duché de). . .	101	0.0000
Modène.	97	0.0109
Altenburg (Saxe).	95	0.0064
Hollande.	94	0.0049
Limbourg.	94	0.0083
Piémont.	91	0.0060
Nassau.	90	0.0009
I. Açores.	90	0.0043
Vénétie.	90	0.0059
Wurtemberg.	89	0.0006
Bade.	89	0.0009
Hesse-Homburg.	88	0.0000
I. Britanniques.	88	0.0024
Silésie (Autriche).	85	0.0025
Bohème.	85	0.0064
Bologne (légation).	82	0.0078
Moravie.	81	0.0044
Schwarzburg-Rudolstadt. .	81	0.0047
I. Guadeloupe.	80	0.0000
Naples (contin.).	78	0.0073
I. Ioniennes.	77	0.0067
Sicile.	75	0.0033
Saxe-Coburg.	72	0.0061
Luxembourg.	72	0.0077
Saxe-Weimar.	71	0.0047

	DENSITÉ.	ACCROISSEMENT MOYEN ANNUEL.
Autriche (haute et basse). .	71	0.0061
Anhalt-Dessau.	70	0.0032
Brunswik.	70	0.0058
Schwarzbg - Sondershaus.	70	0.0065
France.	68	0.0045
Reuss-Schleitz.	65	0.0048
Saxe-Meiningen.	65	0.0086
Etat-Romain	65	0.0091
Hesse-Cassel.	64	0.0044
Etats-Sardes.	64	0.0054
Suisse.	60	0.0072
Prusse.	60	0.0107
Bavière.	58	0.0037
Autriche (empire).	55	0.0146
Anhalt-Bernburg.	57	0.0056
Holstein.	55	0.0099
Toscane.	55	0.0167
Waldeck.	54	0.0027
Schaumburg.	52	0.0053
Savoie.	51	0.0034
Massachussets (Amér. N.).	51	0.0297
Anhalt-Koethen.	50	0.0034
Mecklembourg-Strelitz. . .	48	0.0072
Krain.	46	0.0034
Hanovre.	46	0.0066
Styrie.	45	0.0057
Moldavie.	45	0.0077
Oldenburg.	44	0.0009
Rhode-Island.	43	0.0302
Transylvanie.	34	0.0078
Danemark.	38	0.0086
Pologne (royaume de). . .	38	0.0129

	DENSITÉ.	ACCROISSEMENT MOYEN ANNUEL.
Portugal.	37	0.0019
Finlande.	37	0.0089
Ecosse.	36	0.0094
Valachie.	36	0.0200
Kaernten.	31	0.0036
Dalmatie.	31	0.0072
Comarque (sans Rome). .	31	0.0090
Tirol.	30	0.0034
Connecticut.	30	0.0211
Espagne.	29	0.0086
New-York.	26	0.0242
Serbie.	26	0.0315
Grèce.	25	0.0139
Cività-vecchia (Délég.) . .	25	0.0210
I. Sardaigne.	23	0.0042
New-Jersey.	23	0.0269
Turquie-d'Europe.	22	0.0296
Pensylvanie.	20	0.0293
Ceylan.	20	0.0418
Iles Philippines.	19.50	0.0200
Ohio.	19	0.0264
Delaware.	16	0.0147
Maryland.	16	0.0203
New-Hampshire.	13	0.0111
Vermont.	12	0.0074
Russie d'Europe.	11	0.0142
Indiana.	11	0.0386
Kentucky.	9.50	0.0241
Caroline du Sud.	9	0.0117
Virginie.	9	0.0139
Tennessée.	9	0,0193
Ile Cuba.	8	0.0127

	DENSITÉ.	ACCROISSEMENT MOYEN ANNUEL.
Suède.	7.70	0.0091
Caroline du Nord.	7	0.0142
Maine.	7	0.0150
Floride.	6.50	0.0486
Georgie.	6	0.0250
Alabama.	6	0.0274
Mississipi.	5	0.0468
Norvege.	4	0.0115
Ile Cap-Breton.	4	0.0297
Louisiane.	4	0.0390
Missouri.	4	0.0562
Chili.	4	0.0612
Russie (empire).	3	0.0338
États-unis.	3	0.0360
Illinois.	3	0.0570
Michigan.	3	0.0615
Nouvelle-Galles du Sud. .	2.50	0.0733
Wisconsin.	2	0.0731
Jowa.	1.50	0.1245
Arkansas.	1.40	0.0626
Groenland.	1	0.0161
I. Van-Diemen.	1	0.0545
Texas.	0.40	0.1783
Australie du Sud.	0.14	0.1765
Swan-River.	0.02	0.2472

En tête de cette énumération nous voyons les pays qui ont plus de 100 habitants par kilometre carré. L'accroissement de P y est, pour la plupart, nul ou presque nul. La Lombardie, bien que chargée d'une population serrée, l'accroît encore de 7 pour 1000 : on sait que cette riche contrée, où l'agriculture est très-perfectionnée, commence maintenant ses progrès dans les autres branches d'industrie, qui y étaient restées longtemps fort arriérées. La Saxe s'accroît plus encore : le travail y est momentanément surexcité par l'association douanière (*Zollverein*) ; il est probable que cette fièvre d'accroissement ne tardera pas à se calmer. Les rois allemands, pour qui tout accroissement de travail amène un accroissement de recettes fiscales, ont soin de persuader à leurs peuples que le Zollverein est une source d'aisance pour tous ; et de cet espoir exalté naît un essor exagéré de la Population. Nous verrons plus loin quelle influence ont ces excès sur son bien-être.

A l'autre bout de la liste se trouvent les pays où la Population est si rare, qu'il faut parcourir un ou plusieurs kilom. carrés pour trouver 1 ou 2 habitants. Là, l'augmentation annuelle est d'une rapidité immense : là on pourrait voir doubler la Population en moins de 20 ans (Van-Diemen), en 6 ans (Texas, Australie), en 4 ans (Swan-River). Mais ces calculs de *doublement*, auxquels maints statisticiens se sont laissé aller, ne sont qu'un jeu frivole, si on ne les soumet à la loi que nous démontrons en ce moment, et à celle que nous démontrerons plus tard, de l'*équation des subsistances*.

Entre les deux extrêmes, la *loi du rapport inverse* semble souvent souffrir exception. Il serait bien intéressant de rechercher toutes les causes de ces interversions, qui sans doute ne sont qu'apparentes. On peut en expliquer quelques-unes. Ainsi, les montagnes et le froid empêchent le développement de la Population, bien que très-raréfiée, dans la Suède et la Norvege.

L'empire de Russie n'a pas cette excuse. Placé, pour la condensation, au dernier rang de tous les États qui se disent policés, il devrait être au premier pour l'accroissement annuel ; il est à peine au quinzième.

	ACCROISSEMENT ANNUEL.
États-unis.	0.03600
Serbie.	0.03600
Turquie.	0.02900
Valachie.	0.02100
Grèce.	0.02100
Dalmatie	0.01650
Hongrie.	0.01550
Prusse.	0.01500
Pologne.	0.01340
Suède.	0.01250
Modène.	0.01245
Vénétie.	0.01160
Espagne.	0.01100
Finlande.	0.01060
Russie.	0.01000

Pourrait-on assigner une autre cause d'un tel retardement que l'horrible oppression qui pèse sur le travail, et la spoliation légale qu'il subit ?

Si l'on doit reconnaître l'influence du gouvernement sur la marche de P, il ne faudrait pourtant pas l'exagérer. Il y a des peuples qui savent se développer sans lui et malgré lui. Il y a des pays qui, placés sous le même régime abrutissant, habités par la même race, sous le même climat et dans des conditions semblables, prennent un développement étonnamment inégal. Tel est l'Etat romain, dit pontifical. Si l'on énumère ses 20 provinces dans l'ordre de la densité de P, on trouve au haut de la liste :

Ancona.	129 hab. au kil. c.
Fermo.	118
Forli.	105

2

Macerata.	98 hab. au k. c.
Ravenne.	85
Bologna.	82

et au bas :

La Comarca.	34
Velletri.	28
Orvieto.	25
Cività-vecchia.	17

Si l'on dressait de ce misérable État une carte figurative à la Dupin, les provinces qui entourent la ville papale auraient la nuance la plus décolorée, comme étant les plus désertes. Il est vrai qu'on y a rétabli les droits féodaux supprimés par Napoléon, le droit d'aînesse, les substitutions, les fidéi-commis (*Mon. univ.* 1/10/54). Leur impuissance de production est si grande que, malgré la faveur du climat, les habitants ne font pas même toute l'huile qui leur est nécessaire : ils en importent en moyenne 3 fois plus qu'ils n'en exportent (Guib.).

On a fort célébré le rapide accroissement de la Population aux États-unis : il était dû au nombre rare des habitants. Le Nouveau-Monde est soumis comme l'ancien à la loi du *rapport inverse*. Maintenant que plusieurs de ces États sont arrivés à une condensation pareille à celle de l'Europe, l'accroissement s'y est ralenti de la même manière :

Massachussets,	Ohio,
New-York,	Delaware,
New-Jersey,	Maryland.
Pensylvanie,	

Rhode-Island offre une exception, dont nous demandons la cause à nos confrères les statisticiens d'outre-mer. Nous leur demandons en même temps pourquoi quelques États, au contraire, semblent beaucoup plus lents dans leur accroissement que ne voudrait la rareté de leur Population :

Maine,   Caroline du Nord,
Vermont,   Caroline du Sud,
New-Hampshire, Virginie.

En Belgique, période 1841-50, les provinces de Luxembourg et de Namur, qui ont la moindre densité, 42 et 72 par
kilom. carré, accroissent de 11 et 12 par   1 000   et par
an, tandis que les autres provinces qui dépassent 100 et 200
habitants au kilom. carré, n'accroissent que de 6 à 7 (*Exposé offic.*, p. 5).

CHAPITRE III.

DÉVELOPPEMENT DE LA POPULATION FRANÇAISE.

Nous prenons la France comme premier champ d'études,
non-seulement parce que son histoire est le plus à notre
portée, mais surtout parce que ce pays paraît le mieux
choisi comme étalon de subsistances et de P. En effet, le
travail de ses habitants suffit à les nourrir tous, sans secours
étrangers, et sans déplacement considérable des denrées ;
ils n'ont point de superflu en ce genre ; ils n'en font importation et exportation que selon les variations accidentelles
des récoltes, et pour des quantités relativement insigni-
fiantes.

ARTICLE 1er. — *Chronologie féodale.*

Voyons d'abord, géographiquement, comment la France
est devenue ce qu'elle est aujourd'hui. Voici le tableau de
sa formation et de ses accroissements, à partir de l'époque
où la féodalité, accomplie, commença d'être ébranlée par le
mouvement moderne.

Il y a, à construire ce tableau, un peu d'arbitraire inévitable. Il y en eut tant dans son objet! Il serait facile à dresser, si la France eût été construite régulièrement, comme par un habile architecte, qui conçoit son plan, le trace et l'exécute sans corrections. Mais non : on sait combien de fois déchirée, démembrée, arrachée, démantelée, puis restaurée, presque dissoute, puis réamalgamée, au gré de l'ardente ambition des princes et de l'humble résignation des peuples.

Il semble que l'on devrait trouver ce tableau tout dressé dans chaque auteur d'histoire, de résumé, de manuel historique, chronologique ou géographique ; — tout au moins le pouvoir extraire, haut la main, de Mézeray, Hénaut ou Vély et Villaret. Point! Il y a une carte de Lesage, bien superficielle ; 3 cartes de l'atlas Denaix, mieux frappées, claires et instructives ; peu de chose dans Dury ; un atlas historique de France, par Brué, 1821, 24 cartes in-folio, pauvres de détails, ouvrage inachevé. Il y a de bonnes petites cartes de Rizzi-Zanoni, atlas historique de la France, in-4°, publié en 1765 par Desnos : les géographes postérieurs y ont peu ajouté, et ne l'ont pas assez copié. Il faudrait dépelotonner toute l'histoire de France, et lire toutes ces collections d'illisibles chroniques, qui enrichissent les salles de manuscrits de la Bibliothèque nationale.

L'embarras est aussi dans le choix des époques de réunion. Ceux qui ont préféré noter la réunion définitive, comme Las-Cases et A. Hugo (France pittoresque), avaient leur motif : c'est beaucoup que le définitif. Mais ce plan a l'inconvénient de montrer comme toutes récentes des adjonctions parfois fort anciennes, d'effacer les origines, de dissimuler les crises et les va-et-vient. Nous avons cru devoir garder l'ordre chronologique des premières accessions, et noter les subséquentes aux dernières colonnes.

FORMATION ET ACCROISSEMENT DE LA FRANCE MODERNE
EN DESTRUCTION DE LA FÉODALITÉ.

ÉPOQUES.	FIEFS.	DÉPARTEMENTS actuels.	ARÉA. kil. car.	CAUSES DE 1re accession	Réac-ces-sions.
987 Hugues-Capet.	Comté de Paris	Oise, 1|2 Aisne, Seine, S.-Oise, S.-Marne.	21 200	premier fonds.	
» »	C. d'Orléans et de Blois.	Loiret, Loir-et-Cher, Yonne, Indre.	[1]14 200	»	1375 1498
1002 Robert.	Duché de Bourgogne.	Côte-d'Or, Saône-et-Loire, 1|2 Yonne.	[2]18 200	patrimoine.	1361 1477
1017 »	C. de Sens.	1|2 Yonne.	3 600	confisqué.	1065
1094 Philippe I.	C. de Berry.	Cher, Indre, Creuse, Loiret.	14 340	acheté 60 m. sous d'or.	1416 1465 1504
1195 Phil. II auguste.	C. d'Alençon.	3|4 Orne.	4 400	acheté.	1283 1525 1714
1198 »	Auvergne.	Puy-de-Dôme, Cantal, 1|3 Haute-Loire.	13 500	traité.	1523 1531 1615
1199 »	C. d'Artois.	Pas-de-Calais.	4 800	dot.	1223 1659
1200 »	C. d'Évreux.	Eure.	5 800	acheté.	1583
1203 »	C. de Touraine.	Indre-et-Loire, Vienne.	6 943	acheté et hérité.	
» »	C. de Maine.	Mayenne, Sarthe.	10 000	confisqué et conquis.	1481
» »	C. d'Anjou.	Maine-et-Loire.	7 300	confisqué et conquis.	1328 1480
1205 »	D. de Normandie.	Seine-Inférieure, Manche, Calvados.	[3]18 000	conquis.	1350 1364 1469
1206 »	C. de Poitou.	Vendée, Deux-Sèvres, Vienne.	20 104	confisqué.	
1214 »	C. d'Amiens.	Somme, Oise.	2 766	transaction.	1477
1215 »	C. de Vermandois.	Somme, Aisne.	1 842	don. et conquis.	1463
1229 Loys IX.	C. de Béziers.	1|2 Hérault.	3 200	cédé.	
»	C. de Viviers.	Ardèche, Haute-Loire.	5 700	cédé.	1307
»	C. de Nismes.	Gard.	6 000	cédé.	
»	Albigeois.	Tarn.	5 700	cédé.	
1240 »	C. de Perche.	1|4 Orne, Eure-et-Loir.	3 000	acheté.	1525
1245 »	C. de Mâcon.	Saône-et-Loire.	2 800	acheté.	1416 1477

[1] Se complète par les comtés de Chartres (1284) et de Dunois (1707).
[2] Outre le comté de Mâcon (1245), les Dombes (1531), Bresse et Bugey (1601).
[3] Outre les comtés d'Alençon (1195) et d'Évreux (1200).

ÉPOQUES		FIEFS	DÉPARTEMENTS actuels.	ARÉA. kil. car.	CAUSES DE 1re accession	Rétro-ces-sions.
1247	Loys IX.	C. de Carcassonne.	Aude.	6 100	cédé p. .600 l. de rente.	
1258	»	Vicomté de Gévaudan.	Lozère, *Haute-Loire*.	5 235	transaction.	
1270	»	C. de Valois.	*Oise, Aisne*.	1 830	héritage.	
1272	Phil. III. hardi.	M. de Provence (C*t*. Venaissin et d'Avignon).	1|2 Vaucluse.	1 809	héritage.	1481 1790
	»	C. de Toulouse.	2|3 Haute-Garonne.	4 000	héritage.	
1283	»	C. de Quercy.	Lot.	6 934	héritage.	
1284	»	C. de Chartres.	1|2 Eure-et-Loir.	2 850		1329
1284	»	C. de Champagne et de Brie.	Ardennes,Marne,Aube, Haute-Marne, *Yonne*.	26 270	dot.	1361
1303	Phil. IV le bel.	R. de Navarre.	*Basses-Pyrénées*.	2 000	dot.	1589
1303	»	C. de la Marche.	Creuse, 1|2 H.-Vienne.	4 900	confisqué.	1322 1477 1523
1304	»	Velay.	1|2 Haute-Loire.	2 357	transaction.	
		C. d'Angoulème	Charente.	4 866	confisqué.	1531
1307	»	C. de Bigorre.	Hautes-Pyrénées.	2 420	sequestré.	1589
1310	»	C. de Lyon.	1|2 Rhône , *Loire*.	2 040	soumis par traité.	
1349	Ph. VI de Valois.	Dauphiné de Viennois.	Isère , Hautes-Alpes , *Drôme*.	15 500	don et achat.[3]	1790
1350	»	C. de Montpellier.	1|2 Hérault.	3 100	acheté 120 m. écus d'or.	
1351	»	C. de Guines.	*Pas-de-Calais*.	300	confisqué.	
1365	Ch. V le sage.	C. d'Auxerre.	*Yonne*.	750	acheté 30 m. francs d'or	
1380	»	C. de Ponthieu.	*Somme, Pas-de-Calais*.	2 078	confisqué.	
1404	Charles VI.	C. de Die.	*Drôme*.	} 5 000	acheté 100 m. écus d'or.	
1423	Charles VIII.	C. de Valentinois.	*Drôme*.		acheté, rente de 7000 fl. d'or.	1461 1507 1566 1790
1444	»	C. de Cominges	1|2 Haute-Garonne.	2 650	donation.	1498 1540
1453	»	D. de Guyenne et Gascogne.	Gironde , Lot-et-Gar. Tarn et Garonne , Landes, *Gers, Dordogne, Hautes et Basses-Pyrénées*.	32 150	repris sur les Anglais.	1474
	»	C. de Saintonge et Aunis.	Charente - Inférieure , *Charente*.	6 600	repris sur les Anglais.	

[1] Outre les comtés de Sens (1017) et d'Auxerre (1365).

[2] Se complète par Die et Valentinois (an 1404).

[3] V. la note p. suivante : c'est de même pour le Dauphiné.

ÉPOQUES.	FIEFS.	DÉPARTEMENTS actuels.	ARÉA. kil. car.	CAUSES DE 1re accession	Réacessions.
1473 Louis XI.	C. de Roussillon et de Cerdagne.	Pyrénées orientales.	3 650	acheté 200 m. écus.	1642
1477 »	C. de Pardiac.	Gers, Hautes-Pyrénées.	200	confisqué.	1500
1477 »	C. de Boulogne.	Pas-de-Calais.	1 000	échange.	
1481 »	C. de Provence et de Forcalquier.	B.-Alpes, B.-du-Rhône, Var, 1|2 Vaucluse.	21 290	héritage.	1790
1507 Louis XII.	V. de Narbonne.	Aude.		échange.	
1527 François Ier.	D. de Bourbon.	Allier, 1|4 Cher.	7 900	confisqué.	
1527 »	C. de Beaujolais	1|2 Rhône.	1 800	confisqué.	
1531 »	C. de Forez.	Loire, Haute-Loire, Puy-de-Dôme.	4 000	héritage.	
1531 »	Princ. de Dombes.	1|2 Ain.	1 440	confisqué.	1782
1547 Henri II.	D. de Bretagne.	Côtes-du-Nord, Finistère, Morbihan, Ille-et-Vilaine, Loire-Inférieure.	34 000	patrim. dot.	
1555 »	Ev. Metz, Toul et Verdun.	1|2 Meuse, 1|3 Moselle, 1|4 Meurthe.	5 025	traité.	1648
1558 »	C. de Calais et d'Oye.	Pas-de-Calais.	300	reconquis.	
1589 Henri IV.	Vic. de Béarn.	Basses-Pyrénées.	5 007	patrimoine.	
1589 »	C. de Foix.	Ariège.	4 065	patrimoine.	
1589 »	C. d'Albret.	Landes, Lot-et-Garonne.	4 000	patrimoine.	1790
1589 »	D. de Vendôme	Loir-et-Cher.	1 200	patrimoine.	1617 1712
1589 »	C. d'Armagnac.	Gers, Hautes-Pyrénées, Tarn-et-Garonne.	3 107	patrimoine.	1589 1790
1589 »	C. de Rouergue	Aveyron.	9 080	patrimoine.	
1589 »	C. de Périgord	Dordogne.	8 322	patrimoine.	
1589 »	V. de Limoges.	1|2 Haute-Vienne, Corrèze.	10 071	patrimoine.	
1601 »	C. de Bresse (Bugey), Gex.	3|4 Ain.	1 367	échange.	
1642 Louis XIII.	Pr. de Sedan et de Raucourt.	Ardennes.	350	extorsion et échange.	
1659 Louis XIV.	C. de Flandre, Hainaut, Cambresis	Nord, Ardennes.	5 820	conquis.	
1665 »	C. de Nevers.	Nièvre.	6 400	acheté.	
1674 »	Fr.-Comté (de Bourgogne).	Haute-Saône, Doubs, Jura.	15 700	conquise.	

¹ Car le Parlement d'Aix rendait tous ses arrêts au nom du Roi, *comte de Provence et de Forcalquier,* et le roi prenait les mêmes qualités dans ses lettres à ce pays-là.

ÉPOQUES.	FIEFS.	DÉPARTEMENTS actuels.	ARÉA. kil. car.	CAUSES DE 1re accession	Réac-ces sions.
1681 Louis XIV.	Alsace , terre d'Allemagne.	Haut-Rhin, Bas-Rhin.	8 500	conquise.	
1700 »	Pr. d'Orange.	*Vaucluse.*	160	fief vacant.	1731
1707 »	C. de Dunois	*Eure-et-Loir , Loir-et-Cher, Loiret.*	1 620	héritage.	
1735 Louis XV.	D. de Lorraine.	2|3 Moselle, 3|4 Meur-the, Vosges.	14 400	traité.	
1735 »	D. de Bar.	1|2 Meuse.	3 000	traité.	
1738 »	V. de Turenne.	*Corrèze.*	200	cession.	
1768 »	Corse.	Corse.	8 750	achetée des Génois.	
			529 808		

Pour réunir les éléments de chaque département, voyez *Stat. Fr.*, P. I. nº 19, et *Dict.* de Guibert.

L'étendue de la France est de   530 495   kilometres c.[1], suivant un renseignement fourni par M.-Jonnès dans un ouvrage qui n'a rien d'officiel *(Élém. statist.*, p. 68). Il est à regretter que l'Administration tarde autant à publier les résultats des dernières triangulations, et à réformer d'après eux les tableaux des anciennes provinces et généralités, qu'elle a publiés sur des mesures imparfaites. Force a été, en attendant, de nous en tenir aux calculs approximatifs des auteurs les plus autorisés. En cette besogne ardue, nous nous sommes aidé principalement, outre les ouvrages historiques, du dictionnaire de la France, d'Expilly (1763) et du dictionnaire géographique de Guibert (1850), corrigeant l'un par l'autre, et tous deux par la Statistique de France *(Terr.* P. nº 17), attendu que d'Expilly a souvent affaibli, Guibert souvent exagéré l'aréa des fiefs et possessions.

Tous ces pays, qui étaient autrefois la propriété de 100 grands seigneurs et de   70 000   tyranneaux, aujourd'hui se possèdent eux-mêmes. Longtemps chargés des liens de ser-

[1] 530 402 suivant le dernier *Ann. long.*

vitude que rompait et renouait à son gré l'avidité hérédi-
taire et qui les tenaient à la fois assujétis et divisés, ils les
ont à la fin secoués pour jamais, par la seule force de leur
vitalité développée ; et ils forment maintenant la nation la
plus grande, la plus véritablement une et indivisible, sinon
la plus libre, du monde éclairé.

Cette France, objet de notre orgueil et de l'envie des autres
peuples, s'est formée avec lenteur, comme le patrimoine
d'une bonne maison, qui, géré avec prudence et économie,
s'étend et s'arrondit par des accessions de toutes sortes, hé-
ritages, dots matrimoniales, acquêts à prix d'argent, cessions avantageuses, échanges, donations.

La force et la ruse n'y ont pas manqué non plus. Mais ces
rois, fiers de leur pouvoir, mais ces profonds politiques, qui
croyaient gagner pour eux et pour leur race tout ce qu'ils
ajoutaient au faisceau commun, travaillaient sans le savoir,
et sans que personne le sût, pour l'accomplissement de la loi
de l'humanité, et pour les descendants des hommes qu'ils
opprimaient. Leur puissance était un édifice de plâtre sur
une base de marbre et de bronze ; ou, si l'on veut, c'était une
machine productrice de force, qui devait fonctionner un
temps donné, mais qui éclaterait tôt ou tard, et avec d'autant plus de violence, que le ressort en aurait été plus comprimé.

Ce ressort était la Population même, dont le développement a suivi pas à pas l'avancement de l'ordre public.

ARTICLE 2. — *Sous les Valois.*

Le plus ancien document que nous trouvions sur la Population française est un manuscrit du 14ᵉ siècle (Bibl. nat.
ancien fonds n° 9475), qui a été signalé par Dureau de la
Malle. Ce littérateur célèbre en a fait le sujet d'un mémoire,

lu en 1829 à l'Académie des Inscriptions et imprimé en 1842
(*Mém. Ac. Inscr.* t. XIV, 2ᵉ p.). Comme l'auteur a cité cette
pièce et a raisonné dessus sans en faire connaître la teneur,
nous donnons ici, publiée pour la première fois, et textuelle-
ment extraite, la partie qui se rapporte à notre sujet.

Nous y mettons seulement quelque ordre géographique
pour la facilité de retrouver les lieux cités. Le manuscrit paraît se rapporter à l'an 1328.

« Les paroisses et les feux des baillies et senechaussees de
France.

1° de la vicomté de Paris :

	PAROISSES.	FEUX.
— En la chastellenie de Sorbal. .	59	5 876
— Gonnesse. . .	23	2 555
— Lusarches. . .	5	577
— Poissy. . .	33	3 296
— Dommartin . .	25	2 452
— Chasteaufort. .	21	999
— Montfaix. . .	18	1 427
— Montmorency .	28	2 556
— En la Prévôté de Paris. . . .	203	21 460
— Villes de Meaux qui sont de la vi-comté de Paris et du ressort.	40	1 286
— En la ville de Paris et de Saint-Marcel.	35	61 098
— Saint-Denys.	13	2 351
— Chastellenie de Chairou et de Maurepas.	9	742
— Chastellenie de Montlhery. . .	51	5 333
— Brayes. . . .	4	578
Somme toute de la vicomté de Paris et du ressort.	567	116 986

	PAROISSES.	FEUX.
Amiens	1 144	115 716
Vermandois.	1 309	130 672
Gisors.	694	61 981
Valoys.	117	9 392
Senlis.	723	65 606
Meaux.	293	33 836
Crecy.	14	1 643
Vitry.	411	55 996
Troyes.	374	34 772
Baillie de Chaumont.	813	48 776
Sens	1 014	153 310
Contentin	642	64 317
Caen	978	60 204
Baillie de Caux	605	41 900
et pour M. de Navarre et madame de Valoys	323	28 349
Roen (sans la ville). . .	602	60 637
Baillie du Maine.	586	55 333
Baillie d'Aniou.	701	80 808
Touraine.	606	74 177
Seneschaussee de Poitou	949	116 070
Bourges	884	119 835
La seneschaussee de Santonge. .	580	72 517
Pierregort et Caours . .	1 455	130 016
Baillie de Mascon	1 029	[1] 111 912
Limosin	234	25 424
Baillie d'Auvergne.	727	90 621
— des montaignes d'Auvergne.	215	27 382

[1] Le Lyonnois et le Forez dépendaient du bailliage de Mâcon. Ils sont même joints à la Langue-d'oc, dans une ordonnance de mars 1316 (Philippe-le-Long), Mais par rapport au gouvernement, ils faisaient partie de la Langue-d'oïl. (Vaissette *Hist. Lang.* iv, 541.)

	PAROISSES.	FEUX.
La seneschaussee de Rouergue. .	527	52 823
Gascogne et Agenois . .	945	90 318
Thoulouse.	1 619	153 590
Carcassonne.	1 084	84 271
Beaucaire.	992	102 268
Bigorre	394	12 378
Somme toute »	23 671	2 469 987
Rectifiant les additions. . .		2 479 633
et ajoutant pour la ville de. . .		
Rouen (Expill., *Dict.*, p. 396). . .	36	14 130
nous avons un total maximum de. .		2 493 763

pour les pays qui obéissaient à Philippe de Valois. Chaque
feu pouvait représenter en moyenne 4 individus, selon
M.-Jonnès (l. c.); c'était donc une Population de 9 975 052
habitants.

Dureau croit pouvoir compter 4 individus et demi par
feu, ce qui donnerait 11 240 843 habitants. Il dit que
les *baillies et senechaussees énumérées fesaient à peine* 1/3 de
la France actuelle. La France, supposée complète, aurait
donc eu alors près de 34 millions d'habitants. L'auteur en
trouve même 34 625 299, « sans compter les seigneuries
» ecclésiastiques et séculières, les vilains qui possédaient
» moins de 10 liv. parisis, les serfs, le clergé des deux sexes,
» les universités et la noblesse. » Aussi ne craint-il pas de
soutenir que « le territoire de la France, en prenant les
» limites actuelles, avait, de 1328 à 1367, une P. au moins
» égale, probablement plus forte que celle qu'il renferme à
» présent » (l. c. p. 41). Il reste lui-même stupéfait du
résultat incroyable de son calcul. Mais il le maintient comme
certain. Le nom respectable de l'auteur et l'autorité du

recueil dans lequel il a écrit, nous font un devoir de discuter une assertion aussi extraordinaire, qui contredit tout ce que l'on a observé des causes du développement de la Population.

Le premier point à examiner est l'étendue des pays cités au manuscrit. L'auteur nous facilite cette vérification, en donnant lui-même la liste des provinces qui y manquent. La voici, avec la superficie en regard des noms géographiquement rangés.

Flandres, Hainaut, Cambrésis. . . .	6 000 k.
Artois (et Boulonnais) [1].	6 605
Bretagne	34 000
Lorraine, Barrois (et 3 évêchés) . . .	22 425
Alsace	8 320
Franche-Comté	15 700
Bourgogne (duché)	20 000
Bresse, Bugey (Dombes)	6 000
Dauphiné (Die et Valentinois)	20 500
Comtat-Venaissin (et province d'Orange).	1 969
Provence et Forcalquier.	21 290
Guienne (et Bazadois)	12 000
Armagnac	3 107
Bayonne (Béarn et Navarre ?). . . .	7 500
Foix.	4 000
Roussillon (Cerdagne, Pardiac) . . .	3 850

Total de l'aréa qui n'appartenait pas
    alors à la France. . . . . . . 193 266   k.
Or, comme la France actuelle a   521 655   kilometres

[1] Il est bien probable qu'Artois, Boulonnais, Calésis, réunis 2 fois, en 1199, en 1223, étaient compris dans les baillies d'Amiens et Vermandois, puisque le manuscrit attribue à ces 2 baillies ensemble 2 453 paroisses. Le Vermandois, selon La Martinière, était le bailliage le plus étendu de France. Mais ne chicanons pas pour si peu l'illustre auteur, et faisons-lui reste de droit.

carrés, sans la Corse, on voit que la France d'alors avait en
étendue, non pas 1/3, mais plus des 3/5 de ce qu'elle a
aujourd'hui ; et que, si l'on suppose la Population unifor-
mément répartie, elle aurait eu au plus   17 820 000   habitants en son complet, le feu compté à 4.50, ou seulement
15 850 000,   en comptant le feu à 4, ce qui paraît plus
exact pour ce temps-là, (parce que, les *exactions* étant
levées par feux, les maltôtiers devaient compter le plus de
feux possible). Et ce calcul serait encore exagéré. Car, on
ne peut supposer que les pays violemment occupés par
l'Anglais, sans cesse pressurés et dévastés par cet ennemi,
maintinssent leur Population comme ceux qui étaient jusqu'à un certain point sauvegardés par le pouvoir du roi de
France. Cela est si vrai, que toutes les provinces alors sé-
parées, hors la Flandre, la Bretagne et l'Alsace, c'est-à-dire
les 5/7 de l'aréa réunie depuis, sont toujours restées, pour
la quantité de P, au-dessous de la moyenne de la France.
Ainsi, on peut voir au tableau n° 40 de la Statistique officielle (*Terr.* P. I) qu'à une époque où la France avait déjà
en moyenne . . .   .   47.25   habit. au kil.
la Franche-Comté n'en avait que   43.25
la Guyenne . . .   »   »   »   42.40
la Bourgogne . .   »   »   »   41.80
la Provence . .   »   »   »   35.50
le Béarn, Navarre   »   »   »   34.
le Dauphiné . .   »   »   »   32.80
le Roussillon . .   »   »   »   24.75

Pour étayer sa thèse chancelante, le célèbre littérateur
l'appuie encore sur l'offre que les Etats-généraux firent en
1356, d'entretenir 30 mille hommes d'armes, le tiers-état
devant solder 1 homme d'armes par 100 feux. Donc, 3 millions de feux. « Et c'était seulement la langue d'oïl, moins
du 1/3 de la France. » Par conséquent la France au complet,

----

[1] Le royaume de France avait 2 parties : La Langue-d'Oyl, qui comprenait la

plus de 9 millions de feux ; — à 4 1/2, plus de 40 millions d'habitants ! — Au milieu du 14ᵉ siècle !!

L'auteur s'ébahit, non sans sujet. Mais où a-t-il vu que les 30 mille hommes d'armes seraient entretenus par *le seul tiers-état* ! Est-ce qu'on ne laissait rien à faire au *patriotisme* des nobles et des prêtres ? Lisons Villaret (ix, p. 207, in-12) : les députés s'engageaient d'entretenir 30 mille hommes d'armes ; pour assigner les fonds nécessaires à cette dépense, on établirait une imposition de 3/20 sur tous les revenus tant des ecclésiastiques que des nobles, et par les bonnes villes et le plat pays, il serait soudoyé et armé 1 homme d'armes par 100 feux. C'est ainsi que l'entend et l'expose Boulainvilliers (*Histoire de l'Ancien gouvernement de la France*, t. 2, 1.9, p. 203). La chronique de Saint-Denis est encore plus expresse :

An 1355, 30 novembre, « Les gens des 3 estats s'enga-
» gent à faire, chascun an, 30 mille hommes d'armes, et
» establissent un impôt proportionel sur toutes gens, gens
» d'église, nobles ou autres. » Il en faut voir le détail, qui
» tient 2 col. in-f° (1416 et 17), rien n'y manque, estat,
» âge, ni profession.

An 1356, 15 octobre. « Le duc (de Normandie, Régent)
» demande quelle ayde les 3 estats lui vouloient faire. Les-
» quels répondent qu'ils vouloient ordener entre eux que
» les gens d'Eglise paieroient 1/10 et demi, les nobles autant
» et les gens des bonnes villes feroient pour 100 feux un
» homme d'armes. Et disoient que la dite ayde estait mer-
» veilleusement grant, et qu'elle pouvoit bien monter à 30
» mille hommes armés.

France septentrionale jusques et inclus le Lyonnais, et la Langue-d'Oc, qui ne comprenait que la province nommée aujourd'hui Languedoc, avec le Quercy et le Rouergue, attendu que la Guienne et quelques provinces voisines étaient alors à l'Anglais. Ainsi dit Secousse, *Ordonnances des Rois*, 5ᵐᵉ vol. préface, p. 128.

» Mais les conseillers du duc lui monstrèrent que la dite
» ayde ne povoit monter que 8 ou 9 mille hommes armés...
» En même temps les 3 estats de la Langue-d'Oc (Occitanie),
» assemblés à Toulouse, décidèrent qu'ils feraient 5 mille
» hommes d'armes. » (*Grande Chronique,* publiée par P.
Paris et Isarn-Freissinet, f°).

Au reste, cette *ayde* ne fut point payée, par le refus que
firent les nobles et les gens d'église d'ouvrir leur bourse privilégiée à la France menacée dé destruction(*Ib.* col. 1439-40).

Payée ou non, il est clair qu'elle n'apprend rien de certain
sur le nombre des feux, puisque premièrement, les États,
selon les conseillers royaux, l'avaient évaluée avec exagération; deuxièmement, elle était votée à la charge des 3 ordres,
et non du tiers-état seul.

On voit si le savant éditeur des grandes chroniques a été
trop sévère en mettant l'opinion que nous combattons « au
rang des paradoxes dont se fait un jeu l'imagination des
érudits » (Col. 1486).

C'est pourtant sur de tels paradoxes que l'auteur, « stu-
» péfait de l'énorme Population de la France à cette époque
» et de la diminution de l'espèce humaine depuis environ
» 5 siècles » conclut que « l'état de servage est éminem-
» ment favorable à l'accroissement de P, » et confirme
son dire par l'exemple de « la Russie où le servage existe
» dans toute sa vigueur, et qui double sa Population en 20
» ans » (l. c. p. 41 et 51). On a vu plus haut (chap. ii, p. 16
et 17),ce qu'il y a de vrai dans ce prétendu doublement ;
on en peut conclure ce qu'il y a de juste et d'humain
dans cet éloge de la servitude.

Si l'auteur se fût contenté de dire qu'au commencement
du 14° siècle, la population était probablement plus forte
qu'au 15°, nous ne l'eussions pas contredit. Elle avait dû
s'accroître dans le 13° siècle par une longue paix intérieure,
par les soins que donnèrent au gouvernement Louis IX et

Philippe-le-bel, par quelque organisation des Communes, et par l'affranchissement des serfs. Elle ne pouvait que reculer à partir de Charles-le-bel, quand le pays était livré au pillage par ses propres souverains, au meurtre et à l'incendie par les étrangers, quand toutes les villes étaient des places de guerre, quand les campagnes n'étaient labourées que par les 8000 chariots du roi anglais. Mais, M. Dureau, quand vous avancez que cette France morcelée et dévastée avait plus d'habitants que celle qui commande aujourd'hui à la civilisation, vous vous inscrivez en faux contre vos savants confrères, Villermé, Benoiston, Michelet, qui ont démontré que MISÈRE TUE, qu'IGNORANCE TUE. C'est comme si vous souteniez que la France des Valois était mieux cultivée, mieux administrée, plus riche, plus éclairée, plus industrieuse que la France du 19° siècle. Et vous dites vous-même qu'elle avait « une agriculture imparfaite, une mauvaise police, l'absence presque totale de propreté, de précautions sanitaires, de commerce et d'industrie » (*L. c.* p. 36).

En effet, quel ordre public, quel genre de travail aurait pu subsister dans de malheureuses contrées, sur lesquelles s'appesantissaient à la fois tous les fléaux destructeurs de l'espèce humaine, la famine et la peste, la guerre étrangère et la guerre civile, les dissensions dynastiques et les insurrections? Quand peuples et rois, étrangers et citoyens, et la terre et l'air même, semblaient conjurés pour faire de la France une ruine déserte? Si l'on veut juger impartialement de l'état du pays à cette époque qu'il plaît à l'érudit académicien de célébrer, il faut encore extraire quelques dates des grandes chroniques.

1292. Edouard roi d'Angleterre envahit la France, et commence à ravager, tuer, ardre tout sur son passage, aidé du traître Gui, comte de Flandre, et de Henri, comte de Bar. Pour cette guerre fut une exaction que l'on appelle maletoulte, du 100ᵉ et du 50ᵉ de tous les biens de chascun, tant de clercs comme de laïcs (1296).

1302. Bataille de Courtray, gagnée par les Flammands sur Robert comte d'Artois. — Revanche en

1303, par celle de Saint-Omer (Saint-Audemar) et de Mons-en-Puelle en 1304.

1310. Louis-le-Hutin, alors roi de Navarre, assiége Lyon pour punir les méfaits de l'Archevêque et la destruction du Chastel de Saint-Just.

1314. Révolte des alliés (Normandie, Picardie et Champagne), contre l'exaction de 10 deniers par livre. Le roi cède.

1315. Été pluvieux fait pourrir les blés et les raisins.

1320. Muette des pastouriaux (émeute des bergers et des paysans), s'étend de Paris à Carcassonne.

1327. Muette des bastards en Gascogne et Poitou. Les Anglais brûlent Saintes.

1328. Philippe de Valois s'en alla à Arras, fist ficher ses tentes vers Cassel, et fu le pays d'entour moult gasté. 20,000 Flammands y sont tués.

1337. Commencent les dévastations et incendies entre Anglais et Français.

1343. Grand'cherté de toutes choses par tout le royaume de France, et valait le sextier de blé 76 sous parisis, et avoine 40 sous parisis. Trahisons, destructions, occisions, rapines et supplices des nobles.

1346. Dolente bataille de Crecy.

1348. Peste noire. L'an de grâce 1348, commença la grande mortalité au royaume de France, et dura environ 1 an et 1/2, peu plus, peu moins. — Dont bien la tierce partie du monde mourut, dit Froissart (3, p. 22). Les habitants de la campagne déterraient les racines dans les champs, et mangeaient l'écorce des arbres. A Paris le setier de froment se payait 8 livres parisis (1 marc d'argent).

Des provinces entières, les historiens en font foi, restaient en friche et dans un état de dépopulation complète (Villaret, xiv, 481, xv, 153); le commerce, déjà écrasé par les guerres, était anéanti par les folles ordonnances de Philippe-le-bel (comme le témoigne Clément V en l'une de ses bulles), — par l'altération répétée des monnaies, par le poids accablant des impôts, par la défense tyrannique d'exporter l'or et l'argent, etc. (v. *Des États Généraux*, p. 109).

Et c'est un tel état social que l'on nous donne comme « éminemment favorable à l'accroissement » de l'espèce !

Une grande Population est, en un sens, signe de prospérité, parce qu'elle ne se développe que sous les conditions de la paix et de l'ordre public. Or, quelle aurait pu être la base de telle prospérité au 14ᵉ siècle ? Est-ce l'ordre matériel, quand gens de guerres pillaient, violaient, brûlaient partout impunément [1]? l'ordre moral, quand on voyait reines et évêques affichant l'impudicité, comtes souverains empoisonneurs et parricides, rois concussionnaires et faux monnoyeurs? l'ordre administratif, quand d'affreuses disettes, qui se répétaient jusqu'à trois années de suite (1316, 17, 18), quadruplaient le prix du blé, et jonchaient de cadavres les rues et places (*Chron. de S.-Denis*) ; quand des ordonnances royales dispensaient les nobles de payer leurs dettes ; quand on établissait l'impôt proportionnel à rebours (H. Martin, *Hist. Fr.* v, 478) [2] ; quand Juifs et Lombards étaient dépouillés périodiquement sous le populaire prétexte d'usure,

---

[1] « On n'avait pas vu pareil exemple de destruction depuis la désolation du » royaume par les Normands. » (Villaret, ix, p. 11. Froissart, l. c. D'Argentré, *Hist. Bret.*)

[2] V. la Grande chronique, an 1355. La loi était faite par les gens riches. Pour un revenu au-dessous de 10 livres, l'ayde était de 10 s.; de 10 à 40 liv., 20 s.; de 40 à 100 liv., 40 s.; de 100 liv. et au-dessus, 4 liv. Ainsi l'ayde s'allégeait à

et aux applaudissements d'une population abrutie? Ecoutez
Mezeray dénoncer Charles-le-bel comme « ayant saccagé la
» France par des violences et des extorsions inouies jus-
» qu'alors ». Lisez, au t. III du recueil de Secousse, l'ordonnance du 28 décembre 1355, qui déclare officiellement
l'horrible état de l'administration et des finances, et les op-
pressions de tous genres qui pesaient sur le peuple. Aussi à
quelles atroces représailles se portait sa colère ! Il suffit de
rappeler qu'au décès de chaque roi il était passé en coutume
de pendre son trésorier : Enguerrand en 1315, Pierre Remi
en 1328, auxquels on peut joindre Giraud Guete ou Girard
de Laguette, trésorier de Philippe-le-Long, mort en prison
des suites de la torture, un an après ce roi.

Toutes les chroniques témoignent, pour la sauvegarde de
nos lumières et pour notre édification éternelle, de l'ignare
superstition, de l'extravagante et féroce crédulité de ces
temps odieux, que l'on voudrait nous apprendre à aimer et à
regretter. Il faut relire le récit concernant les *mesiaux* (lé-

---

mesure que le revenu se fortifiait. H. Martin la qualifie donc bien. Michelet dit :
« Qui *plus avait moins payait* » (*Hist. Fr.* III, 366) sous-entendu proportionnellement; et il a raison aussi. P. Paris ne veut pas voir ce sous-entendu, et reprend
avec autant d'aigreur que d'injustice le célèbre professeur (*Gr. Chr.* 1417 note).
Si l'on n'avait voulu favoriser les puissants, on aurait tout simplement imposé le
sou par livre, sur tous les degrés de revenu. Mais qu'il y a loin de ce rapport inverse et aggravant à l'impôt progressif, le seul vraiment équitable, comme l'a démontré un homme riche, excellent citoyen, administrateur habile, dans une brochure
trop peu connue! (Fr. Terme, *De l'impôt progressif*)

Les nobles étaient taxés par la même ordonnance à 2 0/0 jusqu'à 5 000 liv. de
revenu, et *néant outre*, et de plus 4 liv. pour les premières 100 liv.; les bourgeois
payaient le 2 0/0 jusqu'à 1 000 liv. seulement. P. Paris s'en étonne, et demande
pourquoi cette différence. Elle s'explique facilement par le génie connu du fisc. On
voulait tout à la fois ménager effectivement les nobles les plus puissants, avoir l'air
de ménager la bourgeoisie, et cependant *faire rendre à l'impôt tout ce qu'il pouvait
rendre*. (Le ministre de Louis-Philippe a volé ce principe aux financiers du moyen-
âge). En effet, il est évident que, par la combinaison de ces mesures, les nobles et
les prêtres payaient, mais commodément et sans s'amaigrir, l'immense majorité des
bourgeois payait, payait gros, et la plébécule était écrasée. Les petits, tant de la
bourgeoisie que du peuple, ont toujours été dupes de leur confiance.

preux), que l'on brûlait tous (il y avait en France 2 mille
hôpitaux pour les seuls lépreux), « tous les mesiaux étaient
» ars, pour ce qu'ils avaient confessé que tous les puis et
» fontaines ils avaient *ou voulaient* empoisonner pour les
» crestiens occire et touchier de meselerie » ; et les 11 articles du *fourfait* des templiers ; et les femmes hérétiques
brûlées en place de Grève (an 1310) ; et les femmes juives
brûlées pour avoir craché sur les *saintes images ;* avec moult
juifs ars ensement : et leurs enfants qu'on *prenait pour les
faire chrestienner* (gr. chron. col. 1703) ; et deux citoyens,
dont l'un avait été prevost de château-Landon, condamnés
au feu par l'inquisiteur et l'official de l'archevêque de Sens,
parce qu'ils avaient enterré un chat vivant « pour aucun ma-
» léfice faire » (Chron. de S.-Denis, p. 686 et suivv.) etc.

Ces traits d'histoire sont horribles mais bien utiles à rappeler. Que nos enfants se gardent de jamais retourner en arrière ! ils rencontreraient la fosse abjecte où nos mères nous
ont conçus ; et le soleil de l'avenir se serait levé en vain sur
l'horizon épuré !

ARTICLE 3. — *Sous les Bourbons.*

Après le manuscrit qui a donné lieu à cette discussion,
nous ne trouvons plus aucun monument de l'ancienne Population de la France, jusqu'à la fin du 17e siècle. Il faut y
suppléer par les opinions probables des auteurs.

Les assertions hasardées et contradictoires n'ont pas
manqué en ce sujet. L'homme a un tel besoin de savoir et
de connaître, que, quand il ne peut marcher à la vérité d'un
pas mesuré, il s'élance vers elle sur les ailes de l'imagination. Voltaire, qui a été pris souvent lui-même de cette
belle, mais impatiente et dangereuse ardeur, en reproche
avec raison l'intempérance à de célèbres philosophes :

« Montesquieu, dit-il, mêle trop souvent le faux avec le
» vrai, en physique, en morale, en histoire : il vous dit,
» d'après Puffendorf, que, du temps du roi Charles IX, il y
» avait vingt millions d'hommes en France. Puffendorf va
» même jusqu'à vingt-neuf millions : il parlait fort au ha-
» zard. On n'avait jamais fait de dénombrement en France ;
» on était trop ignorant alors pour soupçonner seulement
» qu'on pût deviner le nombre des habitants par celui des
» naissances et des morts. La France n'avait point en ce
» temps la Lorraine, l'Alsace, la Franche-Comté, le Rous-
» sillon, l'Artois, le Cambrésis, la moitié de la Flandre ; et
» aujourd'hui qu'elle possède toutes ces provinces, il est
» prouvé qu'elle ne contient qu'environ vingt millions
» d'âmes tout au plus, par le dénombrement des feux assez
» exactement donné en 1751. » (Volt. dial. 26.)

« On n'avait jamais fait de dénombrement en France ! »
Cet acte essentiel de l'administration publique, qui est regardé maintenant comme la base et le fanal de tous les autres, est donc bien récent dans notre Europe. Faut-il s'en
étonner ? On y répugnait par scrupule religieux. Un culte
respecté avait réprouvé les recensements. David, roi très-
haïssable pour ses vices et ses cruautés, mais doué d'un esprit habile et actif, fait faire un jour le dénombrement du
peuple hébreu. Les Lévites historiographes ne voient dans
ce soin royal qu'un mouvement coupable de vanité : le roi,
d'ailleurs *pieux,* qui voulait éclairer son gouvernement, est
puni par un fléau qui lui enlève 70 000 sujets[1]. Il est
vrai que les Romains firent plusieurs fois de pareils dénombrements, et qu'ils en furent punis... par la conquête du
monde. Mais les Pontifes de Rome républicaine étaient des
administrateurs. Rome impériale avait elle-même conservé
des magistrats spécialement chargés du soin des registres de

---

[1] II. *Reg.* c. 24.

Population, *tabulariorum publicorum curatores*[1]. Quant aux prêtres (juifs), ils ont toujours redouté la lumière, et non à tort : ce fut chez eux instinct de conservation.

A défaut de dénombrement, l'abbé Expilly (un prêtre aussi, mais du 18e siècle) a suivi la Population du royaume bailliage par bailliage. Il compte 5 habitants par feu, appuyant sa manière de compter sur de longues et laborieuses recherches, au bout desquelles il trouve en France 20 300 000 âmes, non compris la ville de Paris, qui pouvait en avoir environ 500 000[2].

Voici en résumé ce qui nous paraît le plus approchant du vrai dans les diverses supputations des auteurs. On peut voir, chez ceux que nous citons ci-dessous, les motifs et les faits sur lesquels ils ont appuyé leurs déductions.

ANNÉES.	ARÉA kilom. carrés	HABITANTS.	par Kil. c	Accroiss'. annuel 3.	
1328	314 790	9 975 000	32		*Manusc.* cité par Dureau, v. plus haut, p. 28. M.-Jonn. *Elém.* p. 325.
1515	467 800	14 000 000	30	0.0000	Montvéran, *bull. soc. fr.* stat. univ. 1830, 2e partie, p. 50.
1599	473 000	16 000 000	34	0.0015	Froumenteau.
1698	500 243	19 669 320	39	0.0014	Dénombr. des intend. Vauban[4]. *Stat. Fr.* P. I, n° 40.
1772	528 527	23 665 000	45	0.0020	Montyon et Necker.

Il y a eu en 1762, au dire de M.-Jonnès (qui n'indique pas ses sources, *Élém.* p. 72, et P. I, n° 40 précité) ou en 1764 (P. I, p. xxii) un recensement des généralités, qui paraît être resté bien incomplet. Il ne portait la Population (au même dire) qu'à 21 769 163.

[1] Ulpien, *Pandectes* de Justinien.

[2] Expilly, *Dict. de la France*, 1763. *Préface* et *Pop.*

[3] A superficie égale. L'accroissement moyen est calculé sur la demi-somme et la différence des valeurs de P par couple de périodes.

[4] Il a omis le Berry. (*Dixme roy.*).

La France, aux 16ᵉ et 17ᵉ siècles, avait une population aussi
rare que l'ont aujourd'hui le Danmark, le Portugal, la Valachie, — moins de 40 habitants au kilom. c.; et cette Population prenait deux fois moins d'accroissement qu'aujourd'hui, où elle est condensée à 68 par kilom. c. (v. ci-dessus, p. 13); elle s'accroissait moins que ne s'accroît maintenant celle de Belgique, qui est entassée à 151 par kilom. c.
Pour une violation aussi flagrante de la *Loi du rapport inverse* (v. ch. ii), il fallait un état social bien oppressif. L'unité
se formait : mais en se formant elle comprimait le développement. Les arts destructeurs étaient seuls en honneur ;
le privilége était triomphant, le travail asservi, foulé et méprisé ; les classes les plus nombreuses et les plus produc-
trices étaient au dernier degré de misère et d'abjection.

Art. 4. — *Mouvement régulier de la France moderne.*

A partir de 1770, des données positives nous permettront
d'établir avec une approximation très-grande la quantité de
Population, dépendante de son *mouvement moyen*.

Pour décrire la Population dans son état à une époque
donnée et dans ses changements successifs (ce qui est l'objet de la Démographie), on puise à deux grandes sources
de documents administratifs, qui sont les *recensements* et les
relevés de mouvement. Ces documents donnent naissance à
deux branches de la science, mais deux branches intime-
ment soudées, se pénétrant, s'éclairant, se fortifiant par une
prestation mutuelle. La population *recensée* est le bilan des
mouvements ; il y a partie double, il faut que la balance se
trouve.

On doit avant tout chercher cette balance. Car, si les documents ne sont pas d'accord, il n'y a rien à faire sans avoir

déterminé lesquels on doit rejeter, lesquels on doit accepter comme sources de déductions.

Une précaution à laquelle un bon architecte ne manque jamais avant de mettre en œuvre ses matériaux, c'est de les *recevoir*. Ce travail préliminaire, indispensable, d'examen et de critique, les statisticiens s'en sont dispensés trop souvent ; ils ont expié cette omission par les contradictions nombreuses, par les divagations et aberrations qui ont retardé la science, qui tous les jours l'encombrent et la discréditent. Si vous vous appuyez sur des documents fautifs, ce que vous nous donnez pour l'histoire de l'Espèce n'est qu'une fable, et une fable qui n'a rien d'amusant [1].

Les mouvements de population sont de deux sortes. On a appelé les uns *intérieurs,* ce sont les Mariages, Naissances et Décès ; les autres *extérieurs,* ce sont les migrations [2]. L'ensemble constitue le roulement.

Pendant longtemps les mouvements intérieurs ont été enregistrés seulement par les prêtres, avec plus ou moins d'exactitude ; c'est toutefois un des services que ces hommes de confiance ont pu rendre aux époques d'ignorance et d'inorganisation, et qu'ils rendent encore de notre temps aux États arriérés. Ces *mouvements* sont maintenant garantis en France par l'institution de l'état-civil, confié aux fonctionnaires municipaux sous les prescriptions de la loi et sous la surveillance de l'autorité judiciaire.

La création d'un office municipal de Population, indépendant du culte, la célébration du mariage comme enga-

---

[1] J. cc. 2/54. p. 213. *Discussion des bases rationnelles de la Statistique humaine.*

[2] Les migrations n'ont pas encore leur état-civil. Cette lacune est regrettable et nuisible : elle l'est un peu moins peut-être chez une grande nation, où la population, très-développée par ses propres forces et très-attachée à la patrie, est aussi peu capable d'admettre beaucoup d'immigrants, que peu sensible au fallacieux appât de l'émigration. Il serait bon de savoir pourtant à quel point les naturalisations compensent les émigrations annuelles. La science demande l'un et l'autre chiffre à l'administration, qui les a et les devrait publier.

gement purement civil, la constatation des naissances et des décès comme faits naturels et sociaux, étaient la suite obligée de l'émancipation des croyances. La société *terrestre*, sortant de tutelle, se déclarant majeure, et prenant en main sa propre direction, ne pouvait plus tenir ses lois que d'elle-même : elle devait se soumettre toute hiérarchie ; elle devait aussi garantir à chacun de ses membres, sans exception ni distinction, son certificat d'origine, son état-civil, sa place à l'atelier et son repos sous l'herbe. Ces conditions ne pouvaient être remplies, si les registres qui constatent l'état des citoyens restaient au pouvoir de corporations spéciales, et ne devenaient éléments d'administration publique et propriété de l'État.

Il y a évidente incompatibilité entre la liberté de conscience, légalement proclamée, et le culte reconnu comme fonction publique. Du moment où la liberté de croire et de ne pas croire devient principe social, le culte devient affaire privée. Chacun peut adhérer à telle ou telle association religieuse et s'en détacher à son gré, sans perdre la protection que les lois étendent sur tous. Mais on perd tout droit à cette protection, si l'on ne se met dans les conditions que les lois établissent pour faire de l'homme un citoyen. L'immatriculation civile est donc le plus important devoir de celui qui fait partie d'une société constituée ; elle est aussi son droit le plus précieux.

Au reste, du jour où le gouvernement social, après de longs siècles d'égarement, ouvrait enfin les yeux, et s'occupait de l'état des citoyens, il ne pouvait laisser les actes du mouvement de Population désordonnés, inexacts et incomplets, comme ils étaient dans les cahiers des sacristies[1].

---

[1] Nous avons pu relever personnellement des cahiers de paroisse, en remontant jusqu'au milieu du 17e siècle. Les irrégularités y sont nombreuses et flagrantes. On parcourt quelquefois plus de 10 années sans trouver plus d'1 ou 2 décès d'enfant

Plusieurs déclarations royales, et notamment celle de 1736, avaient constaté le mal et cherché à y remédier, mais avec peu de succès. L'expérience venait donc à l'appui du principe, pour démontrer la nécessité d'un office spécial.

Cette création, préparée par tant d'efforts, est l'un des plus grands bienfaits du 18e siècle, et la plus sûre consécration de la rénovation sociale. Les nations qui n'ont pas voulu encore l'adopter ne peuvent se dire ni organisées ni libres : aussi n'ont-elles qu'une statistique (de P) imparfaite et stérile. Le même joug qui opprime leur conscience dénature leurs actes civils. Elles n'ont pas le droit de s'interroger et de reconnaître leurs éléments. Elles ne s'appartiennent pas : elles ne sont pas chez elles ; elles logent en hôtel garni. Que l'on lise les codes, même récemment rectifiés, je ne dis pas de Russie, mais d'Autriche, des Deux-Siciles, de l'État Sarde encore, on verra dans quelles inconséquences ils sont conduits par la lutte des deux autorités ; on verra que la liberté de conscience n'y est qu'un vain mot, à chaque instant contredit et raturé par des concessions au principe contraire et par d'iniques dispositions pénales (Foucher, *Coll. des lois.*) V. ci-après ch. XXII.

Nous avons pour le 18e siècle les relevés de mouvement que l'ancienne académie des sciences a insérés dans ses *Mémoires* (1783, p. 712 ; 1784, p. 592 ; 1785, p. 689). Ils don-

---

au-dessous de 12 ans. C'est dire que jamais on n'y inscrivait les enfants morts sans le baptême ecclésiastique. Ils ne se trouvent par conséquent ni au cahier des naissances, ni à celui des décès. Les décès d'adultes sont souvent hors de leur date, ou bien l'âge est omis, surtout avant la déclaration de 1736. Cet acte amène une amélioration marquée pendant 2 ou 3 ans, au bout desquels il y a *rechute dans le désordre*. Une fois, sous la date du 24 sept. 1733 on prend note d'un enfant d'environ 6 ans, trouvé mort dans le ruisseau, et que le vicaire inhume « en présence du fossoyeur » sans autre recherche. Le nombre des mariages a de telles variations, qu'il est évident que l'on prenait acte seulement de ceux qui en valaient la peine, et que l'on ne faisait pas mention de l'union des gens qui n'avaient rien.

nent les nombres des Naissances, Décès et Mariages pour
14 années consécutives, 1771-84. On ne comprend pas
pourquoi la statistique de France, qui a reproduit (Territ.
P. I, nº 65) les années 1781-84, n'a pas reproduit les précédentes, ni pourquoi elle n'a pas donné les suivantes. Elle
dira peut-être pour celles-ci : les relevés ne sont pas faits.
La Démographie répondra : qu'on les fasse [1]. N'est-ce donc
pas un assez grand intérêt, historique, politique et social,
que de connaître quel a été le mouvement de la Population pendant ces années de tourmente et de régénération ;
que de suivre an par an les premiers progrès de l'état-civil
nouvellement créé; et de savoir si les secousses révolution-
naires ont fait payer bien cher à la grande masse agricole
les bienfaits inappréciables qu'elles lui apportaient?

Pour l'époque précitée, nous avons adopté comme base
de P (à défaut de recensement régulier) le chiffre calculé
par Necker (*Admin. fin.* ch. IX), auquel se sont rapportés
Dufau, Ch. Dupin et autres démographes. Il nous a paru
que ce ministre, dont les écrits témoignent un esprit exact,
sincère et judicieux, avait d'ailleurs sur tous les autres calculateurs un avantage essentiel : celui d'être incontestablement le mieux informé.

Voici, au reste, les supputations les plus connues, rapportées par A. Young, Marc Jodot et A. Legoyt (*Voyage,*
ch. 17, *J. soc. fr. stat.* octobre 1832, *Fr. stat.* p. XII).

1754.....	18 107 000	Mirabeau, l'*Ami des hommes.*
1760,.....	20 900 000	Expilly *Dict. de la France,* Préf.
1762.....	21 769 163	*Recens. des généralités. Stat. Fr.* P. 1. nº 40.
1767.....	22 014 357	*Dénombr.* Expilly. Dict. art. P., p. 808.
1772.....	25 665 000	Montyon (Moheau, *Rech. sur la Pop. de la Fr.*)

[1] Des auteurs à portée d'être bien informés assurent que les archives des finances possèdent des documents sur les mouvements de P de cette époque. L'administrateur qui les retrouvera et les mettra au jour méritera bien de la science, de
l'histoire et du pays.

1776-80...	24 802 580	Necker, *Admin. finan.* ch. IX [1].
1790.....	25 500 000	Condorcet, Peyssonel et Chapelier. *B. h. p. t.* 5.
1791.....	26 303 074	*Relevé des rôles*, ord. par l'Assemb. nat. (A. Young, l. c
1796	26 541 428	De Prony (*Ann. long. an* v).
1799.....	28 811 000	Depère. — (Exagéré).

Passons au siècle courant.

L'administration publique a exécuté en France dans la première moitié du 19e siècle, 7 recensements généraux (et non pas 9, comme il est annoncé dans la statistique officielle (*Terr.* P, 6 au vol. I, 3 au II). Car, ce même vol. I, par une bizarre contradiction, déclare (p. XXIII) que ce qu'il appelle *les recensements de* 1811 *et de* 1826 n'ont été que des *supputations.* S'il n'en est pas dit autant de celui de 1806, c'est sans doute qu'il n'équivaut pas même à une supputation ou calcul véritable. Il n'y a eu de recensements généraux réellement opérés qu'en l'an IX, en 1821, 1831, 1836, 1841, 1846 et 1851.

L'imperfection de tous les dénombrements est reconnue des fonctionnaires mêmes qui les ordonnent et les reçoivent (*Stat. Fr. l. c.*; Legoyt. *Fr. stat.* XI; *Rapport du min. de l'intér.* sur le recensement de 1851). On les doit amender par la confrontation avec les relevés de l'état-civil.

Il est facile de concevoir que les dénombrements de la Population doivent être plus imparfaits que les relevés de son mouvement. Ceux qui mettent la main aux recensements généraux ont fait ressortir les énormes difficultés de cette gigantesque énumération, dont l'exécution doit avoir lieu en toute hâte, parce que son plein succès tient en quelque

---

[1] C'est à tort que, dans la *Stat. de Fr.*, l. c. (et cette erreur est répétée *Fr. Stat.*, p. XII), on rapporte l'évaluation de Necker à 1784. C'est la date de son livre : mais son calcul explicite porte nettement sur la période quinquennale 1776-80. Signalons l'entente précoce de la méthode démographique, que dénote ce calcul. Ce n'est pas la seule preuve qu'en ait donnée ce ministre éclairé, fonctionnaire citoyen, si malheureusement respué par la monarchie mourante.

sorte à son instantanéité, et dont les détails inquiètent et contrarient les citoyens, parce qu'ils ne sont prescrits que par des arrêtés administratifs, et non par des lois, et aussi parce que l'immatriculation exacte des habitants n'est pas encore entrée dans les mœurs. Les relevés de l'état-civil, au contraire, se font à tête reposée, sur des registres authentiques et tenus avec un soin proportionné à leur haut intérêt, par les mêmes fonctionnaires qui sont chargés de les relever. Ces fonctionnaires sont avertis que leur travail ne va pas seulement aux bureaux du ministère, mais qu'un exemplaire en en est déposé aussi au greffe du tribunal, et que l'officier de justice est tenu par la loi d'en vérifier l'exactitude. Ainsi ces précieux relevés offrent une base solide aux travaux démographiques, et un sûr contrôle de la valeur des dénombrements.

Notre point de départ, pour le 19ᵉ siècle, a été le recencement de 1851, qui est le plus récent. Après les rectifications qu'il a subies par le travail répété des bureaux, (*Bull. des lois*, décret 10/5/52, nᵒ 533 ; errata nᵒ 598, p. 1248 seqq. ; décret 15/4/53, B. 42, nᵒ 359, p. 642), une encore était indispensable, à cause de l'omission des enfants indiquée par A. Legoyt *(Dict. écon. pol.* P. (Lois stat. de). Les naissances de /50 ont été (sans mort-nés, v. P II, nᵒ 44, corrigeant les *ann. long.*) 954 240

Les décès au-dessous d'un an d'âge (communication officieuse du Bureau) . . 140 256

Il y avait donc, au commenc. de 1851, V_0 . . . 813 984

On n'a inscrit au recensement que . . . 655 271

Omission constatée, de ce chef 158 713

Le décret 15/4/53, précité, élève le recensement à 35 783 206

La population de la France, au commencement de 1851, pouvait donc être portée à . 35 941 919

C'est le chiffre auquel nous nous sommes arrêté : et y rapportant toutes les périodes quinquennales au moyen de la différence N-D, qui détermine l'accroissement intrinsèque, nous avons construit le Tableau suivant, qui reproduit les états successifs de P avec une exactitude approximative, dont les recensements sont tous plus ou moins éloignés.

MOUVEMENT MOYEN ANNUEL DE LA POPULATION FRANÇAISE
PAR PÉRIODES QUINQUENNALES.

PÉRIODES. [1]	N. [2]	D. [3]	P. [4]	Moyenne de l'accroiss annuel. par 1000. [5]	Densité [6]
1771-75	946 224	813 573	24 049 220	5.52	45.40
1776-80	992 104	823 411	24 802 580	6.80	46.75
1781-84	993 872	917 250	25 415 862	3 02	48
1786-90					
1791-95				5.60	
1796-1800					
IX-XIII	939 633	829 386	27 646 671	3.98	52.15
1806-10	951 592	767 542	28 382 414	6.48	53.50
1811-15	958 652	789 332	29 265 839	5.78	55.20
1816-20	983 396	756 518	30 256 334	7.45	57
1821-25	1 000 810	765 945	31 410 692	7.48	59.30
1826-30	1 005 744	815 442	32 473 609	5.86	61.20
1831-35	1 004 250	856 656	33 318 349	4.43	62.75
1836-40	993 430	833 791	34 086 569	4.68	64.20
1841-45	1 009 078	819 021	34 960 547	5.43	66
1846-50	984 813	883 567	35 897 631	2 84	67.40

(ND compris à N et à D).

En tirant la différence N - D, il a fallu prendre garde aux ND, qui, jusqu'à 1840, ont été relevés indistinctement avec les décès, et qui ne sont jamais inscrits aux naissances. Cette

indistinction atténuait fictivement l'accroissement de P,
comme l'a remarqué Mathieu dans les *Ann. long.* ; elle faus-
sait le rapport de N à D, et toutes les déductions qu'on en
tirait. M.-Jonnès, Raudot, Fayet y ont trébuché avec une
foule d'autres écrivains. Depuis 1840, et grâce aux solici-
tations de Demonferrand, les bureaux relèvent ND à part.
Chaque année les relevés (ou les inscriptions) se rapprochent
de l'exactitude, comme il est visible par le grossissement des
chiffres (V. *Stat. Fr.* P. II, n° 44). Il est fort à désirer que
l'autorité judiciaire, qui veille par état à la garde et à l'exécution des lois, rappelle comminativement aux agents des
cultes qu'ils en violent bien souvent un article essentiel,
celui qui défend à *toute personne,* sous peine d'amende et de
prison, d'enlever un corps sans *l'autorisation écrite de l'officier d'état-civil* (Code civil, art. 77 ; C. pénal, 358). L'o-
mission des mort-nés sur les registres municipaux est un
abus qui n'affecte pas seulement la démographie (ce serait
déjà un assez grand mal), mais qui peut en certain cas porter
atteinte à l'état des familles, favoriser le vice, et protéger
des crimes cachés.

Les relevés officiels portent ND,
pour 1841-45, à N 0.0327 (338 ND. p. 10 000 naiss. viv.),
et pour /46-50, à N. 0.0357 (371 » » »).
Sous la probabilité qu'une partie de ND restait sans inscription dans les premières années de l'institution de l'état-civil, nous avons réduit la correction à 0.03 pour toutes
les périodes relevées au tome I, P. *Stat. Fr.*

Ce travail de vérification nous met à même d'apprécier les
recensements, de mesurer leur écart, et de discerner ceux
qui ont été sérieusement exécutés, et ceux qui ont été sup-
posés. Les dénombrements sincères resteront en général
au-dessous de la réalité ; car en ce genre de travail les
omissions doivent être beaucoup plus nombreuses que les
doubles emplois. Mais si un conquérant veut intimider ses

ennemis du dehors, et en même temps faire illusion à ses propres sujets sur les pertes de sang qu'il leur cause, il trouvera des *recenseurs* complaisants qui enfleront les états de Population. Le défaut de contrôle administratif laissera, comme toujours, naître et accréditer l'erreur. Mais elle sera démasquée tôt ou tard par la démographie, appuyée sur l'état-civil.

ANNÉES.	RECENSEMENTS FRANÇAIS		ÉCART des RECENSEMENTS.
	BRUTS.	RECTIFIÉS sur les relevés d'état-civil.	
[1]	[2]	[3]	[4]
A la fin de			
1800	27 349 003	27 3 7 054	— 22 051
1805	29 107 425	27 922 289	+ 1185 136
1810	29 092 734	28 842 539	+ 250 195
1815	»	29 689 139	
1820	30 461 875	30 823 529	— 361 507
1825	31 858 937	31 997 854	— 138 917
1830	32 569 223	32 949 364	— 380 141
1835	33 540 910	33 687 334	— 146 424
1840	34 230 178	34 485 404	— 255 226
1845	35 401 761	35 435 689	— 33 928
1850	35 783 206	35 941 919	— 158 713

On voit dans quelle mesure les recensements, ces grands actes de l'administration publique, se sont ressentis, et se ressentent encore de l'agitation des temps et de l'imperfection des rouages administratifs. Ils ont été critiqués, avec une rare impartialité, par les savants fonctionnaires euxmêmes chargés de les mettre en ordre et de les publier : (M.-Jonnès, *Élém. stat.*, Legoyt, *Fr. stat.* p. LXXXII *seqq.*, *Annuaires de l'économie politique et de la statistique*). Les bu-

reaux de l'empire ont fait une critique assez piquante de
celui de 1806, en le retenant comme bon pour 1811, avec
quelques légères variantes, et après l'avoir diminué de
14 à 15 000 ames. Il est vrai qu'il est follement exagéré :
et ce serait vraiment abjurer tout. esprit de saine critique
que de s'appuyer sur une hyperbole aussi flagrante. Nous
rencontrerons plus loin un autre motif de le condamner.

Les savants auteurs de la *Description* topographique et
statistique de la France, Peuchet et Chanlaire, citent rarement le prétendu dénombrement de 1806, et ne le citent
que pour le combattre. Écrivant de 1810 à 1816, et donnant une attention particulière à l'état de la Population, ils
appuient tous leurs calculs sur le recensement de l'an ix.

Ils citent l'annuaire du département de la Seine-inférieure, pour 1807, qui donne 628 105 habitants, où les
recenseurs de 1806 trouvaient 643 093.

Le recensement de l'an ix, au contraire, mérite les éloges
qu'il a reçus à diverses reprises (*Préfet* Colin, Delacroix,
Stat. Drôme, Peuch. et Chanlaire), et notamment des auteurs
de la *Statistique de France* (*Terr.* P. I. p. xxiii): et il justifie suffisamment ceux qui s'y appuient pour des déductions
de statistique comparée. Son écart n'est que de   0.0010;

    le recensement de 1831 s'écarte de. . .   0.0115;

    celui de 1806 de. . . . .   0.0423.

Si le recensement de l'an ix n'a été, comme l'insinue un
académicien, qu'un calcul de Laplace, il faut convenir que
le génie mathématique a inspiré l'illustre géomètre jusqu'à
la divination. Dans tous les cas, on en croira sans doute plus
volontiers un calculateur comme Laplace, que des *recenseurs* comme ceux de 1806.

Retournons un peu sur nos pas pour considérer la
moyenne de l'accroissement annuel de P. On a vu, par
le petit tableau p. 39, que cette moyenne croissait pres-

que continuement, mais avec une lenteur extrême, tant
que notre sol garda les empreintes glacées de la féodalité.
C'est dans la seconde moitié du 18e siècle que cette croissance devient tout-à-coup plus sensible. L'avancement de
l'agriculture occupait beaucoup les esprits : on en juge par
les journaux du temps, et par l'ordonnance de 1766, qui
encouragea les défrichements. Ce mouvement fut vivement
secondé par le bienfaisant ministère de Turgot, qui, con-
trairement à tout usage, administrant pour les administrés,
établit la libre circulation des grains, abolit les corvées, les
jurandes et une multitude de droits locaux et de monopoles
dont la subsistance du peuple était grevée. Ces essais d'a-
mélioration, trop tôt interrompus, donnent pourtant un élan
rapide à la Population : le nombre des Mariages s'accroît
extraordinairement en 1776 ; les Naissances atteignent l'année suivante le chiffre le plus élevé que la statistique française ait jamais enregistré (998 191 sans les ND) ; et cette
brusque élévation produit dans leur variable proportionnelle une perturbation inouïe (V. plus loin au chap. xi).
Certainement les causes matérielles que nous avons indiquées, une autre aussi dont nous parlerons plus tard, ne
suffiraient pas pour expliquer ces mouvements extraordinaires. Il en faut signaler de morales, qui, selon nous, n'é-
taient pas moins efficaces : 1° les espérances qu'excitaient un
gouvernement promettant d'être libéral , un roi jeune et
alors bien intentionné, succédant à un monstre d'égoïsme
et de corruption, et détruisant les restes de l'inquisition et
de la servitude ; 2° la découverte de la vaccine, qui n'était
pas encore de pratique générale, mais qui était assez connue déjà pour répandre partout chez les gens mariés l'espoir de conserver leur chère progéniture sans la voir défi-
gurée.

L'excitation ou la prostration du sentiment d'espérance a
sur le mouvement de P une influence considérable, qui n'a

pas été signalée encore, et que démontrent pourtant des exemples frappants.

En 1846, le pain enchérit ; tout annonce la détresse : le nombre des Mariages s'arrête dans son accroissement continu ; il rétrograde de 15 ans l'année suivante, et par suite celui des Naissances s'affaisse et tombe plus bas qu'il n'était tombé en 1818 par la même cause, presqu'aussi bas qu'en cette sombre et désespérante année 1812.

En 1848 au contraire, lorsque le peuple s'enivre de l'espoir décevant d'avoir enfin conquis son état social, le nombre des Mariages dépasse de beaucoup toutes les limites qu'il avait atteintes jusque là, et les naissances s'élèvent par suite à un chiffre qu'elles n'atteignaient plus depuis 14 ans.

La moyenne de l'accroissement annuel de P, après l'élévation de 1774-1780, fléchit dans la période suivante, soit par l'effet des fièvres épidémiques qui désolèrent beaucoup de provinces (Laplace, *mém. ac. sc.* 1783, p. 702, tableau), soit par l'amortissement des espérances préconçues. Nous n'avons pas le détail des 3 périodes de 1786 à 1800. Nous voyons seulement qu'en somme la moyenne d'accroissement reprit sa marche ascendante, et que les terribles accidents de ces temps de crise ne purent neutraliser l'influence vivifiante de l'émancipation. *V.* p. 47 [5].

La période an ix-xiii paraît, au rapport de plusieurs préfets, avoir été atteinte aussi d'épidémies meurtrières et qui frappaient généralement le bas âge.

La moyenne d'accroissement recouvre son élévation dans la première période de l'empire ; mais elle rétrograde dans la seconde. Elle reprend une marche ascendante après la révolution de 1814 ; fléchit vers la fin du régime restauré ; fléchit encore sous les coups terribles du choléra de 1832 et 1834 ; se relève à partir de 1836, pour tomber de nouveau et lourdement dans la dernière période, sous la double atteinte de la cherté de 1847 et du choléra de 1849.

Quelques auteurs, trop émus des fulgurantes tempêtes de notre grande révolution, ou peut-être égarés par des regrets politiques, ont soutenu que la Population française, loin de s'accroître, avait dû s'affaiblir dans la dernière décade du 18e siècle [1]. Ils n'ont donné d'autres preuves de cette opinion paradoxale que la terreur, les secousses, l'émigration. Ils n'ont pas fait attention que l'émigration n'avait entraîné que la classe des hauts priviléges, la plus absorbante et la moins reproductrice. Ils ont aussi perdu de vue que la grande masse de la Population française est population rustique, dispersée, courbée sur la glèbe; que les paysans n'ont ressenti que par une transmission fort adoucie les coups de tonnerre qui secouaient nos villes et menaçaient de les abîmer; et qu'en revanche, de l'état de brutes parquées où ils étaient ravalés, ils se sont élevés à la condition d'hommes, de citoyens, de propriétaires, se sont vus tout-à-coup les égaux, même les supérieurs de ceux qu'ils avaient toujours crus bien au-dessus d'eux, et ont commencé à jouir pleinement de ces trésors qu'ils savent tirer de la terre, et qui, sous l'ancien régime, passaient presqu'en entier à leurs maîtres. Ce nouveau genre de vie n'était-il pas aussi dilatant et aussi conservateur, que l'autre était étouffant et destructif? Ne prêtez donc pas, Messieurs, vos débilitantes terreurs à ces bonnes et fortes gens. Nous vous accordons que quelques villes ont perdu de leur Population ou ne l'ont pas accrue pendant cette crise héroïque : oui, certains organes blessés, ceux où siégeait l'inflammation, se sont momentanément amaigris. Toutefois, malgré le soin maladroit que l'on prend de nous dérober la

---

[1] Raudot *Décadence de la Fr.* D'Ivernois, *Bibl. univ.* Juglard *J. écon.* 1851, t. xxx, p. 368. Fayet, *ib.* /50. V. aussi 1855, t. v, p.361, le même Raudot.

connaissance des mouvements de la Population dans cette période importante, nous pouvons vous édifier démographiquement sur ses progrès, au moyen d'un document indirect, mais authentique. Nous avons donné, dans une Revue scientifique [1], le relevé complet des listes de tirage pour le recrutement, extrait des *Comptes* rendus par le ministre de la guerre, et nous l'avons réduit en périodes quinquennales.

On y voit que la période 1816-20 a fourni plus de jeunes gens de 20 à 21 ans qu'aucune des trois périodes suivantes. Or, cette première période répond aux naissances de 1795 à 1800. Vous devez donc avouer que les naissances étaient plus nombreuses dans ces années où le nouveau régime venait d'éclore et où expirait le 18e siècle, que dans les 15 premières années du 19e [2]. Aimez-vous mieux admettre que, les naissances étant moindres, on était déjà à même de mieux élever et conserver les enfants? Soit. Mais l'une et l'autre explication implique et démontre l'amélioration du sort du peuple dès la première période de son émancipation. Ne maudissez donc plus ces ruines fécondes, abritez-vous avec nous tous sous le bel édifice qui les a remplacées, aidez-nous à le compléter, et consentez enfin à être de votre temps.

---

[1] *J. éc.* /2/54. I de la 2e série, p. 213-225 : *Discussion des bases rationnelles de la statistique humaine.*

[2] On a quelques relevés partiels, qui confirment cette induction. *V. Stat. de la Drôme*, par Delacroix, 4º /55 : N 1793-1802 est au-dessus de 1800-02. *Id.* Sarthe, *Stat.* du préfet Auvray ; Tarn, préfet Lamarque.

CHAPITRE IV.

COEFFICIENT DU DÉVELOPPEMENT NUMÉRIQUE.

ÉQUATION GÉNÉRALE DES SUBSISTANCES.

« Nous croyons avec Franklin que les limites de la Popu-
» lation ne sont fixées que par la quantité d'hommes que la
» terre peut nourrir et vêtir » Montyon (Moheau, *Rech*.
p. 274).

Cette proposition a été pressentie depuis longtemps par
le bon sens des Peuples, qui dit proverbialement : « Où il y
a un pain, il naît un homme ». Elle est applicable non-seulement à l'homme, mais à tous les êtres vivants, animaux
et végétaux. C'est pourquoi nous l'avons appelée *équation
générale des subsistances*[1] ; et, la considérant au point de vue
spécial de la race humaine, nous avons proposé de la formuler en ces termes :

P (La population moyenne) se proportionne aux subsistances disponibles[2].

C'est l'article fondamental de la *Loi de* P. Il importe de
l'établir d'une manière irréfragable, soit pour les co-

---

[1] *J. des écon.* /53, p. 184.

[2] Il ne faut pas entendre par *subsistances* les seuls aliments, *non de solo pane
vivit homo, sed de* OMNI VERBO *quod procedit ex ore Dei*. On doit prendre ce mot
plus au large, et l'appliquer à toutes les conditions au moyen desquelles l'homme
subsiste, ce qui comprend, outre l'alimentation et les boissons, le vêtement, le couvert, l'air même que l'on respire. Et l'on n'en doit pas exclure les conditions morales,
qui, elles aussi, concourent à sustenter l'homme, et au premier rang desquelles il
faut compter la vertu, la joie des bonnes actions, la sécurité que donne l'ordre public
appuyé sur la liberté.

rollaires d'une fécondité infinie, qui en découlent, soit à cause des contradictions qu'il rencontre encore, et des disputes qu'il suscite parmi les économistes qui ne l'entendent pas clairement. On démontre ce principe par le raisonnement et par l'expérience.

1° par le raisonnement. Si la Population n'était pas adéquate aux subsistances disponibles, elle serait au-dessus ou au-dessous. Elle ne peut pas être au-dessus, car une partie des hommes vivrait sans manger, — ce qui serait par trop angélique. Elle ne reste pas au-dessous : car une partie des subsistances demeurerait sans emploi, ce qui n'arrive pas. Dans quel temps, dans quel pays s'est-il jamais vu que des subsistances soient péries faute de consommateurs ? « Il est » évident que P a été et sera toujours limité par la quantité » des subsistances, puisque d'un côté il faut manger pour » vivre, et que de l'autre on ne jette jamais de blé à la mer. » (M. Chev. *Dict. conv.* t. 44, Population).

D'ailleurs, les auteurs ont parfaitement établi que la Population *tend* à se multiplier non moins rapidement que les subsistances (Malthus, *Princ. de pop.* ch. 1). Il est vrai que cette tendance est barrée à leur limite et ne peut normalement la dépasser. Cela nous conduit aux démonstrations par les faits.

Nous prions le lecteur de prêter toute son attention à la suite de ce chapitre. Car, il ne suffit point de savoir que la terre ne porte pas plus d'êtres vivants qu'elle n'en peut nourrir. Cette proposition (qui pourtant a été contestée [1]), semblerait n'avoir pas besoin de démonstration. Mais il faut rechercher en outre par quelles lois naturelles l'équation se constitue dans l'état normal, et se rétablit lorsqu'elle a été

---

[1] Du Puynode après Malthus : « La population peut être surabondante; nous » peuplons au-delà des subsistances; il est prouvé que la production des aliments » ne suit pas celle de P. » *J. écon.* /54. t. 4. p. 11, 21, 29, 32. *Voy.* les *lettres* à la fin de ce volume.

altérée par des phénomènes accidentels ; il faut reconnaître quelles modifications dans les *mouvements* de P répondent aux variations dans l'état des subsistances.

2° Par l'expérience.

2e *Démonstration*. Les pays les plus producteurs sont les plus peuplés, et réciproquement.

Il est notoire que les pays de l'Europe les plus producteurs sont la Belgique, la Lombardie, l'Angleterre, la France, la Prusse. Ces peuples laborieux, fécondant la terre par un travail éclairé, tirent d'un hectare ensemencé, 12, 18, jusqu'à 21 hectolitres de blé ; et leur industrie, dirigée par la science, ajoute ses riches dons à ceux que la culture arrache péniblement au sol. (Block *Charg.*)

la Prusse a . . . 60 habitants par kilom. c.
la France 68
la Lombardie. . . 123
l'Angleterre . . . 129
la Belgique . . . 151.

Mais la Grèce, qui relève à peine de longs siècles d'esclavage et d'inaction, qui tire d'un hectare labouré, à peine 4 ou 5 hectolitres de blé, et qui ajoute peu par l'industrie à la pauvreté du sol, n'a que 21 habitants par kilom. car. L'empire de Turquie, où le fanatisme, la servitude et la paresse combinent leurs ravages, en a moins encore.

L'empire de Russie n'en a que 3.

Melchior Gioja observe que, dans les provinces Vénitiennes, où l'industrie manufacturière est à peu près nulle, la Population suit en général le rapport des productions agraires (*Scritti*, p. 119).

L'*Annuaire du bureau des longitudes,* bon livre où la démographie tient trop peu de place, mais une place aussi bien remplie que le permet l'œuvre des bureaux, — répète tous les ans qu'en France « Chaque localité a un nombre d'habitants proportionné à ses produits » (1854, p. 219). En effet, à la tête des départements les plus peuplés, nous trouvons *Seine, Rhône, Nord, Seine-Inférieure, Bas* et *Haut-Rhin*, etc. (*Ib.* p. 226.) N'est-ce pas ceux où le travail offre ses plus abondantes créations ?

Après la Seine, le Rhône et les deux Rhin, viennent tous les riverains de l'Océan au nord du Morbihan. Ils sont dans la sphère d'attraction de l'activité britannique.

A l'autre bout de la liste, au contraire, on voit *Basses* et *Hautes-Alpes, Corse, Lozère, Landes,* où la nature se refuse à produire ; — départements stériles et déserts.

De 1825 à /32, c'est la France de l'Est qui a le plus multiplié les fruits du travail : c'est elle aussi qui a le plus accru sa population (D'Angev. *Essai, tabl.* 2).

Le parallélisme est constant : La Nature et l'art rivalisent de fécondité : chaque produit du travail amène un travailleur de plus.

Cette merveilleuse correspondance nous a induit à poser le problème suivant :

Etant donnée la production d'un pays, déterminer sa Population, et réciproquement.

Ce problème nous paraît si important, et sa solution si féconde pour la démographie, que nous l'essaierons dans un des chapitres suivants. Bien que les grands nombres aujourd'hui connus ne soient ni assez complets ni assez sûrs pour donner une solution définitive, ils conduiront au moins à une première approximation, qui sera déjà un pas fait pour la science, et qui pourra en appeler d'autres avec de meilleurs documents et des analystes plus habiles.

3e *Démonstration.* Quand la production des subsistances augmente, P augmente dans le même rapport.

Pour avoir des termes sérieux de comparaison, on ne peut

pas remonter plus haut que la deuxième moitié du dernier siècle. Un savant magistrat, qui écrivait en 1774 (et qui serait célèbre par ses travaux statistiques s'il ne l'était davantage par sa bienfaisance), Montyon [1] évaluait pour 1772 la Population de la France à 23 500 000 hab. et sa consommation moyenne annuelle en blé à 47 millions de septiers de 240 livres poids, soit environ 74 millions d'hectolitres.

Dans la période 1836-40, P étant 34 000 000, la *Statistique de France* (*Agr.* 4e partie) évalue à 110 millions d'hectolitres la consommation annuelle des blés de toutes sortes.

On voit que la double production, des blés et des hommes, a marché parallèlement et d'un pas sensiblement égal. En 2/3 de siècle, par les défrichements, les desséchements, quelqu'amélioration dans la répartition du sol et par suite dans la culture [2], la production des blés s'est accrue d'environ 49 0/0; et par cette seule cause, malgré tant d'obstacles de tout genre, d'épidémies, de guerres sanglantes, de misère non moins meurtrière, la Population s'est accrue de la même quantité.

Dans les 15 premières années de ce siècle, toutes les nations de l'Europe continentale, courbées sous un système de violence, tournaient forcément leur activité vers les moyens d'attaque ou de défense. Le travail languissait faute de bras et plus encore faute de sécurité ; les sciences étaient presque muettes : la production et la Population se développaient

[1] Pseud. Moheau, *Rech. et cons.* sur la Population de la France.

[2] Selon Expilly (*Dict. de la Fr.* in f°, 1763), il n'y avait, en valeur, par labours, prés et vignes, que 37 600 000 arpents = 128 000 kilom. c. Aujourd'hui il y a 250 000 k. car. (*Stat. Fr.* ibid.) La production a gagné moitié moins que la mise en valeur, soit parce que l'art de cultiver a peu progressé chez les petits propriétaires, qui sont les plus nombreux, soit surtout parce que les terres anciennement en valeur étaient les meilleures.

lentement, demeuraient stationnaires ou rétrogradaient.
Dans les publications officielles, la Population de la France
est évaluée, pour 1806, à 29 107 421,

et pour 1811, à 29 092 734 (P. I, p. 212 et
214). Ce ne sont que des évaluations, je l'accorde : mais
la dernière est un aveu, venant de gens dont on pouvait
attendre plutôt une flatterie.

PAYS.	HABITANTS.	Époques	HABITANTS.	Époques	Ac. an. 00/	AUTORITÉS.
France............	29 107 421	1806	29 092 734	1811	—	P. I, p. 212-14.
Suisse..........	1 850 000	1796	1 713 800	1817	—	*An. long.* an v. *A. G.*
I. Sardegna......	387 852	1802	351 867	1816	—	Della Marmora.
Espagne.........	10 000 000	1796	10 372 500	»	1.86	*An. long.* an v. *A. G.*
Norvege.........	850 000	1800	885 431	1817	2.45	Guthrie. *Alm. Goth.*
Emp. d'Autriche. [1]	25 000 000	»	26 000 000	1816	2.50	»
Danmark et Holstein	1 640 786	»	1 727 000	»	2.30	»
Boheme.........	2 916 000	1792	3 163 000	»	3.50	Balbi, *Scr.* 2, 112.
Toscane.........	1 058 930	1791	1 154 686	1814	4.	*Id.* 4, 218.
Deux-Siciles.....	6 045 900	1796	6 619 638	1816	4.75	*An. long.* an v. *A. G.*
Suède..........	2 347 303	1800	2 584 690	1820	5.	Guib. *Alm. Goth.*

On peut voir qu'en général l'effet de la compression était
d'autant plus marqué, que l'on était plus près de la force
qui l'opérait.

Tout-à-coup le joug est brisé : Les nations impatientes
reprennent leur indépendance ; la paix répand ses bienfaits ;
les armées dévastatrices deviennent des armées de travailleurs ; le fer ne fournit plus des sabres, mais des socs de
charrues et des machines créatrices ; l'activité de l'esprit
seconde et dirige celle des bras : l'industrie semble sortir du
néant : la production prend aussitôt un essor immense. La

---

[1] Moins Lombardie.

Population ne reste pas en arrière : elle s'accroît dans des
proportions inconnues jusqu'alors en Europe, et en raison
composée de la compression qu'elle avait subie, et du mouvement des sciences appliquées et des arts producteurs chez
les divers États.

PAYS.	ANNÉES.	Acc. an. 00/	AUTORITÉS.
France............	1816-25	7.50	*Nob.* p. 47.
Confédération german.	1817-28	9	*Alm. Goth.* Guib.
Deux-Siciles........	«	11	»
Suède et Norvége....	1817-25	11.50	»
Belgique..........	1815-30	13	Guibert.
Empire d'Autriche....	1816-25	15	»
Finlande..........	1815-25	15	Balbi, *Scritti*, I, 104.
Etats Sardes de t. ferme	1819-24	15	*Ib.* IX, 229.
Toscane..........	1818-28	15	*Alm. Go.* 1819 et 29.
Suisse............	1817-28	16	Balbi, *Scr.*, II, 112.
Boheme..........	1816-25	16.35	»
Ecosse..........	1811-21	16	»
Galles..........	»	17	Carpentier, *J.s.f.st.*/32
Angleterre.........	»	18	*Alm. Goth.* Guibert.
Danmark..........	1817-28	19	Guib.
Prusse...........	1816-25	20	»
Pologne..........	1818-28	22	»
Royaume des Pays-bas	1817-24	24	*Alm Goth.*
Espagne..........	1817-28	30	»

Cet accroissement extraordinaire s'est ralenti graduellement, à mesure que les mouvements se sont réglés. Pas un
seul de ces États n'a pu le maintenir au-delà de quelques
années. Les progrès de l'agriculture n'ont pas suivi ceux de
l'industrie manufacturière, parce qu'on s'est trop peu occupé d'éclairer l'ignorance des paysans.

On trouvera la mesure du ralentissement en comparant ce
tableau avec celui de la distribution générale des nations que

nous avons donné chapitre I, et avec l'*Echelle de densité* et d'accroissement actuel, au chapitre II.

Aux extrémités opposées de l'Europe, deux puissances paraissent n'avoir point participé à ce mouvement régénérateur :

		Acc. an. 00/	
Portugal. . . .	1820-26	7.50	*Alm. Goth.*
Russie d'Europe. .	1818-28	5.50	»

le Portugal, fief de l'Angleterre, et la Russie qui, systématiquement hostile à toute idée nouvelle, semblait jusqu'alors repousser mieux l'invasion de nos progrès que celle de nos armées.

Or, *si* faut-il qu'elle y vienne !

4ᵉ Démonstration. Quand la production diminue, la Population diminue d'autant.

Messance, qui écrivait quelques années avant Montyon, observa qu'à Paris, quand le prix du blé s'élevait, le nombre des décès augmentait (*Rech. sur la Pop. des généralités,* etc. par Messance, *receveur des tailles de l'élection de Saint-Étienne,* 1766).

Il dressa une double échelle, qui comprend quelques années du dix-septième siècle et la plus grande partie du dix-huitième. Nous la reproduisons ici, parce qu'il ne faut jamais laisser vieillir des documents aussi utiles à l'humanité. Nous la complétons par les taxes du pain pour la première moitié du siècle courant. Les décès à Paris sont extraits des *Recherches statistiques,* publiées par le département de la Seine, vol. II, nᵒ 53.

« PRIX SUR LE MARCHÉ DE PARIS,
DU SEPTIER DU MEILLEUR BLÉD,

mesure de Paris, du poids de 240 livres, calculé à 54 liv. 6 s. le marc, suivant sa valeur en 1765. »

ANS.	PRIX DU BLÉ			DÉCÈS à Paris	ANS.	PRIX DU BLÉ			DÉCÈS à Paris
	liv.	s.	d.						
1674	20	17	3	18 007					
1675	29	5	3	18 931	1731	19	10	»	20 832
1676	21	1	6	»	1932	14	16	3	17 532
1677	26	8	»	»	1733	11	17	6	17 466
1678	28	18	6	21 053	1734	12	2	6	15 122
1679	32	18	6	27 100	1735	12	16	3	16 196
1680	27	1	»	24 411	1736	14	3	»	18 900
1681	28	»	3	22 016	1737	14	16	9	18 678
1682	26	2	6	17 493	1738	17	16	3	19 581
1683	24	»	»	17 764	1739	20	7	6	21 986
1684	29	7	9	18 737	1740	25	12	6	25 284
....	....			......	1741	37	0	0	23 574
1709	58	13	9	29 288	1742	21	7	6	22 784
1710	35	9	3	22 389	1743	12	16	3	19 033
1711	22	9	6	15 721	1744	11	15	»	16 205
1712	25	5	9	15 721	1745	12	1	3	17 322
1713	34	5	»	14 860	1746	14	17	6	18 051
1714	38	»	»	16 711	1747	15	10	6	18 158
1715	26	19	6	15 274	1748	19	15	»	19 529
1716	16	12	»	17 410	1749	18	12	6	18 607
1717	13	6	6	13 727	1750	18	»	»	18 084
1718	12	4	6	12 954	1751	19	13	9	16 675
1719	12	15	6	24 151	1752	24	15	»	17 762
1720	16	5	6	20 371	1753	20	5	9	21 716
1721	11	14	6	15 822	1754	19	5	»	21 724
1722	13	8	»	15 525	1755	14	16	3	20 021
1723	20	0	6	20 024	1756	16	5	9	17 236
1724	24	17	»	19 719	1757	22	»	»	20 120
1725	34	4	»	18 039	1758	18	17	6	19 202
1726	29	0	6	19 022	1759	20	»	»	18 446
1727	19	1	3	19 100	1760	19	16	3	18 531
1728	13	6	3	16 888	1761	15	18	»	17 684
1729	16	12		19 852	1762	16	1	3	19 967
1730	16	1	3	17 452	1763	15	17	6	20 171

MOYENNE DES TAXES DU PAIN BLANC
DE 1ʳᵉ QUALITÉ A PARIS.

(Coll. off. ord. de police, t. 3, 817, t. 5 ; Ord. et arrêtés du pr. de pol. *Rech. stat.*
sur Paris, t. 2, nº 53 ; B. des lois, *Ann. Long.*)

ANS.	TAXE. le kilog.	Décès.	P/D	ANS.	TAXE. le kilog.	Décès.	P/D
1801	36 c.	20 767	26.30	1827	32.50	23 534	34.
1802	43.75	20 582	27.	1828	40.	24 557	33.40
1803	33.75	25 791	22.	1829	45.75	25 600	32.50
1804	26.25	20 870	28.	1830	39.30	27 464	30.50
1805	30.	18 469	32.	1031	39.25	25 996	32.60
1806	32.50	19 752	30.	1832	36.00	44 463	20.
1807	35.	20 587	29.60	1833	28.75	25 096	34.60
1808	32.50	17 352	35.75	1834	27.45	22 991	38.20
1809	30.	16 718	37.75	1835	28.60	24 791	36.
1810	31.25	17 705	36.	1836	27.90	24 057	37.50
1811	56.25	16 029	40.	1837	29.30	28 134	32.50
1812	42.50	19 952	33.	1838	34.50	29 743	31.
1813	40.	19 761	34.	1839	40.	25 324	36.50
1814	31.25	33 116[1]		1840	36.625	28 294	33.
1815	31.	20 429	34.	1841	31.00	26 028	36.20
1816	41.25	19 124	36.	1842	34.165	28 676	33.40
1817	47.50	21 124	33.60	1843	34.665	27 967	34.60
1818	41.	22 421	31.60	1844	34.125	27 360	36.
1819	31.25	22 671	31.80	1845	33.20	26 156	38.
1820	36.	22 464	32.50	1846	39.37	28 595	35.
1821	35.	22 648	32.80	1847	48.20	30 920	32.80
1822	28.	23 025	33.	1848	29.30	30 088	34.
1823	29.50	24 500	31.40	1849	28.29	48 101	22.
1824	28.50	22 617	34.50	1850	26.79	25 125	41.70
1825	29.50	26 625	30.	1851	27.00	27 585	38.50
1826	29.50	25 341	31.50	1852	......	......	......

Sur le premier de ces deux tableaux, on remarque avec
Messance qu'en général les années les plus chargées de
Décès sont celles où le pain est le plus cher : 1679, 1680,
1681 ; 1709, 1710, 1740, 1744. Il y a de rares exceptions, qui
tiennent à l'histoire particulière de la ville de Paris. Quel-

[1] Ce chiffre comprend tous les Décès militaires, même d'étrangers; on sait trop
pourquoi il fut extraordinairement grossi cette année.

quefois la mortalité se reporte sur l'année qui suit celle de la cherté : 1726 et 27, 1742, 1753 et 54, 1763. Si l'on suit année par année les deux mouvements parallèles, on voit que l'un entraîne l'autre : lorsque le prix s'élève, les Décès s'accroissent ; lorsqu'il s'abaisse, ils diminuent.

Si l'on prend la moyenne des prix du blé, et la moyenne des Décès annuels, on trouve que, toutes les fois que le prix est au-dessus de la moyenne, les Décès aussi, et *vice versâ*.

L'auteur donne les mêmes relevés pour les villes de Londres, de Lyon, de Clermont-Ferrand, et il trouve les mêmes résultats. Il note, sur les tables de la généralité de Rouen, que les années où le blé a été le moins cher sont celles où l'on a fabriqué le plus d'étoffes, et où les hôpitaux ont eu le moins de malades.

A l'égard du 2ᵉ tableau, qui se rapporte au siècle présent, on doit se rappeler que 1803, 1832 et 1849 ont été ravagés par des épidémies. On s'étonnera de ne pas trouver un plus grand accroissement de décès en 1817 et en 1847. Cette anomalie s'explique par les énormes sacrifices que fit l'administration de la ville pour maintenir le pain à un prix modéré. La France elle-même ne témoigna guère de la disette de 1817 que par la diminution des naissances. Au contraire, le royaume des Pays-bas eut à la fois accroissement de Décès, diminution de Naissances et de Mariages. (Villermé, *J. Écon.* 1843, t. VI, p. 406).

Pour se rendre compte de quelques autres anomalies, il faudrait joindre à ces tableaux l'histoire du travail industriel, qui, source unique de subsistance pour l'ouvrier citadin, a aussi ses grandes et dangereuses variations de taux. Mais où trouver cette histoire pure et sincère ?

Nous nous contenterons donc de remarquer que les années 1850 et 51 closent et couronnent ces laborieux relevés, de la manière la plus heureuse, par les taxes les plus basses du siècle (excepté 1804, où il y eut peut-être abaissement *par ordre*), et la plus faible proportion des Décès.

Nicander a constaté dans les *Mém. de l'ac.* de Stockholm, que la mortalité fut augmentée par la disette,

en 1762, d' 1/5;   1763, d' 1/7,   1772, d' 1/4,
1773,   1/3,   1799,   1/7,   1800,   1/6.

Rickman (*Abstract.* f° 1834) a relevé le prix du froment au marché de Windsor, an par an, 1595-1833 (p. LI). Plus loin (p. LIII) il donne les sépultures enregistrées de 1780 à 1815. On vérifie que les prix et les décès s'élèvent ensemble, notamment en 1793, 94, 95 et 96, en 1800, /01, /08-10, /12.

En Belgique, de 1830 à /41, suivant la remarque de A. Quetelet, les années /35 et /36, qui sont celles du plus bas prix des blés, sont aussi celles de la moindre mortalité. (*Annu. obs.* /44. *Bull. C. centr.* II, 215). Cette abondance ayant accru les Naissances en /36, les décès de /37 en sont accrus au-delà de l'enchérissement du blé.

A Turin, en 5 ans de bas prix (1828, 30, 34-6), on n'a que 4638 décès; en 5 ans de cherté (1829, 31, 32, 33, 37), on en compte 5231 (*Inform. stat.* IV, 505).

Il est donc avéré qu'il y a mort de faim ou des souffrances que cause la faim pour la partie la plus imprévoyante du peuple, par l'enchérissement des denrées de première nécessité.

Ce douloureux effet de la cherté des vivres, qui est si frappant dans les villes, a lieu aussi dans les campagnes : mais il y est moins manifeste, parce que la subsistance y est plus facile, que la pénurie du blé y est allégée par d'autres genres d'aliments, et que le paysan, étant à la source de la production, est plus à portée d'en retenir pour sa nécessité, surtout dans les départements où il est propriétaire ; car alors l'enchérissement des denrées ne l'atteint pas directement dans son alimentation, et répare même la diminution du produit par l'élévation du prix de vente. Ce nonobstant, on peut encore vérifier, sur le tableau qui suit, les observations que nous avons présentées sur celui de Messance.

Il faut, comme nous avons déjà fait, mettre à part les années qui ont été ravagées par des épidémies, 1779 à 84, 1803 à 5, 1819 ? 1832 à 35, 1849.

MOYENNE ANNUELLE
DU PRIX DU BLÉ EN FRANCE, DEPUIS 1772.

ANS.	PRIX.	DÉCÈS.	P/D.	ANS.	PRIX.	DÉCÈS.	P/D
	fr. c.				fr. c.		
1772	16 58	864 656	27.50				
1773	16 48	840 659	28.60	1817	36 16	750 633	40.
1774	14 60	774 988	31.15	1818	24 65	751 907	40.30
1775	15 93	817 480	29.75	1819	14 86	788 035	38.80
1776	12 94	740 699	32.80	1820	19 90	770 706	40.
1777	13 38	751 711	32.70	1821	14 98	751 214	41.50
1778	14 70	744 160	33.50	1822	16 03	774 162	40.50
1779	13 61	966 467	25.70	1823	15 67	742 735	42.50
1780	12 62	914 017	27.45	1824	15 01	763 606	41.60
1781	13 47	881 138	28.70	1825	15 52	793 012	40.30
1782	15 29	948 502	26.65	1826	15 90	835 658	38.60
1783	15 07	952 205	26.60	1827	21 67	791 125	41.
1784	15 35	887 155	28.80	1828	22 91	837 145	39.
1785	14 89			1829	21 15	803 453	40.80
1786	14 12			1830	22 25	809 830	40.70
1787	14 18			1831	22 18	802 761	41.20
1788	16 12			1832	18 »	933 733	35.70
....	......	....	.....	1833	14 67	812 548	41.10
1800	21 50			1834	15 26	917 828	36.60
1801	24 39	761 813	35.80	1835	14 68	816 413	41.25
1802	24 16	772 058	35.75	1836	17 32	771 700	44.
1803	18 81	881 892	31.40	1837	18 53	878 701	38.70
1804	20 18	897 734	31.	1838	19 51	846 199	40.25
1805	20 18	853 436	33.55	1839	22 14	808 090	42.50
1806	20 18	781 827	36.	1840	21 84	839 750	41.
1807	18 60	803 174	35.28	1841	18 54	826 581	42.
1808	16 67	773 773	36.80	1842	19 55	857 969	40.70
1809	15 17	748 655	38.35	1843	20 46	831 923	42.
1810	19 61	730 282	39.50	1844	19 75	802 203	44.
1811	26 13	766 275	37.80	1845	19 75	776 432	45.50
1812	34 34	769 531	37.80	1846	24 03	855 369	41.55
1813	22 51	774 926	37.80	1847	29[1] 01	882 078	40.40
1814	17 78	872 980	33.80	1848	16 65	870 989	41.20
1815	19 53	762 949	39.	1849	14 15	1 010 745	35.50
1816	28 31	725 699	41.40	1850		798 665	45.10

(Ch. Dupin, *ctes r. ac. sc.* 1836, II, p. 585. Legoyt, *Fr. stat.* p. LIII. Monbrion, *Dict. comm.* 1838. Ann. Guilln. 1848 et 51. P. II. 369).

[1] 37 fr. 98 c. en mai.

Ch. Dupin s'étonne que l'accroissement de la mortalité dans les années de cherté ne soit pas plus sensible (ac. sc. ctes. r. t. 2, p. 585 (1836). J'ai déjà noté que cette augmentation est souvent prorogée à l'année suivante. Il faut remarquer aussi qu'en 1816 et 17 les plus cruels effets de la cherté furent paralysés en France par la prodigieuse impulsion que donnait au travail le rétablissement de la paix et de la liberté. Toutefois ils se reconnaissent à la diminution des Mariages et des Naissances, comme l'auteur cité l'a remarqué au même lieu, après Villermé.

Les provinces vénitiennes, n'ayant pas recouvré leur indépendance, mais restant inféodées à l'industrie allemande, subirent en toute rigueur la *schlague* de la disette : en 1817, le nombre proportionnel des Décès y fut de 0.96 au-dessus, celui des Mariages de 0.36 au-dessous des nombres de 1815 (Melchior Gioja, *Scritti*, p. 120).

Au reste, je reconnais volontiers avec l'économiste français que les progrès de la science administrative, de la liberté du commerce et de la publicité, ont considérablement atténué la terrible influence des disettes, si meurtrières dans tous les siècles précédents. Peut-on craindre de voir en nos jours des hommes « disputer aux animaux leur nourriture « immonde et manger l'herbe des prés, » comme un grave magistrat témoigne L'AVOIR VU en France, au siècle dernier? Peut-on craindre dès besoins si furieux que les morts soient déterrés et la chair des cadavres vendue au marché? (Moh. *Rech.* p. 263.) Non! grâce à la paix, qui associe les ressources des nations, à la libre circulation des denrées, que facilitent et accélèrent les chemins de fer, aux habitudes de prévoyance et aux notions plus vraies que les gouvernements ont aujourd'hui de leurs devoirs envers les peuples, le spectre hideux de la famine, on peut l'espérer, a disparu pour jamais. Il n'y a même plus de disette en France ; il y a parfois cherté, cherté causée moins par le manque de grains que par la crainte de manquer, et par l'empressement de la spéculation à exploiter cette crainte [1]. C'est à l'Administration publique de prévenir ou d'amortir ce sentiment funeste, en se faisant informer en temps utile de l'état ou même de l'attente des récoltes, et en abaissant avec une prévoyante promptitude les barrières qui arrêtent l'importation... jusqu'à ce que l'on obtienne enfin qu'elles soient enlevées pour toujours.

Résumons les trois périodes qui appartiennent à l'empire : l'influence de la cherté est flagrante, surtout si l'on tient compte de l'omission, qui ne peut être contestée, d'une partie des Décès militaires en 1811, 1812 et 1813.

	Prix moyen.	D.	P/D.
1801-1805	21 f. 54	829 386	33.20
1806-1810	18 05	767 542	37
1811-1815	24 05	789 352	37

Le docteur Bertillon, comparant les deux premières périodes, fait remarquer qu'il y a « 62 000 D de plus, soit » plus de 1/13 pour la période de cherté : et comme cette » cause n'a pu agir avec quelque intensité que sur le tiers de » la Population au plus, il en résulte que, pour les pauvres, » la cherté a augmenté la mortalité de près de 1/4. Car, » quand on veut apprécier un effet, il ne faut compter que » ceux qui y ont été soumis. » C'est ainsi qu'il s'exprime dans une thèse inaugurale, qui appartient à la science encore plus qu'à la Faculté, et qui doit rester comme le meilleur résumé des principes de la démographie hygiénique.

---

[1] Addison avait remarqué que, lorsque la récolte des blés surpasse d'1/10 la consommation ordinaire, le blé tombe à moitié prix (*Spectateur*, nº 200). Il est encore plus vrai que, lorsque la récolte est de 1/10 au-dessous de la consommation ordinaire, le prix s'élève de moitié. Rapprochez des listes que nous venons de donner le tableau *Céréales*, p. LIII de la *Fr. stat.*, par A. Legoyt.

Mêmes remarques sur les deux dernières périodes de la *Restauration* :

		D.	P/D.
1821-25	15 f. 44	765 945	41
1826-30	24 77	815 442	59.75.

Quetelet et Smits, dans leurs *Recherches*, p. 68, ont relevé les Décès des Pays-Bas, pour 1815-1826, en les mettant en rapport avec le prix des grains. Leurs relevés montrent comment le chiffre des morts croît ou décroît selon les années de disette ou d'abondance (Voyez aussi la *Statistique nationale* d'Ed. Smits).

Pendant les deux dernières périodes de Louis-Philippe, le prix du blé n'éprouve que de médiocres variations : il reste à un état assez élevé, qui devient presque normal; et il en est de même des Décès, si ce n'est aux années 1846 et 47, où l'un et l'autre chiffres s'exhaussent brusquement et de front.

Époque désastreuse, inscrite en caractères funèbres dans les annales de l'humanité! Un tubercule altéré enlève près de deux millions d'habitants à l'Irlande, *qui reproduisait trop vite*, et qui, dans sa détresse horrible, tend vainement les bras vers l'opulente Angleterre. En France, le prix du blé s'élève un moment à 0.77 au-dessus de la moyenne des dix années précédentes (de 24 fr. 46 à 38 fr.) ; il est vrai que l'enchérissement moyen en 1847 n'est que de 0.35. C'est assez pour que 21 départements soldent en perte leur mouvement de P ; c'est assez pour que les Décès s'élèvent au chiffre le plus haut qu'ils eussent atteint depuis dix ans, pendant que les Naissances descendent au taux le plus bas des 35 années précédentes. En Bavière, c'est en 47 et 48 que les Décès s'aggravent, que les Naissances diminuent, par comparaison à la moyenne des six années précédentes (*Beitr.*). En Belgique, les Décès se multiplient, l'accroissement de P s'arrête, N s'affaisse, par la même cherté, qu'ag-

grave encore le déplacement du travail dans l'industrie linière. Aussi, qui pourrait lire sans en être troublé les pages
déchirantes où l'académie belge de médecine expose cet
immense désastre ? (V. la thèse précitée.)

Nous pensons donc que le célèbre économiste a dû revenir
de son étonnement, et se convaincre que la misère et la faim
n'avaient point abdiqué leur pouvoir homicide.

La disette tue les faibles, et pousse les forts au mécontente-
ment, aux murmures et à la révolte. La disette a joué un
rôle dans toutes les révolutions populaires. C'est un bon
soin, bien digne de toutes les investigations de la science et
de tous les encouragements du pouvoir, que de trouver l'art
de reporter les subsistances alimentaires, des années où
elles abondent, sur celles où elles manquent. Les comices
feraient plus de bien en poursuivant ce but qu'en tâchant
d'augmenter la production agricole, ce qui peut bien accroître la Population sans accroître son bien-être. On a fait
diverses propositions, oubliées aussitôt qu'énoncées. Est-il
bien sûr qu'aucune ne méritât l'essai public ? Un médecin
démographe propose de conserver les grains dans l'acide
carbonique, gaz que l'on obtient à très-peu de frais. Pour
conserver et renouveler 12 à 15 millions d'hectolitres, ce
seraient 25 à 30 millions de francs qu'il en coûterait annuellement à la France. Ne peut-elle faire ce sacrifice pour
équilibrer ses approvisionnements, assurer son alimentation et conserver tant de millions d'hommes que toute
crise alimentaire moissonne avant le temps ? Bouchardat
et Luynes ont affirmé, il y a plus de vingt ans, que l'on obtient un excellent pain en pétrissant ensemble partie égale
de blé et de fécule torréfiée et moulue *(Ann. hyg.* XI. *463).*
Puisque la fécule se conserve indéfiniment, le procédé Bouchardat et Luynes, s'il est vérifié, ce n'est rien moins que la
disette à jamais vaincue. Il faut croire que ces savants, qui
pourtant ne sont pas des théoriciens, se sont trompés, puis-

qu'on n'a pas fait d'immenses magasins de fécule dans tous les arrondissements. Resterons-nous toujours imprévoyants, comme aux temps de notre ignorance? Devions-nous attendre qu'une cherté désastreuse et prolongée nous vînt secouer, pour nous occuper de la panification en commun (Waet), du riz allié au froment et au seigle (A. Petetin), de la décortication du blé (Bresson), etc.? Serait-ce trop demander aux pouvoirs publics que l'institution d'une commission permanente, composée d'économistes, d'agriculteurs et d'administrateurs, qui serait chargée de traiter ce grand problème, d'accueillir toutes les ouvertures, d'expérimenter tout projet raisonnable, en un mot de poursuivre l'étude théorique et pratique de cette question capitale, jusqu'à sa complète solution?

5º Démonstration. Si la Population estfrappée accidentellement et de manière que la source des subsistances n'en soit pas fortement altérée, il y a aussitôt après recrudescence de procréation.

En Prusse, les épidémies de 1709 et de 1710 avaient quadruplé et décuplé les Décès. Le nombre des Mariages double en 1711, les Naissances s'élèvent de 23 977 à 32 572. Après les épidémies de 1736 et 37, l'augmentation de ces deux fonctions, M et N, a lieu en 1739 (Suessmilch, *Gottl. Ord.* I, tab. XXI. *Ann. hyg.* IX, 49.) Le même fait se répète après le choléra de 1831 et 32, bien qu'atténué par la régularisation des mouvements. Les Naissances s'élèvent, en 1834, de 0.11 au-dessus de la moyenne de 15 années, et offrent le chiffre maximum de cette période.

En France, des épidémies aussi nombreuses, aussi destructives, amenaient les mêmes recrudescences. L'année 1779 clôt en déficit son compte de Population; les Naissances s'accroissent en 1780, de 33 618. En 1784, effet semblable, après les épidémies qui, en 83, ravagèrent plus de la moitié des généralités.

Si la violence du fléau est telle que les Naissances ne suffisent pas à combler rapidement les vides qu'il a faits, l'immigration leur vient en aide pour que force reste à la loi. La peste de 1721 avait réduit la Population de Toulon, de 26 ou 30 000, à 10 493. En 1762, Messance y trouva, par calcul, plus de 30.000 habitants. Dans l'espace de 40 ans, la faible Population échappée à la mort avait triplé ; elle était remontée même au-dessus du niveau qu'elle tenait avant le passage du fléau destructeur. Marseille, Aix et toute la Provence, encore plus ravagées par la même peste, reproduisent de même leurs habitants, (*Relation du consul* d'Entrechaux, p. 45, 341 ; Mess. *Rech.* p. 188, 191, 258).

Dans le 19e siècle, les soubresauts sont moins brusques, l'effet de la loi moins apparent. Cependant : si l'an 1814 inscrit 98 000 Décès de plus que 1813, ce vide est rempli en 1815 et 16 par 130 000 Naissances de surplus. (Nous ne comptons pas les Naissances de 1814, qui sont surchargées accidentellement par les Mariages *forcés* de 1813, ou si l'on veut, Mariages à prime d'exemption).

De 1832 à 35, une terrible mortalité, due principalement au choléra, enlève 227 000 têtes de plus que dans les 4 années précédentes. Les Naissances de 1833-36 dépassent de 75 000 celles de 1829-32. Isolément 1835 donne le chiffre le plus haut que l'on ait inscrit dans ce siècle, excepté en l'année factice 1814.

Dans le Wurtemberg, en 1834, les Naissances s'accroissent brusquement de 0.16 (*Jahrb. Jahrgang*).

Le choléra sévit à Gênes en 1829 : les Naissances de /30 et /31 s'élèvent au-dessus de la moyenne de la période (Balbi *Scritti*, I, 128).

En France, après la mortalité de 1846 et /47, les Naissances s'élèvent, de 38 000 en /48, et encore de 35 000 en /49, où elles arrivent au chiffre le plus haut qu'elles aient atteint depuis 1835.

On peut suivre cette curieuse loi jusque dans le détail des départements. En 1818, le Finisterre solde en perte par un excès de 5 000 Décès : 1819 lui rend 4 600 Naissances de surplus. En 1832, le Nord perd 8 000 sur son chiffre de Population ; en /33, il gagne 3 000 Naissances. Au même temps la Marne, qui perd 6 000 habitants, gagne seulement 1 000 Naissances. Après cette désastreuse année /47, les départements qui ont essuyé la plus grosse perte, Lot-et-Garonne, Tarn-et-Garonne, Gers, Eure, Seine-et-Oise, Aube, Oise, Jura, Allier, Finisterre, accroissent en /48 leurs Naissances de 0.050 à 0.110, tandis que l'accroissement moyen de la France n'a été que de 0.033.

Il est donc bien constant que tout déficit accidentel dans la Population ravive l'énergie de la reproduction ; que toute place vacante est aussitôt remplie ; que toutes subsistances devenues disponibles appellent de nouveaux consommateurs.

On a pu remarquer que les Naissances qui surviennent en plus atteignent rarement le nombre des Décès qui les ont appelées. Ainsi, en /48 et /49, il n'y a que 57 000 N de surplus pour couvrir P d'un excès de 156 000 morts. De même, en /33-36, il n'y avait eu que 75 000 N pour combler 227 000 D. Et cependant P augmente toujours.

En Prusse, après le choléra de 1831 et /32, qui a augmenté les Décès de 0.30 au-dessus de la moyenne des 10 années précédentes, les Naissances s'augmentent, en 1834, de 0,11.

De même encore, à Gênes quand une variole épidémique a doublé en 1829 le nombre des Décès, les Naissances ne s'élèvent en 1830 que de 0.0416 au-dessus de la moyenne (Balbi, *scritti*, I, 130).

L'explication de ce fait admirable se trouvera plus loin (Liv. III).

6ᵉ Démonstration. N est $<$ où la vie est plus longue, et réciproquement.

Il y a des pays où P s'accroît continûment par ses seules forces, sans accroissement de N : il faut en conclure que cet accroissement de P y est dû à l'accroissement de V_m. Or, l'accroissement de P amènerait naturellement celui de N, si celui-ci n'était arrêté par la limite des subsistances. Il en résulte donc invinciblement qu'il y a une loi naturelle qui arrête l'accroissement de N, ou, ce qui est la même chose, qui diminue le rapport P/N, lorsque le progrès de V_m augmente P. C'est pour cela que nous n'avons pas dit P est proportionné, mais P *se proportionne* aux subsistances disponibles. C'est la force vitale qui agit sur elle-même pour se contenir. C'est la plus consolante démonstration de l'équation générale des subsistances.

En France, comme on l'a vu plus haut, p. 47, N oscille depuis au moins 3/4 de siècle autour d'un million. Le nouvel ordre de choses que la grande révolution a légué au xixᵉ siècle, permettant un accroissement continu de la production, surtout depuis que la paix eut rendu au travail toutes les forces vives de la nation, N s'est élevé graduellement jusqu'en 1826 : mais depuis lors il décroît ou se maintient sans accroissement. La dernière période quinquennale, celle qui atteint le milieu de notre siècle, reste au-dessous de ce que nous connaissons de la moyenne du siècle précédent.

On trouvera au chapitre xi les preuves directes de l'accroissement de V_m, et avec elles le complément de la présente démonstration.

Cette tendance que nous révèle le mouvement collectif de la France se vérifie aussi sur ses départements. De 1836 à /50 (P. II. nº 43), Jura, Tarn-et-Garonne et plusieurs autres, maintiennent leur Population tout en diminuant N. Une foule d'autres ne cessent de l'accroître nonobstant la même diminution : Hérault, Isère, Haute-Loire, Lot, Seine-et-

Marne, Somme, Tarn, Var, Haute-Vienne, Vosges, etc., etc.

On peut faire la même vérification sur les classes de citoyens : car, les démographes ont depuis longtemps observé que les gens aisés sont à la fois ceux qui vivent le plus
longtemps et qui ont le moins d'enfants, tandis que chez les
pauvres la mort est plus rapide et les naissances plus nombreuses (Montyon, Messance, Deparcieux, Villermé, Benoiston, Ducpétiaux, Casper).

La même hâte de tous les mouvements de P a été remar-
quée chez les habitants des localités marécageuses, la
Bresse, la Brenne, la Sologne, la plaine du Forez, les plaines
de Hollande, les atterrissements aux bouches des fleuves, etc. (Bossi, *Stat. Ain.* D'Ivernois, *Bibl. univ. littér.*,
t. 52, p. 217. Villermé, *Ann. d'hyg.* IX). En général, partout où l'espèce humaine est rapidement moissonnée, M et
N s'accélèrent à l'envi de D : les adultes passent, et sont
remplacés bien vite par des enfants, dont une petite partie
seulement parvient à l'âge du travail. C'est pourquoi l'on
pourrait ajouter au *Catéchisme* de Say, comme résumé de la
loi des mouvements de Population, cette demande avec sa
réponse :

D. Quelle est la localité où l'on trouve le plus d'enfants ?
— R. C'est celle où ils meurent le plus vite.

En Belgique, l'accroissement continu de P n'est pas
moins constaté ; le tableau des mouvements n'est pas moins
instructif (*Bull. Comm. centr.* II. 208. *Exp. sit.*).

PÉRIODES.	N (c. ND).	D (c. ND).	P	P/N	P/D
1815-24	136 912	98 795	3 251 700	23.75	33
/ 25-29	133 816	97 357	3 766 900	28.15	38.6
/ 31-35	134 700	108 403	4 138 348	30.70	38.2
/ 36-40	142 652	107 735	4 191 881	29.40	39
/ 41-45	141 144	103 716	4 216 188	29.85	40.6
/ 46-50	130 159	115 749	4 368 203	33.60	37.8

N est en diminution, de 1815 à 1835 ; entre /36 et /40, la fièvre industrielle le réhausse, le *force*, comme disent les jardiniers, depuis lors il décroît continûment. Mais P s'accroît toujours.

Nous voudrions pouvoir assurer la même diminution de N chez les autres nations : ce nous serait un gage certain de leur progrès dans l'art de vivre. Si M.-Jonnès était homme à citer ses sources, nous répéterions avec lui (*Élém.* p. 225) que cette diminution a été :

en Allemagne,	de 1/13 en 17 ans,		en Espagne,	de 1/6 en 30 ans
Suède...	1/9 — 61 —		Danmark	1/4 — 82 —
Russie ...	1/8 — 28 —		Prusse...	1/3 — 132 —

mais comme il n'indique ni les bases de ses calculs ni les dates auxquelles ils se rapportent, nous ne donnons son assertion que pour ce qu'elle vaudra aux yeux du lecteur. Si les faits officiels viennent lui donner quelque démenti, si, par exemple, en Angleterre ou en Prusse et dans quelques autres pays allemands où le *Zollverein* fait ses plus grosses levées, on trouve que N s'accroît au lieu de diminuer, on reconnaîtra sans peine que c'est l'effet de l'excitation aveugle de l'industrie dans un état *social* étouffant, excitation et étouffement qui font renaître les hommes plus vite, précisément parce qu'ils les laissent vivre moins longtemps. Par ce trait notre 6e démonstration se lie à la précédente et ne fait qu'un corps avec elle.

7e *Démonstration*. Si une compression accidentelle refoule le développement du travail, N décroît brusquement.

Vous avez vu, p. 47, ce qu'il est arrivé de N sous la compression napoléonienne. Vous avez vu, au même lieu, quel essor lui a imprimé la restauration de la paix, du travail et de la liberté. Résumez tout le mouvement de N en 4 périodes quindécennales :

1781-85.	1801-15.	1816-40.	1831-45.
N 977 400.	949 959.	996 650.	1 002 253.

Quelle est celle où la Population, violemment détournée de
son but, asservie, découragée, était le moins livrée au travail producteur ? C'est celle où, malgré le fauchage incessant des batailles, il y a eu le moins de Naissances.

Si l'on nous donnait, ce qui serait facile, l'histoire exacte
des villes de grande industrie, quelle précieuse source d'enseignements sur les nécessités respectives du travail et des
travailleurs, sur les effets irrésistibles de la concurrence et
du chômage, sur les *desiderata* de la législation !

Dans le Nouveau-Monde, l'activité humaine, ne trouvant
point d'entraves, s'exerce dans toute son amplitude ; l'instrument de travail y est jusqu'à présent à la portée de tous :
aussi la fécondité dépasse l'imagination. On ne doit plus
s'en étonner quand on en a reconnu la cause ; et l'on peut
aisément prévoir le terme où cette fécondité commencera à
rétrograder.

8e *Démonstration.* Dans les pays où P s'accroît encore,
l'accroissement diminue à mesure que la densité augmente,
sans que pour cela P/D devienne pire.

La Population s'accroît moins à mesure qu'elle est plus
serrée (chap. II) : ce n'est pas que la mortalité s'accroisse,
c'est que les naissances se règlent, — sur la disponibilité
de l'instrument de travail.

La série presque entière des périodes françaises révèle
cette heureuse loi (p. 47). L'accroissement de P devient
plus lent, notamment après 1825, lorsque la grande fougue
de l'essor industriel commence à se calmer. Mais la mortalité, loin de s'aggraver, s'allége.

	Accroiss. annuel.	P/D.
1816-30	0.00693	40.30
1836-50	0.00235	41.30

Que nous sommes loin, même dans la dernière période
quinquennale, si cruellement éprouvée, que nous sommes

loin de cette mortalité du 18ᵉ siècle, qui dépassait 1 sur 30 !
Voyez aussi le *mouvement* belge (p. 76 ci-dessus) :

BELGIQUE.	Accroiss. ann.	P/D.
1815-24	0.01172	33.
/25-35	0.00795	38.40
/36-45	0.00571	39.80

Nous ne savons comment A. Quetelet, que nous tenons
pour le prince des démographes vivants, a pu écrire que la
mortalité ne diminue pas dans son pays. C'est une distrac-
tion, qui l'a fait glisser sur le terrain des tables de survie
(V. ci-après ch. vii).

9ᵉ *Démonstration.* La valeur échangeable du blé reste invariable, malgré ses fréquents changements de prix.

Si la Population s'accroissait plus rapidement que les subsistances, la substance qui est la base universelle de l'alimentation étant de jour en jour plus demandée, subirait un
enchérissement inévitable et progressif. Si, au contraire, les
subsistances s'accroissaient plus vite que la Population, la
valeur *réelle* du blé s'abaisserait graduellement et continûment, — sauf les variations accidentelles des récoltes, qui
disparaissent dans la série des périodes.

Quant au fait principal sur lequel s'appuie cette démonstration, il résulte de longues recherches sur la valeur respective des monnaies et des produits qu'elles représentent.
Nous n'avons pas fait ces recherches. C'est sous la responsabilité d'H. Passy [1] que nous en rapportons la conclusion.

(V. la *Correspondance* à la fin du volume, la lettre au professeur J. Garnier, les
deux lettres à l'économiste. Du Puynode, docteur en droit; *voy.* surtout la lettre du
docteur A. Bertillon, qui étudie la mesure des consommations, l'influence de leur
mouvement et de leur progrès sur la durée de la vie, et fixe le sens du mot *disponibles* dans la formule de l'équation des subsistances.)

Nous ne rapporterons pas ici les observations zoologiques
très-connues, qui généralisent la loi que nous venons de dé-

[1] *J. écon.*, t. xxxiv, p. 321 ; *Dict. écon. Rente.*

montrer pour la race humaine. Chez les animaux, la lenteur
de l'accroissement est proportionnelle à la durée de la vie, et
la fécondité des espèces est en raison directe de leur abaissement sur l'échelle animale. On en retrouve même une image
chez les végétaux. L'arbre, qui doit vivre plusieurs années,
ne fleurit ni la première ni la seconde, et sa fleur n'a qu'un
nombre de graines fort limité. Les carpels à graines très-
nombreuses appartiennent surtout aux plantes herbacées,
humbles êtres qui chargent et épuisent la terre beaucoup
moins que les princes du règne, et dont la vie ou au moins
la tige ne dure qu'une saison (pavot, réséda, *solanées, caryo-
phyllées*). Enfin personne ne peut dénombrer les milliards
de sporules émanant des feuillets d'un champignon, qui
se développe dans une heure d'humidité, et succombe au
premier rayon de soleil.

SCHOLIE QUI RÉSUME LE CHAPITRE IV.

La Population est, par rapport aux récoltes annuelles,
comme une plante aquatique de belle venue, une Algue, un
Potamot, qui occupe entièrement l'eau d'un bassin à niveau
mobile et inconstant, et qui, selon la loi de végétation, rem-
place chaque année par de nouveaux bourgeons ceux qui ont
accompli leur évolution. Quand le niveau de l'eau s'élève, la
plante, incessamment vigoureuse, donne avec plus d'abondance des pousses nouvelles, qui garnissent en peu de temps
l'eau surajoutée. Quand le niveau s'abaisse, les rameaux
qui restent à nu, se dessèchent, périssent et ne sont pas remplacés.

N'est-il pas manifeste que l'institution de la société et de
son gouvernement, si elle est conforme aux vœux de la nature, de la morale et de l'humanité, a pour but essentiel,
peut-être pour but unique, d'affaiblir graduellement les in-
constances du niveau, et, s'il est possible, de le fixer ?

CHAPITRE V.

COROLLAIRES DE L'ÉQUATION GÉNÉRALE DES SUBSISTANCES.

Les grands faits qui remplissent le chapitre précédent nous ont appris par quels *mouvements* la Population se proportionne aux ressources dont elle dispose.

Les variations dans la masse des subsistances exercent une influence irrésistible sur les mouvements de Population : influence funeste, lorsqu'elles sont brusques ; très-funeste, si elles se répètent à de courts intervalles. Lorsque ces variations restreignent passagèrement la masse des subsistances, elles aggravent la mortalité ; lorsqu'elles l'augmentent passagèrement, elles aggravent les Naissances et préparent de nouvelles crises.

Toute augmentation dans la masse des subsistances augmente la Population ; toute diminution la diminue.

La masse des subsistances peut varier par des causes fort hétérogènes, dont les effets sont semblables, ou opposés.

La masse des subsistances disponibles peut être augmentée par un accroissement passager de mortalité résultant, par exemple, d'une épidémie ; ou par un accroissement des produits du travail, résultant du développement de l'industrie. L'une et l'autre cause détermine un accroissement de naissances.

La masse des subsistances peut être restreinte : par les accidents des récoltes ; — par une compression du travail, qui le décourage et le stérilise ; — ou par une prolongation de la durée de la vie. La première cause est ordinairement brusque et passagère. La deuxième dépend de l'état politique, des lumières et de la moralité de l'administration ; elle

est permanente à un certain degré, et transitoirement aggravée en divers cas. La troisième cause a une action lente
et continue. Toutes peuvent être puissamment modifiées par
la législation. Toutes ont pour résultat une diminution des
naissances.

Ainsi, lorsque les hommes meurent plus vite, les subsistances deviennent plus promptement disponibles, et par
suite les Naissances s'accélèrent. Cette double accélération
arrive passagèrement par une épidémie, par une mauvaise
récolte suivie d'une récolte abondante, par la paix succédant
à une guerre meurtrière. Elle arrive continûment dans les
pays malsains, dans les sociétés mal constituées, chez les
classes déshéritées[1]. Les Naissances s'accélèrent encore lorsque le travail accroît rapidement ses produits, parce que
tous les produits du travail représentent des subsistances.
Lorsqu'au contraire les hommes meurent moins vite, lorsque la vie se prolonge, les subsistances deviennent plus
lentement disponibles, les Naissances se ralentissent : cela
arrive dans les pays salubres, dans ceux où l'état social s'a-
méliore, chez les classes aisées, et dans d'autres circonstances que nous aurons à étudier. Les Naissances se ralentissent encore, mais passagèrement, lorsque les subsistances
diminuent soit par une suite de mauvaises récoltes (effet lié
à l'imprévoyance sociale), soit par un arrêt dans le travail,
soit par une révolution subite dans ses procédés et sa répartition.

En un mot, il y a partie liée, indissoluble, entre les mouvements des subsistances et les mouvements de la Population.

C'est cette loi fondamentale, que l'on pourrait appeler *le
principe de* P, si l'on n'avait trop abusé de ce terme. Toute
la suite de ce traité n'en sera qu'une confirmation, ou une

---

[1] Bavière, Russie, États à esclaves, et autres où le nom d'esclave n'existe pas.

conséquence. Nous en énoncerons d'abord les corollaires immédiats. S'ils sont logiquement déduits, ils doivent exercer une influence souveraine sur la pratique de l'économie sociale.

Corollaire 1. Les craintes qui ont agité les économistes et les gouvernements sur la difficulté de nourrir une exubérance future de la Population sont dénuées de fondement.

Il est prouvé par tout ce qui précède que la nature se charge elle-même d'établir organiquement l'équilibre nécessaire entre P et les subsistances, entre la consommation et la production. C'est donc méconnaître la Providence universelle, que de supposer qu'un homme puisse naître destiné à mourir de faim, comme l'a fait le professeur Malthus dans la barbare proposition qu'on lui a justement reprochée. Nous allons citer ce petit morceau de littérature, auquel on a fait tant d'allusions sans l'avoir lu, parce que l'homme qui a osé l'écrire n'a pas osé le maintenir, et qu'il ne se trouve plus dans les éditions courantes de son livre :

« Un homme qui naît dans un monde déjà occupé, si sa
» famille n'a pas les moyens de le nourrir, ou si la société
» n'a pas besoin de son travail, cet homme, dis-je, n'a pas
» le moindre droit à réclamer une portion quelconque de
» nourriture, et il est réellement de trop sur la terre. Au
» grand banquet de la nature, il n'y a point de couvert mis
» pour lui. La nature lui commande de s'en aller, et elle ne
» tardera pas à mettre elle-même cet ordre à exécution. »

(*Essai sur le principe de* P, 1798. Le passage existe dans la 1re édition, et dans la 2e in-4°, 1803. Il ne se trouve plus dans la 5e, sur laquelle Prevost a donné sa 2e éd. françe).

Ainsi, la nature dresserait un banquet de privilégiés ! Non ! Vous l'outragez ! Quand un sol est déjà occupé, et que la société qui l'occupe *n'a pas besoin* d'un homme de plus pour son travail, cet homme ne naît pas. Nous l'avons établi par les faits. Contradiction étrange! vous l'aviez observé vous-même :

« Toute mesure qui tend à diminuer la mortalité par l'a-
» mélioration du sort des hommes, tend par cela même à
» diminuer N » (L. II, appendice au ch. 2.).

Cette deuxième proposition, si opposée à la première, a la sublime beauté de l'utile uni au vrai, ce qui est, selon nous, la définition du juste en matière d'économie sociale. Pourquoi l'auteur s'égare-t-il dans un système de *moyens préventifs* pour entraver le mariage ou l'exercice du mariage, et de *moyens répressifs* pour affaiblir *autant que possible sans crime l'excès de* P? Puisque les mêmes causes qui diminuent la mortalité diminuent les naissances, il n'y a jamais *excès* de Population. Si donc votre sensibilité est émue des souffrances des pauvres, au lieu de leur conseiller cruellement d'ajouter des privations volontaires à tant de privations forcées, conseillez aux hommes d'état de qui votre science vous donne le droit d'être écouté, conseillez-leur, non pas de *réprimer,* par le plus coupable abus de la force légale, le plus légitime usage des facultés naturelles, mais de prendre *toutes les mesures* qui sont en leur pouvoir pour *diminuer la mortalité.* Voilà le but : voilà le problème : c'est vous qui l'avez posé ; en le posant, vous l'avez résolu, malheureusement à votre insu et à l'insu de tous vos disciples.

Nous devons rappeler ici, avec les éloges dûs à une bonne action, l'excellente et courte brochure où Morel-Vindé a réfuté le faux système flétri depuis sous le nom de *malthusianisme (Sur la théorie de P,* 2e éd. 1829, Huzard). Ce respectable philanthrope pulvérise la fameuse paire de progressions, qu'il appelle spirituellement un *cliquetis arithmétique* (cliquetis qui a résonné de nouveau sous les doigts de Proudhon, dans un ton non moins faux quoique tout opposé, *Contrad. écon.* ch. 13). M.-Vindé prouve que la cause de la misère n'est pas où on la cherche. Il signale, comme principalement responsable des souffrances de la classe laborieuse, *l'esclavage de la propriété* : c'est ainsi qu'un homme noble et riche stigmatise les majorats, les substitutions, les transmissions indéfinies de biens fonds, que les aristocraties nobiliaires et cléricales avaient instituées à leur profit, que l'Angleterre et l'Espagne ont maintenues, et que Napoléon a tenté de rétablir. Il se trompe seulement en supposant que la France accroît sa Population plus que les autres peuples : c'est l'erreur d'un citoyen amant de sa patrie, comme ses écrits sont l'œuvre d'un homme de bien, ami de l'humanité.

Que d'auteurs se sont mis en frais d'écrire, que d'hommes d'état en frais de méditer, sur les moyens de tenir les subsistances au niveau de l'accroissement de P ! Quand il ne fallait que s'en rapporter à la nature, — et porter le problème sur un autre terrain. Le vivre et l'aisance sont deux.

« Si N excède ce que les produits de la nation peuvent nourrir, qu'arrive-t-il ? » Cette question, posée par J.-B. Say (*Catéch. d'éc. pol.*), doit rester sans réponse. Car N dans une nation *n'excède pas ce que cette nation peut nourrir*, — à moins d'accident temporaire, auquel l'administration publique doit parer, toutes les fois qu'elle a pu le prévoir.

La loi qui règle la Population sur la subsistance n'était pas inconnue. Nous n'avons point la prétention de l'avoir découverte. Divers auteurs l'avaient indiquée [1], mais indiquée seulement : ils ne l'avaient point mise en lumière en en déduisant les conséquences. Aussi ces conséquences ont-elles échappé même à des observateurs très-sagaces, tels que Fr. d'Ivernois. Il loue Malthus de ses conseils burlesquement adressés à l'humanité. Il reprend Morel-Vindé d'avoir dit :

[1] Mirabeau, l'*Ami des hommes*, ch 2. Malthus, *Essay, passim*, bien qu'on y trouve aussi le contraire. J.-B. Saÿ, *Traité éc. pol.*, l. 2, ch. xi. Il regarde comme un principe incontesté *que la Population est proportionnelle aux produits*, et il le prouve par une page entière de citations. *Voy.* aussi Mathieu *Ann. long.* et Fourier, *Rech. stat. sur Paris*, p. xlv *seqq.*

« La production suit toujours P, et P suit toujours la pro-
» duction. » On convient que cette proposition n'est pas
énoncée de la manière la plus exacte ; qu'il était mieux d'en
renverser l'ordre, et de dire : P suit toujours la production,
et ensuite la production suit P, — quand P se compose d'individus laborieux, et non de sauvages et de fainéants. Pour
réfuter ce principe, Ivernois met en présence le Calvados et
le Finisterre (*Bibl. univ.* 1830, t. 43) :

1817-26	P/N	P/D	Acc. an.
Calvados........	45.61	47	0.00066
Finisterre......	22.31	29.80	0.02563

Le Calvados a, dans la période contemplée, 1 N sur 46
habitants, 1 D sur 47 ; le Finisterre 1 N sur 22, 1 D sur 30 :
P s'accroît très lentement dans le premier, qui a la vie
moyenne fort longue , très-rapidement dans le second ,
qui l'a fort courte. L'auteur est tenté de n'attribuer cette
énorme différence dans les mouvements de P qu'à la diversité de *tempérament des races teutonique et celtique.* Mais il
oublie de rechercher si la production ne marche point parallèlement aux accroissements de P. De plus, il ne tient pas
compte de la loi du *rapport inverse* : en 1820, le Calvados
avait déjà 90 habitants au kilom. c., le Finisterre n'en
avait que 72. Celui-ci devait, toutes choses égales d'ailleurs, accroître P plus que celui-là. L'argument de Sir
Francis ne prouve donc rien contre *l'équation des subsistances* : au contraire, il la confirme.

Même faiblesse d'un raisonnement pareil sur l'Irlande et
l'Angleterre. Il est vrai qu'il se fie à des chiffres étranges :
le rapport P/D serait, selon ses auteurs,

44 en 1801,
50 en 1811,
58 en 1821,

dans cette même Angleterre où la *misère croissante* lui cause
une si grande et si juste horreur ! D'après les relevés de

l'*Athenœum*, n° 904, ce rapport serait 46 pour une période bien postérieure, 1841-44; et certainement ce chiffre est encore exagéré par de nombreuses omissions de D, attendu la récente institution de l'état-civil chez les Anglais, et l'inexpérience relative des *recorders*.

Si le judicieux statisticien eût mieux connu les vraies formules de la loi de P et leurs déductions légitimes, il n'eût point attribué *la détresse des classes salariées* en Angleterre au *rapide accroissement de la* Population,

— qui ne peut s'accroître qu'autant que les moyens de vivre s'accroissent,

— ni à la multiplication AUSSI RAPIDE *des machines*,

— *qui remplacent*, il est vrai, la *main-d'œuvre*, mais qui sont des sources abondantes de subsistances. Qui ne sait, sans avoir lu Brougham, que les machines produisent plus que les hommes, et mangent moins? Ce n'est donc pas à leur multiplication que l'on peut attribuer la *misère croissante;* ce n'est donc pas elles ni leurs auteurs qui sont coupables de la détresse des hommes qu'elles remplacent, et de la mort rapide des pauvres enfants que leurs produits appellent à la vie. C'est... que les pouvoirs publics ne prennent pas toutes les MESURES PROPRES A DIMINUER LA MORTALITÉ.

Corollaire 2. Toute mesure tendant à augmenter P sans augmenter les subsistances, manque le but où l'on vise, et frappe au but opposé.

Accroître les Naissances sans accroître les moyens de vivre, c'est épuiser inutilement l'organisme, et multiplier les Décès. C'est apporter une aide à la mort, qui n'en a pas besoin.

Comment a-t-on pu jamais imaginer d'offrir des primes à la procréation? Est-ce que le penchant qui rapproche les sexes n'est pas assez doux, assez irrésistible, sans qu'il soit besoin de l'exciter artificiellement? Est-ce que l'amour de la progéniture n'est pas assez puissant, assez universel ? Louis XIV, sur le conseil de Colbert, donnait des gratifications et des exemptions de tailles aux ouvriers qui se mariaient ! Colbert pensait-il qu'il y eût des subsistances sans emploi ? Il poussait donc ces malheureux ou à se charger d'enfants qu'ils ne pouvaient élever qu'en se plongeant avec eux dans la misère et en les abreuvant de privations, ce qui était inhumain, — ou à contracter mariage pour ne poursuivre pas le but du mariage, ce qui était immoral. Mais de folles guerres enlevaient à coups pressés le ban et l'arrière-ban de la monarchie ; il fallait reproduire les hommes en serre chaude : un édit de novembre 1666 offrait exemption des charges publiques à tous ceux qui se marieraient avant 20 ans ; même alléchement à ceux qui auraient 10 enfants légitimes. Les nobles avaient, pour 10 enfants « nés en loyal mariage », mille livres de pension, et pour 12, 2 mille liv. Colbert maintint 16 ans ces absurdes édits ; il n'y renonça qu'après cette longue expérience de leur stérilité et des nombreux abus qui résultaient de leur application.

L'exemple de son désappointement ne détourna pas le ministre Pitt de proposer en 1797 un bill à l'effet de *récompenser* les parents des familles nombreuses.

Ces erreurs grossières étaient renouvelées des Grecs et des Romains. Le neveu du premier des Césars portait des décrets sur le mariage ; le sage Trajan les renouvelait : ce qui n'empêchait pas l'empire gangrené de se dépeupler et de se dissoudre (*Esprit des lois*, l. xxiii).

Mais quelles expériences peuvent éclairer l'orgueil des princes ? Cette fausse théorie a subsisté jusqu'en nos jours. Napoléon aussi donnait des primes au mariage, lui dont la grandeur, fondée par la guerre, ne pouvait se maintenir sans elle, et devait tomber par elle. Il promettait en outre à toute famille qui aurait 7 enfants mâles d'en prendre *un* à la charge de l'État. Sur quoi D'Ivernois remarque qu'il tint bien sa promesse..... en les prenant tous (*Bibl. univ. l. c.*).

Que l'on compare (p. 47) les trois premières périodes françaises du 19e siècle aux trois suivantes, et l'on verra si la vraie source de l'accroissement de P est dans les primes et les exemptions offertes par le pouvoir, ou dans la paix et la liberté du travail.

En 1819, le roi sarde, pour consoler les Génois de la perte de leur indépendance, leur donna des *lettres patentes* ainsi conçues : Nos sujets du duché de Gênes, qui ont ou auront 12 enfants légitimes et naturels, seront exempts, pendant leur vie, de tous tributs et charges royales pour leurs biens, ainsi que de la contribution nobiliaire, etc... Ivernois remarque que la prime d'exemption eût été peut-être plus profitable aux familles et moins onéreuse à l'État, si on l'eût attribuée à toute mère qui amènerait 6 enfants à l'âge viril (*Bibl. univ.* 1834). Mais encore une fois là n'est point la source d'accroissement.

Jusqu'en 1833, la loi française elle-même exemptait du service militaire les jeunes gens qui s'étaient mariés avant d'y être appelés (Benoiston, *Ann. hyg.* x).

Le docteur Villermé a soutenu, avec raison, que la vaccine n'accroît pas directement P (*Ann. d'hyg.* IX, p. 56). Cette précieuse mesure d'hygiène enlève, il est vrai, une cause de mort : mais pour que Vm en soit augmentée, il faut qu'il y ait ou accroissement simultané des subsistances, ou diminution subséquente de N, sans quoi P ne serait plus proportionné aux produits.

*** Il est bon de relever, sur ce deuxième corollaire, l'accord des lois économiques et des lois morales. Si la nature voulait une multiplication indéfinie des êtres organisés, si le *crescite et multiplicamini*, échappé au génie de Moïse, au lieu d'être regardé comme la première ébauche d'une observation de zoologie, devait être pris pour le dernier mot

de la science économique, ainsi que l'ont fait quelques auteurs célèbres du dernier siècle, ce serait aussi le dernier
mot de la morale : l'absence de toute retenue serait *l'état de
nature*; et l'humanité aurait pour modèles ces peuplades
sauvages qui vivent, abruties et insouciantes, dans une lu-
brique promiscuité. Mais si le vœu de la nature est que les
êtres vivants multiplient dans la juste mesure des ressources
qu'elle leur a préparées ou qu'ils peuvent se créer, la satisfaction immodérée des passions, même légitimes, est une
faute individuelle; tout ce qui tend à les surexciter est un
mal : et les sociétés policées ont raison, de par les chiffres
comme de par la conscience, de réprimer les actes, d'empêcher les démonstrations contraires aux bonnes mœurs. Les
chefs des familles ne sont pas moins tenus que les magistrats à l'accomplissement de ce devoir, en ce qui les concerne respectivement. L'exercice des beaux-arts, ornement
de la vie et gloire des nations, doit être réglé sur les conseils
d'une délicate pudeur : il faut en goûter avec sobriété les
suaves et pures jouissances, sous peine de violer le vœu de
la nature; et il n'est jamais violé impunément. Faute d'une
prudente réserve, on crée individuellement des souffrances,
des accroissements de misère, dont le remède ne se trouve
que dans la mort.

Corollaire 3. Toutes les mesures qui ont pour but de diminuer la Population ou d'entraver son accroissement, sont
sans effet, si elles n'atteignent pas les subsistances.

Une loi faite à Berne par les patriciens INTERDISAIT le Mariage aux citoyens pauvres. Et cette administration passait
pour une des plus éclairées de l'Europe. Il est vrai que c'é-
tait en 1819! (D'Iv., *Bibl. univ.* /10 /34.)

La loi de P était si peu connue et ses conséquences inévi-
tables si peu acceptées, que, plusieurs années après, la
chambre des députés du Wurttemberg *demandait* un projet de

loi qui mit des entraves et des obstacles aux Mariages in-
considérés. Le capitaine Bickes, plus éclairé et plus moral,
demandait que l'on détruisît les obstacles qui empêchaient
les mariages (*Ib.*).

La continence entre époux *(the moral restraint)*, que
prêche le révérend Malthus, la répression du mariage, que
légiféraient les *patriciens* bernois, et que L. Cador demande encore aujourd'hui au code pénal, les usages
orientaux de la déchéance virile, de la polygamie et
autres, les émigrations et les transportations, — nul de
ces expédients, ni chacun, ni tous ensemble, ne peuvent
empêcher P de s'élever au niveau des subsistances disponibles.

On a dit que la multiplication des moines sur tous les
points de l'Espagne avait arrêté le développement de P dans
cette fertile péninsule. Si on le veut, accordons-le, pourvu
que l'on nous accorde que le développement n'a point été
arrêté par leur continence — assez douteuse, — mais par
l'exemple contagieux de la paresse et de l'oisiveté, mais par
la mendicité qu'encourageait leur charité ignare, mais par
l'accaparement des terres qu'ils laissaient en friche ou cultiver mal par leurs mercenaires.

Car ce n'est pas le sol qui nourrit, c'est le travail : l'Espagne l'a démontré expérimentalement, comme l'Égypte et
la Turquie, comme la Sicile et presque toute l'Italie.

Les Anglais peuvent continuer d'exporter le prétendu trop
plein de l'Irlande : que l'émigration s'arrête ou persévère,
on peut être assuré que, si la pomme-de-terre cesse d'être
malade, l'infortunée Erin aura refait en peu de temps ses
huit millions d'habitants, toujours multipliants et toujours
misérables.

Corollaire 4. La distribution de la Population sur le territoire n'est point fortuite et ne peut être changée arbitraire-

ment. Elle résulte forcément de l'*équation des subsistances.*

On a vu, p. 59, que, depuis le milieu du siècle dernier, la production agricole de la France s'est accrue de moins de 50 %; et cet accroissement n'est même pas admis par tous les auteurs. La production industrielle-manufacturière, au contraire, s'est accrue de plus de 300 %, seulement depuis 1788 (*Stat. Fr. Industr. introd.*). Or, comme la grande industrie s'exerce dans les villes, elle doit les agrandir quand son action s'accroît : c'est une conséquence de la loi qui a été démontrée. La Population urbaine a donc dû augmenter plus que la rurale. C'est ce que constate en effet la statistique, non-seulement en France, mais dans tous les pays où l'industrie a pris son essor. Cependant on ne doit pas s'attendre à un accroissement proportionné à celui des produits : car, en industrie, il s'en faut de beaucoup que, pour doubler la production, on doive doubler le nombre des bras.

On peut relever sur la statistique officielle de France (P. I. n° 63) et le *Bulletin des lois* (n° 4091, *décret* 10 /5 /52) la population des 363 villes chefs-lieux de département et d'arrondissement :

	VILLES.	CAMPAGNES.	POPULATION TOTALE.
1789	3 709 021	21 883 270	25 592 291[1]
1801	3 854 202	23 494 798	27 349 000
1850	5 323 810	30 457 818	35 781 628
Accroissement...	0.436	0.390	0.400

D'Angeville, relevant seulement de 1801 à 1835, trouve une divergence beaucoup plus forte (*Essai stat.*) : accroissement de 0.29 pour les villes chefs-lieux, et de 0.21 pour les campagnes (plus exactement 0.286 et 0.220). Nous ne nous arrêtons pas à ce résultat : 1° parce que le recensement de 1836, sur lequel il s'appuie, est infidèle, comme l'a confessé M.-Jonnès ; 2° parce que, la tour-

[1] En 1785.

mente révolutionnaire ayant sévi principalement sur les
villes, un grand nombre d'entre elles avait perdu de sa Population, de 1789 à 1801 *(Stat. Fr. l. c.)*. Elles ont donc dû
d'abord revenir à leur état normal, avant de commencer à
s'accroître. Quelques-unes seulement ont gagné, même
dans cette période d'agitation et d'effroi. Ce sont, en première ligne :

Lille, qui s'est accrue de	42 000
Marseille	35 000
Paris	22 000
Rouen	22 000
Besançon...........	10 000
Nantes..............	9 000
Bordeaux...........	8 000
Strasbourg...........	8 000
Les 8 ensemble........	156 000

Dans les périodes suivantes encore, il s'en faut de beaucoup que toutes les villes aient eu part à l'accroissement :
60 sont restées stationnaires, ou même ont reculé. Nous citerons notamment celles des départements de l'Aube, de la
Charente-inférieure, de la Meurthe, du Puy-de-Dôme, et, le
croirait-on? du Nord. Oui, dans ce département si célèbre
par son industrie, quatre chefs-lieux d'arrondissement sont
en diminution ou sans accroissement de P. Quand on dit que
le département du Nord est l'un des plus industrieux de
France, il faut l'entendre seulement de son 6e arrondissement, Lille, Roubaix, Tourcoing, Wazemmes.

L'amaigrissement des villes qui restent sourdes à la voix
de l'industrie, est un effet de la transformation graduelle
de la société. Ces agglomérations oisives perdent leur
raison d'être chez des nations dont le travail est la vie et
l'unique source de prospérité. Aussi, à mesure que la circulation devient plus vive, plus rapide et plus générale, leur
dépérissement s'aggrave, en dépit du progrès des lumières,

auquel leurs habitants ne restent certainement pas étrangers. De 1841 à 1845, 46 chefs-lieux ont encore laissé décroître leur Population, et de 1845 à 1850, 101, dont 16
préfectoraux. Ce sont, pour la plupart, les villes les plus petites et les moins connues. L'Aveyron, le Calvados et les
Vosges ont ressenti plus que les autres, dans cette dernière
période, cette langueur des petites agglomérations.

On avait déjà remarqué l'accroissement des villes avant
la fin du 17ᵉ siècle (Expilly, *Dict.* préf.). On avait pu
l'observer dès le temps où Colbert eût transporté à l'industrie la protection gouvernementale que Sully déversait sur
l'agriculture. Expilly dit que les villes se peuplaient de paysans qui préféraient les arts à la culture des champs. On se
plaignait de ce transport de Population, parce qu'on s'ima-
ginait que la campagne manquait de bras en raison de ceux
qu'elle envoyait à l'industrie. Cette erreur provenait de l'i-
gnorance de la loi de P. En effet, l'agriculture continuait de
s'étendre en même temps que l'industrie animait les villes :
la preuve en est dans les défrichements continuels, dans les
desséchements de marais, dont témoigne l'auteur cité.

Nous ne voulons pas contester que l'émigration des paysans en faveur des villes ne soit onéreuse aux campagnes.
Ce n'est pas pour celles-ci une cause directe de dépopulation, mais bien d'appauvrissement, comme toute émigration. Nous ajoutons que c'est une cause obligée, tant que les
villes seront en progrès d'industrie sans que leur force de vitalité suffise au progrès proportionnel de leur Population.
Deux grandes mesures administratives pourraient modifier
cet ordre de choses à l'avantage de l'une et l'autre classes
de travailleurs :

1° Favoriser l'érection d'établissements industriels dans
les campagnes, comme l'ont demandé les députés d'Angeville et Blanqui ;

2° Employer tous les moyens propres à diminuer la mortalité dans les villes. L'édilité (police urbaine) a déjà fait beaucoup en ce sens ; beaucoup reste encore à faire.

Ces deux mesures tiennent à une autre, plus générale, que l'humanité réclame d'urgence par la bouche éloquente de Michel Chevalier (*Dict. conv.* art. P) : c'est la *Constitution* de l'industrie.

Corollaire 5. L'augmentation continue des subsistances n'a point, *par elle seule*, d'effet direct pour le bien-être du peuple.

Sociétés et comices d'agriculture, fermes-modèles, écoles régionales, sociétés d'encouragement et de perfectionnement, académies agricoles et industrielles, vous êtes toutes institutions louables : vous agrandissez un pays par des conquêtes qui n'ôtent rien aux autres pays, et qui ne coûtent point de sang ni de pleurs ; vous augmentez ce que l'on appelle la puissance d'une nation, et la mettez dans un meilleur rang au regard des autres, soit pour la guerre, — soit pour les expositions industrielles, tournois d'amour-propre heureusement substitués aux tournois de carnage. Mais, ô respectables corporations, si vous croyez fonctionner pour le bien-être du Peuple, vous vous abusez, — ou la loi de P est fausse. Car, selon la sagesse des nations et selon la statistique, partout où vos investigations patriotiques font produire un pain de plus, la nature crée une bouche de plus pour le consommer [1].

Corollaire 6. L'accroissement de P n'est point la cause efficiente de la misère : il en faut chercher ailleurs l'explication et les remèdes.

[1] « Les dessèchements, les défrichements, les engrais, les chimies de toute espèce, les coups de piston, les ingrédients calcaires, les fermes expérimentales, les charrues vaporisées, les maîtres d'école professionnels..., les primes, les comices, les banques, sont des palliatifs, des illusions, des impuissances » (*Quest. subs.* préf. par Corm., 1849, xvj). Après avoir écrit ces bonnes lignes, croirait-on que le Conseiller d'État propose, dans la même page, *d'évacuer sur les campagnes la* PLÉTHORE *des villes*, par mesure *administrative?* Ce que c'est que de mettre de l'esprit à la place de l'étude !

C'est aux économistes que nous adressons ce corollaire, à ceux qui expliquent si commodément la misère par l'*exubérance* de Population. Et où la voient-ils, cette exubérance? Ce n'est pas chez les paysans qui cultivent leur propre terre ; car ils se plaignent que les bras manquent à cette culture. C'est donc chez les ouvriers des villes ? Mais si toutes les villes qui accroissent leur population ne peuvent suffire à cet accroissement par leurs seules naissances, et se recrutent du dehors ! Il n'est donc pas vrai que la population ouvrière multiplie trop : demandez plutôt aux entrepreneurs qui ont besoin d'elle. Il n'y a donc nulle part exubérance. Vous ne pouvez pas nier la misère en France, vous auriez devant vous le formidable in-4° signé Wateville ; et vous n'y pouvez pas affirmer l'exubérance, car c'est par centaines de mille que le travail français appelle et que la France reçoit les ouvriers étrangers : voyez le dernier recensement (P. II, n° 24). La Population française ne suffit pas à son intelligente et indomptable activité.

Il n'y a donc pas d'accroissement de P qui puisse expliquer la misère. Il faut vous résoudre à vous tourner d'un autre côté, pour trouver cette explication désirée.

Vous la mettez dans les vices des pauvres, dans leur imprévoyance, leur ivrognerie, leur paresse. Et la source de ces vices ? — C'est l'ignorance, A la bonne heure. Que la société mette donc en œuvre tous les moyens dont elle dispose pour accélérer l'instruction du peuple. Oh ! qu'il y en a de puissants que l'on néglige !

Mais, quand le Peuple ouvrier sera instruit, dites, que fera-t-il ? Il n'aura pas moins d'enfants, puisqu'il n'en a pas trop. Seulement avec les lumières de l'hygiène et de la bonne vie, il les conservera mieux. Alors la concurrence que les fils font à leurs pères dans les ateliers deviendra plus acharnée et plus désastreuse.

Laissez donc là le pédantisme stérile des conseils, et convenez qu'il y a *quelque chose à faire* législativement parlant.

Un homme qui a une grande instruction et un cœur plus grand, un colonel, un baron qui se dit prolétaire, Colins, croit trouver cette explication dans le morcellement du sol en propriétés individuelles et dans le morcellement de l'humanité en nations.

Un publiciste très-brillant explique la misère par l'impôt multiple, par l'insuffisance du salaire et par les lois qui s'opposent à la complète liberté des coalitions ouvrières

La démographie nous interdit la discussion des opinions. Or, ce sont opinions que les questions qui ne peuvent pivoter sur des nombres recueillis. Nous ne suivrons donc point ces écrivains dans leur recherche, bien que nous en sentions vivement l'intérêt et l'urgence. Car en ce sujet manquent non-seulement les nombres, mais d'autres éléments encore, d'autres possibilités, — par exemple, la liberté de discussion.

Corollaire 7. L'émigration ne remédie point à la misère habituelle d'un peuple ; *au contraire, elle l'aggrave.*

Une souffrance temporaire peut être allégée par le transport d'une partie des habitants, parce qu'un déficit accidentel des subsistances cause un excès momentané de **P**. Si les pommes-de-terre nourrissent la moitié des habitants de l'Irlande, et si la moitié de ces tubercules vient à être atteinte de contagion, il faut que deux millions d'Irlandais périssent ou soient transportés, — à moins que le clergé de l'île ne consente à leur restituer le fruit de leurs sueurs : ce dont il n'est coutumier.

Mais, si la misère est le fruit naturel de l'arbre social, si elle est habituelle et constante, comme on l'affirme du peuple anglais (M.-Jon., *Élém.*, p. 328 et suiv.), à quoi sert à ce peuple l'émigration ? à lui enlever des membres valides, qui lui ont coûté à élever, qui lui ont coûté le déchet subi

par la mort des enfants en bas-âge, et qui lui coûtent en fin de compte à transporter. On prétend que son travail ne suffit pas à soutenir les familles anglaises, et on lui en fait confectionner d'autres pour l'Australie et la Californie. Ces pays lui en doivent bien de la reconnaissance. Cependant sa détresse s'accroît, sans que la Population puisse décroître. Quant à l'émigration, elle devient une habitude, un besoin de plus en plus impérieux : on commence en 1822 par 12 mille, on arrive à 200 000 dans le premier semestre de 1849 (Danson, *J. écon.*, t. 29., 205). Chaque émigré provoque des émigrants nouveaux, comme chaque pauvre secouru d'autres pauvres à secourir, chaque Décès une Naissance, chaque consommation une reproduction. C'est l'incessant roulement de la nature organique et vivante, qui a *horreur du vide* et de l'inertie.

Et, quand les Populations coloniales auront atteint leur degré normal de condensation, ce qui arrive en très-peu de temps, comme on l'a vu plus haut, quand l'émigration aura perdu son prestige, quand elle n'aura plus même de possibilité, que fera la *mère-patrie* de ce trop plein que son imprudent appel grossit chaque jour, et qui lui retombera dessus de tout son poids, comme un nuage qui crève et qui submerge? Il faudra bien qu'elle se retourne sur elle-même, et qu'elle cherche dans son sein et les causes réelles et les vrais remèdes du mal qui le ronge. Heureuse s'il n'est pas trop tard! heureuse si l'aggravation, causée par le régime empirique où l'on persévère aveuglément, n'a pas mis la cure au prix des plus affreux sacrifices!

Une partie de l'Allemagne souffre de la même erreur que le *Royaume-uni* : elle use aussi, pour adoucir sa misère, de ce remède qui appauvrit le sang. Elle fait un cadeau annuel d'un demi-million de ses enfants à l'Amérique du Nord[1]. En

---

[1] 500 mille Allemands émigrent dans les six premiers mois de /53, emportant 100 millions de florins; ils sortent principalement des petits États et des moins peuplés (*Deutches-Mus.*).

devient-elle plus aisée? En augmente-t-elle moins sa Population? Voy. p. 12 et 13. Cependant quelques-uns commencent à ouvrir les yeux. L'émigration bavaroise tend à diminuer, de 1835 à /45. Le gouvernement a la sagesse de publier la valeur annuelle des fortunes exportées. De /35 à /43, 50 827 individus ont emporté 15 178 000 florins (300 florins par tête), outre le capital de leurs personnes, et les sommes non-déclarées. Sur 5 854 émigrés enregistrés en /44, 1480 vont à la Confédération germanique, qui en rend 900; 4 104 vont à l'Amérique, qui n'en rend point (Hermann, *Beitr.*). Le gouvernement autrichien se montre, en ce point, plus éclairé que le britannique. Loin de fomenter l'émigration, le ministère de Vienne vient de prendre un arrêté, aux termes duquel les autorités doivent déclarer à tous ceux qui voudraient émigrer, qu'ils perdront le droit de cité en Autriche sans pouvoir le recouvrer (*Gaz. Han.*, février /53). Cette sage réserve n'est-elle pas due au zèle savant avec lequel les principaux États de l'Allemagne cultivent la statistique, et à la part libérale qu'ils lui donnent dans leur administration? Si ce n'en est le fruit, c'en est du moins une récompense.

L'émigration habituelle épuise, même lorsqu'elle a lieu avec esprit de retour. Ces milliers d'ouvriers ou d'hommes de peine, dont la Savoie fait l'élève pour nous les expédier périodiquement, créent chez nous des produits, des valeurs dont ils n'emportent qu'une très-mince part, et qui ne nous ont coûté que l'intelligence et l'organisation. Ils croient s'être enrichis à nos frais, honnêtes montagnards! quand ils s'en retournent bourse garnie. C'est justement le contraire. L'argent qu'ils emportent va servir à nous élever des travailleurs. Leurs voyages sont aussi avantageux à la France qu'onéreux pour leur pays. Une race, incorrigiblement adonnée à cette manie de déplacement, ne guérira jamais de la pauvreté. Est-ce que les Auvergnats et les Limousins

ont enrichi leurs départements, à venir chaque année travailler chez les autres ?

Le recensement de 1851 trouve en France   379 289
étrangers (P. II, n° 24 : malheureusement sans indiquer âge
ni sexe). Voici les départements qui réussissent le mieux à
les attirer :

Nord..................	80 876	Belges.
Seine....................	62 241	toutes nations.
Bouches-du-Rhône.........	21 434	Italiens pour la plupart.
Ardennes..................	19 173	Belges pour la plupart.
Moselle..................	16 489	Allemands pour la plupart.
Rhône.	14 855	toutes nations.
Var.........	12 899	Italiens pour la plupart.
Haut-Rhin................	12 461	Allemands et Suisses.
Bas-Rhin.................	11 716	Allemands.
Basses-Pyrénées...........	9 404	Espagnols.
Isère	7 568	Italiens pour la plupart.
Pas-de-Calais.............	7 011	Anglais pour la plupart.
Doubs.................	6 034	Suisses et Allemands.
Corse...................	4 245	Italiens pour la plupart.
Hautes-Alpes.............	1 576	id. id.
Basses-Alpes	945	id. id.

288 927

Voyez quelle trompeuse ardeur de changement ! où les
ouvriers sont-ils plus malheureux que dans le Nord, la
Seine, le Rhône? C'est là qu'ils viennent du dehors avec le
plus d'empressement. Par contre, nos départements du Var,
des Hautes et Basses-Alpes, des Basses-Pyrénées, envoient
des émigrants au Nouveau-Monde (*Rapp*. du min. de l'int.) :
la place qu'ils quittent est à l'instant occupée par des Italiens et des Espagnols.

Mais c'est en Suisse et avec le conseiller Franscini qu'il
faut étudier l'émigration, pour en bien voir les frivoles pré-
téxtes.

CONFÉDÉRATION HELVÉTIQUE.

CANTONS.	Kilom. carrés.	Recensem. 1850.	ÉTRANGERS domiciliés.	SUISSES d'autres cantons.	Suisses absents de la conféd.
Zurich............	1 734	250 698	5 573	11 184	5 395
Berne............	6 800	458 301	6 764	18 233	9 438
Lucerne..........	1 246	132 843	591	4 195	1 428
Uri..............	1 083	14 505	40	666	280
Schwitz..........	1 006	44 168	198	1 452	894
Unterwald........	764	25 138	52	1 226	539
Glaris...........	723	30 213	248	978	3 112
Zug.............	239	17 461	106	2 350	271
Friburg..........	1 588	99 891	1 335	7 373	1 534
Soleure..........	764	69 674	935	4 652	1 886
Bâle.............	481	[77 583]	»	»	»
— Ville (4 comm.)...	»	29 698	6 819	11 473	513
— Campagne.......	»	47 885	1 782	7 021	1 423
Schaffouse........	522	35 300	1 362	2 272	1 506
Appenzell.........	400	[54 893]	»	»	»
— Rhodes extérieur..	»	43 621	474	3 216	622
— Rhodes intér.....	»	11 272	74	229	243
St-Gall...........	2 010	169 625	....	15 410	4 905
Grisons...........	6 920	89 895	2 188	3 228	10 142
Argovie...........	1 407	199 852	2 962	7 289	5 537
Thurgovie.........	1 006	88 908	1 902	5 748	1 360
Tessin............	2 940	117 759	7 807	517	11 924
Vaud.............	3 335	199 575	5 292	17 214	4 906
Valais............	4 450	81 559	1 688	1 204	964
Neuchâtel.........	803	70 753	4 980	21 131	2 066
Genève...........	279	64 146	15 142	9 141	1 618
	40 300	2 392 740	68 512	157 582	72 506

Des 72 500 absents il y a 20 000 en Amérique, 16 mille en France, 10 mille en Italie, 7 mille en Autriche, 7 mille dans les autres tronçons de l'Allemagne.

N'est-il pas étrange de voir des milliers d'émigrants s'éloigner de cantons où le travail, toujours croissant, appelle

chaque année de nouveaux bras, tant des cantons voisins
que des pays étrangers? Zurich! Berne! Vaud! Neuchâtel!
Genève! Lucerne! Fribourg! Soleure! Schaffouse! Argovie! Et peut-on désirer une preuve plus claire et plus certaine que l'émigration n'a point pour cause une fabuleuse
surabondance de P? Certainement elle tient à des souffrances réelles, que l'on affaiblirait beaucoup en y versant
les remèdes dont tout pouvoir public a la faculté et le devoir. Mais elle tient aussi au caractère, à l'inquiétude d'esprit, à la manie d'imitation, à des suggestions perfides[1] ou
imprudentes, à la lassitude du présent, au leurre des espérances lointaines. En un mot, c'est le dégoût du *tiens*, le
mirage des *tu l'auras*.

L'émigration n'est sérieuse que de la part d'un petit
nombre de cantons. Presque tous la réparent par un appel
égal ou supérieur d'étrangers, qui sont pour la plupart journaliers, domestiques, ouvriers et marchands. Glaris, le Tes-
sin, les Grisons sont les seuls cantons qui soldent par une
perte non compensée. Car ceux qui ne soldent pas par des
étrangers garnissent les vides avec des citoyens des autres
cantons, notamment Berne, Lucerne, Schwyz, Soleure,
Schaffouse, Argovie.

Franscini remarque que, des trois cantons où l'émigration l'emporte sur l'immigration, les deux premiers accroissent peu leur population, mais le troisième « a un accroissement moitié plus rapide qu'eux, avec une proportion
d'émigrants aussi forte » (*Nouv. stat.*, p. 65). L'émigration
n'empêche donc pas P de s'accroître, — à moins qu'elle
n'emporte tant de bras et de capitaux que le travail en soit
affaibli et les moyens de subsistance diminués. Et alors qu'y
a-t-on gagné?

Si c'est la surabondance des bras qui sollicite à l'émigration, pourquoi ces mauvais citoyens, qui se trouvent de trop

---

[1] Celles des compagnies qui exploitent l'émigration.

chez eux, vont-ils se perdre dans des voyages lointains et ruineux? Que ne s'arrêtent-ils à deux pas, dans le canton voisin, qui manque de bras, lui, puis qu'il en appelle de toutes les nations circonjacentes?

Corollaire 8. La culture des terres médiocres n'est pas nécessitée par l'accroissement de P (comme l'ont cru Ricardo et H. Passy, *Dict. écon.* Rente du sol).

Cette culture est l'effet du développement de l'industrie et du commerce extérieur. Et ce triple développement est la cause triple et une de l'accroissement de P.

Ricardo avait imaginé que la rente n'existe pas tant que l'on ne cultive que les meilleures terres; qu'elle ne commence que quand l'accroissement de P force à cultiver les terres médiocres. Passy n'a pas de peine à réfuter cette erreur palpable. Mais il reste sous cette idée de la *nécessité* de cultiver les terres médiocres; il la répète constamment et jusqu'à 5 fois par demi-page (*l. c.*, 1re col., p. 519). La loi de P ne permet pas de croire à cette prétendue nécessité. En cherchant quelle cause peut conduire à cultiver des terres d'un produit moindre ou plus coûteux, celle qui se présente le plus naturellement à l'esprit est le développement de l'industrie et la naissance du commerce extérieur. Ces deux circonstances, dont l'une est cause, et l'autre effet, mais effet qui réagit sur sa cause, — déterminent l'accroissement de P, — par conséquent la demande plus grande et l'importation des subsistances. Il y a alors *intérêt* à cultiver des terres d'un moindre produit : c'est une concurrence aux frais de transport; l'élévation du prix du blé en étend naturellement la culture. Il y a *convenance* et non nécessité. Dans les États du Nord, cette nécessité existerait, car ils émigrent : mais la convenance n'y est pas, et les forêts restent forêts, les montagnes restent pacages. Les entraves à l'importation des grains peuvent nécessiter ces cultures pauvres, par la factice et oppressive élévation qu'elles causent dans les prix.

Cette oppression du commerce des grains est un effet direct, un des mauvais effets de l'appropriation du sol (appropriation que l'on ne combat pas ici; on observe le fait, et on l'énonce comme fait). Elle pèse injustement sur les classes manufacturières et commerçantes, au profit non des cultivateurs, mais des propriétaires-rentiers. H. Passy en donne la preuve : la rente, dit-il, s'élève à mesure que la nation se civilise, que la culture se perfectionne; mais la valeur du blé reste la même. Or, c'est la valeur du produit qui importe aux producteurs. Leur travail mieux dirigé produit plus, non pour eux, mais pour les maîtres qui le commandent. Il faut citer les naïves expressions de l'économiste conservateur : « Les subsistances ont le privilége de ne jamais attendre » longtemps la demande. Du jour où elles deviennent plus » abondantes, P ne tarde pas à multiplier, et bientôt les be- » soins montent au niveau de l'offre. Aussi ne se réalise-t-il » pas une épargne de frais de culture, pas une amélioration » dans l'application des efforts du labeur, qui ne vienne aug- » menter *la part du produit qui demeure nette de charges,* et » par conséquent la rente des propriétaires » (*l. c.,* p. 515).

Les mêmes lois produisent nécessairement les mêmes phénomènes dans l'industrie par rapport aux maîtres et aux ouvriers. Et pourtant : « c'est un fait hors de doute que les journaliers anglais, français, hollandais, suisses, sont aujourd'hui non-seulement mieux vêtus et mieux logés, mais aussi mieux nourris qu'ils ne l'étaient aux 15e et 16e siècles, ou que ne le sont encore les russes, hongrois, polonais, » p. 517. Pour les vêtements, on pourrait dire que les étoffes ont diminué de prix, bienfait dû au perfectionnement des machines et aux autres progrès des arts et métiers. Mais pour les vivres, puisque leur *prix réel* n'a pas changé, il faut bien convenir que l'amélioration est venue de ce que ces gens, autrefois abrutis par une servile dépendance, se sont éman-

cipés, instruits : ils ont appris à mieux vivre, et leur indépendance (relative) leur a donné le pouvoir de pratiquer ce
qu'ils ont appris.

Ces populations slaves et magyares sont les moins denses
et chez qui le blé est au plus bas prix (p. 516), — parce
qu'elles sont les plus dénuées d'industrie. « Et cependant le
blé y est encore trop cher pour les pauvres créatures qui le
produisent. C'est presque uniquement de seigle qu'elles vivent, et tandis qu'en France le blé est au seigle comme 3
est à 1, en Angleterre comme 4 est à 1, en Russie, Pologne,
Hongrie, il est comme 1 est à 7, même à 9 » (p. 517).

En Hongrie, en Russie, dans plusieurs parties de l'ancienne Pologne et des principautés danubiennes, la population rurale, tenue en servitude ou n'ayant que récemment
cessé de l'être, — esclave aujourd'hui ou hier, — est en général trop pauvre ou trop ignorante pour acheter la terre et
pour s'établir à ses risques et périls. Les propriétaires exploitent pour leur propre compte. D'ordinaire ils abandon-
nent aux laboureurs l'usage d'une portion de terrain ; ceux-ci
la cultivent pour eux-mêmes, à la charge de donner au reste
du domaine deux ou trois journées de leur travail par se-
maine. Il y a pourtant quelques paysans en pleine possession des terres qu'ils cultivent (p. 513).

L'auteur regai le comme évident qu'il n'y a point d'industrie autre que la rurale qui ait le privilége de produire la
rente. Mais il démontre le contraire trois pages plus loin :
« La terre, à moins que des lois iniques et pernicieuses ne
» l'immobilisent aux mains de castes privilégiées, se trans-
» met et s'échange exactement comme les usines, les con-
» trats de rente, les actions industrielles » p. 519.

Le colonel Colins met au nombre de ces *lois iniques et pernicieuses* celles qui ont constitué le privilége de la propriété
avec le droit de succession indéfinie. Il est *évident* pour

lui que la *rente de la terre* est un privilége d'entrepreneur, au même titre que le *profit* du capital.

Il remarque aussi que l'accroissement progressif et rapide du commerce extérieur, dont plusieurs nations se glorifient, devrait inquiéter les hommes d'état, parce qu'il indique un accroissement non moins précipité dans l'effort industriel. Si le travail était libre et souverain, ce serait tout profit pour l'humanité. Mais, par le mécanisme de la concurrence, l'ouvrier est sacrifié à l'entrepreneur ; et cependant on multiplie sa race sans pitié ni prévoyance. *(Sci. soc.* II *pass.)*

Pour nous qui n'avons pas le droit de nous immiscer dans ces discussions, il nous parait que le progrès le plus urgent qu'ait à faire la science économique est de simplifier sa langue en la débarrassant des entités superflues , telles que *valeur, profit, rente* du sol, etc.

Corollaire 9. L'accroissement graduel des subsistances (ou de **P**) n'est point, par lui seul, un indice de l'accroissement du bien-être général.

L'accroissement des subsistances suffit à expliquer celui de P, et réciproquement.

L'accroissement de P, dans un État où le profit du travail appartient aux masses, est une cause directe de l'accroissement du bien-être. Mais, dans une société imparfaite, qui salarie le plus grand nombre de ses membres, l'abaissement des salaires n'ayant de limite naturelle que le degré où la souffrance tarit la source de la vie, il s'ensuit que l'accroissement de P fait obstacle au progrès du bien-être général, et le peut même entraîner en arrière, si cet obstacle n'est point combattu dans ses effets anormaux. Nous faisons allusion, entre autres, à la Bavière et à la Saxe royale (V. ci-apr., ch. XI ; v. aussi *Annu.* Guilln. /54, p. 472, 485).

Corollaire 10. La seule considération des Décès dans leur rapport aux Naissances ou à la Population ne fournit pas d'indication sur l'aisance habituelle des habitants.

Le rapport des Décès est régi par deux seules causes ordinaires, les accidents des récoltes et les cas généraux de maladies. On verra plus loin (au livre 3) qu'une Population peut jouir d'une vitalité fort longue, bien que les Décès y soient normalement égaux ou même accidentellement supérieurs aux Naissances ; que cette même Population peut avoir le rapport P/D plus faible que telle autre qui a pourtant la durée moyenne de la vie plus courte.

C'est la durée moyenne de la vie qui est la mesure démographique du bien-être, comme l'ont établi divers auteurs, notamment D'Ivernois et Villermé. Quant à la mesure de cette durée, nous en traiterons au ch. XI.

Corollaire 11. Les impôts qui atteignent directement et généralement les subsistances alimentaires, sont les moins adverses au bien-être de la Population. C'est le système qui doit être préféré à tous les autres systèmes usités, pourvu qu'il soit assis avec circonspection et de manière à ne pas faire hausser brusquement le prix des subsistances.

On a dit que l'impôt restreint la consommation, par conséquent la production. Cela n'est vrai que de la matière spéciale qui en est frappée. L'impôt ne diminue point la production dans son ensemble, car il ne fait que déplacer la consommation. Un impôt général, établi, payé tous les ans, ne change donc pas les conditions générales du bien-être. Tel est l'impôt foncier.

Il n'y a, en général, pas plus de raison pour imposer les objets de luxe que ceux de première nécessité. Car les uns et les autres sont produits par le travail, qui paie seul tous les impôts.

Exceptez, si vous voulez, les chiens d'agrément et les chevaux de race.

L'impôt sur le luxe a même l'inconvénient d'en rétrécir la sphère, d'en borner l'usage à un nombre moindre de familles privilégiées, et par conséquent de faire ressortir davantage l'inégalité des conditions, source de tant de calamités.

On a blâmé avec raison les droits élevés de douanes. Mais on n'en a pas signalé le principal inconvénient qui est, selon nous, d'exagérer le nombre des bras qui concourent à la production : 1° en fractionnant l'atelier humanitaire et en éparpillant ses bribes; 2° en faisant vivre l'espèce parasite nommée *contrebandier*. Si les droits étaient conservés seulement pour assurer le service de la statistique, s'ils étaient si bas que le transport n'eût aucun intérêt à se détourner de la grand'route, et que la prime à espérer de la fraude restât fort au-dessous du risque à courir, la contrebande périrait faute d'aliments, le contrebandier deviendrait travailleur en même temps qu'une bonne partie des douaniers, et, ce qui est au-dessus de tout, le respect dû aux lois ne souffrirait plus d'exception.

Si l'on admet que l'ignorance et le vice sont (avec l'inégalité qui est un vice social) causes principales de la misère, on inférera que les plus mauvais impôts sont ceux qui pèsent sur la pensée et sur ses manifestations; — ceux qui entravent la diffusion des lumières et le mouvement intellectuel, — tous ceux qui rendent la lecture plus coûteuse et plus rare, timbre, droit de poste, cautionnements, patentes et brevets de libraire, imprimeur et papetier, et tous autres semblables. Ce point admis fournirait un argument en faveur de la gratuité de l'enseignement général, et en faveur de la réduction des droits de poste au pair de leur dépense et même un peu au-dessous.

Corollaire 12. Toute destruction volontaire de valeurs est un attentat contre la vie humaine.

La raison en est que toute destruction de valeur se résout en destruction de subsistances, puisque la valeur n'est créée que par le travail, que par la vie, — et pour la vie.

L'incendiaire est un assassin.

Le crédit étant l'indispensable condition du travail, qui est le seul nourricier des nations développées, toute atteinte portée au crédit est une atteinte plus ou moins prochaine aux subsistances. Le banqueroutier frauduleux, le faussaire, le faux monnayeur, sont des meurtriers. On peut leur assimiler l'instigateur d'émeute et le souverain qui fait une guerre aggressive.

Le banqueroutier par imprudence , le marchand qui trompe sur la qualité ou sur la quantité, sont des coupables, non du même degré, mais de la même sorte.

Excusera-t-on entièrement le législateur qui restreint le travail et la circulation par des mesures prohibitives?

Que l'on admette, toutes les fois qu'il y a lieu, les circonstances atténuantes. Toujours est-il vrai qu'en principe et à voir les choses au fond, *il y a de l'homicide dans toute faute humaine,* dans toute faute des particuliers, à plus forte raison dans toute faute des gouvernants.

C'est une sanction de la morale.

La responsabilité des fonctionnaires n'est donc point un vain mot. Elle ne tient rien de l'arbitraire des opinions, ni du développement de l'ordre social. Vérité qu'elle est, elle n'a point pour première base la loi discutée et promulguée, ni le serment, ni la rémunération, — mais la Loi de P.

La responsabilité a existé toute entière du jour où un homme a échangé avec un autre homme service pour service, du jour où le fort voulant utiliser sa force, l'habile son habileté, a offert au faible, qui a accepté , protection pour obéissance.

Il y a de l'homicide dans toute oppression, dans tout préjugé public mis en action. Le colonel C. , déjà cité, divise les préjugés les plus funestes au commun des hommes en trois classes : 1° Préjugé de superstition , le plus ancien et le plus vivace des préjugés ; ce qui prouve que le sentiment religieux est naturel, et qu'il faut l'éclairer, non le détruire.

2° Préjugé de naissance, noblesse, royauté, races divines, droit divin : il est vieilli, caduc; les efforts des intéressés le soutiennent difficilement. 3° Préjugé d'argent, le plus nouveau, et encore dans toute sa vigueur. Il comprend l'oppression militaire; car l'abus du sabre est toujours payé. Tous les préjugés sont mangeurs d'hommes, mais plus ou moins voraces, plus ou moins difficiles à satisfaire. L'estomac de l'ambitieux s'élargit, se gonfle, à proportion du champ où il enlève sa pâture. Un chef de sauvages dit à sa horde : Je te donne à manger ce village. Le roi de Perse donnait au héros grec devenu homme de cour trois villes à manger, Magnésie pour son pain, Lampsaque pour son vin, Myonte pour sa pitance (Corn. Nep. Them.).

L'histoire est pleine d'exemples de dépopulation causée par l'abus du principe de gouvernement. Il n'en est point de plus éclatant que la décadence des Romains. On l'a attribuée à plusieurs causes. Éclairés par la loi de P, nous n'en pouvons voir qu'une : le principe même de leur grandeur, la force militaire qui entraînait le mépris du travail productif. Tout le temps que le principe mit à se développer, tant que les guerres furent intermittentes, que l'armée fut composée de propriétaires-cultivateurs, l'agriculture resta nécessaire et honorée, le peuple se nourrit lui-même, l'armée resta intéressée au maintien de l'État. Lorsque les guerres furent devenues continuelles et lointaines, que Marius eût enrôlé les *capite censi* (Sall. Jug.), qu'après lui on eut enrôlé aussi des étrangers et même des esclaves, l'armée fut corruptible et corrompue. Les conquêtes fournissant le blé et l'or, on nourrit le peuple oisif, l'Italie ne fut plus cultivée. Les provinces payèrent de lourds tributs et en furent appauvries; mais plus appauvries encore par l'inégalité toujours croissante des conditions, et la servitude militaire, et l'esclavage civil. De simples citoyens possédaient des provinces entières. L'ordre des chevaliers, qui exerçait la perception des impôts dans tout l'empire, cumulait les deux aristocraties de la noblesse et de la banque.

Plutarque dit que, de son temps, la Grèce entière aurait pu à grand'peine faire trois mille hommes de guerre, que la seule ville de Mégare avait envoyés autrefois à la bataille de Platée (Tr. 47. *Des oracles*).

Un auteur classique attribue le dépérissement des provinces au changement fréquent des princes et des gouverneurs! Comme si, en l'absence de la liberté et d'un ordre social équitable, la prospérité publique pouvait être créée par un magistrat! Cet auteur est plus exact, quand il attribue la misère publique à une administration reposant uniquement sur la conquête, et quand il remarque que tous les empereurs, mauvais et bons, s'appliquèrent en vain à contenir les déprédations des gouverneurs provinciaux, allant jusqu'à les punir de mort (Dumont, *Hist. rom.* t. 3, ch. 96, p. 372).

Gibbon dit qu'au 2e siècle de l'empire le germe de la décadence « naquit d'un poison lent et secret qu'introduisirent une longue paix et un gouvernement uniforme ». Voilà une étrange assertion! C'est précisément ce que l'on regarde aujourd'hui comme la cause de la prospérité des nations.

Le président de Montesquieu en juge mieux, lorsqu'il attribue la décadence principalement à la perpétuité des guerres, qui fit que les soldats cessèrent d'être citoyens. Il entrevoit même que le grand principe de la force de la République avait été dans l'amour de l'égalité (ch. ix, p. 205). Mais on dirait qu'il a hâte de détourner ses nobles yeux de cette vérité qui les éblouit et les blesse; car il ajoute : « ce fut uniquement la grandeur de la République qui fit le mal ». — Dites que ce fut l'inégalité toujours croissante; et en voici la preuve, c'est vous-même qui la fournissez : « Les » fondateurs des anciennes républiques avaient également » partagé les terres : cela seul faisait un peuple puissant, » c'est-à-dire une société bien réglée : cela faisait aussi une

» bonne armée, chacun ayant un égal intérêt, et très-grand,
» à défendre sa patrie » (ch. 3). Mais quand on vit des citoyens, disons mieux, des sujets posséder des provinces entières, ces provinces ne pouvaient plus être qu'un désert; et
la voix de ce désert appelait l'irrésistible invasion des barbares.

Latifundia Italiam perdiderunt (Plin.). L'Italie perdue,
l'empire ne pouvait tarder à l'être.

Ce monstrueux abus de la grande propriété devait amener
les gens riches à faire cultiver leurs terres par des esclaves,
à défaut des hommes libres que le monopole ne laissait plus
subsister. L'historien Beaufort attribue à cette pratique, et
il a raison, la dépopulation rurale, qui s'observait déjà vers
la fin de la république *(App. bell. civ.* I, p. 608). T.-Live
dit *(l.* vi, *c.* 12) qu'il restait à peine de son temps quelques
gens libres dans les campagnes, et que celles qui avaient été
des pépinières de soldats n'étaient plus peuplées que d'esclaves. (Sall. *cat.* 38. Varr. *rust. prœfac. l.* 2. Suet. *Aug. c.*
42). Et pourtant les tribus rustiques avaient été de tout temps
plus considérées que les urbaines (Val. Maxim. l. 7, c. 5),
et elles avaient fourni tous les grands hommes.

La République était propriétaire de tous les biens dont
elle avait dépossédé les rois. Elle avait, par confiscation, de
grands domaines dans la Sicile (Cicer. *Verr.* 2, 3), dans les
Gaules (Cicer. *Fontei,* 1 et 16); elle les affermait à des citoyens romains, moyennant une faible redevance. La concurrence que les esclaves faisaient aux cultivateurs libres,
devait rendre ceux-ci impossibles.

Les esclaves eux-mêmes ne pouvaient pas garder la vie
sous ce régime extrême. Dans les temps d'égalité ils avaient
été traités avec une certaine douceur. Mais leur sort deve-
nait de plus en plus misérable, à mesure que s'accroissait la
richesse de quelques citoyens. Sénèque dit qu'ils étaient
traités comme des bêtes de somme *(Ep.* 47. V. Macrob. I. 11)

Ceux qui cultivaient les champs étaient les plus malheureux ; on les tenait enchaînés dans des prisons souterraines (*ergastula*), dont l'Italie et toutes les provinces étaient remplies.

Quelle grandeur il y avait eu dans ce peuple détruit par une fausse constitution sociale ! Quelle modération dans les différends avec ses *patriciens*, quelle réserve dans ses plaintes, quelle sagesse dans ses jugements ! Comme les calomnieuses déclamations de quelques historiens sont démenties par les faits qu'eux-mêmes nous ont transmis ! On voit dans Denys d'Halicarnasse que, depuis l'an de Rome 387 que les Plébéiens eurent obtenu l'un des deux consulats et se furent égalés en tout aux Patriciens, jusqu'au tribunat de Tib. Gracchus, près de deux siècles et demi, les divisions intestines cessèrent presqu'entièrement, et la République fut toute entière à ses conquêtes extérieures. Le peuple de Rome jugeait ses patriciens : les trouvant coupables, il ne les condamnait pas à la mort, mais à l'exil. Il se conduisait noblement et dignement.

Le sénat avait la puissance exécutive : il était, par là, réellement maître de la République. Grand argument contre la division des deux pouvoirs ! Et pourtant le peuple avait aussi le droit de juger. Ce droit et sa souveraineté législative ne suffirent pas pour l'empêcher d'être asservi et foulé.

Un des effets de l'inégalité des fortunes était l'usure, cancer rongeur, tant de fois opéré et toujours renaissant. Il est vrai que l'on ne savait, pour y remédier, rien de mieux que la banqueroute. L'an 369, la loi Duillia réduisait le taux de l'intérêt à 0.01 par an ; l'an 374, une autre loi retranchait du capital tous les intérêts payés, mais elle ne réglait rien pour l'avenir. Aussi fallut-il y revenir vingt ans après (Liv. vi, c. 16, 27 et 35). En 401 le sénat fit payer la plupart des dettes par le trésor public : c'était un acte d'habileté dans un but spécial. En 406 une nouvelle loi réduit l'intérêt à 1/2 p. 0/0 par an ; en 411 tout intérêt est déclaré illicite. Mais à quoi servait au peuple d'adopter des lois, que le sénat ne pouvait faire exécuter, quand il en eût eu la bonne volonté (Beaufort *Rép. rom.*, t. 6.)? Elles furent violées, elles devaient l'être en l'absence de tout signe de crédit. Aussi le successeur de Marius revint-il à la banqueroute.

César, maître du pouvoir, s'occupa plus de relever le crédit que d'éteindre les dettes (*B. civil.*, l. 3., c. 1 et 24) : par où l'on voit que la science économique avait fait des progrès. Il remit aussi une année des petits loyers (Proudhon n'a pas inventé le spécifique !). Il ne s'en vante pas aux bourgeois de Rome : c'est Suétone qui le dénonce pour cette atteinte à la propriété (Suet. *J. Cæs.*, c. 38 et 42. Cic. att. iv, 15).

En effet, tous ces palliatifs jetés sur la misère violaient le droit de propriété par un respect aveugle pour le droit de vie, c'est-à-dire, par l'ignorance des lois économiques ; aussi détruisaient-ils au lieu de conserver.

Scholie. La Société n'a point, vis-à-vis elle-même, d'intérêts matériels : elle n'a que des *intérêts moraux*, si l'on peut se servir de ce terme.

La Société n'a pas besoin d'un accroissement de nombre, mais d'une amélioration d'état, d'un accroissement du bien-être commun. Or, tout ce que l'on fait dans la seule vue des intérêts matériels n'aboutissant qu'à une augmentation en quantité, qui n'apporte par elle seule aucun bien à la communauté, il faut conclure que ceux qui dirigent l'État doivent se préoccuper avant tout, par dessus tout, nous ne dirons pas des intérêts moraux (car cette expression trop usitée tend encore au matérialisme), mais de l'état intellectuel et moral et des progrès intellectuels et moraux des Populations.

Un gouvernement qui ne poursuivait que l'intérêt matériel, qui faisait de cette poursuite son drapeau et sa gloire unique, ce gouvernement s'égarait dans le faux : il était démoralisateur. L'histoire contemporaine fait foi que les moyens qu'il employait pour se soutenir étaient aussi impurs que son but. Il creusait lui-même la mine sous ses pas. L'explosion d'un mépris mérité et une chute inouie, éclatante, *irrelevable*, ont vengé la morale, l'honneur public et la Providence.

Les politiques de l'égoïsme défendraient en vain ce gouvernement tout charnel, en disant que, lorsqu'il développait *la prospérité publique*, il assurait au moins ses propres intérêts. Non, car sans recourir à l'argument de la fin (argument *à posteriori*), on voyait assez que, quand il accroissait et le commerce et l'agriculture sans songer si les profits en amélioraient le sort des masses, il grossissait, il est vrai, son budget de recettes et de faveurs à distribuer, mais il se chargeait, dans le même temps et dans la même proportion, d'une Population nouvelle, exigeante, impatiente, qu'il ne pourrait pas contenir dans la fausse voie où il la menait.

CHAPITRE VI.

DE LA RÉPARTITION DES SUBSISTANCES.

L'*équation* établie et discutée aux deux chapitres précédents résulte, avons-nous dit, de ce que « P *se proportionne aux subsistances* DISPONIBLES. » On demande ce que veut dire ce mot *disponibles,* ou, en d'autres termes, quelle influence la répartition des subsistances a sur la quantité de P et sur le bien-être des vivants.

§ 1er. *Influence sur la quantité de* P.

La question de quantité peut être envisagée au point de vue général de l'humanité, ou au point de vue particulier des nations.

Au point de vue général, chaque individu ne pouvant absorber que ce que permet dans d'étroites limites sa capacité
alimentaire, l'inégale répartition, qui résulte des diverses
conditions de fécondité du sol, ou des climats, ou de la différence des tempéraments industriels, n'influe pas d'une
manière appréciable sur le nombre des habitants du globe,
pris en masse : en sorte que, si la quantité actuelle des
subsistances, fruits du travail de l'homme, fût répartie avec
égalité sur chaque kilometre carré de la terre habitable, on
ne voit pas que le genre humain y eût à perdre ou à gagner,
quant au nombre.

C'est autre chose, si l'on considère une nation en particulier. On a vu, p. 57, que la Population est répartie sur
le sol, de la même manière que le travail et ses produits.
On conçoit que, si une partie des produits, exportée pour
satisfaire à certaines exigences privilégiées, va être consommée sur un autre sol, c'est d'autant moins d'habitants qui
peuvent subsister sur le sol originel. Or, cette exportation
des subsistances peut résulter soit de la constitution de la
propriété, soit des besoins du commerce.

Sous Louis XI, il fut constaté en justice que les prélats
bénéficiers français qui vivaient à la cour du pape, avaient
un revenu de 2 800 000 livres tournois, valeur d'alors.
Celui de l'État était de 3 400 000 livres. Le parlement
remontra que cette prébende ecclésiastique dépassait les 4/5
du revenu public, et qu'elle ôtait autant de sujets au roi
qu'elle en nourrissait au pape. Aussi à cette époque la
France n'avait que 30 habitants au kilometre carré, et elle
produisait plus de blé qu'il n'en fallait pour les nourrir. Les
possesseurs de ce blé *superflu* en exportaient beaucoup en
Espagne, en Italie, et jusqu'aux Antilles (Montvéran, *J. soc.
fr. stat.*, /30, 2e p. p. 50).

Si les prélats de l'église anglicane, titulaires en Irlande,
possèdent 1/4 des produits du travail irlandais, et dépensent

ce revenu en Angleterre, il est clair que l'Irlande nourrit de ses sueurs une partie du peuple anglais, et que cette vassale, quelque condensée que soit déjà sa Population, pourra, sans faire un effort de plus, élever chez elle 10 millions d'habitants au lieu de 8, dès qu'ayant secoué les liens de la conquête et de la superstition, elle sera rentrée en possession d'elle-même et de son travail.

Nous avons fait voir, p. 98, que les peuples qui s'adonnent à la coûteuse habitude de l'émigration, paient aussi tribut aux pays qu'ils peuplent. C'est le tribut le plus onéreux, parce qu'il est gratuit et sans retour; c'est de plus un tribut ridicule, parce qu'il est payé bénévolement par celui qui se croit sage et fort, à la barbarie qui serait impuissante à l'exiger. Soit dit pour les gouvernements qui ont la sottise de pousser à l'émigration de leurs citoyens. Quant aux masses qui consentent à se déplacer, à être transportées, elles cèdent naturellement, avec plus ou moins d'intelligence et plus ou moins de déception, à la loi toute-puissante qui distribue les travailleurs selon le travail; elles quittent les pays où la main-d'œuvre est plus offerte, pour gagner ceux où elle est plus demandée.

Les nations qui ne peuvent satisfaire par elles-mêmes à tous leurs besoins, faute d'avoir développé leur industrie, sont en ce point vassales et tributaires des peuples plus actifs ou mieux placés et plus avancés : il faut qu'elles sacrifient une portion de leurs subsistances pour jouir des produits qu'elles convoitent. Les pêcheurs du Nord et les pasteurs du Midi entretiennent les ouvriers de l'Europe médiane, en lui fournissant des bois, des métaux, des cuirs, des laines, des huiles, etc. pour les étoffes, les meubles, les machines et instruments de toute espèce qu'elle sait confectionner. C'est ainsi que les peuples manufacturiers peuvent condenser leur Population bien au-delà de ce que permet la fertilité de leur sol; et que l'Angleterre et la France engendrent des légions d'ouvriers qui naîtraient Espagnols et Italiens, si l'Espagne et l'Italie se tournaient vers l'industrie.

On a examiné à ce sujet s'il ne serait pas dans l'ordre général de l'humanité que chaque nation cultivât les genres d'industrie les plus appropriés aux produits de son sol et au caractère de ses habitants, afin d'épargner les déplacements inutiles de matières et le vain emploi des forces humaines. Cela ne paraît pas douteux dans l'hypothèse de l'échange parfaitement libre. C'est un beau théorème de la plus large économie sociale.

§ 2. *Influence sur le bien-être. — Salaires.*

Il est donc reconnu que l'industrie manufacturière, en amoncelant sur certains points les valeurs et par conséquent les subsistances, y accroît le nombre des habitants.

Accroît-elle aussi leur bien-être? Les souffrances et les plaintes des classes ouvrières, les rapports des économistes qui les ont vérifiées, répondent unanimement Non. On a cherché les causes de cette grande et perpétuelle infortune, qui est comme la maladie chronique du corps social. Des hommes célèbres ont cru qu'il suffirait, pour la guérir, de systématiser à nouveau la répartition des subsistances entre tous les travailleurs.

« Ce n'est pas assez qu'un pays ait la faculté de produire » beaucoup d'aliments : il faut que l'état social soit tel qu'il » engage à les bien distribuer » (MALTHUS, *Essay*, I, 9).

« Les travailleurs n'ont pas besoin de subventions et de » protections abusives : il suffit qu'on leur laisse une plus » forte part des produits de leur travail... Nous ne consen- » tirons plus à donner le nom de richesse qu'à la somme du » produit national équitablement distribuée entre tous ses » producteurs » (Prof. BLANQUI, de l'Institut, *J. éc.* /9 /51).

« La charité est le régime protecteur de la misère » (WOLOWSKI).

« Pour pouvoir appeler richesse de la nation les richesses
» individuelles, il faudrait que tous les individus partici-
» passent à cette richesse, puisque la nation se compose de
» tous les individus sans exception, et que, la richesse n'é-
» tant pas une chose abstraite, il est assez difficile de con-
» cevoir qu'une nation soit riche, lorsqu'une partie consi-
» dérable de ses enfants est dans l'extrême besoin. Cepen-
» dant cela est ainsi. Et même dans toute l'Europe, il n'y a
» nulle part plus d'indigents que chez les nations qu'on ap-
» pelle opulentes » (BONALD).

« A mesure que l'instruction descend dans les classes infé-
rieures, celles-ci découvrent la plaie secrète qui ronge
l'ordre social depuis le commencement du monde, plaie
qui est la cause de tous les malaises, de toutes les agitations
populaires. La trop grande inégalité des conditions et des
fortunes a pu se supporter tant qu'elle a été cachée, d'un
côté, par l'ignorance, de l'autre, par l'organisation factice
de la cité ; mais aussitôt que cette inégalité est généralement
aperçue, le coup mortel est porté.

« Recomposez, si vous le pouvez, les fictions aristocra-
tiques, essayez de persuader au pauvre, quand il saura lire,
au pauvre auquel la parole est portée chaque jour par la
presse, de ville en ville, de village en village, essayez de
persuader à ce pauvre, possédant la même lumière et la
même intelligence que vous, qu'il doit se soumettre à toutes
les privations, tandis que tel homme, son voisin, a, sans
travail, mille fois le superflu de la vie, vos efforts seront inutiles.

« Lorsque les Chrétiens brisèrent les dieux de l'Égypte, ils
virent s'échapper des rats de la tête des idoles. Tout s'en va.
Il ne sort pas un enfant des entrailles de sa mère, qui ne soit
un ennemi de la vieille société » (Châteaubriand cité par
Colins, t. 3.)

On sait avec quelle extrême inégalité les divers produits

sociaux paraissent répartis entre ceux qui les créent. Les
producteurs sont le plus ordinairement réunis en groupes
dirigés par un ou plusieurs chefs d'action. Ces chefs ont
bien souvent un quart, un tiers, une moitié des produits du
groupe qu'ils dirigent. Le propriétaire d'un domaine de 40
ou 60 hectares est à la tête de 20 ou 30 cultivateurs; il travaille de la tête pendant qu'eux travaillent des bras ; sur les
produits obtenus en commun, l'ouvrier perçoit de 1 fr. 50 c.
à 2 francs par jour, soit de 500 à 600 francs par an; le
maître a 4 ou 6 000 francs de revenu annuel. Il en est de
même du chef d'atelier industriel, du manufacturier, propriétaire d'un établissement qui donne à travailler et à vivre
à 50, 100, 200 ouvriers, et plus. De même encore (dans l'é-
glise d'Angleterre) le clergé d'un diocèse se compose de 500
prêtres, peu plus peu moins, gouvernés par un prélat qui les
tient hiérarchiquement échelonnés. Sous l'archevêque viennent les évêques, puis les *dignitaires*, les *prebendiers*, les
chanoines, enfin les *bénéficiaires* et les *curates*. Par les soins
qu'ils prennent tous des ouailles, par leurs exhortations,
leurs assiduités, l'onction de leur éloquence et l'habileté de
leur maniement, la matière prêchable et convertible afflue
aux basiliques, aux séminaires, aux écoles de tout genre,
aux confréries et aux congrégations qui appellent de toute
part l'un et l'autre sexe. Leur action incessante, dont la
force est centuplée par une indivisible centralisation, maintient ce qui reste d'influence à l'Église, restaure ce qu'elle
en a perdu, et reconstruit peu à peu son ancienne opulence.
Comment se répartit la richesse due aux efforts de tous[1] ?
Le simple vicaire, le curé de campagne ont l'équivalent de
8 à 1200 francs pour leur entretien annuel; le curé de la
grande ville perçoit 30 mille, 40 mille, 60 mille francs; le
prélat en touche 200 000, 300 000, cardinal ou non.

---

[1] Les revenus du clergé anglican dépassent 236 millions de francs, en dîmes,
casuel, produits des colléges, etc. (*J. soc. fr. stat.*, 1832).

C'est le budget des dépenses de l'église d'Irlande, de l'é-
glise anglicane, et jusqu'à un certain point de quelques
autres (*Ann. éc. pol.*, 1850).

On nous dira qu'une répartition moins inégale serait plus
conforme à l'équité naturelle et aux préceptes de Christ.
Nous renvoyons cette question aux moralistes : elle n'est
point du ressort de la statistique.

Mais nous disons qu'il n'est pas sûr qu'une *répartition*
plus égale, soudainement opérée, fût une cause *directe* de
bien-être pour le peuple. Les sommes plus ou moins consi-
dérables que touchent ces chefs de propriété et d'industrie,
ils ne les absorbent pas de leur bouche, ils ne les consomment pas personnellement. Ils en entretiennent leur luxe !
Soit. Mais ils ne fabriquent pas eux-mêmes leurs riches
étoffes, leurs meubles précieux ; ils n'édifient pas leurs pa-
lais ; ils ne décorent pas de leurs mains leurs somptueux ap-
partements. Ces produits qu'ils semblent monopoliser se
répartissent donc, en fin de mouvement, sur la classe ouvrière. Ces masses de subsistances passent par leurs mains,
sans pouvoir s'y arrêter. Si elles allaient directement des
sources de production aux bouches de la consommation, y en
aurait-il un gramme de plus pour chaque consommateur ?
Hélas ! non : dès qu'il y aurait plus de subsistances disponibles,
la Population s'accroîtrait. Si ce surplus de subsistances venait
s'ajouter au salaire, il provoquerait une offre plus empressée
de la main-d'œuvre, qui ravalerait promptement le salaire
au taux fixé par l'inexorable nécessité de la concurrence.

La répartition des subsistances, *par le fait de l'ordre social*,
n'offre donc peut-être qu'une inégalité apparente : et il n'est
nullement prouvé que la suppression des intermédiaires par
lesquels cette répartition est opérée, apportât quelque allégement à la misère dont tant de membres de la société sont af-
fligés. (Nous considérons tous les directeurs du travail, en

leur qualité de percepteurs du *produit net,* comme intermédiaires entre ce produit et sa consommation).

Ici se placerait la démographie du *salaire.* Nous ne pouvons la faire, nous n'avons point trouvé de matériaux.
L. Blanc a donné deux petits tableaux, mais sans justifi-
cation (*Org. trav.*, p. 12). Dans quels corps d'état les salaires
ont-ils baissé ou haussé depuis la révolution? Thiers dit que
la journée de l'ouvrier des champs s'est élevée, depuis 1789,
de 1 fr. 20 à 2 fr.; celle du tisserand de 1 fr. à 2; que, dans
la métallurgie, les prix ont doublé; que le tourneur et l'ajus-
teur, qui gagnaient 3 fr., en gagnent aujourd'hui 5, 6 et 7;
— que, si la viande a *un peu* augmenté, si le logement a en-
chéri de 0.33, le prix du pain est le même depuis 1814, la
draperie est réduite de 0.40, les autres vêtements de 0.80.
Toutes assertions à établir comme faits généraux. Il en est de
même de celles de P. Leroux (*Ploutocratie,* p. 173).

Un écrivain, qui avait été ministre, a eu une belle occasion de dresser la démographie des salaires, lorsqu'il a dû
traiter de leur *taux* au *Dict. des économistes*; mais il n'en a
pas profité, parce qu'il manquait d'esprit philosophique. Son
travail long, diffus, contradictoire, est rempli de citations
anglaises, que l'auteur n'a pas pris la peine de fondre et
amalgamer au creuset de la logique. Il pose en principe que
le salaire est soumis, comme toute marchandise, au rapport
de l'offre et de la demande. Puis il accorde à Mac-Culloch et
à Mill que le salaire dépend du rapport du capital au nombre
des travailleurs. Mais les arguments des auteurs anglais (art.
cité, p. 571), confrontés à la loi de P, perdent toute valeur.
Ricardo, croyant que la Population s'accroissait plus vite
que le capital, soutenait que le salaire devait tendre continûment à baisser. Le conséquent était juste d'induction, mais
faux en fait comme l'antécédent. Aussi L. Faucher les re-
pousse; mais comment? « On pourrait démontrer, dit-il, que

le prix (en argent) de la main-d'œuvre s'est élevé de 0.25 à
0.50, pendant que le prix des denrées diminuait ». Pourquoi ne le démontrez-vous pas? Est-ce que ce n'était pas le
lieu? Est-ce que vos réflexions et les opinions de vcs auteurs peuvent suppléer aux faits articulés, aux chiffres authentiques qu'appelait le sujet?

Tout en disant que « les hommes sont aujourd'hui mieux
nourris, logés et vêtus qu'au moyen-âge », il convient qu'il
y a des causes qui « amènent invariablement en Europe la
plus abjecte pauvreté, que souvent ce n'est qu'en s'imposant
les plus dures privations que le travailleur peut vivre, et qu'il
n'y a pas de nation qui n'ait à quelque degré son Irlande »
(l. c., p. 572). Il propose, comme le meilleur moyen pour
changer ce funeste état de l'Europe, *d'augmenter la production!* ce qui apparemment ne pourrait se faire qu'en exal-
tant encore la concurrence. Comme si la production ne dépendait pas des débouchés et des salaires! Comme si la
production pouvait être augmentée à volonté et sans augmenter d'abord ou en même temps la consommation! Comme
si la production pouvait être augmentée sans appeler de nouveaux producteurs, par conséquent sans augmenter la Population et la concurrence entre les salariés! On voit là à
quel non-sens conduit l'ignorance du *principe de* P ; on voit
l'économisme aux abois. Ce L. Faucher, qui demande ici que
l'on surexcite encore l'ardeur de la production, est le même
qui a dénoncé ailleurs les *excès du régime manufacturier.*

L'auteur n'accorde pas à Ricardo et à Mac-Culloch qu'il y
ait un *taux naturel* des salaires, basé sur les nécessités à la
subsistance. Il est vrai qu'il faudrait dire *limite naturelle inférieure,* au lieu de taux naturel. Cette limite est une conséquence très-exacte du principe offre-et-demande, posé par
l'auteur.

Ce qui n'empêche pas qu'elle ne puisse être élevée en certain cas par des habitudes locales : c'est ainsi que, dans le

comté anglais de York, le travail agricole est payé 14 sh.,
tandis qu'il n'est payé que 7 dans le Dorset, où les paysans se
tiennent moins bien, et où ils travaillent moins aussi. Quant
à l'observation de Humboldt, que, dans les régions tempérées du Mexique, l'ouvrier dépense 1/3 de plus que dans les
chaudes, c'est un effet naturel du climat ; il confirme la règle sans y faire exception : le mexicain qui dépense plus,
exige plus et rend plus.

L'auteur énumère encore, après Ad. Smith, les divers motifs de l'inégalité des salaires : degrés de fatigue, de désagré-
ment, d'humiliation, d'intelligence appliquée, d'apprentis-
sage, de probabilité de succès. Il ne remarque pas qu'ils se
rapportent tous à la loi offre /demande.

Après tous les efforts tentés pour relever les salaires,
efforts qui n'ont produit que la constatation et l'aveu de leur
insuffisance, il ne reste plus qu'un essai à faire : c'est de les
supprimer. Rossi croyait ce progrès possible, puisqu'il en a
émis le vœu (*Cours*, t. 3), à travers maintes logomachies
sur *l'identité du travail et du capital*. Ce sage vœu conduirait
à instituer dans la société la complète indépendance et la
souveraineté du travail. Là doivent tendre tous les efforts
de ceux qui se disent, sincèrement et sans affectation, émus
des souffrances des travailleurs.

Rossi ne prenait pas la concurrence pour une panacée
économique : il savait bien que, pour régulariser la demande du travail et amortir ses ruineuses et meurtrières in-
termittences, il faut autre chose que cette concurrence sauvage et brutale qu'il définit ainsi : « Rejoindre celui qui
» vous précède, le fouler aux pieds et passer outre, c'est là
» l'effort constant de l'industrie ; c'est sa loi et sa vie ».
Aussi ajoutait-il : « Si la concurrence peut animer l'offre
» du travail, elle n'anime jamais la demande ». Il paraît
d'abord que c'est une erreur ; car la concurrence, en faisant
baisser le prix des produits, en doit étendre et accroître la

consommation. Mais, comme c'est principalement en abaissant les salaires qu'elle abaisse le prix des produits, et comme l'abaissement des salaires étrangle la consommation, l'axiôme de Rossi reste vrai et formidable.

Nous ne dirons pas avec Larochefoucauld que la misère des peuples est un tort des gouvernements. Mais il se peut qu'elle soit le tort des lois, comme l'indique un auteur plus moderne par ces mots terribles : « La rétribution du travail est abandonnée au hasard ou à la violence. » Or, ce penseur qui, après avoir fait des livres, a fait un gouvernement, prouve par son exemple qu'il ne dépend pas toujours de ceux qui gouvernent et qui gouvernent fort, d'introniser les lois que théoriquement ils regardent comme les meilleures. Il faut que le peuple soit assez élevé pour les comprendre et les respecter.

Nos conclusions doivent-elles contrister le cœur de l'homme de bien qui cherche son bonheur dans celui de ses semblables, et qui ne saurait goûter de repos devant leur malaise ? Nous ne le pensons pas. Sans doute il faut chasser des illusions généreuses, il faut réfréner des impatiences aveugles, n'attendre le progrès que des transformations successives qu'amènera la science conduite par le temps, et ne pas s'imaginer que l'humanité puisse entrer dans son repos par un coup de main. Mais il sort de tout ce qui précède un nouveau corollaire plein de consolation et d'espérance. C'est qu'il n'y a point d'antagonisme naturel, point de motif intrinsèque de lutte entre les classes qui composent la société. Le paysan ne lutte avec personne : depuis qu'il est devenu propriétaire, son intérêt, tel qu'il le comprend, est essentiellement conservateur ; il a d'ailleurs bien assez de son combat éternel contre la paresse de la terre et les caprices des saisons. L'ouvrier sait que ce sont les paysans qui lui font le blé et la viande ; engagerait-il la lutte avec eux ? — L'engagerait-il avec le bourgeois ? Ce serait se battre contre soi-même. Le

bourgeois est préposé par la société à la réserve des subsistances : il en est le commissionnaire-chargeur ; il est la source
du crédit, le régulateur et le distributeur du travail. Si (ce
qu'à Dieu ne plaise), un cataclysme inopiné supprimait la
bourgeoisie, d'abord les vivants des autres classes n'hérite-
raient pas d'elle, ce serait contraire à la Loi de P ; puis la
classe ouvrière périrait du même coup, peut-être toute entière. Pour qui travaille l'ouvrier des villes, voire même des
campagnes ? Pour la bourgeoisie. S'il veut travailler pour
lui-même, il le peut, soit isolément, soit par association ;
mais alors il se fait bourgeois. Et qui l'en empêche ? Il faut
faire des vœux pour que le penchant qui l'y porte soit favo-
risé par des dispositions législatives efficaces, larges et généreuses.

Pousserons-nous plus haut ou plus bas cette énumération ?
Non. Il n'y a plus aujourd'hui (économiquement parlant) de
domination possible que celle de la bourgeoisie ; toute autre
que l'on tenterait d'établir périrait, manque de raison d'être,
avorterait seulement par le ridicule, à défaut d'autre dissol-
vant.

§ 3. *Répartition agricole, culture et possession.*

Au reste, ce point de mire de tant d'aspirations et de tant
d'attaques, l'égalité des conditions, s'établit graduellement
et sans combat, au moins dans les campagnes, par le seul
mécanisme de la société moderne. On sait combien peu de
fortunes se transmettent intactes à la 4ᵉ ou 5ᵉ génération.
Nos lois ne s'opposent pas à la division de la propriété ; et la
constitution de la famille y pousse continûment. Il est donc
nécessaire que, dans une période de temps qui bientôt se
pourra mesurer, la distribution du sol soit si générale et si
complète, qu'il ne puisse plus nourrir ni fermier ni métayer,
et qu'il ne soit occupable que par celui qui le cultivera, c'est-
à dire, par le paysan. Or, quand le paysan tient, il tient bien.

La reconstitution des grandes propriétés individuelles, qui d'ailleurs s'éloigne de plus en plus de nos mœurs, sera donc de moins en moins possible.

Une autre cause pousse ferme à ce nivellement : c'est la concurrence que le propriétaire-paysan fait au fermier, et l'impossibilité où est celui-ci de la soutenir. Le fermier et le métayer, prélevant sur les produits de leur travail la *rente de la terre* et ne pouvant appliquer à leurs besoins et à ceux de leur famille que ce que le propriétaire leur laisse, sont obligés de maintenir le prix des denrées à un taux supérieur à leur simple valeur de consommation. Le propriétaire-cultivateur n'a point cette obligation : il vend pour son besoin ; n'ayant pas d'avances, il vend au jour le jour, et il affaisse les prix. Sans doute il voudrait bien tirer de la terre, outre son entretien et celui de sa famille, l'intérêt de l'argent que l'acquisition de la terre lui a coûté : mais ce désir ne pèse pas sur lui du poids d'un contrat à remplir, et cède à l'entraînement des besoins journaliers. Le fermier a inévitablement le dessous. Aussi c'est une profession généralement décriée comme gain : et elle doit l'être. Les fermiers se ruinent : ce n'est point par accident, c'est par la force des choses : c'est parce que tous les hommes sont égaux devant la loi, et tous les fils devant leur père. Et la France cultivable devient insensiblement et sans tremblement de terre le domaine exclusif des cultivateurs.

On a tâché de calculer à quelle distance la France est encore de cet aménagement du sol, où la portent lentement ses lois civiles ; on a cru voir qu'elle en est encore bien loin, quoiqu'elle devance dans cette route peut-être toutes les autres nations.

Si l'on suppose, avec Lullin de Châteauvieux, deux cotes par propriétaire, les 11 millions de cotes foncières font environ

		hectares
5 500 000	propriétaires [1]. 36 000 000 d'habitants donnant	
7 200 000	chefs de famille, il n'y aurait donc que	
1 700 000	familles de prolétaires proprement dits.	
	Lullin établit (cultivés ou cultivables)...............	46 000 000
	Supposant que les 6 000 000 d'ames urbaines ne réclameront pas de terres, parce qu'elles préféreront les instruments du travail manufacturier, le domaine agricole sera à répartir seulement entre 30 000 000 d'ames rustiques faisant	
6 000 000	de familles : il reviendra à chacune...... hect. 7.666.	
	Il y a environ 8 870 000 cotes au-dessous de 20 fr. impliquant à peu près...........................	20 000 000
	d'hectares qui appartiennent à	
4 235 000	familles (environ). Ces familles, plus ou moins sérieusement dites propriétaires, ajoutées aux	
1 420 000	familles prolétaires rustiques, donnent	
5 655 000	familles, qui (à h. 7.666) devraient avoir	43 350 000
	Il pèse donc encore sur le sol français	
345 000	familles de propriétaires fonciers qui possèdent ensemble	26 000 000
	et qui, n'en devant avoir (dans cette supputation) que..	2 645 000
	ont par conséquent...........................	23 355 000

de superflu. (Moins d'1/16 des familles agricoles (1/21 de la nation entière), qui a plus de la moitié du sol productif, en sus de ce qu'il posséderait dans le régime d'égalité auquel conduit notre code civil).

D'après la statistique officielle (*Agric.* 4ᵉ partie, 1841), le produit annuel de

20 millions d'hectares cultivés est de..................	3 500 000 000 fr.
dont, semences retranchées, il reste en produits disponibles.	1 725 000 000
Les prairies, pâtures, bois, évalués 30 millions d'hectares produisent annuellement..........................	1 050 000 000
Valeur totale de la production agricole................	2 775 000 000
Ce serait, par an, pour chacune des 6 000 000 de familles cultivant.........	462 f. 50

Catineau-Laroche n'élève pas si haut le *revenu* de l'agriculteur. Il est agriculteur lui-même. Il compte qu'un paysan français produit 215 francs brut ; sur quoi l'on prélève

1/3 pour fermage,

[1] Le recensement de 1851 en compte plus de 6 millions et demi ; mais, quant au nombre des familles, il y a souvent double emploi, parce que le recensement omet d'indiquer l'état-civil des propriétaires du sexe féminin. Cette omission laisse un doute sur le nombre réel des familles cultivant la terre.

1/5 du fermage pour contributions directes,

1/20 pour contributions locales,

1/10 pour semences,

1/5 pour nourrir les animaux. Il reste au producteur 55 francs pour se nourrir, et 6 francs pour se vêtir (*Fr. et Angl. comparées*, Fontainebleau, 1844).

Souhaitons encore une fois que des lois bienfaisantes favorisent et accélèrent cet heureux aménagement de la propriété. L'un des moyens les plus sûrs est celui que l'on essaie maintenant, mais avec trop de timidité : c'est de mettre le crédit à la portée de tous ceux qui en sont dignes.

Cette question du classement du sol n'est pas encore éclaircie pour tout le monde. Ceux qui regrettent le passé font l'éloge de la grande propriété, soutenant qu'elle est la plus favorable à l'abondance des produits agricoles, et s'appuyant sur l'exemple de l'Angleterre où la grande culture a les plus riches résultats. Ils confondent deux systèmes qui ne sont point unis par la nature des choses, et que doit distinguer la science sociale, à savoir, la grande propriété et la grande culture. Nous admettons les faits observés depuis longtemps dans les belles campagnes anglaises, et tout récemment encore racontés en fort bons termes par L. Lavergne. Cet écrivain attribue les succès des Anglais en ce genre, principalement aux goûts agricoles très prononcés qui animent chez eux les classes privilégiées. Pour qu'on dût en faire honneur à la grande propriété, il faudrait que, partout où elle existe, elle produisît les mêmes fruits, au lieu de ne les donner que par exception. Or, tout le monde sait en quelle stérilité était l'agriculture en France, quand la France était couverte de grandes propriétés. C'est à mesure que la noblesse déchue a divisé ses majorats, à mesure que les moyennes exploitations se sont multipliées par les défrichements et les desséchements, que la France s'est enrichie de produits et de Popula-

tion. Tout le 18ᶜ siècle a été employé à cette lente transformation, et la crise finale a couronné l'œuvre. On sait quelle
a été la profonde misère de la noble et catholique Espagne,
jusqu'au jour actuel, qui luit enfin pour elle, où elle va retrouver sa fécondité première, en livrant à des millions de
bras laborieux les *grandes propriétés* improductives de ses
couvents, de ses paroisses et de toutes ses corporations. Ne
sait-on pas enfin dans quel honteux dénûment croupissent
les provinces qui entourent la ville de Rome ? La misère les a
dépeuplées. Et quand nous cherchons les conditions de cette
profonde misère, que trouvons-nous ? Les plus grandes propriétés, les domaines les plus princiers qu'il y ait au monde.
On en a eu hier un relevé semi-officiel. Dans l'*Agro-romano*
les plus petites fermes ont au moins 300 hectares ; il y en a
beaucoup qui vont à 5000 *hectares*. Cet *Agro-romano*, dont
la surface dépasse 2000 *kilom. c.*, est la propriété de 113
familles et de 64 *congrégations*. Les terrains s'afferment de
8 à 18 fr. l'hectare. Dites, que pensez-vous de leur état de
culture ? *(Mon. univ. 1/10/54)*. Dans la province de Velle-
tri, qui est voisine, on signale la ferme de Campo-Morto, qui
appartient à une *fabrique* (main-morte ecclésiastique), et dont
l'étendue est de 85 kilom. c. C'est aujourd'hui encore un
asile légal pour les criminels !

    Latifundia Italiam perdiderunt. Cet abus est donc renou-
velé de l'antiquité. Le mémoire cité en attribue le renou-
vellement au *népotisme des papes*.

    Voici encore, sur la profonde misère des peuples qui culti-
vent sans posséder, le témoignage d'un observateur impartial,
qui parle de pays où il a séjourné : « Quoique la Pologne regorge de biens, le peuple qui les sème et les moissonne n'en
est pas moins le plus misérable, le plus mal nourri et le plus
mal vêtu de l'Europe continentale... L'Irlande fournit à la
marine britannique d'immenses approvisionnements en

viandes auxquelles ne touchent jamais la plupart de ceux qui
les préparent » (Fr. D'Iv. *Bibl. univ.* /30, t. 43).

Devant un abus aussi persévérant et aussi contraire à l'humanité, si vous ne prenez pas en horreur et les grandes propriétés et les majorats qui les perpétuent, ô M. Raudot, je
vous loue, vous êtes bien maître de vos impressions. Vous
nous offrez en vain comme un modèle d'état social *la France
avant la Révolution* [1]. Nous jugeons de l'arbre par les fruits
qu'il portait. Nous avons cité les épidémies qui prenaient
tout ce que les naissances apportaient et au-delà, les pestes
qui enlevaient LES DEUX TIERS des habitants des villes, les fa-
mines qui changeaient les hommes en animaux immondes et
furieux (p. 52, 68, 72, 73). Vous avez l'imprudence de parler de mortalité, et vous ne voyez pas qu'aucune période du
19e siècle n'a élevé les décès à l'effroyable hauteur de la période 1781-5, authentiquement connue par les *Mémoires* de
l'académie des sciences (1783 *seqq.*); — aucune, bien que plusieurs aient eu des naissances plus nombreuses ; aucune, en-
tendez-vous, pas même celle qui a été frappée tout à la fois
par la disette, par les convulsions contre-révolutionnaires et
par le choléra asiatique. Aucune année de notre siècle n'a vu
les décès égaler les naissances, comme ils les ont égalées,
que dis-je, surpassées (1779, 1783) en cette période fatale,
qui, montrant à nu le fond putride de l'abîme monarchique,
sonnait l'heure de le combler. Vous vous étonnez que, de
1800 à 1816, on ait eu D 〈 que sous Louis XVI et sous Louis-
Philippe, et vous supposez en conséquence que, sous l'empire,
aucun décès militaire n'était inscrit aux registres de l'état-civil : hypothèse gratuite, puisque la mortalité de l'époque impériale était nécessairement diminuée par la diminution des
naissances résultant de l'abandon du travail ; hypothèse dé-

----

[1] L'un des ouvrages par lesquels M. Raudot s'efforce de ramener notre pays à
son vomissement.

mentie par les faits, comme nous l'avons prouvé ailleurs [1], et comme nous le montrerons encore ici, ch. VII, § 2. Tous vos calculs sont faussés par cette vaine supposition, et le sont doublement par l'omission de la correction des mort-nés, omission que l'on vous a reprochée ailleurs (p. 48). Vous n'avez donc dessiné de l'ancienne Population de la France qu'un portrait imaginaire, que vous vous êtes vainement efforcé d'embellir. Incorrect dans vos calculs, vous êtes, ce qui est pis, inexact dans vos citations. Lavoisier, selon vous, aurait trouvé, calculant P', une surabondance de 307 746. Il n'a trouvé que 247 746 (*Collection écon.* Guillaumin, t. 14) [2]. Vous vous gardez bien de dire que son calcul porte la Population entière de la France, pour 1780, à 25 millions seulement; ce serait avouer votre condamnation. Nous ne voulons juger sévèrement ni votre réticence ni votre intempérance de chiffres : nous n'y voyons qu'un effet décevant de votre brillante facilité d'écrire. Vous n'êtes pas capable de mentir, mais vous êtes bien capable de voir trouble et de voir double, quand vous mouillez trop vos lèvres à la coupe du fanatisme royaliste.

Concluez avec nous, et par l'histoire de notre pays et par celle de tous les pays qui nous touchent, que la *grande propriété*, individuelle ou de main-morte, est stérilisante de sa nature ; et ne lui attribuez plus les bienfaits dûs à la culture grande et éclairée. Convenez que, plus on augmente le nombre des personnes intéressées à une bonne culture, plus on est sûr d'y arriver. Ne criez plus au *morcellement indéfini* du sol. Vous devez savoir que c'est une erreur aussi grosse, plus grosse que celle de l'*accroissement indéfini* de la Population ; que, dès que les subsistances seront arrivées à leur complet

---

[1] *Journ. écon.* /5 /54, t. 2 de la 2e série, p. 263.

[2] Voyez encore, si vous pouvez l'obtenir de quelqu'une de nos bibliothèques publiques, le *Journ. d'éc. publ.* ou la *Collection* de Rœderer.

développement, il en sera de même de la quantité de Population, époque qui n'est pas éloignée pour la France ; et que, dès qu'il n'y aura plus de propriété dépassant l'aréa qu'une famille peut cultiver, la division du sol sera irrévocablement arrêtée.

Prétendrez-vous que la grande culture soit impraticable avec la petite propriété ? Vous nous pousseriez vers la propriété collective du baron de Colins, qui raisonne comme il suit *(Qu'est-ce que la Sc. soc.)* :

« Tout intérêt, loyer, fermage, est un impôt, que l'économe lève sur le prodigue, le prévoyant sur le mangeur, l'heureux sur le malheureux. « Le fermage, dit Ricardo, retombe toujours sur le consommateur, jamais sur le fermier »; ce que Thiers traduit en ces termes : « L'impôt foncier enchérit le pain et la viande ; il se répartit en proportion de ce que chacun consomme ; il devient partie intégrante du prix des choses »; et ce que Maury avait exprimé avant eux : « Tout impôt sur la terre est un impôt sur le blé ». D'où il résulte nettement que tout impôt est un droit de consommation. Colins adhère à ces maximes, et ne les trouve pas en contradiction avec la loi offre/demande. Pourtant, si cette loi règle le prix de toute marchandise, qu'y fait l'impôt? Comment peut-il *enchérir le pain et la viande?* — Il rend la production plus coûteuse, partant la diminue, et accroît le rapport demande/offre. Si ce que le cultivateur paie en fermage, il le payait en engrais ou en amendement ou en cheptel, son champ, au lieu de lui rendre comme 2 1/2 produirait comme 5. Il est donc vrai que fermage, loyer, intérêt, comme tout impôt, diminue l'offre, pèse d'autant sur le demandeur, et comprime et restreint en proportion la consommation. Les propriétaires napolitains ne laissent à leur métayer qu'un tiers de son produit (Lullin, *L. sur l'Italie*, 2ᵉ éd., p. 261)... Or, on conçoit que l'impôt payé à l'État soit une nécessité sociale, comme condition des services que l'État rend actuellement, des sûretés qu'il établit et maintient. Conçoit-on quelque chose de pareil relativement au détenteur non-cultivateur, à celui qui détient et possède sans travail le sol ou l'atelier qui ne produira que par le travail? On voit la raison que la société a d'imposer en faveur de l'État : en a-t-elle autant d'imposer en faveur des individus? L'impôt qui ne pèse pas également sur tous, est-il un impôt juste, un impôt social? Et peut-on dire que cet impôt pèse également sur tous, qui est levé sur quelques-uns en faveur de quelques-uns, levé sur un grand nombre en faveur d'un petit? Cet impôt *à la personne* est un incontestable privilége, dans le sens propre et vrai du terme, et une incontestable dérogation au principe d'égalité. Or, comme il n'y a pas de société où il n'y a pas égalité de droits, l'auteur conclut que la société n'est pas apte à imposer en faveur des personnes, que cela est contre son essence, que cet impôt inique n'a pas été établi par elle, mais par la force masquée en droit, et que c'est à elle, à la société vraie, à le révoquer, dans la mesure, la limite et le temps que dicteront ses vrais principes et ses vrais intérêts... C'est à la société, dit-il : car elle seule a le droit de disposer de son bien, même aliéné. Les individus ou fractions sociales, qui prétendraient faire justice de ces priviléges par d'autres moyens que la conviction et l'adhésion réciproques, commettraient la même usurpation que les individus et classes qui se les sont arrogés.

Telle est, selon lui, l'iniquité de certaines appropriations. Il prétend que cette vérité bourrèle la conscience de tous les auteurs de l'économisme qui méditent et raisonnent de bonne foi. Il n'a échappé à aucun d'eux que la société n'a pas intérêt à l'impôt de classe. Le voulant défendre comme conservateurs, ils ont été poussés à chercher, dans les idées abstraites et alambiquées d'une prétendue justice, l'appui qu'ils ne trouvaient pas dans la solidité de l'intérêt commun. Ils ont pour cela faussé l'idée de la justice. L'individu est tenu à l'engagement qu'il a pris envers son pair, quel que soit pour lui le détriment ou le profit de cet engagement. La société ne peut prendre envers personne d'engagement contraire à l'intérêt général. L'intérêt général est donc l'idée même de la justice sociale : l'un est à l'autre ce que la cause est à l'effet, ce que le corps colorant est à la couleur. Colins conclut que tout le mal vient de l'appropriation du sol.

Pour nous qui ne savons pas trouver dans l'ouvrage du prolétaire Colins les preuves de ses assertions, nous n'avons pas de peine à concevoir une grande culture communale ou cantonnale, alliée à la répartition du sol entre les familles agricoles, — l'association de l'art dans la division de la possession, l'unité du travail dans la multiplicité des producteurs. Bouchardat a prouvé que la division du sol influe heureusement sur le bien-être de ceux qui le cultivent (*Ann. agr.*, t. 18, p. 305). On démontre en Suisse que ce bien-être peut être affermi, sans réagglomérer la propriété, par l'association des moyens d'exploitation. Le canton de Vaud est renommé à la fois pour la bonne répartition de son sol et pour ses associations agricoles : il a des fromageries communes dans presque tous les villages, des bergeries sociétaires, des instruments aratoires en commun. Il n'est pas moins remarquable par la vitalité de ses habitants que par leur intelligent travail. Il fournit la preuve de leur bien-être dans la durée de leur vie, qui surpasse celle de tous les autres cantons à l'exception de Genève (Franscini).

Le travail isolé pouvait convenir à l'agriculteur, quand la terre n'obéissait qu'à l'effort de ses bras. Désormais elle obéit à son regard. Ce n'est plus une espérance, c'est un fait officiel : la *vapeur se fait laboureur,* nous avons la déclaration solennelle d'un ministre de l'agriculture. Déjà J.-B. Say, dans son *Traité* imprimé il y a 40 ans, parlait de la machine à battre le blé comme généralement employée en Angleterre.

On vient d'introduire dans les rizières d'Arcachon (Gironde la *moissonneuse* du même pays. Ainsi, le cultivateur, qui vivait le dos courbé sur la glèbe, se tiendra le corps droit et la tête levée derrière l'agent mécanique, qui va défricher, labourer, semer, herser, moissonner et battre pour lui. Seulement il ne faut pas, après avoir constaté publiquement cette application nouvelle du génie de l'homme, après avoir proclamé que désormais c'est la vapeur qui travaille, laisser la vapeur s'exhaler sans action et l'engin se rouiller sous le hangard. Il faut que la machine soit multipliée et qu'elle fonctionne par un soin incessant, qu'elle soit partout en disponibilité, prompte au désir de tout possesseur de sol qui aura le bon esprit de vouloir jouir de ses avantages. Il faut être plus tenace à propager le progrès que le paysan ne l'est à garder la routine; il faut se ressouvenir du pré fumé au plâtre par Franklin.

CHAPITRE VII.

PROPORTION DES SEXES ET DES AGES.

§ 1. $P' : P''$

Proportion sexuelle.

Le principe moral de la monogamie semble indiquer que la loi organique de la proportion des deux sexes (au moins aux ages nubiles) doit être l'égalité.

Mais $P' = P''$ n'existe en fait chez aucun peuple connu.

PAYS.	AN.	$P'-P''$.	P'/P''	MANQUE 1 V' SUR	SOURCES.
[1]	[2]	[3]	[4]	[5]	[6]
Suède............	1757	— 120 000	0.8912	19 V	Runeberg, *mém. ac.*
Ib...............	1765	— 115 416	0.9010	21	*Stockh. t.* 26.
Ib...............	1825	— 105 312	0.9210	26	*J. soc. fr. stat. univ.*
Ib...............	1830	— 106 240	0.9237	27	1856, p. 83.
Ib...............	1840	— 107 120	0.9305	30	*Reg. gen.* 8 *th. rep.* 276.
Canton de Zurich.....	1764	+ 3 000	1.0338	0	
Les 13 cantons......	1770	— 15 911	0.9658	6	Faesi. Id.
Berne (canton).......	1784	— 10 630	0.9548	32	Durand, *Stat. Elém.*
Suisse	1837	— 20 500	0.9812	107	*Rec. off.* Franscini.
Ib...............	1850	— 28 871	0.9756	83	Ib.
Norvège...........	1835	— 24 063	0.9588	50	Guibert *Dict.*
Danmark...........	1840	— 16 613	0.9747		*Reg.-gen.* 6 *th. rep.*
Angleterre........	1810	— 126 075	0.9751	81	*Census* 1851, XXIX.
Ib...............	1820	— 129 527	0.9780	92	Ib.
Ib...............	1830	— 188 279	0.9724	73	Ib.
Ib...............	1840	— 231 874	0.9702	70	Ib.
Ib...............	1850	— 237 955	0.9732	75	Ib.
Wales............	1840	— 8 982	0.9803	102	*Census rep.* /51, XXVIII.

Pays.	Années	$P'-P''$	P'/P''	Manque 1 V' sur	Sources.
[1]	[2]	[3]	[4]	[5]	[6]
Wales..........	1850	+ 783	1.0016	102 V	*Census rep.*1851 xxviii.
Ecosse..........	1810			11.80	
Ib..........	1820			16.60	Ib. clxvii. Manquent
Ib..........	1830	— 135 000		17.50	les militaires pro-
Ib..........	1840	— 136 000		19	bablement.
Ib..........	1850	— 136 000		21	
Pays-Bas........	1830	— 56 374	0.9546	43	*Reg.-gen. 6th. rep.*
Ib.....	1840	— 61 089	0.9551	44	Ib.
Belgique........	1830	— 150 000	0.9167	25	*Quet. Sm. Rech.*
Ib..........	1846	— 10 150	0.9953	426	*Exp.* p. 11.
France.........	1763	— 720 000	0.9282	30	*Messance, Recherch.*
Ib..........	1792		1.0000	0	*Lavoisier, R. de la Fr.*
Ib..........	1800	— 725 225	0.9455	38	*Stat. Fr. P. I.*, p. 163.
Ib..........	1820	— 868 325	0.9415	35	Ib. p. 179.
Ib.....	1840	— 420 921	0.9737	81	Ib.
Ib..........	1850	— 193 252	0.9893	185	*Décret* 10/5/52.
Guadeloupe. P libre	1841	— 2 626	0.8499	14	Guib.
Ib. P esclave.	»	— 4 402	0.9012	21	Ib.
Marche de Brandeb.	1748	— 1 306	0.9877	153	Sussm. *Gottl. Ordn.* I.
Prusse..........	1819	— 73 432	0.9891	184	*J. soc. fr. stat.* oct. /35.
Ib..........	1843	— 29 689	0.9962	520	Guibert.
Ib..........	1849	— 5 577	0.9994	3450	*Tabell.*
Autriche (empire).	/30-37		0.9420		Hain, *Handb*. p. 287.
Ib..........	/40-46		0.9486		Ib.
Ib..........	1851	— 101 472	0.9945	360	Ib. 108-136, 289.
Hanovre........	1842	— 8 904	0.9898	197	*Reg.-gen. 6 th. rep.*
Ib..........	1848	— 8 205	0.9907	214	*Zur stat.*
Hesse-Cassel.....	1840	— 10 892	0.9697	70	Guib.
Hesse-Darmstadt..	1849	— 10 040	0.9762	85	*Alm. Goth.* /53.
Saxe (roy.)......	1834	— 45 180	0.9418	35	*Mittheil.* II. 178.
Ib..........	1840	— 46 966	0.9434	36	Ib.
Ib..........	1849	— 47 903	0.9481	39	Ib.
Bade..........	1834	— 30 751	0.9488	40	Guib.
Wurttemberg.....	1833	— 40 326	0.9479	39	*Wurtt. Iahrb.*
Ib.....	1840	— 54 282	0.9645	49	Guib.

PAYS. [1]	ANNÉES [2]	$P'-P''$ [3]	P'/P'' [4]	MANQUE 1 V' SUR [5]	SOURCES. [6]
Wurttemberg	1850	— 30 740	0.9655	59 V	*Atm. Goth.*
Bavière	1846	— 99 926	0.9548	45	*Beitrag.*
Ib............	1849	— 112 056	0.9498	40	Ib.
Ib............	1852	— 91 268	0.9588	50	*Allgem. Zeit.*
Russes du rit grec.	1842	— 406 592	0.9795	98	*Reg. gen. Gth. rep.*
Ib............	1850		0.9592	50	Tegoborski, *Et.*, p. 96.
Savoie	1858	— 11 147	0.9596	51	*Inform.*, I.
Etat-romain	1827	— 21 995	0.9851	118	Guib.
Sicile..........	1831	— 24 096	0.9750	81	*Relevé offic.*
Espagne.........	1799	— 100 623	0.9843	104	Block.
Portugal........	1801	— 85 400	0.9586	34	Balbi, *Essai stat.*
Toscane........	1852	+ 25 121	1.0358	0	Balbi, *Scritti*, IV, 219.
Ib............	1846	+ 34 657	1.0436	0	Zuccagni.
Etat-Sarde. terre-f.	1858	+ 19 679	1.0092	0	*Inform.* I.
Ib............	1848	+ 47 219	1.0218	0	*Censimento.*
Sardaigne	1848	+ 1 542	1.0056	0	Ib.
I. Ioniennes	1856	+ 16 770	1.1518	0	Guib.
Etats-unis : blancs.	1840	+ 309 334	1.0427	0	*Rec. offi.*
Ib. noirs libres.	»	— 13 303	0.9299	29	Ib.
Rhode-Isl. : blancs	»	— 2 863	0.9443	37	Ib.
Ib. noirs tous libr.	»	— 412	0.7085	7	Ib.
Caroline-North ...	»	— 4 776	0.9801	101	Ib.
New-York (Etat)..	1835	+ 30 799	1.0280	0	*Census.*
Ib. [1]	1845 [1]	+ 18 209	1.0150	0	Ib.

Dès le siècle dernier Wargentin calculait qu'après la guerre du Nord il manquait en Suède 127 000 mâles, et qu'après la guerre de 7 ans, 1756-63, il en devait manquer en France 890 000. Ce calcul, par rapport à notre pays, était confirmé en grande partie par les relevés que Messance fai-

[1] Plus des 3/4 des habitants sont nés dans l'État; et, des 609 254 nés dehors, plus de moitié (312 525) sont natifs des autres États de l'Union. Le reste est originaire de la Grande-Bretagne (277 890), sauf 10 619 Français.

sait, à la même époque, dans les généralités d'Auvergne, de Lyon et de Rouen, desquels résultait

$$P' : P'' :: 16 : 17;$$

c'est-à-dire que, sur une Population de 23 909 400 individus, qui ressortait de son appréciation, il manquait 720 000 V'. Le calcul du suédois était exagéré d'environ 160 000, parce qu'il n'avait pas tenu compte de l'effort que fait chaque année la bienfaisante nature pour rétablir l'équilibre rompu violemment par la perversité des princes, — ainsi que le montrent, dans le tableau précédent, les lignes qui regardent la Suède elle-même, et la France, les Pays-Bas, la Belgique, la Prusse, l'empire d'Autriche, la Saxe, le Wurttemberg.

Il faut bien prendre garde au vrai sens de ces rapports. On voit, par exemple, en Saxe, que le nombre absolu des hommes manquants augmente de période en période [3]. Cependant P' se rapproche de l'égalité [4,5]. Ce paradoxe des chiffres vient de ce que, P augmentant, P' est fraction d'un nombre plus grand. Même observation sur la Suède, l'Écosse, les Pays-bas.

La Belgique, le Wurttemberg, la Prusse, l'empire d'Autriche, paraissent réparer beaucoup plus rapidement le déficit de P'.

L'Angleterre, la Suisse, la Russie, l'aggravent au contraire. La Population est sacrifiée en Russie par la servitude (qui s'allie très-bien à *l'orthodoxie*), en Angleterre par le régime manufacturier et par l'émigration. La Suisse, nous l'avons vu, émigre très-peu en réalité ; elle est réputée plus agricole qu'industrielle : le travail y est libre. Et pourtant cette république multiple ne paraît pas en progrès pour l'essence de P. Ce n'est pas tout que la liberté nominale : il faut, pour la liberté réelle, l'égalité, l'action commune et dirigée par la science ; il faut éviter les fractionnements énervants ; il faut, pour bien voir, l'émancipation des esprits, et pour bien faire

la subordination des individus à la volonté publique, avec leur
franc concours au bien-être général. Par exception, les cantons de Berne, de Vaud, du Valais, de Basle-campagne, ont
$P' \rangle P''$. Mais Zurich est loin aujourd'hui de la surabondance
qu'il avait au 18e siècle.

Hain (*Handb.*, p. 287, 289) donne P' : P'' pour toutes les
provinces sujettes de l'Autriche et pour les trois périodes
1830-37, 1840-46, 1851. Malheureusement tous les rapports
sont gauchis, parce que l'auteur a omis de répartir les militaires dans les provinces dont ils sont originaires. Il les a
comptés dans la moyenne générale de 1851, que nous avons
rapportée. En supposant que les provinces autrichiennes
fournissent au recrutement un contingent égal, on peut conclure des tableaux de Hain que les provinces (allemandes,
czèches, polonaises et slovenes) de Silésie, de Boheme et Moravie, de Karinthie, de Krain, c'est-à-dire les provinces les
plus industrielles et les plus septentrionales de l'empire, sont
celles où il manque le plus d'hommes ; que celles où il en
manque le moins sont les plus méridionales, et qu'il y en a
même trois de celles-ci où les hommes sont en majorité :
Lombardie, Voïvodie et Banat, Croatie et Slavonie.

On trouve aussi surabondance de P' en Piémont, dans le
duché de Gênes et dans l'île de Sardaigne. (*Censim.* /48.
Legoyt, *Dict. éc.* Lois), en Toscane, dans les îles Ioniennes et
dans quelques-uns des États-unis de l'Amérique du Nord. Les
républiques du Nouveau-Monde s'enrichissent de toutes les
forces que rejette l'Ancien. Remarquons cependant un léger
déficit de P' dans deux États, Rhode-Island et Caroline-
Nord, qui se rapprochent des conditions européennes par la
densité de P ou par la lenteur de son accroissement annuel.

En France, le déficit, creusé par les guerres ruineuses de
Louis XIV, paraît avoir été comblé, et même au-delà, vers
1792, par trente ans de paix intérieure, si Lavoisier a été
bien renseigné (V. t. 14 des *Économistes*, Guillaumin). Enta-

mée de nouveau par les guerres de l'Europe contre la France
et de l'empire contre l'Europe, *P'* se relève à partir de la
paix générale.

L'inégale rapidité avec laquelle se restaure *P'* dans les divers pays, paraît mesurée sur la grandeur du déficit. Voyez
Belgique, France, Wurttemberg et Prusse. Cette rapidité diminue assez régulièrement en France, à mesure que le déficit est plus près d'être comblé.

RESTAURATION DE LA POPULATION VIRILE EN FRANCE

(*Stat. Fr.* P. I et II).

ANNÉES	*P'*	*P''*	DIFFÉRENCE.	BONI.	BONI annuel.
[1]	[2]	[3]	[4]	[5]	[6]
An IX	13 311 889	14 037 114	725 225		
1820	14 796 775	15 665 100	868 325	248 817	16 588
1835	16 460 701	17 080 209	619 508	198 587	39 717
1840	16 898 399	17 319 320	420 921	104 589	20 918
1845	17 542 077	17 858 409	316 332	123 080	24 616
1850	17 795 104	17 988 172	193 252		

Cependant il y a quelqu'anomalie. Le boni annuel [6] a dû
être, de 1820 à /35, plus grand que P. I. (*Stat. Fr.*) ne l'indique. Cela inspire des doutes sur la division que l'on a faite des
deux sexes en 1820. Comment l'a-t-on faite ? M.- Jonnès n'a
pas pensé à nous le dire. L'accroissement du boni dans la
dernière période (/45-50) a pu tenir soit au choléra, qui enlève, comme on sait, plus de femmes que d'hommes, soit à
un plus grand nombre d'ouvriers étrangers ou de réfugiés
accueillis.

Il est remarquable que ce qui reste à combler du déficit se
trouve tout entier dans le Nord. Si l'on réunit deux à deux
les quatre grandes divisions territoriales adoptées dans la sta-

tistique officielle (*agriculture*), le N-E. avec le N-O., le S.-E. avec le S.-O. (en joignant seulement le département de la Vendée à ceux formés de la Bretagne dont on ne peut le séparer sans rompre toutes ses analogies), la France se trouvera partagée en deux parties, de 43 départements chacune. En sommant P' et P'' selon cette division (*Bull. lois*, décret 10/5/52, B. 533, p. 1307-1343), on trouve que la demi-France du Nord a 234 567 hommes de moins, et la demi-France du Sud 40 859 hommes de plus que l'égalité[1]. Ce résultat est d'autant plus étrange et plus inquiétant, que nos départements du Nord, étant de beaucoup ceux qui attirent le plus d'ouvriers étrangers, sembleraient devoir, par cette raison, l'emporter en population virile. On frémit à penser que la lutte manufacturière, qui livre ses plus grands combats dans le Nord, détruit les armées de travailleurs plus vite que la fécondité ne les reproduit.

Les départements où P' dépasse notablement P'', sont :

Ardennes,	Ain,	Charente Infér.,	Loire,
Cher,	Allier,	Corrèze,	Lozère,
Finisterre,	Alpes (Hautes-),	Drôme,	Pyrénées-orient.,
Nièvre,	Alpes (Basses-),	Gard,	Rhône,
Nord,	Ardeche,	Gers,	Tarn,
Seine,	Aude,	Hérault,	Var,
Seine-et-Marne,	B.-du-Rhône,	Indre,	Vaucluse,
Vendée.	Charente,	Landes,	Vienne (Haute).

Le très grand nombre de ces départements, 25 sur 32, ont Vm au-dessous de la moyenne de la France (V. ci-après, ch. XI), fort au-dessous, car on y trouve tous ceux où Vm n'atteint pas 30 ans (sauf les deux Rhin, dont la statistique est, comme on sait, faussée par l'émigration). Or, la brièveté de la vie ayant pour conséquence nécessaire la fréquence des

[1] V. J. économ. 2/54, p. 225.

Naissances (chap. IV, dém. 6), cette loi explique l'état de
ces départements, puisque N' dépasse N'' de. . .   0.0573
tandis que D' ne dépasse D'' que de. 0.0058
(1836-50, *Stat. fr.*, P. II, n° 44).

Pareille raison ne s'applique point aux sept autres départements,

Ardennes,	Aude,	Charente-infér.	Var.
Seine-et-Marne,	Charente,	Gers,	

Ce sont des exceptions dont il faudra chercher les causes sur
place. Les fortes industries cultivées dans les Ardennes doivent y attirer bon nombre d'ouvriers étrangers. Le recensement y trouve, en effet, près de 20 000 belges : et, comme
ce sont assurément des hommes pour la plupart, il n'est guère
douteux que la Population mâle française des Ardennes ne
reste encore au-dessous de l'égalité sexuelle, comme celle
des départements circonvoisins. Le même motif porte à
croire qu'un déficit de P' indigène se reconnaîtrait aussi
dans

le Nord, qui a	80 000	Belges,
la Seine	62 000	étrangers de toutes nations,
le Rhône.	15 000	id.
les B.-du-Rh..	20 000	Italiens,
le Var.	12 000	id. (*Stat. Fr.*, P. II, n° 24, p. 140).

On doit espérer que les recensements prochains feront
connaître le sexe, l'âge, la profession des étrangers qu'ils
trouveront séjournant en France. On voit quelle incertitude
l'omission de ces renseignements jette sur plusieurs points
importants de la démographie française.

Ne vous laissez pas aller à une humeur irréfléchie contre
ces fructueuses immigrations. Ne perdez pas de vue que c'est
au pays qu'ils quittent, même avec vue de retour, que ces
immigrants font tort ; que, pour nous, tout est gain en ces accessions, puisqu'elles nous apportent des instruments de

travail tout confectionnés, qui ne nous ont rien coûté à mener à point, et qui fonctionnent chez nous et pour nous comme s'ils nous appartenaient, à la seule condition que nous les tenions à-peu-près en état. Ne perdez pas de vue que, s'ils n'entraient plus, nous les remplacerions par des instruments beaucoup plus coûteux, c'est-à-dire par des enfants qu'il faudrait entretenir quinze ou vingt ans avant de les utiliser, et dont on perdrait un bon nombre pour en avoir quelques-uns adultes et capables de travail. Dans la migration, le pays qui fournit a tout le déchet, l'autre tout le profit.

C'est le tort qu'ont les petits peuples d'être petits. Mais le siècle est à la fusion : et les petits ruisseaux finiront bien par faire les grandes rivières.

§ 2. $N' : N''$, $D' : D''$.

Rapports des Mouvements.

La restauration annuelle de l'élément viril résulte de ce que

$$N' \rangle N' \quad \text{et} \quad N' : N'' \rangle D' : D'',$$

comme on le voit à la page suivante (relevé de P. I, n° 107 *emend.* et P. II n° 44).

S'il naît plus de mâles (N'/N''), il en meurt plus aussi (D'/D''), mais en général dans une proportion moindre et qui n'épuise pas le surplus de leur reproduction (exceptez la période de guerre 1801-15). Si cette différence de mouvement entre les deux sexes subsistait constante, il arriverait après un certain nombre d'années que l'équilibre, aujourd'hui détruit, serait passagèrement rétabli, puis dépassé, c'est-à-dire détruit de nouveau en sens contraire. Mais, à mesure que l'on approche de cet équilibre, on voit s'affaiblir l'effort qui avait lieu pour le rétablir : le rapport N'/N'' diminue de période en période. Nous constatons la même diminution, lente et graduelle, en Belgique et en Prusse. Voyez plus loin page 153.

PROPORTION DES DEUX SEXES

DANS LE MOUVEMENT DE LA POPULATION FRANÇAISE AU 19ᵉ SIÈCLE,

RÉSUMÉ EN PÉRIODES QUINDÉCENNALES.

Moyennes annuelles.	1801-1815	1816-1830.	1831-1845.
N'	475 917	498 805	499 525
ND'	20 226	21 199	21 250
$N'(c. ND'')$.	496 143	520 004	520 755
N'	446 371	469 017	470 617
ND''	16 605	17 447	17 506
$N''(c. ND'')$.	462 976	486 464	488 123
$N'-N''$	35 167	33 540	32 630
D'	411 748	395 040	422 013
D''	383 672	386 220	414 025
$D'-D''$	28 076	6 820	7 988
N'/N''	1.071	1.069	1.066
D'/D''	1.073	1.018	1.019
ND'/ND'' . . .	»	»	1.431 [1]
N'/D'	1.205	1.325	1.254
N''/D''	1.206	1.259	1.179

[1] Mort-nés relevés séparément des autres décès, seulement depuis 1839, d'après les instances qu'avait faites Demonferrand, parlant en 1836 à l'académie des sciences (*Ctes. r.* III.), — mais encore aujourd'hui triés d'une manière très-incomplète dans plusieurs départements.

Au contraire, le rapport $D'/_{D''}$, qui avait été élevé démesurément dans la première période quindécennale par le crime de la guerre, tombe brusquement dès le commencement de la seconde, et se relève dans la troisième pour s'abaisser encore, à travers diverses oscillations qui méritent d'être signalées.

FRANCE.	$D'/_{D''}$ (*Annu. long.*)
1816-20.	1.0249. Le rapport s'élève à 1.0476 en 1817.
1821-25.	1.0168.
1826-30.	1.0165.
1831-35.	1.0151. Le rapport descend à 1.0032 en 1832, et
1836-40.	1.0193. et se relève après.
1841-45.	1.0240. Le rapp. s'élève à 1.0309 en 1842, puis
1846-50.	1.0180. recommence à descendre.

Faut-il remarquer encore que le plus grand sacrifice des hommes, depuis la cessation de la guerre, a lieu en 1817 et 1842, époques de la plus forte activité industrielle? Il est donc trop vrai que la paix a aussi ses combats meurtriers.

Francis d'Ivernois a remarqué qu'une partie des décès militaires de la période impériale avait été omise sur les registres civils. Plus récemment, un autre auteur, qui laisse trop voir le dessein préconçu de dénigrer la France et de nier son progrès (Raudot, *Décadence de la France*), a supposé que l'omission avait pu s'étendre à tous les décès de cette classe. Cette erreur inqualifiable est réfutée non-seulement par l'énormité du rapport $D'/_{D''}$ pour la première période quindécennale, mais encore plus clairement par la différence $D'-D''$, 4 fois plus forte dans cette période que dans la période de paix qui la suit.

Un statisticien (qui ne se défend pas toujours des mêmes tendances négatives et rétrogrades) nous a mis en demeure[1] de faire le décompte des omissions dont il s'agit. Cette som-

[1] Dᵣ Juglar, *Journ. écon.* 5/54, t. 2 de la 2ᵉ série, p. 265.

mation devait être adressée à l'administration de la statistique, qui peut seule et qui doit fournir les éléments du
calcul par la publication des mortuaires du 19ᵉ siècle (publication si souvent réclamée et si impatiemment attendue), et
par celle des notes et bulletins conservés aux bureaux de
la guerre. Le démographe, isolé et dénué, ne peut essayer
qu'une évaluation indirecte.

En 1805, à la rupture de la paix d'Amiens, on avait :	13 644 748 V'
1806-15, Naissances masc.	4 783 596
Morts-nés masc.	203 303
	18 631 647
En 1815 on ne trouve que	14 337 773 V'
Donc les décès mâles ont été	4 293 874
La statistique de France porte (P. I. p. 380) décès masc.	4 056 824
Omissions	237 050

Il ne faut pas omettre de remarquer que la prépondérance de N' diminue beaucoup plus lentement que le déficit
accidentel de P'. Ce déficit se comble avec tant de rapidité,
qu'on peut le regarder comme effacé en Belgique, en Prusse,
en Hanovre, et qu'il n'en restera plus trace en France dans
moins de sept ans... si la triste cause à laquelle on le doit
ne le creuse de nouveau. Mais plusieurs siècles s'écoule-
raient avant que les Naissances des deux sexes ne fussent
parvenues à l'égalité, puisque l'excès de N', qui est encore
de 315 sur 10 000 N (1846-50, P. II, p. 368, n° 44),
ne s'affaiblit pas d'une unité par an. Hélas ! faut-il penser que
cette violence barbare de la guerre soit encore dans les des-
tinées de l'humanité? que les nations ne sont pas capables
de s'entendre pacifiquement pour le bien-être universel?
que la raison n'est pas assez forte pour remplacer le fusil?
Non : on verra plus loin (ch. xii et xxvii) qu'une prédominance

de N' est nécessaire pour balancer l'infériorité de V'_m, et que la Démographie n'autorise pas à prévoir une exubérance d'hommes qui tendrait à justifier la guerre et à absoudre ses fauteurs [1].

Ne laissons donc point affaiblir l'horreur que tout cœur humain doit éprouver pour ce sanglant arrérage de la barbarie des générations qui nous ont précédés. Si l'organisation de la guerre est funeste par le nombre des hommes qu'elle enlève, elle ne l'est pas moins par le choix des hommes qu'elle laisse ; elle l'est, même en dehors des combats, par le seul fait des armées permanentes, source de dépravation morale pour les villes et les campagnes, et cause principale de dégénérescence physique pour notre race. Rappelons les belles paroles qu'un illustre géometre a inscrites dans l'*Introduction* aux *Recherches statistiques* publiées par le département de la Seine : « L'effet des longues » guerres est d'autant plus fatal qu'elles entraînent la perte » d'hommes robustes et choisis avec beaucoup de soin. Au- » cune espèce d'êtres animés né pourrait longtemps résister » à une telle cause, qui choisit les plus forts pour les dé- » truire, abandonne la reproduction aux plus faibles, et » porte ainsi une atteinte plus funeste que ne ferait l'insa- » lubrité du climat » (p. XLVIII). En vain les Payens et les Juifs ont voulu justifier la guerre en la mettant sous le patronage d'un Dieu, le *dieu Mars, Marspiter, Irminsul,* le *Dieu très-haut,* le *Dieu des armées* (Homère, Hésiode, Moïse, David). Le Dieu des nations modernes est un Dieu de paix, d'aide mutuelle, de science, d'ordre et de liberté, toutes qualités incompatibles avec la fureur des combats. En vain

[1] Ce chapitre, ainsi que les précédents, étaient déposés au secrétariat de l'Ac. sc. mor. dès décembre 1852, pour une série de lectures publiques qui ont eu lieu au commencement de /53. Il n'y a, par conséquent, dans cette page et dans la suivante, aucune allusion à la guerre actuelle qui, d'ailleurs, étant purement défensive de la part de l'Occident, est justifiée par la nécessité et autorisée par la loi naturelle autant que par une saine politique.

l'ambition sanguinaire d'un despote se couvre du masque de l'intérêt public et de la religion : quand la raison d'État devient homicide, elle devient un crime; je la respecte extérieurement, parce qu'une opinion individuelle n'autorise jamais à troubler l'ordre public; mais rien ne peut m'empêcher de la maudire dans mon cœur.

L'excédant annuel de reproduction mâle, qui persiste au moins depuis un siècle, peut servir à calculer le nombre des hommes que nos trop longues guerres nous ont enlevés.

	masc.	fémin.
De 1816 à /20,		
Naissances. . . .	2 463 896	2 311 638
Mort-nés [1]. . . .	104 715	72 354
Toutes Naissances. .	2 568 611	2 385 992
Tous Décès. . . .	1 912 262	1 872 913
Différence.	656 349	511 079

Il y a donc eu, sur 2 568 611 Naissances mâles, récupération de . . . .   145 270 *V'*

Guerres de l'empire, 1806 à /15.

S'il manquait en 1820 (*Stat. Fr.* P. I. p. 266). .   868 325 *V'*
il en manquait donc en 1816 . . . .   1 013 595
De 1806 à /15 il y avait eu Naiss. masc.   4 785 596
Mort-nés id.   205 303

Toutes Naissances masc. 4 986 889
qui ont dû, dans la même proportion, récupérer. .   . 282 000 *V'*.
En 1805, lors de la rupture de la paix, il manquait   640 425 [2]
Si donc Dieu et les hommes nous eussent accordé 10
   ans de paix, le déficit aurait été réduit à . . .   358 425.
Au lieu de cet allégement, nous le trouvons en 1816
   porté à . . . .   1 013 595.

D'après ce calcul, Napoléon a dévoré, pour soutenir et
   perdre deux fois sa couronne 655 170
hommes de France.

[1] Au taux déclaré *Stat. fr.*, P. II, p. 36.
[2] *Journ. écon.*, 2 /54 (2ᵉ série, t. 1) p. 220.

On pourrait donc dresser ainsi par *doit* et *avoir* le compte du grand consommateur d'hommes.

DOIT.		AVOIR.	
Manquait en 1816. .	1 015 595	Manquait en 1805. .	640 425
Recréé en 15 ans (1806-15)	282 000	Consommés par 10	
		ans de guerre. .	655 170
	1 295 595		1 295 595

Ce calcul ne comprend que le contingent des départements formant la France telle qu'elle est aujourd'hui tronquée.

Essayons de supputer par la même méthode nos pertes en hommes dans les huit dernières années du 18e siècle.

Guerres de la Révolution, 1793 à 1800.

Comptant les Naissances sur une moyenne des 3 périodes antérieures et et des 3 subséquentes, on aurait N (complètes). . . . 963 679

dont N' (au rapport 1.075). 498 358

et, pour 8 ans 3 986 864

qui ont dû récupérer (dans la proportion trouvée pour 1816-20) 223 000 V'.

Au recensement de l'an ix il en manquait. 725 225

La Révolution et les guerres que ses ennemis lui ont faites nous auraient donc coûté . . . . 948 225 hommes.

La prépondérance de N' est un des faits les plus généraux et les plus constants de la Démographie. Elle a été observée dans tous les États qui ont relevé leurs naissances. Süssmilch la constatait en Allemagne *(Die gœttliche Ordnung)*, Messance et Expilly en France, Wargentin, Runeberg, Canzler en Suède *(Coll. acad. étr. XI. Enc. méth. écon. pol. État de Suède)*, dès le milieu du siècle dernier. En 1831, le capitaine Bickes publiait le laborieux relevé de 70 millions de naissances *(Zeitung für das gesammte medic.* 7 fév.; extrait *Ann. hyg.* VIII, avec les recherches de Babbage sur le même sujet).

On observait du même coup un autre fait tout aussi général et aussi constant : c'est que la prépondérance de N' est plus faible dans les naissances illégitimes (Süssmilch, Baumann, Hofeland, Hoffman, Quetelet et Smits, Babbage, Bickes — Prevost *Bibl. univ.* /10/29).

Les faits recueillis (bien incomplétement encore) sur ces deux lois générales sont rapprochés et résumés dans le tableau suivant où les pays sont rangés dans l'ordre décroissant de la prépondérance de N'.

[3] donne le rapport de N' à N, c'est-à-dire la proportion moyenne de N' dans les naissances totales ;

[4] le rapport moyen des illégitimes à N ;

[5] la proportion de N' dans les naissances illégitimes.

On peut voir que tous les nombres ou rapports de la colonne [3] sont plus forts que leurs correspondants de [5]. Il y a une exception douteuse pour l'État-Sarde.

La Westphalie, qui a un nombre énorme d'illégitimes, a en conséquence le plus faible rapport N'/N. La Bavière et la Saxe montrent la même corrélation.

En Prusse le rapport N'/N a fléchi, comme en France et en Belgique. L'éditeur des *Tabellen* ne s'en aperçoit point, parce qu'il néglige d'éclairer ses travaux par la réduction des années en périodes. Les illégitimes de la 3e période ne sont donnés que pour 1849.

Quant à la différence des rapports dans les divers pays, ce relevé est encore trop incomplet pour que l'on hasarde quelque vue générale. Nous remarquons seulement que la plus forte prépondérance de N' a lieu en Amérique, État de New-York, où elle semble même s'accroître, à l'inverse de l'Europe. Soit dit sous toute réserve.

La forte prépondérance de N' que s'attribue l'Autriche, et qui, d'après les nombres publiés par Hain, irait même croissant, inspire aussi quelques doutes. Ces nombres sont altérés au moins par l'inscription très-incomplète des mort-nés, qui est avouée par l'auteur *(Handb.*, p. 396).

PRÉPONDÉRANCE DES NAISSANCES MALES,
LÉGITIMES ET ILLÉGITIMES.

PAYS. [1]	ANNÉES. [2]	N'/N. [3]	N illé-gitimes [4]	N' illé-gitimes. [5]	AUTORITÉS. [6]
New-York (état)......	1834	0.5157			*Census.*
Ib.............	1844	0.5216			Ib.
Empire d'Autriche....	1839-47	0.5162	0.1071	0.5115	Hain, 392, 400.
France...........	1831-35		0.0763	¹	
Ib.............	1836-40	0.5169	0.0762	0.5086	*Stat.Fr.*P. II, 368.
Ib.............	1841-45	0.5168	0.0738	0.5117	Ib.
Ib.............	1846-50	0.5161	0.0741	0.5114	Ib.
Hanover...........	1824-33		0.0814		Hain, *Handb.*, 395.
Ib.............	1834-43	0.5159	0.1065		*Reg.-gen. 6th rep.*
Ib.............	1848-52	0.5171	0.1045		*Zur stat.*, 3e part.
Bavière...........	1836-40	0.5155	0.2090	0.5087	Hermann
Ib.............	1841-45	0.5156	0.2059		*Beitrage*, II.
Ib.............	1846-50	0.5156	0.2053		
Saxe (roy.).........	1831-35		0.1332		
Ib.............	1836-40	0.5155	0.1405		*Mittheilung*, II.
Ib.............	1841-45	0.5162	0.1480		*Beweg. tab.* XII.
Ib.............	1846-50	0.5154	0.1509		
Belgique..........	1841-45	0.5156	0.0719	0.5103	*Exp.* 20-3.
Ib.............	1846-50	0.5152	0.0825	0.5063	Ib.
Toscane...........	1845	0.5141	0.0467		Guibert.
Etat prussien.......	1816-23	0.5142	0.0710	0.5068	Babbage.
Ib.............	1826-30	0.5142	0.0668		*Tabell.*
Ib.............	1845-49	0.5140	0.0737		Ib.
Etat-Sarde (t. ferme).	1828-37	0.5127	0.0209	0.5120	*Informaz.*
Russes (du rit grec).	1841-48	0.5124			Red. *apud* Tegob.
Suède.............	1755-63	0.5122			Wargentin.
Ib.............	1826-35		0.0666		*Reg.-gen. 6th rep.*
Angleterre.........	1839-45	0.5122	0.0704	0.5096	*Reg.-gen. 8th rep.*
Naples (t. ferme).....	1819-24	0.5111	0.0484	0.5090	Babbage.
Westphalie (roy.).....	1809-11	0.5102	0.1311	0.5009	Ib.
Wurttemberg........	1832-37		0.1365		*Reg.-gen. 6th rep.*
Ib.............	1838-42		0.1151		Ib.
Slesvig et Holstein...	1835-40		0.0655		Hain, 395.
Ib.............	1841-45		0.0742		Ib.
Danmark...........	1835-44		0.1098		Ib.
Ib.............	1845-49		0.1148		Ib.

¹ ND calculés à 0.07 N illégit. selon la proportion cotée pour /41-50 (P. II. *l. c.*)

Ce n'est pas seulement en Autriche que l'inscription des mort-nés est négligemment faite et mal surveillée : c'est presque partout. Et pourtant quelles lumières une inscription régulière et constante ne fournirait-elle pas à certaines investigations judiciaires qui touchent aux plus chers intérêts des familles et de la société ! Nous ne voyons que la Belgique, la Saxe et les duchés de Slesvig et Holstein, où l'on puisse reconnaître un soin louable d'inscrire et de relever ces naissances *frustranées*.

N' prédomine chez les mort-nés beaucoup plus encore que chez les vivants,

$$ND'/\mathrm{ND} \gt N'/\mathrm{N},$$

comme on peut s'en convaincre par la comparaison du tableau qui suit avec celui qui précède; et pareillement, cette prédominance est moins marquée chez les mort-nés illégitimes que chez les légitimes.

PAYS.	PÉRIODES.	ND/N			ND'/ND		
		légitimes	illégitimes.	tous.	légitimes.	illégitimes.	tous.
Slesvig et Holstein.	1840-43			0.0488			
Saxe roy........	1836-40			0.0465			0.5796
Ib...........	1841-45			0.0462			0.5770
Ib...........	1846-50	0.045?	0.055?	0.0455	0.572?	0.551?	0.570?
Belgique	1841-45			0.0406			0.5742
Ib...........	1846-50	0.0405	0.0584	0.0435	0.5795	0.5408	0.5767
Hanover........	1852-41			0.0388			0.5780
France.........	1846-5	0.0331	0.0687	0.0357	0.5945	0.5548	0.5880
Bavière........	1836-40	0.0284	0.0317	0.0291	0.5899	0.5414	0.5789
Ib...........	1841-45			0.0305			
Ib...........	1846-50			0.0306			
Autriche (Basse-).	1846-50	0.0212	0.0337	0.0247	0.5912	0.5467	0.5745
Suède.........	1755-63			0.0241			0.5691
Danmark........	1845-49			0.0235			
Etat-Sarde (tcr. f.).	1827-38			0.0107			0.5598

On peut voir au reste, dans les documents précédemment cités, que cette inscription si nécessaire est généralement en progrès. Le bureau de Berlin ne donne que des années isolées, qui ne méritent guère d'être rapportées ici (ND = 0.0385 N en /49). L'Angleterre fait pis : elle n'inscrit pas du tout les mort-nés ; elle le confesse ; elle doit convenir en conséquence que sa statistique reste inférieure à toutes celles du continent.

Lorsque les documents seront plus nombreux, plus complets et plus sûrs, il y aura lieu d'étudier comment N'/N est modifié par l'influence combinée de la restauration de P' et de la proportion des Naissances illégitimes. C'est l'influence des illégitimes qui ressort le plus des détails de la statistique autrichienne. La Karinthie, qui a jusqu'à N 0.3563 d'illégitimes, est de toutes les provinces de l'empire celle où N'/N est le plus faible. Au contraire, les provinces italiennes, qui relèvent le moins d'illégitimes, ont la plus forte proportion de N' (après Salzburg. V. Hain, p. 400).

Le professeur Hofacker a cru remarquer que le rapport N'/N dépend de l'âge respectif des parents ; qu'on a N'〉 quand le père est plus âgé, et réciproquement (*Gaz. médic.* d'Innsbruck). La citation qu'en font les *Annales* d'hygiène, (I, 557) ne relate pas de faits. Girou de Buzareigne a tâché d'établir que les premiers-nés sont plus généralement du sexe féminin. Il a présenté cinq mémoires à l'Académie des sciences sur ce sujet. Il soutient que tout ce qui tend à accroître la force musculaire dans chaque sexe, tend à accroître les naissances de ce sexe (*Ctes. r. ac. sc.* /35, V, 306, 700).

Quoi qu'il en soit de ces explications, l'universalité de la prépondérance des naissances mâles démontre une loi, qui tend partout à restaurer et conserver le sexe le plus exposé à une mort prématurée, soit par les rudes travaux et l'emportement des passions, soit par l'organisme même. Quelle est la force mystérieuse qui prend un soin si vigilant de réparer les fautes des hommes, et de ramener l'égalité propice à l'ordre moral? Ne serait-il pas puéril d'attribuer un si grand et si constant effet au caprice des individus, et de dire, avec Prevost, qu'il y a prépondérance de *N'*, parce que les parents s'arrêtent devant la multiplication des filles (*Bibl. univ.*, /10 /29)? Ce motif agirait-il avec une telle universalité sur les classes nombreuses qui ne soutiennent leur vie que par le travail ou le service d'autrui, et qui n'ont pas plus de difficulté à trouver du travail ou du service pour leurs filles que pour leurs fils? Agirait-il sur les serfs communistes des Russies, qui n'ont responsabilité ni de leur personne ni de leur progéniture, et qui n'ont de l'avenir ni souci ni prévoyance, puisque leur *propriétaire* les entretient et les nourrit comme chose qu'il a intérêt à conserver, comme nécessaire instrument de son oisiveté? Pour nous, nous croyons qu'il faut attribuer un effet général à une cause générale, un effet irrésistible à une cause toute-puissante, un effet calculé pour atteindre un but à une cause intelligente. C'est pourquoi chaque découverte d'une loi nouvelle nous démontre une fois de plus qu'il existe une Intelligence supérieure à celle dont l'homme se glorifie. L'ordre moral, qui est l'ordre libre, peut être temporairement dérangé par l'entendement borné et passionné de la créature : mais il sera rétabli tôt ou tard par l'action des lois que l'Entendement suprême a instituées pour le maintenir. Comment méconnaître cette action, quand nous voyons la nature toujours prête à réparer les maux causés par l'ambition désordonnée de ceux que l'on ose appeler grands, et par la sujétion aveugle de ceux qui ont la sottise de les admirer et de les suivre?

§ 3. P : P.

Proportion des âges. — Survie.

On ne peut prétendre à connaître l'état de la Population, ses besoins et ses ressources, si l'on ne sait comment elle est répartie selon les âges. De cette notion dépendent par conséquent l'organisation rationnelle du travail, et cette équitable répartition de ses produits, que réclament tous les écrivains vraiment sociaux. En effet, c'est l'âge viril qui fait les avances de l'enfance, et qui paie les retraites de la vieillesse. Il est donc indispensable que la société connaisse le rapport moyen de ces éléments qui la composent, pour qu'elle puisse établir le bilan de ses forces productives et de ses charges de consommation.

Les relevés d'état-civil fournissent les données de ce calcul. Ils fournissent les séries annuelles des Naissances, et celles des Décès par âges. On groupera les unes et les autres en périodes définies, — par exemple quinquennales, pour faire disparaître les variations accidentelles, et l'on construira la *table de survie* avec les différences $N-d_n$, $N_, -d_n'$, $N_{,,}$ etc., en tenant compte des changements continus de mortalité, s'il y en a. La survie, ainsi calculée, donnera, sans altération, sans hypothèse, la *Table de* P. Tel est le sens de la méthode démographique : on n'en connaît pas une autre, jusqu'à ce jour, qui puisse fournir la vraie Table de POPULATION MOYENNE.

Malheureusement peu de nations se sont jusqu'ici organisées en état-civil; et encore ne jouissent-elles des bienfaits de cette organisation que depuis peu d'années. Les tables de P, produit si important de la Démographie, resteront donc dans un état provisoire et imparfait, jusqu'à ce qu'on ait des relevés exacts et séculaires de N et de D, et que l'on se soit bien assuré d'avoir compté comme sortis de la vie tous les individus que l'on a comptés comme entrés, et de n'en avoir pas compté d'autres : ce qui ne peut être l'œuvre que d'une administration spéciale, localisée et très-régulièrement contrôlée.

Dans le besoin où l'on est de connaître l'état et le roulement de la Population, il a fallu suppléer à l'enfance des documents par des évaluations approximatives.

L'astronome Halley a essayé un mode de calcul, aussi conforme à la méthode qui vient d'être indiquée, que le permettaient les documents très-restreints mis à sa disposition.

Nous extrayons ici l'explication qu'il en donne (*Philos. Trans.* 1693, p. 596) :

« *Estimation des degrés de la mortalité humaine, tirée de curieuses tables de N et D de la ville de Breslau. Par E. Halley.*

« Les déductions que l'on a voulu tirer des Mortuaires de quelques grandes villes, telles que Londres et Dublin, sont défectueuses, à cause d'une grande et variable accession d'étrangers, dénotée par l'excès considérable de D sur N. Une condition indispensable au succès de ces recherches est que les mouvements de P ne soient altérés, ni par immigration, ni par émigration. Ce défaut paraît affecter faiblement les tables mortuaires de la ville de Breslau, dressées récemment avec exactitude et communiquées à la *Société* par M. Justell, dans lesquelles l'âge et le sexe des décédés sont notés mensuellement et comparés au nombre des naissances pour les cinq années 1687-91.

« Breslau, capitale de la province de Schlesie, est située sur la rive O. de l'Oder, près des confins de la Germanie et de la Pologne, et à peu près à la latitude de Londres. Elle est très-éloignée de la mer, elle reçoit peu d'étrangers ; l'industrie linière occupe sa Population pauvre et celle de sa banlieue. C'est le principal, pour ne pas dire l'unique objet de son commerce. Si l'on ajoute que N y excède faiblement D, on comprendra que j'ai eu de bonnes raisons pour choisir cette ville comme sujet d'étude.

« 1687-91 : Naissances   6 193 d'où   N = 1 238
              Décès. .   5 869   D = 1 174
accroissement annuel . . . . . .   64.

« La Mortuaire montre que, de ces 1238 nés dans l'année, il en meurt 348 avant d'avoir atteint l'âge d'1 an, et que par conséquent 890 seulement arrivent à cet âge ; puis 198 meurent entre 1 et 6 ans accomplis, d'où il suit que 692 seulement des personnes nées survivent à la sixième année.

« En compensant les irrégularités des séries d'âges, *qui se rectifieraient d'elles-mêmes si l'on avait un nombre d'années plus considérable,* j'ai dressé la table suivante, dont les usages sont nombreux, et qui donne une idée plus juste de la condition humaine, qu'aucune autre que je connaisse. En montrant les différents degrés de mortalité ou plutôt de VITALITÉ de tous les âges, elle fournit une valeur certaine des *annuités de la vie,* dont on n'avait jusqu'ici que des évaluations imaginaires. »

Les lignes que nous venons de traduire respirent un vrai sentiment démographique. Cependant on n'y trouve qu'une ébauche de la méthode. Le socle en est solidement posé : c'est la comparaison des Décès aux Naissances. Mais, si l'un des deux ordres, *mortalité* ou *natalité*, éprouve quelque variation continue, l'auteur nous laisse sans moyen prévu d'en tenir compte.

Kerseboom, Smart, Simpson, Price, Deparcieux, Messance, Moheau, Duvillard, s'essayant sur de courtes séries de mouvements qui ne pouvaient point leur révéler de marche continue, n'ont pas entrevu cette difficulté.

Demonferrand, croyant que N croissait en France (comme en beaucoup de pays), essaya une correction, qui consistait à diminuer d_n d'une fraction $F_n P^n$, qu'il calcule d'après l'accroissement de P. Ce démographe, d'ailleurs si recommandable, donna ainsi l'exemple d'une déviation d'idées, par laquelle on détourne inutilement sur l'accroissement de P l'attention que l'on doit fixer exclusivement sur ses causes, natalité et mortalité. De plus, l'hypothèse de la croissance continue de N, qui s'était vérifiée accidentellement et par des circonstances contraires, en quelques périodes de l'empire et de la Restauration, n'était déjà plus vraie à l'époque où Demonferrand écrivait. Malgré cela, sa tentative, dirigée par une rare habileté de calcul unie à une incommensurable patience, a donné une *Survie*, qui, quoiqu'un peu exagérée, cadre étonnamment bien d'ailleurs avec les résultats acquis depuis à la science.

Sauf cette tentative, tout le monde parut, dans notre siècle, avoir oublié ou méconnu la méthode Halley. L'*annuaire* français *des longitudes* stéréotypait depuis un demi-siècle la table *aux petits nombres* de Deparcieux, que pourtant il complétait en empruntant trois chiffres à Demonferrand, sans le nommer ; et il induisait la législature française à donner cette base fragile à la grande institution de la *Caisse des retraites*. A Bruxelles on dressait successivement 6 tables générales, dites *de mortalité*, sans prendre souci de la corrélation de D à N, en sorte que, pour la période /41-45, on faisait $S_0 = 794.5$, quand N-d_0 donnait 850; d'où résultait une Vie probable réduite presqu'à moitié de la réalité. En 1851, X. Heuschling rappela les démographes à la méthode dont Halley avait donné l'idée-mère. Aussitôt après, A. Quetelet présenta à la Commission centrale belge une table vraiment nouvelle, où, adoptant en quelque manière un procédé proposé par Moser (*Gesetze der Lebensd.*), il ne tient compte de N que pour le premier âge, et s'abandonne pour les autres aux incertitudes du recensement. Mais il affronte en éminent calculateur les périls de cette méthode, qui nous paraît blesser les principes de la science, en ce qu'elle prétend tirer un résultat moyen d'un fait unique et concret, comme on le lui a objecté plus d'une fois (*J. écon.* /12/54, p. 428. *Annu.* Guill*a*. /54., p. 459), objection à laquelle il n'a pas pris soin de répondre.

En même temps que s'imprimait le savant travail de Quetelet (*fin /53, Bull. Comm. centr.* V. p. 1-24), nous proposions dans *l'Annuaire de statistique* qui vient d'être cité, de nouvelles formules pour développer la méthode Halley. Comme ce sont les plus récentes, leur exposé doit trouver place ici.

« Les tables de survie ont pour objet d'indiquer *combien, sur un nombre donné d'individus d'un âge connu, il en survit après un temps déterminé* ; question que l'on peut transformer en celle-ci : sur 1 000 individus qui naissent en 1 an, combien en meurt-il dans leur première année, combien dans la seconde, etc., jusqu'au dernier.

Observons d'abord que la table mortuaire ne répond pas directement à cette question. Elle dit combien, sur 1000 D, il y en a de l'âge de 0 à 1 an, de 1 à 2, etc. Mais elle ne dit rien du rapport des Décès aux Naissances. On peut, il est vrai, si D = N, et si les deux ordres de natalité et de mortalité sont immuables, c'est-à-dire, si dans chaque année moyenne ont lieu le même nombre de Naissances et le même nombre de Décès aux mêmes âges, on peut, dis-je, prendre les 1000 D pour 1000 N : alors de simples soustractions nombre par nombre transforment la table mortuaire en table de survie ; les 1000 N sont épuisées par les 1000 D ; à chaque classe de décédés répond chaque classe de survivants ; et les décès enregistrés pendant une seule année (moyenne) nous donnent la même connaissance que si nous avions pu suivre 1000 naissances pendant les 100 et quelques années de leurs extinctions successives.

Dans ce cas, autant vaut la table mortuaire, autant la table de survie qui en procède. Si la première est correcte, la deuxième l'est au même degré et dans les mêmes limites d'époque et de lieu. La mère transmet à la fille toute sa qualité et rien de plus.

Telle est la question statistique de Survie, réduite à sa plus grande simplicité. Il faut partir de cette simplicité théo-

rique pour arriver à la réalité complexe. Aucun peuple, que
nous sachions, ne jouit aujourd'hui de cette triple condition,
des Naissances annuelles réduites à la proportion des Décès,
des Décès annuellement distribués en même mesure sur les
mêmes âges, et des uns et des autres se répétant sans variation continue. (Les variations accidentelles sont hors de
question, comme étant éliminées par les moyennes périodiques).

On conçoit cette uniformité des conditions vitales comme
pouvant caractériser les deux degrés extrêmes et opposés
du développement des nations. Si un peuple est solidement
bouclé à une chaîne quelconque, indigène ou étrangère, s'il
y est plié, façonné et résigné sans espoir, si les chefs qui le
possèdent ne songent qu'à le pressurer sans s'inquiéter de ce
qui lui manque, et sans penser même à renforcer la rançon
qu'ils en tirent, s'il reçoit pour toute instruction une doctrine
qui se déclare divine, immuable et complète, et qui révoque
le don que Dieu a fait aux hommes du droit d'examen et de
critique, s'il n'exerce l'agriculture et les arts utiles que routinièrement pour ses seules nécessités matérielles et pour la
consommation intérieure du pays, la vie, chez ce peuple,
s'allume et s'éteint comme les feux follets de ses marais ; il
reste ce qu'il est, sans avancement ni accroissement, immobile et atrophié ; il ne perd plus rien, car il ne lui reste que
ce qu'on n'a pu lui enlever ; il ne fait aucun effort pour acquérir, car il ne concevrait pas même l'espoir de conserver.
La mortalité est étendue sur lui comme une table de plomb
bien nivelée.

Tel est le sort que la vieille monarchie faisait à la France.
Tels étaient partout les fruits de la féodalité dans sa force.

Mais si à la vigueur du despotisme succèdent sa corruption
et sa mollesse, si quelques esprits restés libres sonnent le progrès et l'affranchissement, si la nation cesse d'être une chose,
si elle vient à posséder son sol et à se posséder elle-même,

si elle acquiert des garanties, si les entraves forgées à l'industrie et à l'échange tombent ou s'élargissent, il arrive d'abord que les subsistances mieux réparties améliorent et étendent les conditions de la vie : puis leur masse s'augmente par le travail vivifié, et les naissances s'accroissent. Lorsque ce mouvement se réduit à la poursuite avide des améliorations matérielles, lorsque surtout un gouvernement ambitieux le pousse, le précipite (comme nous le voyons dans des pays voisins), au lieu de le canaliser avec prudence, ses vagues grossissent sans se purifier ; la Population s'accroît avec la même rapidité que le travail ; mais avec elle, mais avec lui, s'accroissent les souffrances des travailleurs, et bientôt elles éclatent en murmures et en vœux ardents d'émigration. Si, au contraire, le mouvement de régénération est modéré, s'il est conforme aux vrais principes de la science sociale, et en conséquence sincèrement dirigé vers le but moral, il s'allie à un accroissement général de bien-être, qui se manifeste aussitôt par l'allégement de la mortalité.

Cependant il arrive une époque où le développement du travail a atteint les limites que comportent le sol et la race. Alors la production moyenne des subsistances devient stationnaire ; la Population n'augmente plus ; les Naissances se règlent sur la durée de la vie, elles se réduisent à compenser les Décès. C'est ce que l'on constate déjà dans plusieurs départements de France, dans ceux qui sont spécialement voués à l'agriculture. La *Vie moyenne* y garde encore, il est vrai, ses accroissements. Mais, comme on ne peut supposer que cette augmentation soit sans bornes, il viendra nécessairement une époque, plus ou moins éloignée, où ces Populations, libres, éclairées et heureuses, seront assises dans le calme et la force de l'ordre social complétement organisé, et où leurs générations se succéderont dans l'exacte balance de tous leurs mouvements.

Parmi les nations de l'Europe, celles qui marchent le plus

résolûment vers l'avenir et qui publient leur statistique, offrent, dans l'époque de transition où elles sont, et par rapport à la question de survie qui nous occupe, deux phénomènes principaux. Les unes accroissent rapidement leur Population par une augmentation annuelle de Naissances et sans diminution appréciable de mortalité. Telle est la Saxe royale ; tels sont plusieurs États autrichiens ; telle est probablement la Prusse, autant que l'on en peut juger par la publication officielle de Mortuaires isolées, qui ne se suivent pas et que l'on ne peut réduire en périodes.

Les autres accroissent P plus lentement, sans accroître N, par la seule diminution de la mortalité. Telles sont la France et la Belgique.

Il faut examiner séparément comment on peut établir la survie pour ces deux cas si différents, pour ces deux sortes de *mouvement* si distinctes.

Premier cas. Accroissement périodique des Naissances. On peut admettre qu'en Saxe N s'accroît de 0.012 *(Stat. Mitth.* 2e livr). Dans la période 1841-45, on a

$$N = D\,1.3620, \text{ et } d_0 = D\,0.4030$$
$$\text{Donc, } d_0 = N\,0.2965, \text{ et } S_0 = 0.7035.$$

Ce rapport de d_0 à N est un fait qu'aucune combinaison de chiffres n'a le droit d'altérer. Passons à d_1. Cette quantité, donnée par la Mortuaire appropriée aux Naissances, ne résulte plus de 1000 N, mais de 988. Nous pouvons savoir ce que 1 000 N donnent de décès de 1 à 2 ans, par la proportion

$$988 : 1000 :: d_1 : x.$$

En un mot, le rapport de mortalité de chaque âge se forme du nombre des D de cet âge pris par rapport à un nombre déterminé de N, divisé par le nombre proportionnel des naissances qui répond à cet âge. C'est sur ce principe que nous avons construit la table de survie applicable à la Saxe. (Voir les *Tables* à l'*annuaire* précité, p. 453).

Deuxième cas, où l'on considère N comme constant et la mortalité proportionnelle comme décroissant d'une manière graduelle et continue sur tous les âges par l'accroissement périodique de Vm.

Dans le mouvement général de la Population française, pendant la période 1840-49 (dont nous empruntons les Mortuaires au savant X. Heuschling, en attendant celles que doit à la science le Bureau de la rue de Grenelle), 1 000 D correspondent à 1161 N. La Mortuaire ne nous fait donc connaitre, pour 1 000 N, que D 861.32 ; et il en manque 138.68, pour compléter l'évolution des 1000 N, dont nous voulons déterminer la survie. Voici la cause qui rend la Mortuaire incomplète pour l'usage que nous en voulons faire. Les décès de chaque âge sont pris sur les survivants de l'âge précédent :

$$\left.\begin{array}{c} d_1 \\ d_2 \\ d_3 \end{array}\right\} \begin{array}{c} \text{est pris} \\ \text{proportion-} \\ \text{nellement sur} \end{array} \left\{\begin{array}{l} S_0 \text{ (survivants de 0 à 1 an),} \\ S_1 \text{ (survivants de 1 à 2 ans),} \\ S_2 \text{ (survivants de 2 à 3 ans), etc.} \end{array}\right.$$

Or, les survivants qui ont été décimés par les Décès consignés dans la Mortuaire, correspondaient à des années où la mortalité était plus rapide, et de plus en plus rapide à mesure que l'on remonte plus en arrière : ils étaient donc en moindre nombre, et ont dû par conséquent donner, pour chaque âge, moins de D que les survivants qui résulteront de 1 000 N prises dans la période actuelle et suivies dans leurs âges successifs. Cela nous indique à la fois la nécessité et la manière de corriger la Mortuaire pour l'approprier aux 1 000 N dont nous voulons classer les extinctions. Il faut la compléter en y introduisant les D 138.68 qui y manquent, afin d'épuiser ces 1 000 N, dont nous ne connaîtrons la rotation complète qu'au prix de cette correction. Comment répartir ces D 138.68 ? La première idée qui se présente est de les distribuer proportionnellement au nombre des D relevés pour chaque âge. C'est à-peu-près ce qu'a fait X. Heuschling dans sa *Nouvelle table de mortalité* (*Ctes r. ac. sci. mor.* /10/51). Mais cela ne suffit point pour opérer la correction, et la *Nouvelle table* n'a pas atteint le but. En voici la raison. Le ralentissement de la mortalité, étant continu [1], s'est fait sentir progressivement à mesure que, partant des âges les plus anciens, il s'est rapproché des plus récents : la correction doit tenir compte de cette progression. Il faut donc répartir les D manquants *en raison composée du nombre des D relevés pour chaque âge et de l'élévation de cet âge* ou du chiffre qui le marque. C'est d'après ce principe qu'a été corrigée la Mortuaire et calculée la Survie dans les tables… (V. *Annu.* précité, p. 456.)

La Belgique est dans le même cas que la France, ayant comme elle N stationnaire et mortalité décroissante. On peut donc lui appliquer la méthode proposée » (*Ib.* p.458).

Un éminent démographe, contrarié peut-être de cette application impertinente de notre méthode à son pays (*falcem in messem alienam*), nous a opposé deux objections sous forme de questions (*J. écon.* 11/54, p. 171). Il demande pourquoi nous partons de l'*hypothèse* qu'il faut répartir *l'excédant des naissances* en raison composée des décès de chaque âge — et de l'élévation de cet âge. — Nous avons dit *pourquoi* en proposant la répartition, non des Naissances excédantes, mais des Décès manquants [2] (voyez ci-dessus p. 165). C'est à cause du *ralentissement continu de la mortalité*; c'est parce que les nombres de Vivants qui fournissent les Décès consignés dans la Mor-

---

[1] *Journ. écon.* t. 36, p. 186, et ci-dessus, chap. III, p. 47.

[2] Ces deux nombres peuvent être équivalents : mais c'est l'idée de Décès qui explique et motive la répartition par où s'opère la correction aux Mortuaires ; et c'est pour n'y avoir pas fait attention que le savant contradicteur a demandé *pourquoi*.

tuaire, ayant été décimés à l'avance, en ont fourni moins que n'en donneront les survivants de 1 000 N que nous prenons dans la période de temps actuelle et que nous devons suivre dans leurs âges successifs : voilà pourquoi il manque des Décès à la Mortuaire ; voilà pourquoi il faut y en ajouter ; et il faut en ajouter en proportion de l'élévation des âges, c'est-à-dire, en raison inverse du ralentissement de la mortalité. Si le critique nous eût fait l'honneur de lire l'alinéa entier, et d'extraire notre proposition autrement que tronquée et altérée, il eût vu que la réponse à sa question était faite d'avance. Il eût vu aussi que, le ralentissement progressif de la mortalité étant constaté par la Statistique de France, notre point de départ est un fait authentique et non une *hypothèse*, et que notre problème est *déterminé* par l'emploi des chiffres de Naissances, qui, au moyen des différences N − D, nous conduisent à P, le résultat cherché.

Seconde question (*l. c.*). Pourquoi avons-nous « calculé les 10 premiers nombres de la table de survie par périodes annuelles, et les autres par périodes quinquennales ?» — Parce que nous avons calculé sur la Mortuaire, qui donne les 10 premières années une à une et toutes les suivantes groupées par *quinquennes;* parce que, ne trouvant aucune utilité à dégrouper celles-ci, nous nous sommes épargné *l'hypothèse des calculs prudents* que l'on ne peut guère défendre d'*arbitraire*.

L'illustre critique, totalisant les 5 premières années pour en tirer une moyenne, s'étonne de trouver cette moyenne inférieure à celle qui ressort des faits successifs. Nous ne concevons pas son étonnement. Il sait fort bien que cela ne peut pas être autrement, à cause de l'énorme quantité de décès que fournit la première année, et de la rapide diminution qu'ils éprouvent aux suivantes. Il sait bien aussi que, passé les premiers âges, la quantité des Décès se modifie par une lente gradation : il nous le fait voir lui-même aux p. 164 et 165 de son *Almanach séculaire*.

Il nous fait dire (*loco cit.*) que nos nombres s'accordent avec les siens. Nous serions très-flatté de nous être rencontré en d'autres points avec un mathématicien si généralement apprécié : mais nous n'avons pas eu cet honneur, quand nous avons commis l'imprudence de toucher à la Belgique. Nous avons même indiqué (*Annu.* p. 460) en quoi notre *Table* belge diffère de la sienne, qui est exagérée aux âges moyens par le vice du procédé qu'il emploie. Nous avons remarqué aussi que notre survie française se rapproche étonnamment de la survie belge (*nouvelle table* et dernière détermination de A. Quetelet), et nous en avons tiré avec joie l'induction de l'étroite consanguinité des deux peuples.

Le savant Président, il faut bien le dire, commet une double erreur : erreur de principe, qui lui fait préférer un recensement à une série de N; erreur de fait, qui lui fait nier le ralentissement de la mortalité belge. Il nie ce ralentissement par deux fois dans l'article précité (p. 162 et 166 du *Journ.*), bien que le contraire soit démontré par ses propres travaux (voy. ci-dessus, p. 79). Il le nie, et ne se met pas en peine d'accorder la persistance de mortalité qu'il croit voir, avec le fait, qu'il a constaté lui-même, de l'augmentation de P sans augmentation de N. Il a besoin de le nier, parce qu'il veut soutenir que les 6 ou 7 tables de *mortalité* qu'il a dressées à diverses époques sont « à-peu-près parfaitement identiques », bien que la dernière (1853) donne pour la Vie probable

à la naissance......	plus de 41 ans,	⎫		23
à 10 ans.........	plus de 50 —	⎬ tandis que la	⎧	46
à 20 ans.........	plus de 42 —	pénultième		40
à 50 ans.........	plus de 35 —	⎭ donnait	⎩	51.

Remarquons en passant combien les hommes distingués à qui les sentiers des sciences sont le plus familiers, doivent tenir, en marchant, la jambe toujours ferme. Personne n'a plus contribué que le célèbre astronome belge à populariser chez les statisticiens les principes posés par Pascal, Condorcet, Lagrange, Laplace, Fourier, Poirson, sur la nécessité où nous sommes, par les bornes étroites de notre intelligence, de puiser nos connaissances générales dans *la loi des grands nombres*, qui n'est autre chose que la loi des moyennes. Eh bien ! il lui échappe de dire que cette nécessité n'est qu'une *chose convenue :*

« Quand l'expression numérique d'une chose peut varier, *on est convenu* d'adopter sa valeur moyenne pour se faire une idée générale de sa grandeur » (*Bull.* II. 206).

D'abord, l'expression numérique d'un fait observable varie toujours pour nos pauvres yeux, même aidés des plus parfaits instruments d'observatoire. Ensuite, et à cause de cela, nous ne pouvons nous faire *l'idée de sa grandeur* que par la *valeur moyenne* de ses expressions numériques. Ce n'est pas une convention, c'est une raison. On peut se retirer d'une convention, si l'on se croit en cas de dédit ; on ne se retire pas de la raison. Donc, puisque, comme on le dit un peu timidement à la même page, » la considération des moyennes » sert de base à toute la statistique », un fait de recensement ne peut donner la VALEUR MOYENNE de P, et le procédé qui le prend pour base usurpe la place de la vraie méthode démographique.

Ce n'est pas que nous repoussions l'emploi du recensement. Mais nous demandons d'abord que l'on s'occupe de perfectionner la pratique et de compléter la publication de cette grande mesure administrative ; car, avec les publications incomplètes qui ont eu lieu jusqu'ici en tout pays, on ne peut pas même se faire une idée juste du fait brut que le recensement représente. Nous demandons en second lieu

que l'on ne se serve jamais des nombres qu'il fournit sans les
contrôler par les relevés d'état-civil, notamment par la confrontation avec les séries successives de N ; enfin et surtout, que l'on ne prétende pas que les tables qui en sont
extraites équivalent à celles que l'on peut et doit tirer des
mouvements moyens : car ces dernières sont seules rigoureusement conformes aux principes de la science, ainsi qu'on
peut le voir excellemment établi par Quetelet lui-même,
dans son solide travail *sur l'appréciation des moyennes* statistiques *(Bull. l. c.)*, où Il rappelle, comme axiôme de
simple bon sens, ce que dit Fourier de la stérilité des déductions « qui ne sont pas VÉRIFIÉES PAR LES COMPARAISONS
DES VALEURS MOYENNES ».

Y a-t-il, en quelque pays du monde, un seul recensement
qui n'ait besoin d'être rectifié selon les données du Mouvement (interne et externe)? C'est douteux. Dans tous les cas,
la confrontation amènera quelque lumière. Voyez le recensement anglais de 1841 ; il écrit, il imprime, il publie

$$V'_0 \langle V''_0 \quad \textit{(Reg.-gen. 9th rep. p. 176)}:$$

c'est contre nature, N-D le condamne.

Calculez, par N-D, la Population Bavaroise de 1827 à /49
(Hermann, *Beitr.*) : vous ne vous écarterez pas trop des recensements jusqu'en /43 ; mais vous trouverez celui de /46
en défaut de 34000, et celui de /49 de plus de 100 000.
Ainsi se révèle une émigration qui va empirant, et qui dépasse bien ce que portent les registres.

Dieterici suppute, par N-D, la Population prussienne de
1816 à /49 *(Tabell.*, I, 284) : il trouve que tous les recensements ont été exagérés, hors le premier et le dernier.
Celui-ci manque de 80 818.

Voici quelques observations sur le seul recensement
français qui ait été donné jusqu'ici avec cote d'âges (P. II.,
n° 42, p. 260).

On ne doit pas attendre qu'une table qui donne, par années d'âge, la Population *de fait*, telle qu'elle résulte d'un
recensement soigné, ressemble à ces tables théoriques, que
calculent les arithméticiens politiques ou commerciaux, et
qu'ils arrangent, pour *y établir la continuité* des chiffres,
comme le dit Quet., parlant par expérience (p. 701 du *Dict.
éc. pol.*).

Cette symétrie continue, que recherchent les théoriciens,
est altérée dans la nature par les variations annuelles des
naissances et par celles des décès, et elle l'est encore plus
dans les tableaux du recensement, parce qu'il ne s'accomplit pas en un seul jour, parce qu'il ne se fait point par une
administration *ad hoc*, parce qu'il n'est point protégé par
une loi impérative, etc.

On reconnaîtra facilement l'effet des deux premières causes
(variations des naissances et des décès), si l'on inscrit contre
chaque année du tableau de recensement l'année de naissance qui lui a fourni ses vivants. Ainsi, pour celui qui nous
occupe, on trouve de l'exagération à la population âgée

de 2 ans, parce qu'il y a eu en 1848	plus de Naiss. et moins de Décès,
de 8 ans, parce qu'en 1842 et 43	plus de Naissances,
de 12 ans, parce qu'en 1838	plus de Naiss. et moins de Décès.

On reconnaît l'effet des autres causes à d'autres irrégularités, dont la plus choquante est la surcharge des âges qui
s'expriment en nombres ronds, 10, 20, 30, etc., surcharge
qui existe aussi, mais moindre, aux nombres terminés par 5.

La plupart de ces ondulations s'aplanissent et s'effacent
(par la loi des grands nombres), lorsqu'on groupe les vivants
en masses de cinq ans :

[1] ÀGES	[2] VIVANTS.	[3] NÉS EN	[4] PÉRIODE
0-5 ans....	3 321 619	1845-50	21e et dernière
5-10	3 295 221	1840-45	20e
10-15	3 146 427	1835-40	19e
15-20	3 148 211	1830-35	18e
20-25	2 976 917	1825-30	17e
25-30	2 867 468	etc. jusqu'à la fin.	16e, etc.

Ce tableau résumé, quoique moins blessant, pour l'œil du théoricien, que la grande table détaillée an par an, ne le satisferait pourtant pas encore : il trouverait *trop* de vivants aux 18ᵉ et 20ᵉ périodes. C'est qu'en effet ces deux périodes ont eu *trop* de naissances : la 18ᵉ a dépassé la 19ᵉ de plus de 82 000 ; la 20ᵉ à son tour en a eu 115 à 116 000 de plus que la 19ᵉ, et 97 à 98 mille de plus que la 21ᵉ : — Différences incomplétement atténuées par les coups du choléra, qui frappe moins sur les âges jeunes que sur les âges mûrs.

Ces explications deviendraient plus claires et plus approchantes de la vérité, si l'on connaissait les effets des épidémies qui attaquent plus ou moins périodiquement les âges puérils. L'administration a dû recevoir à cet égard divers renseignements, précieux pour la science de l'homme, quelqu'incomplets ou arriérés qu'ils puissent être. Ne les fera-t-elle pas connaître au public intéressé, dans l'état tel quel où les archives les conservent? On ose dire que ce serait un devoir pour la statistique de France. Ainsi, de l'an IX à l'an XIII, il doit y avoir eu quelques épidémies meurtrières, dont les dossiers de ce temps-là ont bien gardé les marques.

On pourrait présenter des observations analogues sur la distribution des deux sexes. Ainsi, il ne faudrait pas trop s'étonner de voir la prépondérance mâle fléchir tout-à-coup dans la période 17ᵉ, puisque nos tables mortuaires (pour le peu que l'on en a) constatent la notable et brusque aggravation de D' aux âges de 20 à 25 ans.

Il est vrai que, par contre, les âges adultes de la Population virile sont renforcés par l'abondante immigration des étrangers que le dénombrement y mêle et confond sans donner le moyen de les trier. De là vient que la prépondérance mâle ostensible se maintient jusqu'à 55 ans, même jusqu'à 61, en prenant collectivement :

$$V'_{0-61} \quad 16\,277\,937$$
$$V''_{0-61} \quad 16\,241\,330.$$

DISTRIBUTION, PAR AGES,

DE LA POPULATION FRANÇAISE ET BELGE.

AGES.	FRANCE vers 1770 [1].		FRANCE 1840-1849 [2].		FRANCE 1851 [3].	BELGIQUE 1846 [4].	Périodes d'ages.
	VIVANTS.	P.	VIVANTS.	P.	P.	P.	
	[1]	[2]	[3]	[4]	[5]	[6]	[7]
0-1 an.	712	0.02975	813	0.02190	0.02290	0.02405	21e
1-5	2 401	0.10050	2 918	0.07865	0.07440	0.09518	
5-10	2 518	0.10500	3 400	0.09160	0.09175	0.10820	20
10-15	2 338	0.09750	3 285	0.08850	0.08760	0.09842	19
0-15	7 969	0.33255	10 416	0.28065	0.27665	0.32385	
15-20	2 225	0.09300	3 170	0.08540	0.08755	0.09186	18
20-25	2 087	0.08730	3 005	0.08100	0.08285	0.08698	17
25-30	1 931	0.08400	2 830	0.07625	0.07985	0.07856	16
30-35	1 766	0.07360	2 675	0.07200	0.07535	0.06875	15
35-40	1 584	0.06620	2 520	0.06790	0.07155	0.06518	14
40-45	1 397	0 05830	2 355	0.06350	0.06560	0.06137	13
45-50	1 220	0.05100	2 175	0.05850	0.05840	0.05529	12
50-55	1 053	0.04400	1 980	0.05330	0.05760	0.04492	11
55-60	874	0.03650	1 765	0.04760	0.04565	0.03481	10
60-65	695	0.02900	1 490	0.04020	0.03654	0.03005	9
65-70	518	0.02150	1 170	0.03150	0.02770	0.02380	8
70-75	331	0.01380	810	0.02180	0.01940	0.01660	7
75-80	177	0.00740	470	0.01265	0.01055	0.01012	6
80-85	78	0.00320	205	0.00552	0.00477	0.00524	5
85-90	30	0.00125	65	0.00175	0.00154	0.00200	4
90-95	10	0.00040	15	0.00040	0.00036	0.00054	3
95-100	»		2	0.00005	0.00009	0.00010	2
100-...							1
	25 945	1.00000	37 118	1.00000	1.00000	1.00000	

[1] Moheau, *Rech.* p. 182.

[2] Guillard, *Annu. stat.* 54, p. 456 : P calculé d'après la table de survie [7] et les Mortuaires relevées par X. Heuschl.

[3] Recensement rectifié seulement pour V₀, d'après N-d₀. V. plus haut, p. 46.

[4] Quetelet, *Alm. séc.* p. 181, où il paraît avoir rectifié de même le recens. belge.

De là vient aussi que, dans le tableau qui précède, où nous mettons en regard la Population calculée [4] et la Population recensée [5], celle-ci, qui n'est qu'un fait en quelque sorte fortuit, dépasse celle-là, qui est la Population moyenne, depuis 15 ans jusqu'à 45, et même à 55. De là vient enfin que, dans cette même col. [5], les deux chiffres qui représentent V_{10-15} et V_{15-20} choquent par une grosse irrégularité, étant égaux, à 1 vingt-millième près. Il est évident que c'est contre l'ordre naturel : il semble qu'il n'y ait, en cinq ans, pas même 1 d sur 1000 V de ces âges. Mais c'est l'effet et l'indice de l'accession empressée des adultes, qui viennent en France, de tous les pays circonvoisins, pour (selon eux) y chercher du travail, pour (selon nous) y apporter leur travail et ses fruits, — d'après la loi d'attraction universelle, formulée bien longtemps avant Newton :

Major pars trahit ad se minorem, le fort fascine le faible.

On voit, par la collation des colonnes [2] et [4], le solide et beau progrès, le fruit vivant du progrès que la Population française a accompli depuis le dernier siècle.

La somme des vivants, calculée col. [3] comme survie de 1000 N et au point de vue de la mortalité continûment décroissante (*Annu.* cité p. 456 [7], et ci-dessus p. 165) s'élève à . . . .   37 118 V,
nombre qui, multiplié par . . . .   996 127 N,
avec ND /40-49 (P. II, n° 44, p. 368), donne 36 978 000 V, ne devançant que de peu d'années l'état vrai de la Population.

Voici un exemple d'étude comparative de la Population adulte, essayée, à défaut de mieux, sur la base imparfaite des recensements.

La proportion est donnée, pour chaque pays, d'abord en bloc [2], en fraction de P, puis en détail et en fraction de $V_{20-\infty}$ par quatre périodes décennales [3, 4, 5, 6], et une période finale indéfinie [7]. La colonne [2] indique la puissance de conservation des enfants : on y voit, aux trois dernières lignes, l'effet du froid sur le jeune âge, et aussi de l'inhumanité manufacturière.

PROPORTIONS DE LA POPULATION ADULTE.

[1]	20 ans et au-dessus [2]	20-30. [3]	30-40. [4]	40-50 [5]	50-60. [6]	60- ∞. [7]	20.∞. [8]
France..........	P 0.636	0 255	0.232	0.195	0.159	0.159	1.000
Belgique........	0.584	0.283	0.230	0.200	0.137	0.150	1.000
Etat-Sarde.......	0.577	0.300	0.253	0.187	0.135	0.125	1.000
Saxe roy..... ...	0.571	0.310	0.242	0.191	0.153	0.124	1.000
Danmark........	0.568	0.301	0.234	0.192	0.136	0.137	1.000
Suède..........	0.554	0.293	0.225	0.200	0.141	0.141	1.000
Angleterre.......	0.552	0.337	0.229	0.180	0.120	0.134	1.000

Si l'on somme les âges de 40 ans et au-delà [5, 6, 7], l'ordre change pour quelques noms :

France.............	0.513,	Saxe roy.....	0.448,
Belgique...........	0.487,	Etat-Sarde..........	0.447,
Suède.............	0.482,	Angleterre.........	0.434.
Danmark...........	0.465,		

La France et la Belgique sont toujours en tête ; mais les pays froids conservent mieux les âges faits ; l'État-Sarde, qui tient au midi, baisse brusquement passé 40 ans ; l'Angleterre garde toujours le dernier rang.

On a vu au chap. 4, Démonstration 6, p. 75, que plus la durée de la vie est courte, plus les Naissances sont répétées. Il suit de là que *l'on peut estimer* à priori *la vitalité d'un peuple, d'après la proportion des âges.* Plus la proportion des enfants est considérable, plus les charges sont lourdes, plus les forces productives sont absorbées.

Si cet accord entre la vitalité et la répartition des âges est démographiquement vérifié, il confirmera les preuves de la loi de P que nous avons nommée *équation des subsistances*.

PROPORTION DE LA POPULATION IMPUBÈRE.

	ÉPOQUES.	V_{0-15}.	
France.............	vers 1770	P 0.333	Moh. *Rech.*, p. 182.
Ib.............	1840-49	0.280	*Calcul de survie, Annu. l. c.*
Ib.............	1850	0.277	*Recens. rectifié.*
Belgique...........	1846	0.323	Quet. *Almanach*,
Suisse (Cant. de Vaud).	1841	0.326	Franscini.
Etat-Sarde (t. ferme).	1848	0.332	*Censimento.*
Wurttemberg........	1832	0.332	*Reg.-gen. 6th rep.*
Saxe roy...........	1849	0.335	*Mittheil.*
Suède.............	1820	0.322	*Reg.-gen. 8th rep.* 276.
Ib.............	1830	0.352	*Ib.*
Ib.............	1840	0.338	*Ib.*
Danmark et duchés...	1850	0.340	*Zæhlung cité par Legoyt.*
Hollande...........	1840	0.346	*Reg.-gen. 6th rep.* 462.
Sardaigne..........	1858	0.358	*Censimento.*
Angleterre..........	1841	0.360	*Reg.-gen. 9th rep.* 176.
Prusse.............	1849	0.368[1]	*Tabell.* I.
Autriche (empire[2])...	1846	0.376	Hain, *Handb.* 292.
Etats-Unis..........	1630	0.451	*Amer. Alm.* 1848.
Ib.............	1840	0.437	*Ib.*

On voit que la France était au 18e siècle bien près de l'état où sont aujourd'hui les pays allemands, slaves, etc. Le magnifique progrès que sa Population a accompli, n'a sans doute pas été refusé entièrement aux autres fractions de

[1] Au *Dict. écon. p.* 407, P. *Lois*, on ne donne à la Prusse que 0.347 : mais on méprend V_{0-14} pour V_{0-15}.

[2] Moins les pays Dalmates, Magyares et Croates, qui sont dans une triste ignorance d'eux-mêmes. Les Italiens sont absents aussi.

l'Europe ; mais les documents nous manquent pour avoir la
joie de le constater. La Suède, qui aurait reculé, de 1820 à
1830 (suivant la citation de l'auteur anglais), paraît être
maintenant en progrès.

A côté de la France nous devions trouver et nous trouvons
la Belgique, et après elle les cantons français de la Suisse, les
parties françaises et quasi-françaises de l'État-Sarde.

L'auteur officiel de *l'Indroduction* au *Recensement* belge de
1846 remarque, p. xliii, que l'on trouve P_{0-15} proportionnellement dans les provinces de Namur et de Luxembourg que dans les autres « contre l'attente qu'auraient inspirée les bonnes conditions vitales de ces deux provinces ».
Et il félicite son pays de ce que les Flandres, qui ont tant
souffert du fléau de la famine, paraissent n'en avoir pas été atteintes dans leur Population adulte. Il ne fait pas attention
que l'industrie, perfide sirène, attire dans les Flandres les
adultes des provinces agricoles, et que c'est la cause du résultat illusoire dont il se réjouit un peu naïvement.

L'Angleterre est bien-au-dessous du rang que lui promet-
traient ses lumières et ses *richesses*, si ses lumières étaient
affranchies, si ces richesses étaient siennes : elle est abaissée
par une énervante émigration et par ses causes.

L'Amérique du Nord est dans toute l'effervescence du développement quantitatif. Les flots d'adultes que l'Europe lui
verse incessamment sont aussitôt embus par ses immenses
terres, et ne font qu'augmenter, loin d'y mettre obstacle, l'é-
norme excès des Naissances.

Le détail de la France nous instruira comme l'ensemble.
Voici deux listes de 15 départements : à gauche sont ceux qui
ont le moins d'enfants au-dessous de 5 ans, V_{0-5}, à droite
ceux qui en ont le plus (P. II, p. 188, n° 41, *Recensement*
de 1851). Toute la liste de gauche occupe les premiers
rangs dans l'ordre de vitalité, toute la liste de droite les
derniers.

$$V_{0-5} \text{ PAR RAPPORT A } P \text{ INDIGÈNE.}$$

DÉPARTEMENTS.	V_{0-5}/P.	Ordre de vitalité.	DÉPARTEMENTS.	V_{0-5}/P.	Ordre de vitalité.
[1]	[2]	[3]	[4]	[5]	[6]
Orne	0.085	1	Allier..........	0.102	69
Calvados	0.072	2	Corrèze	0.096	70
Eure..........	0.080	3	Indre...,......	0.110	71
Lot-et-Garonne...	0.069	4	Niévre........	0.114	73
Gers..........	0.072	5	Nord	0.118	75
Aube	0.078	6	Ardèche........	0.107	76
Charente........	0.083	7	Vaucluse........	0.100	77
Sarthe..........	8.090	8	Loire..........	0.106	78
Manche	0.088	9	Gard	0.102	79
Indre-et-Loire.....	0.087	10	Haute-Vienne.....	0.094	80
Tarn-et-Garonne..	0.070	11	Cher	0.128	81
Charente-Inférieure	0.086	12	Finisterre........	0 113	82
Haute-Marne.....	0.085	13	Pyrénées orientales	0.089	83
Maine-et-Loire....	0.091	14	Bas-Rhin........	0.115	84
Seine-et-Oise.....	0.088	15	Haut-Rhin.......	0.105	86
Moyenne........	0.085		....	0.106	

L'ordre de vitalité sera justifié au chapitre XI.

Nous avons éliminé la Seine, le Rhône et les Bouches-du-Rhône, parce que leurs trop grandes villes y appellent des foules d'adultes qui rendent méconnaissable la répartition naturelle des âges.

L'exception apparente qu'offrent les Pyrénées-orientales fait soupçonner quelque grosse irrégularité dans les relevés de ce département.

La statistique prussienne, boiteuse il est vrai, ne vérifie qu'imparfaitement, dans ses provinces, l'accord de la cote des âges avec la vitalité.

ÉTAT PRUSSIEN. 1849.

PROVINCES.	$V_{0-15}/P.$	ORDRE de vitalité.
Brandebourg....................	0.355	3
Saxe.........................	0.360	4
Silésie.......................	0.361	6
Rhin.........................	0.370	2
Westphalie....................	0.372	1
Prusse........................	0.375	8
Poméranie.....................	0.390	5
Posen.........................	0.397	7

Mettons à part le Brandebourg, où la proportion des âges est gravement altérée par l'appel d'adultes qu'y font les villes de Berlin, Francfort et Postdam. Les provinces de Saxe et de Silésie comptent moins d'enfants que n'en suppose leur rang, assez inférieur, de vitalité. Pour la Silésie, il faut remarquer qu'elle a, même à ces bas âges, $P' \langle P''$. Serait-il qu'après avoir perdu beaucoup d'enfants, elle se rétablit par la conservation des adultes ? De bonnes et vraies tables de mortalité sont nécessaires pour résoudre ces doutes.

Les 5 autres provinces paraissent mieux à l'ordre. Les deux provinces de droit français brillent par la vigueur de P presqu'autant que par la vitalité ; Prusse, Poméranie et Posnanie sont pauvres de l'une comme de l'autre.

Mais l'accord que nous vérifions incomplètement sur la Prusse, est pleinement confirmé par le détail de l'empire Autrichien (*Hain*, 292 : il ne marque l'âge que pour *V'*).

ÉTATS AUTRICHIENS. 1846.

Pays.	$V'_{0-15}/P.$	Ordre de vitalité	Pays.	$V'_{0-15}/P.$	Ordre de vitalité.
Salzburg	0.502	2	Boheme	0.365	9
Haute-Autriche. . .	0.510	3	Istrie	0.370	7
Basse-Autriche . . .	0.356	6	Moravie	0.371	10
Karinthie	0.340	1	Schlesie	0.385	8
Krain	0.349	5	Galizie	0.416	11
Styrie	0.357	4	Bukowine	0.452	12
Moyenne	0.352	. . . .	. . . .	0.390	

Les 6 pays placés à gauche sont à la fois les plus vivaces (*voy.* plus loin ch. xi) et les moins chargés d'enfants ; les 6 autres sont au rebours. Remarquez que la Basse-Autriche a sa proportion d'enfants allégée par la Capitale, comme on l'a observé du Brandebourg et de la Seine. Quant à la Karinthie, elle offre, par quelque contradiction entre son beau numéro de vitalité et sa charge d'enfants, un petit problème, dont nous demandons la solution à ses démographes.

Comme on a toujours $P' > P''$ aux premières années de la vie, il importe d'examiner jusqu'à quels âges se maintient cette prépondérance d'un élément, et quand s'établit l'égalité. Si nous contemplons le *Résumé* des âges au recensement de 1851 (P. II, n° 42), nous trouvons, jusqu'à 54 ans, mais irrégulièrement, des nombres de $V' > V''$; si nous totalisons les âges de chaque sexe, de 0 jusqu'à 61 ans, nous voyons que c'est seulement à ce point que P'' atteint enfin P', et au-delà que commence sa prépondérance. Les hommes de 60 à 85 ans, qui nous manquent aujourd'hui, sont bien ceux que la faux de la guerre a moissonnés avant le temps ; car ils étaient nés de 1770 à 1795, et avaient atteint 20 ans de 1790 à 1815.

En Belgique (/46) et en Prusse (/49) l'égalité s'établit à

45 ans d'âge. En Suède la prépondérance de P' cesse dès l'âge de 3 à 5 : mais en sommant les jeunes âges, on trouve

$$P' > P'' \text{ jusqu'à } 5 \text{ ans en } 1820$$
$$\text{» jusqu'à } 10 \text{ ans en } /30$$
$$\text{» jusqu'à } 12 \text{ ? en } /40.$$

Il y a donc restauration, continue mais lente, de l'élément viril. C'est un devoir pour les hommes d'État suédois de rechercher la cause, les causes de cette extrême lenteur à réparer l'éparpillement et la dilapidation de leur force nationale. Cette calamité date de fort loin : mais les Sully, les Richelieu, les Turgot ont déraciné des abus plus anciens.

La Saxe cache avec soin sa misère sous des âges confusément agglomérés et des relevés contractés jusqu'à l'étranglement. Cependant elle ne peut dissimuler qu'elle n'a aucun nombre de V' qui ne soit $< V''$; seulement nous ne pouvons savoir si c'est vers 3 ou 4 ans d'âge que la réserve de N' est déjà consommée.

En Angleterre, ce serait encore pis, s'il fallait s'en rapporter au *Census* /41 (*9th rep.* p. 176) : $V'_0 < V''_0$, exemple unique, que nous sachions, dans les documents démographiques! On a regret, mais on a devoir de constater que presque chaque pas fait sur le sol de la statistique anglaise, en montre l'état agreste et, pour ainsi dire, inculte (Voyez Quetelet, *Bull. Comm. centr.*, II, p. 211).

On peut s'étonner que la France ne présente, en ce siècle, qu'un seul recensement avec cote d'âge, et croire que celui de 1851 soit le premier où cet élément essentiel ait été recueilli. Il n'en est rien pourtant. La *Statistique de France* nous apprend elle-même que le recensement de 1836 a été fait par bulletins individuels portant l'âge de chaque personne recensée. Qu'un chef de service ait eu dans les mains un document aussi capital, pendant plus de dix ans, et qu'il ne l'ait pas publié sous le prétexte du travail immense que cette publication exigeait, en vérité, si un autre disait cela de lui, cet autre semblerait à tous un absurde calomniateur. Mais c'est lui-même qui confesse cette injustifiable suppression de document (P. I. p. xxiii)! Quelle idée se faisait-il donc de la science de Population? ou quelle idée devons-nous avoir de l'importance qu'y attachaient les ministres de Louis-Philippe? Nous ne pouvons douter que l'administration éclairée de la Statistique française ne comprenne le devoir de réparer cette faute. C'est bien le cas de dire, il n'est jamais trop tard. Cette publication est instamment réclamée dans l'intérêt de la science et de la Population qu'elle concerne. Ce *travail immense*, dont s'effrayait un homme, laborieux pourtant, mais qui tenait à *faire seul*, n'effraiera pas le Bureau qui vient d'en accomplir un équivalent, et qui a donné d'autres preuves de son dévouement actif. La connaissance des âges relevés en 1836 sera une source féconde de confrontations avec le dénombrement de 1851 et avec ceux qui le doivent suivre et surpasser.

CHAPITRE VIII.

DISTRIBUTION DES TRAVAILLEURS DANS L'ATELIER SOCIAL.

§ 1. *Analyse générale du travail.*

Sciences, arts, métiers.

Les professions s'entendent des fonctions diverses que remplissent les travailleurs dans l'ordre commun. Car il est évident que tout membre de la communauté est obligé à travailler pour elle. *Celui qui ne travaille pas ne doit pas manger*, dit l'apôtre : il est comme le frelon dans la ruche, il en doit être exclu.

Le travail de l'esprit éclaire, dirige et protège le travail du corps. Leur concours fait naître la science et l'art.

La science connaît et indique, l'art exécute. On dit : les données de la science, les indications de la science, — la pratique de l'art, les ressources de l'art.

On a dit les arts-et-métiers, dans un temps où l'on traitait l'ouvrier comme un ressort matériel que l'on pressait à volonté, et auquel on n'attribuait pas la pensée.

L'art exécute en connaissance de cause, le métier exécute machinalement. On dit : il entend son art, il est habile dans son art ; vous faites un sot métier, un pauvre métier. Car ignorance est mère de sottise , qui est mère de pauvreté.

La science s'acquiert par l'observation et la réflexion, l'art par la réflexion et l'expérience, le métier par la routine.

La science se compose de faits classés ; l'art, de procédés éprouvés ; le métier, de journées mal employées.

Il n'y a aucune action de l'esprit ou du corps que l'on ne puisse concevoir faite avec art ou sans art.

Si ces distinctions ont été saisies avec justesse dans l'esprit de la langue, on comprend que, par le progrès de l'humanité, la science doit arriver à diriger tous les arts, et que, par la diffusion de la science, les arts doivent arriver à n'avoir plus de *gens de métier*. Ce sera un effet composé de la liberté des institutions et de la liberté de l'esprit.

Il est à souhaiter, pour le progrès de l'égalité parmi les hommes, que les gens de métier soient remplacés le plus possible par des agents mécaniques ou par des agents moraux. Dans un atelier de tourneur en fer ou autres métaux, je vois avec plaisir l'ouvrier intelligent et habile qui dirige à son gré le burin, et façonne sans effort apparent les pièces les plus lourdes et les plus dures ; je vois avec serrement de cœur le manœuvre qui tourne la roue du matin au soir, et qui ne vit plus que par les bras et les reins. Dans les mains du premier, l'outil, devenu docile, semble acquérir de l'intelligence ; chez le second devenu machine, l'intelligence semble pétrifiée. Manque-t-on de moteurs inanimés, qui puissent rendre cet homme, car c'en est un encore, au travail complet et à la vie morale ?

On peut rencontrer, aujourd'hui même, à Paris, dans telle typographie autorisée, des presses justement nommées mécaniques, qui sont mues par deux ou 4 hommes attelés ! Cet attelage fait partie de la mécanique. Malheureux ! peux-tu voir, sans être navré, tes semblables, tes égaux, tes pairs, réduits à l'état de barres articulées ? S'il te faut des brutes pour t'aider à gagner, ne pourrais-tu mettre là un cheval ou des chiens ?

Il y a quelque chose de plus triste. Ce manouvrier, cet homme devenu machine, l'est par sa volonté : il peut cesser de l'être, s'il apprend à se relever. Il peut se dire libre,

dans un sens restreint, il est vrai : il se rend à l'atelier,
parce qu'il veut s'y rendre, personne ne peut le contraindre :
il a au moins le choix entre la douleur d'un travail bestial et
la joie de la mort. Mais il y a des hommes qui n'ont pas le
droit de mourir, parce qu'ils feraient tort à leur *propriétaire* : on les vend comme bétail ou comme outil, on les
transmet par contrat, contrat exécrable qui les retranche de
l'humanité, eux et toute leur descendance à jamais. Il y a des
pays où, par un monstrueux abus du terme le plus auguste,
on appelle Lois les actes de violence qui maintiennent cette
infamie, et où l'on met au rang des professions sociales....
l'esclavage. O Raison ! Religion ! Sainteté du droit ! Toute-
puissance de Dieu ! n'êtes-vous donc que des noms, puisque
vous ne faites pas disparaître de cette terre, où vous êtes
censées régner, un forfait qui, depuis tant de siècles, vous
combat, vous souille et vous nie ?

Les arts appelés libéraux renferment la philosophie, la
médecine, l'éloquence, la poésie et les beaux-arts. Ils ont
pour objet l'homme lui-même, les besoins de sa pensée, de
sa santé, de son imagination. Les uns sont utiles, les autres
agréables, tous sont nécessaires à la perfection de l'humanité. Tous par conséquent doivent faire vivre ceux qui les
exercent avec honneur, selon les besoins et à la satisfaction
de la société.

Par la philosophie et la médecine les arts libéraux touchent à la série des sciences ; par l'architecture, la gravure,
ils donnent la main aux arts mécaniques.

Les arts mécaniques s'entendent de l'industrie dans sa
plus large acception, ou, si l'on veut, de l'agriculture et de
l'industrie proprement dite. Ils ont pour objet les produits
matériels.

Les arts de l'administration et du gouvernement ne sont
pas classés, sans doute parce qu'ils ont été rarement exercés
comme arts producteurs et utiles au plus grand nombre,

mais plutôt comme droits dynastiques, comme pouvoirs,
comme exploitation privilégiée. A les considérer dans leur
sens social, ils paraissent se rapprocher plutôt des arts libéraux. On les appelle spécialement *fonctions,* mais par une
restriction abusive de ce titre, qui appartient de droit à tous
les coefficients moraux de la grande formule humanitaire. Il
est vrai cependant que les fonctions dites *publiques* diffèrent
des autres en ce qu'elles confèrent l'Autorité, que le Corps
social institue pour garder la liberté de tous en réprimant la
licence de quelques-uns. Il y a les fonctionnaires de l'ordre
administratif (empereur, ministres et tous leurs officiers et
employés), les fonctionnaires de l'ordre judiciaire, et
d'autres encore.

On a demandé si c'est exercer une profession ou un
métier, que d'être soldat? Nos ancêtres disaient, naturellement et sans méchante allusion, *le métier des armes.*
Leurs descendants disent plus délicatement, *la profession
militaire.*

Que professes-tu? l'art de tuer tes semblables par principes et par adresse? — Non : je protége mes concitoyens
contre l'agression étrangère, contre l'ambition envahissante. — Mais si toi-même tu es l'instrument sous la main
d'un ambitieux? — Soldat je ne raisonne pas : j'obéis à
l'ordre préétabli, je le défends de l'arme qu'il m'a confiée, et
je verse avec mon sang le sang de quiconque ose l'attaquer.

Barbare nécessité! anachronisme inhumain! Sommes-
nous donc encore aux temps de la violence animale, où
les *pasteurs* des hommes n'étaient que des loups dévo-
rants? Et nous nous vantons d'avoir civilisé les deux mondes! Ah! le travail a payé assez cher ses lettres de noblesse
par cinquante siècles de spoliations et de carnage, pour
qu'enfin sa pacifique suprématie soit universellement reconnue, et consacrée par la ferme volonté de toutes les nations.

Elle est prochaine, espérons-le, grâce à la diffusion de

la science et de la liberté, l'époque où tout homme sera un agent moral, où nul ne dira plus sans rougir de lui-même : J'agis et je ne pense pas; où quelques gendarmes suffiront à contenir de rares malfaiteurs; où il ne dépendra plus du caprice d'un despote de troubler l'harmonie de l'humanité; où tous les diplomates n'auront plus en vue d'autre équilibre que celui de la production et de la consommation.

Une couronne de l'Orient, avide et puissante, convoite sa faible voisine, et l'attaque contre la foi des traités. Les couronnes de l'ouest s'unissent pour défendre la faible. Car il y a entre elles toutes, depuis 1815, une société de secours mutuels sous le nom d'équilibre européen. Songera-t-on, dans cette politique surannée, aux peuples et au travail ? Si l'on en prend souci, un souffle de liberté aura raison du despote et de ses hordes, bien plus vite et plus sûrement que notre tonnante artillerie, et que nos belles, vaillantes et formidables armées. 20 millions d'hommes énergiques, instruits de nos sciences et de nos arts, mûrs pour la véritable *autocratie* qui est le gouvernement de soi-même, se lèveraient au premier mot d'une bouche puissante, de la Theiss au Dniester, pour appuyer la sûreté de l'Europe et l'indépendance de la paix; vingt-cinq millions d'une autre race, non moins énergiques, non moins impatients de la servitude, n'attendent que ce signal, de la Vistule au Borysthène, pour venger d'anciens outrages, revendiquer leur existence sociale et concourir de tout leur courage à la défense commune de la civilisation : — double boulevard chrétien, bien plus inébranlable au choc des barbares que ce *Divan* vermoulu, reste impuissant d'une conquête qui a déshonoré l'Europe, et que les vieux politiques s'obstinent à restaurer. Quand les cabinets alliés diffèrent à donner ce signal réparateur, craignent-ils que l'assurance mutuelle des couronnes ne devienne l'assurance mutuelle des nations ?

§ 2. *Classement des professions.*

Il y a, au grand dommage de la Démographie et à la grande
perte de temps de ceux qui la cultivent, très-peu d'uniformité dans les systèmes suivis en divers pays pour le relevé des
professions. Le classement n'en est pas encore définitivement
convenu. Il n'est assurément pas sans d'assez grandes difficultés ; mais elles s'amoindriraient beaucoup, si l'on voyait
bien le but où l'on tend, si l'on osait le fixer d'un œil ferme.

Francœur, dans le *Discours préliminaire* au dictionnaire
technologique (1822), considérant l'industrie comme « l'application de nos forces et de celles de la nature au travail et
à la production des choses utiles », divise les arts en trois
classes : arts agricoles, — arts chimiques et physiques, —
arts mécaniques et de calcul. L'encyclopédie méthodique
(Arts et métiers, terminé en 1790) avait décrit 491 arts et
métiers. Ce n'est qu'une branche du grand arbre du travail.

L'abbé Expilly rapporte en entier, dans son dictionnaire,
et loue sans réserve les *remarques* du chevalier John Nickolls, qui propose de distribuer les professions en trois classes : « La première comprendrait ceux qui forment proprement la masse de l'État et lui fournissent sa subsistance, tels
que les propriétaires des terres et laboureurs, les commerçants et manufacturiers. La seconde, les hommes qui reçoivent leur subsistance pour les services qu'ils lui ont voués,
magistrats, soldats, clergé. La troisième, les hommes qui
tiennent leur subsistance gratuitement de l'État, tels que les
rentiers, les gens sans emploi, les mendiants » (Popul. 790).
Dans son système de répartition professionnelle, Nickolls est
forcément conduit à rapprocher rentiers et pauvres secourus,
comme étant les uns et les autres à la charge des travailleurs :
tête et queue de l'immense reptile, qui, l'une mordant l'autre, forme le cercle (très-vicieux) dont l'humanité s'efforce

de sortir. (V. Guib. *Dict.* p. 1853, col. 1. Württemberg.)

Le classement adopté par E. Engel (*stat. Mittheilung*, 3ᵉ *livr.*) nous paraît, jusqu'à présent, le plus conforme à la méthode naturelle. Le but et les motifs en sont clairement exposés, pages 2-4 de l'introduction. « Il s'agit de savoir si l'on veut une statistique *pour les métiers*, ou *pour la Population* d'après les métiers. Dans le premier cas, on considère les ressemblances et différences des métiers et le nombre des établissements : on groupe ceux qui traitent les métaux, la pierre ou le bois (comme a fait Francœur). Dans le deuxième cas (c'est celui que choisit le démographe), l'objet principal est la connaissance des personnes et leur distribution dans les ateliers : on considère le point de départ et le but des différentes occupations ; ce n'est pas assez de reconnaître le nombre des gens exerçant une profession ; il faut distinguer la Population adulte et non-adulte, dépendante et indépendante, nourrissante ou nourrie ; il faut distinguer le sexe, l'âge, l'état-civil. On ne saurait mettre sur la même ligne la ménagère et la petite fille, la femme d'un manœuvre qui travaille comme son mari et celle qui garde sa profession de mère de famille, la veuve rentrée chez ses parents et la veuve qui reste à la tête de l'établissement du défunt, etc. »

L'exemple suit le précepte. La matière est d'abord divisée en six grandes sections : 1ʳᵉ agriculture, 2ᵉ industrie, 3ᵉ négoce et trafic, 4ᵉ administration, sciences et arts, 5ᵉ domesticité, 6ᵉ nullité ; puis chaque section comprend l'énumération, détaillée et ordonnée, de toutes les professions ou négations de profession qui s'y rapportent. Ne sachant que faire du soldat, ne pouvant ni en faire une classe ni lui donner place dans les autres, on le met *sub littera B* à la suite de l'administration. Ainsi, la série professionnelle se développe comme une courbe majestueuse qui, partant de l'agriculture, origine de tout travail, s'élève par degrés aux diverses industries, au commerce qui les vivifie par l'intelligence des besoins généraux, à l'administration, aux sciences et aux beaux-arts, qui sont ou doivent être la plus haute expression de cette intelligence : puis, *au faîte arrivée*, elle descend rapidement de la classe intellectuelle au militaire, du militaire au domestique, de là aux autres professions improductives et enfin nulles. Tout cela est développé dans une longue suite de tableaux, largement conçus, remplis de faits, fréquemment résumés, qui occupent le 3ᵉ volume tout entier des belles publications du bureau de Dresde.

L'art de composer les tableaux numériques est un point essentiel dans l'éducation des hommes d'administration, point fort négligé. Il faut, pour la conception de l'ensemble, une vue philosophique du sujet, pour la distribution des détails la clarté d'un jugement solide, pour la disposition des colonnes une dextérité méthodique, et pour les *en-tête* une précision de langage, — toutes qualités qui se trouvent rarement réunies, et qui sont cependant indispensables pour mettre en œuvre d'immenses matériaux qu'il faut resserrer dans un cadre étroit sans en escamoter aucun. Que de fois en cherchant, dans le dédale des in-folio, un renseignement utile, on tombe avec dépit sur de longues rangées de points stériles, ou sur des piles de chiffres fastidieusement reportées de page en page ! Si l'on veut s'exercer à la critique en ce genre, exercice instructif, on en trouvera ample matière dans les deux volumes, *Administration publique (Stat. Fr.)*, ou dans la grosse diatribe qu'un inspecteur de bienfaisance a commise contre la société française, et qu'il a intitulée *Rapport au ministre* sur la misère accidentelle de 1847. On louera, au contraire, les copieux et salutaires *résumés* du 4ᵉ volume *Agriculture* (en la même *Statist. Fr.*). On peut proposer comme modèles de tableaux démographiques ceux des *Comptes rendus de l'administration de la justice* en France, particulièrement le résumé de 1825-50, joint au volume de 1850, et ceux élaborés par X. Heuschling au titre II de *l'Exposé* belge.

Nous ne louerons pas, comme les tableaux, le classement professionnel que nous lisons dans cet *Exposé*. On y distingue (p. 16 du titre II) les professions en *manuelles*, *libérales* (l'inconvénient de cette division, déjà remarqué, se dénotera encore plus bas) et *nulles*; — les manuelles en *agricoles*, *industrielles* et *commerciales*; — l'industrie en industrie de *l'aliment*, du *vêtement*, du *bâtiment*, de *l'ameublement*, des *manufactures*, des *métaux* et autres *diverses*. — Les professions *libérales* sont énumérées en une liste qui monte à 46, et que l'on peut résumer ainsi :

Fonctionnaires de l'administration, de la justice et de la
    police ;
— de l'enseignement ;
— des religions ;
— de la santé ;
— des sciences ;
— des lettres et arts ;
— des affaires ;
— retraités. Les avocats et avoués vont avec la justice, ainsi que leurs clercs. La classe *fonctionnaires des affaires*, ne comprenant ni les négociants ni les industriels, n'a que les notaires et les écrivains. Les notaires devraient appartenir à l'administration, les écrivains aux lettres et arts. Où mettre les propriétaires? Ceux qui le sont par héritage sont retraités sans avoir travaillé. C'est une anomalie. Dans le même cas paraissent être les adultes valides des deux sexes qui se font appeler exclusivement *religieux*, comme s'il fallait être cloîtré ou embeguiné pour croire en Dieu.

On est tout surpris de trouver (*l. c.*) l'agent de change dans les professions *manuelles*; mais on l'est bien plus de voir le soldat dans les professions *libérales*. C'est un contre-sens inhumain. Passe pour le gendarme; nous ne le croyons pas fait seulement pour empoigner : il impose aux malfaiteurs par la seule vue de son uniforme respecté.

Le classement anglais a essuyé des critiques assez vives, dont on trouve (*Annu. de statist.* /55) un résumé fort bien traduit du *Companion Almanach* par Mademoiselle Félicité Gn. Le *Companion* a rapporté ce classement sous le titre *Occupations du peuple*. La méthode adoptée par les commissaires du recensement fait 17 classes, dont la 1re comprend reine et autres personnes employées au gouvernement général et local ; la 2e, l'armée de terre et de mer, avec ses pensionnés ; la 3e, les professions instruites, gens de loi, de médecine et chirurgie, d'église, fabricants d'instruments y relatifs ; la 4e, les sciences, lettres et arts ; la 5e, les fils et neveux, filles et nièces, les écoliers ;..... la 16e. les *personnes de rang et de qualité;* la 17e, les personnes à la charge de la communauté et sans profession spécifiée (p. 59-88).

Ce qui nous paraît de plus excentrique en cette classification, ce n'est pas que l'on ait séparé la *reine* des *personnes de rang et de qualité,* car la reine est une employée civile qui va de droit à la première classe; ce n'est pas que l'on ait mis les gens de science, de lettres et de beaux-arts, hors des professions instruites, *learned occupations*, car on a voulu peut-être marquer mieux la parfaite indépendance des sciences, des lettres et des beaux-arts, quand on les cultive pour eux-mêmes et non dans une vue d'application professionnelle, ou indiquer que les professions, routinièrement dites instruites, sont trop souvent sans rapport avec la vérité des sciences et avec l'élégance des belles-lettres et des beaux-arts; ce n'est pas qu'on ait uni à ces *professions savantes* les fabricants d'instruments, car Gay-Lussac fabriquait des instruments de physique, des règles à calcul, et il n'est guère de chimiste qui ne fabrique quelque instrument dans son laboratoire; ce n'est pas que l'on ait confondu les auteurs et les éditeurs, car à quoi sert la pensée si elle ne circule pas ; ce n'est pas que l'on ait bizarrement mêlé l'état de fils et de fille, de neveu et de nièce, parmi les professions actives : c'est que l'on ait su trouver un motif, une ombre de raison, pour distinguer et séparer la classe 16ᵉ de la 17ᵉ.

La *Commission* belge a sagement repoussé, ainsi que la Saxe, la Bavière, l'Angleterre, la distinction de *grande* et *petite* industrie, qui est factice et sans limites précises. D'ailleurs, il n'y a rien de grand que ce qui est pour le bien du grand nombre ; tout est petit qui ne va pas au but de l'humanité.

Le Bureau de Paris comprend, dans *grande* industrie, les tissus chanvre et lin, c'est-à-dire les métiers de tisserands. D'où il arrive que le tissu domine tout l'horizon industriel, dans les 86 départements, à quelques exceptions près. Le même bureau confond le *bâtiment* et l'*ameublement*, peut-être comme ne se distinguant pas assez bien.

Toutes les professions exercées en France sont rapportées en 14 tableaux (P. II, n° 25-38), dont 5 ou 6 répètent pour la Population mâle les chiffres que portent les tableaux d'ensemble, sans y ajouter de nouveaux renseignements, dont l'absence se fait sentir. Le *Résumé général* (n° 36) paraît beaucoup trop concis pour les besoins de l'étude, et il y avait place pour quelques distinctions désirables. Nous sommes loin de blâmer la tentative de démographier séparément les professions des deux sexes. Elle est conforme aux besoins de la science. C'est P'' surtout qu'il faudrait faire connaître professionnellement, avec les notes d'âge et d'état-civil. Ce soin comblerait peut-être de nombreuses lacunes qui existent dans toutes les statistiques, et dont la plus regrettable est l'absence d'une connaissance certaine de la distribution du sol entre les familles qui le possèdent et le cultivent, ou qui le cultivent sans le posséder, ou qui le possèdent sans le cultiver.

Voici quel est à-peu-près le classement adopté à Paris.

DISTRIBUTION PROFESSIONNELLE de la POPULATION FRANÇAISE,

d'après le recensement de 1851 (P. II. n° 25 à 56, p. 142-179).

Agriculture.	Propriétaires cultivateurs.....	6 698 536
	Fermiers non-propriétaires...	1 191 821
	Métayers non-propriétaires...	820 166
	Journaliers non-propriétaires.	3 539 542
	Domestiques agricoles.......	1 902 251
	Bûcherons, charbonniers.....	166 360
		14 318 476
Industrie et Commerce.	Habillement..............	1 897 286
	Tissus, coton, soie, laine, lin, chanvre, poils et crins.....	969 865
	Bâtiment.................	940 249
	Aliments.................	933 464
	Diverses petites industries...	239 987
	Transport................	464 486
	Extraction (carrières et mines).	96 266
	Métallurgie (fabric. des métaux)	60 782
	Ouvrages métalliques.......	65 270
	Diverses manufactures.......	139 079
	Luxe...................	102 969
	Lettres.................	70 810
	Commerçants.............	43 775
		6 024 286
Professions dites libérales.	Fonctionnaires, savants, artistes, gens d'église, de lettres, d'affaires......	607 010

Pensionnés................	75 564
Rentiers (propriétaires ou non).........	1 097 926
Domestiques (gens de maison).........	906 666
Soldats (gens du prince)............	360 185
Détenus..................	39 471
Infirmes ès-hospices............	71 115
Vagabonds, mendiants........ 217 046	
Sans moyen d'existence (compris 16 239 f. soumises) 356 141	573 187
Femmes vivant du travail ou des revenus de leur mari....	2 883 206
Enfants à la charge de la famille [1]... $\begin{cases} V' & 4\ 225\ 187 \\ V'' & 4\ 583\ 093 \end{cases}$	9 045 110
Id. omis au recensement, environ....	236 850
Environ.........	36 000 000

[1] Dont P' 95 187 et P'' 34 288 aux écoles secondaires, supérieures ou spéciales.

§ 3. *Proportion des professions.*

PROFESSIONS. [1]	FRANCE 1851 [2]	BELGIQUE. 1846 [5]	SAXE roy. 1849 [4]	BAVIÈRE. 1840 [5]	Grande-BRETAGNE 1841 [6]
AGRICULTEURS { propriétaires	0.18600	0.07800			
AGRICULTEURS { non-proprié.	0 21250	0.16100			
	0.59850	0.23900	0.16910	0.42700	0.10900
INDUSTRIELS { fileurs, tisseurs	0.02700	0.06100	0.06100		
INDUSTRIELS { autres artisans	0.13925	0.11100	0.16820	0.16200	0.23300
Commerçants.............	0.00125	0.01100	0.01755		
Fonctionnaires de l'Etat et des communes.............	0.00493	0.00600	0.00524		0.00400
Savants, professeurs, médecins, gens de lois........	0.00898	0.01140	0.00392	0.03500	0.01400
Artistes.	0.00066	0.00100	0.00146		
Agents des cultes.........	0.00229	0.00360	0.00137		
Pensionnés, retraités.......	0.00204		0.00170		
Rentiers (propriétaires oisifs)	0.03060	0.00700	0.02064		0.02800
Domestiques (non-ruraux)....	0.02520		0.02022	0.01700	0.01500
Militaires et marins........	0.01000	0.00700	0.00775	0.01300	0.02800
Détenus...............	0.00110		0.00145		
Infirmes ès-hospices........	0.00200	0.01700	0.00240	0.01200	0.00700
Assistés à domicile, sans moyens d'existence, mendiants, vagabonds........	0.01590		0.01355		
Femmes vivant du travail ou du revenu de leur mari....	0.08030		0.16440		
Enfants à la charge de la famille...............	0.25000	0.52500	0.34007	'0.55400	0.56800
	1.00000	1.00000	1.00000	1.00000	

Sur 101 690 épouses d'agriculteurs, le bureau de Dresde en classe 4733 comme exerçant professionnellement l'agri-

¹ Cette quantité est hypothétique, faisant défaut dans les documents officiels.

culture, et 94 963 comme vivant du travail de leur mari.
A-t-on fait différemment en France, en Belgique, en Bavière? est-ce pour cela que ces pays semblent avoir une plus
forte proportion d'agriculteurs que la Saxe? — Non : car
le Bureau saxon a fait pour l'industrie comme pour l'agriculture. Sur 184 666 épouses d'industriels, il y en a seulement 12 203 exerçant profession; il y en a 172 463
dans leur position naturelle d'*angehœrige* (dépendantes.
Mittheil. III, 100).

PROPORTION DES CLASSES.

CLASSES.	FRANCE. 1851	BELGIQ. 1846	SAXE roy. 1849	BAVIÈRE 1840
1ʳᵉ agricole	0.5953	0.5130	0.3226	0.6570
— industrielle.................	0.2482	0.3240	0.5130	0.2570
— commerçante	0.0018	0.0670	0.0463	
— libérale (de profession)..........	0.0737	0.0550	0.0682	0.0540
— domestique et militaire	0.0526	0.0070	0.0319	0.0140
— indigente	0.0284	0.0360	0.0180	0.0180
	1.0000	1.0000	1.0000	1.0000

On ne doit pas regarder comme synonymes Population
rurale et Population agricole. La Population rurale comprend au moins les 4/5 des habitants de la France; la Population agricole n'en comprend guères plus de la moitié.

L'autre moitié se compose de deux parties inégales : les
industriels et commerçants en forment 5/8, et complètent
le corps d'armée du travail producteur. Des 3/8 restants,
une partie va à l'avant-garde (professions dirigeantes dites
libérales); l'autre se fait traîner à l'arrière-garde (classes
onéreuses et professions nulles).

RAPPORT DES PRINCIPALES PROFESSIONS A LA POPULATION
QU'ELLES SERVENT ET QU'ELLES CHARGENT.

PROFESSIONS.	FRANCE 1851	BELGIQ. 1846	SUISSE. 1850	SAXE roy. 1849	BAVIÈR. 1847	PRUSSE 1843	Grande BRETAG 1851
	1 pour	1 pour	1 pour	1 pour	1 pour	1 pour	1 pour
1 **Agriculteurs**	V 2.50	3.	. .	6.	2.33	. .	11.
2 Propriétaires-cultivat .	5.37	. .	6.25	. .	8.	. .	. .
3 Vignerons.	. .	. .	. .	2320.	. .	. .	0.
4 Journaliers	. .	9.5	. .	. .	. .	. .	. .
5 **Industriels** et commerçants	6.	. .	. .	4.	6.	. .	. .
6 HABILLEMENT	19.	. .	17.	14.	. .	. .	. .
7 Fileurs et tisseurs. . . .	37.	16.	24.?	14.	46.	29.	24.
8 Tailleurs, corsetiers . .	. .	130.	217.	112.	153.	151.	146.
9 Cordonniers, pantoufliers. savetiers. . .	. .	145.	163.	86.	. .	122.	. .
10 Chapeliers (et fabr. de casquettes)	. .	3680.	4350.	2500.	. .	. .	. .
11 Perruquiers, coiffeurs, barbiers. , ...	. .	1713.	3625.	. .	. .	4280.	1725.
12 Blanchisseurs et blanchisseuses, couturières, modistes, lingères, brodeuses, tricoteus. gantières.	. .	62.	67.	62.	. .	. .	43.
13 BATIMENT.	38.	. .	66.	36.	. .	. .	. .
14 Maçons.	. .	252.	291.	109.	156.	290.	207.
15 Charpentiers et scieurs de long.	. .	270.	312.	. .	200.	353.	115.
16 Menuisiers.	. .	215.	258.	167.	295.	236.	
17 Serruriers, taillandiers, poëliers.	. .	656.	464.	740.	512.	380.	. .
18 AMEUBLEMENT	. .	. .	170.	. .	. .	. .	. .
19 ALIMENT.	38.60	. .	150.	57.	. .	. .	. .
20 Meuniers et aides	. .	. .	1085.	200.	159.	. .	562.
21 Boulangers.	. .	353.	468.	279.	296.	422.	335.
22 Bouchers.	. .	600.	687.	317.	316.	580.	309.
23 Tonneliers.	. .	823.	705.	637.	429.	752.	1070.
24 Brasseurs.	. .	887.	7700.	1500.	250.	. .	1135.
25 Cabaretiers (débitants de boisson.)	. .	163.	. .	. .	. .	280.	246.

PROFESSIONS.	FRANCE 1851	BELGIQ. 1846	SUISSE. 1850	SAXE roy. 1849	BAVIÈR. 1847	PRUSSE. 1843	Grande BRETAG 1851
	1 pour	1 pour	1 pour	1 pour	1 pour	1 pour	1 pour
26 TRANSPORT.........	78.	648.	. .	205.	72.	. .	148.
27 Métallurgie et ouvrages métallurgiques	296.	.	.	.	.	.	145.
28 Extracteurs de mines.	. .	110.	.	.	.	.	65.
29 LUXE..............	352.	.	.	.	.	.	.
30 Lettres: (imprimeurs, li- braires, typographes lithographes.).....	508.	1845.	2300.	562.	1000.	. .	. .
31 **Commerçants**.....	820.	89.	. .	79.	85.	67.	44.
32 Marchands détaillants et ambulants......	. .	122.	.	.	.	.	.
33 Commis du commerce.	.	.	.	.	.	.	.
34 Prof.**libérales** et prof. stériles ou **nulles**.	. .	.	.	.	.	.	.
35 Fonctionnaires et em- ployés civils de l'É- tat et des communes.	202.	240.	. .	189.	.	. .	292.
36 Police (commissaires et agents, gardes cham- pêtres et forestiers, gendarmes , huis- siers et autres exé- cuteurs	.	674.	. .	600.	.	. .	.
37 Gens de lettres , de sciences, d'enseigne- ment............	387.	520.	. .	395.	.	. .	154.
38 Artistes (dessin, théâ- tre, musique, sculp- ture, gravure).....	1500.	930.	. .	677.	.	. .	1030.
39 Médecins , pharma- ciens...........	1340.	1038.	. .	706.	.	2310.	1100.
— Sages-femmes	2830.		. .	4460.	.	1350.	
40 Agents d'affaires, avo- cats, officiers minis- tériels , employés particuliers	288.	. .	.	.	.	.	.
41 Agents des cultes, évê- ques, prêtres, mi- nistres, moines et religieuses.).....	437.	275.	.	820.	. .	.	740.
42 Domestiques........	40.	20.	. .	55.	82.	. .	20.
43 Soldats...........	100.	148.	. .	128.	77.	. .	117.

PROFESSION.	FRANCE 1851	BELGIQ. 1846	SUISSE. 1850	SAXE roy. 1849	BAVIÈR. 1847	PRUSSE. 1843	Grande BRETAG. 1851
	1 sur	1 sur	1 sur	1 sur	1 sur	1 sur	1 sur
44 Rentiers..........	33.	141.	. .	49.	. .	. .	. .
45 Pensionnés........	490.	. .	. .	585.	. .	. .	. .
46 Détenus..........	912.	. .	. .	700.	. .	. .	. .
47 Infirmes (ès-hospices).	506.	. .	. .	416.	. .	. .	.
48 Sans moyens d'exist.	63.	. .	. .	118.	. .	. .	.
49 Femmes vivant de leur mari............	15.	. .	. .	7.	. .	. .	.
50 Enfants à la charge de la famille........	4.	.	.	3.	.	. .	.

§ 4. Disproportion.

Si tu aimes tes semblables, ô lecteur! tu ne pourras encore arrêter tes regards sur ces tableaux sans de pénibles serrements de cœur. Quel chaos dans cette distribution des forces humaines! Elle est encore peu connue, tu vois les lacunes, tu remarqueras plus tard les incertitudes des nombres. Mais, si peu connue que soit cette distribution, on ne voit que trop combien elle est fortuite et grossière. 1 agriculteur pour 2 habitants et demi ou pour 3! Les grands progrès de la mécanique, les applications brillantes de la vapeur et de l'électricité aux arts utiles, sont donc encore réservés aux professions urbaines, qui en ont seules le privilége! Le grand art nourricier n'en a rien eu jusqu'ici, ou rien accepté! Il se plaint de manquer de bras valides : donnez-lui donc des machines; montrez-lui comment l'eau fait marcher le fer pendant que l'homme regarde, commande et dirige.

Voyez ce qui se passe dans cette France, qui se vante, peut-être avec quelque fondement, d'être sous certains rapports la plus avancée dans la voie du progrès social; et jugez des autres nations par le modèle.

Elle n'a, sur 4 habitants, qu'un enfant à la charge de la famille ! Où sont les autres enfants ? Car elle en a plus de 10 millions au-dessous de 15 ans. Où est le dixième million ? Il ne devrait sortir de la maison paternelle que pour fréquenter l'école. Je le cherche, et le trouve accroupi sur la terre des ateliers. Au lieu de s'instruire, il travaille, d'un travail prématuré et ruineux pour lui, pour la société, pour sa famille elle-même.

Elle n'a, sur 13 habitants, qu'une femme vivant du travail ou du revenu de son mari ! et pourtant il y a en France 1 femme mariée sur habitants 5.17, une sur P'' 2.60. Il y a près de 7 millions de femmes mariées : il n'y en a pas 3 millions qui doivent à leur mari la subsistance et l'entretien. — Il y a 574 000 rentières, je vous l'accorde (cependant il faudrait savoir combien de veuves parmi ces rentières) : enfin il reste plus de 3 millions de femmes mariées qui vivent où ? comment ? en domesticité ! dans les ateliers ! Comment peuvent-elles remplir leurs devoirs d'épouse, entourer leur mari des soins attentifs, des douces prévenances qui allégeraient le fardeau d'une vie de travail et de privations ? comment remplir leur devoir de mère ? surveiller, élever, instruire leurs enfants ? les garantir de tant de dangers qui menacent et le corps et l'âme ? Heureuses si elles-mêmes restent sans souillure au contact d'une domination étrangère...

La France a plus de 100 000 industriels pour servir le luxe et ses faux besoins ; elle n'en a que 71 000 pour servir le nécessaire aux lettres, aux sciences, aux beaux-arts. 1 pour 508 en France ! ailleurs 1 pour 1000 !

Elle a 360 000 soldats ! 1 pour 100 habitants, 1 sur 27 hommes valides ! (V'_{20-60} 9 552 094. Recensement 1851). Pour conserver l'équilibre des puissances, on détruit, dans tous les États de l'Europe, l'équilibre du travail, seul vrai conservateur. On conçoit le garde champêtre, le gardien municipal ; on conçoit le gendarme, en tant que l'on conçoit le malfaiteur ; on ne conçoit pas le soldat : ce sera, dans un avenir certain, le souvenir d'une difformité sociale (V. la note de la page 149).

40 000 détenus ! Cette société, dont on nous vante l'assiette et le bon ordre, ne vivrait pas en paix, ne compterait pas sur le lendemain, si elle ne retenait dans les prisons un de ses membres sur 912 ; ailleurs 1 sur 700.

Enfin, **217 000** vagabonds ou mendiants, dont le nombre augmente chaque année (*Ctes rendus de la justice ;* Watteville, *rapport*) et **71 000** infirmes, qui n'ont pu avoir chez eux, dans leur famille, le secours de la maladie et le pain de la vieillesse.

Ce sont là de grands maux : nous n'en accusons ni les hommes, ni même les lois, qui ne sont que ce que les hommes les font. Nous avons prouvé que ces maux étaient plus grands sous d'autres institutions : ce qui a été déjà amélioré peut s'améliorer encore. Ce n'est pas à nous de rechercher les remèdes : il nous est commandé seulement de constater l'état des hommes ; mais on ne peut nous imputer à crime l'émotion douloureuse que nous ressentons à remplir ce devoir.

Froids calculateurs, celui qui a dressé ces tableaux se livre à votre risée : il a été oppressé à la vue de tant d'abus, d'inégalité dans les classes et conditions, de gaspillage du trésor social, de souffrances volontaires ou imposées ; il a mouillé de larmes ce feuillet, où vous jetez à peine un regard distrait et ennuyé. Il a été tenté de renier la civilisation. Poursuivez de vos lazzis sa niaise sensiblerie ! Continuez d'enseigner avec complaisance la *science des richesses ;* apprenez à ceux qui manquent d'instrument de travail comment *se forment les richesses*, à ceux qui n'ont pas de pain comment *se distribuent les richesses*. Que votre âme reste heureuse et calme devant ces chiffres accablants, dont

chacun représente une douleur cuisante. Prenez garde
pourtant ! profitez au moins des enseignements de l'histoire (qui vous ont été rappelés dans un ouvrage récent) :
combien de fois ne vous a-t-elle pas appris que chaque douleur devient une menace, après avoir été un avertissement
méprisé ?

Ces tableaux, qui ont pourtant coûté beaucoup de soins,
n'offrent qu'une première et grossière idée de la distribution des travailleurs dans le grand atelier social.

Il est peu probable que, dans la proportion de la Population agricole active, il y ait, de fait, entre les nations, autant de différence qu'en indiquent les documents. On peut
présumer qu'en France, en Bavière, les recenseurs ou les
recolleurs y ont compris plus d'enfants et de femmes qu'en
Belgique, en Saxe et en Angleterre. On ne conçoit guère que
la femme d'un paysan ne participe pas à ses travaux, ni son
enfant dès qu'il a un certain âge. Il faudrait s'entendre sur
cet âge, convenir par exemple que l'on rejetterait au bas du
tableau tous les enfants (paysans) au-dessous de 15 ans, puisqu'il est désirable pour l'exhaussement de cette classe que
jusqu'à cet âge ils aient pour principale occupation de s'instruire ; et que l'on mettrait toutes les épouses (paysannes),
ou avec leurs maris, ou avec leurs enfants. Il faudrait surtout déclarer expressément, en publiant le recensement,
comment on a fait, quel parti l'on a pris, à quel classement
on s'est arrêté.

Il faudrait que les bureaux statistiques des différents pays
convinssent entre eux bien exactement de ce qu'ils comprennent sous chaque chef ou titre de profession, et quant au
genre de travail et quant à l'âge des travailleurs : de sorte
que l'on distinguât toujours nettement les personnes de la
famille qui vivent sur le travail de l'homme valide, — notamment les femmes mariées ; sans quoi il est impossible de
dresser la Démographie du sexe.

L'excellente Commission belge a fait *à-peu-près* cette distinction dans le recensement de 1846 (in-folio) ; puis elle l'a oubliée dans *l'Exposé décennal* (p. 16), où elle compte, par exemple, les nouveaux-nés des deux sexes, partie comme maîtres, partie comme ouvriers. Quelle instruction pouvait-elle espérer d'un pareil tableau? C'est de la Population par provinces, et presque rien de plus. Nous en faisons la remarque sans vouloir rien ôter au mérite d'un si grand et si utile travail, — dans l'unique désir de voir améliorer les publications futures. C'est dans la même vue que nous nous sommes récrié de voir les soldats parmi les professions libérales : confusion fort illibérale.

La Commission belge nous paraît louable d'avoir distingué les ateliers de l'ameublement de ceux du bâtiment. Le recensement français, qui les a confondus, fait d'autres distinctions indispensables qu'elle a omises, — les industries qui ont pour objet les sciences, lettres et arts, puis la Population infirme des hospices, la Population valide mais stérile des prisons, les gens de maison distingués des domestiques agricoles.

On voit cependant, et l'œil en est blessé, on voit combien le recensement français laisse de lignes en blanc. Ces lacunes fâcheuses proviennent-elles des sources municipales, ou des relevés préfectoraux, ou de la publication centrale? Espérons que l'on se mettra en mesure de les remplir avec quelques autres, au prochain recensement qui est imminent.

Pour les maires, on leur doit envoyer des cadres complets et uniformes.

Pour les préfets, il faut leur donner le moins d'ouvrage possible. Dans leur petite plénipotence provinciale, ils sont tout à l'action, tout à la sphère étroite qui les entoure. La science générale leur est indifférente et étrangère : elle ne doit pas compter sur eux.

Il faudrait donc étoffer sans parcimonie le bureau central : car c'est lui qui a les lumières, lui qui juge de l'importance des détails par la vue de l'ensemble, et qui doit être pourvu des larges moyens nécessaires pour mettre en œuvre d'immenses matériaux.

En effet, on ne peut considérer le recensement de /51 comme publié dans le volume *Stat. Fr.* P. II. Il y est seulement résumé. Les vingt tableaux (n° 24 à 42 *bis*) dans lesquels on l'a comprimé, fort bien faits comme tableaux synoptiques et résumptifs, sont tout-à-fait insuffisants comme documents primitifs et fondamentaux. Nous signalons les trois branches qui nous paraissent le plus sacrifiées : ce sont les *professions*, les *femmes* et les *étrangers*.

On peut voir, au reste, par nos tableaux comparatifs, que le recensement français n'est pas le seul que déparent de vastes lacunes. Mais la science se confie pour l'avenir au zèle des bureaux, à l'intérêt bien entendu des gouvernements, et aux perfectionnements incessants des arts administratifs. Nous ne sommes pas en vain dans l'ère du progrès.

Quand ces tableaux seront plus complets et plus sûrs, il en pourra sortir des remarques curieuses, propres à nuancer la physionomie des nations.

La France, la Bavière, probablement la Suisse, ont plus d'agriculteurs ; la Belgique, la Saxe, l'Angleterre, plus d'industriels. Le tissage et la filature consomment moins de bras chez les premiers [7], p. 197. Ils en prennent trop partout : car ce sont actions réglées, toujours semblables, propre pâture de la mécanique.

Le Suisse se rend à lui-même beaucoup de services que les autres demandent à des artisans spéciaux. Le Saxon, au contraire, paraît (si les relevés sont comparables) avoir un nombre excessif d'artisans. Y a-t-il paresse dans la nation ? Y a-t-il division plus avancée du travail ? Chacun est-il trop occupé de son métier pour en faire un autre, même accidentellement comme il arrive bien en France et en Suisse? Questions intéressantes, dignes d'être recommandées aux moralistes de Dresde et de Leipzig.

La vanité française se glorifiera de l'emporter sur le continent par la quantité des hommes de sciences et de lettres, et des industriels qui font circuler leurs œuvres [37 et 30], p. 198. Mais elle pourra rougir de sa faible proportion d'artistes [38]. Il est vrai qu'elle se consolera par le nombre imposant de ses rentiers, pensionnés et propriétaires oisifs [44, 45].

Allemand, mangeur de viande, mangeur de pain, gros mangeur [21, 22].

Mais nul ne consomme de viande autant que l'Anglais : c'est en vain qu'on l'a contesté, la démonstration est flagrante : John Bull est le seul au monde qui ait plus de bouchers que de boulangers. Cette consommation est nécessaire à son énorme travail. Voyez, outre ses fileurs et tisseurs, quelle quantité de métallurgistes [27], d'extracteurs de mines [28], et quelle masse de commerçants en tous genres [31]!

D'un autre côté le royaume-uni s'administre avec une simplicité antique, avec une sobriété de rouages qui n'a peut-être pas sa pareille sur le continent [35]. La France et la Saxe ont le superflu en ce genre d'instruments : l'Angleterre a-t-elle le nécessaire? On en jugerait par les produits comparés, si la Démographie les pouvait exposer.

L'entretien des croyances [41] est 2 et 3 fois plus onéreux aux pays de catholicité (Belgique, France, Russie) qu'aux pays de réforme.

Il est remarquable que le nombre des sages-femmes s'élève ou s'abaisse en raison inverse de celui des médecins [39]. Il y a en Prusse, proportionnellement à P, autant de sages-femmes qu'il y a en France de médecins, et

réciproquement autant de médecins à-peu-près qu'il y a
en France de sages-femmes. Ce symptôme est peu favorable à la Prusse : il indique d'abord une excessive répétition de Naissances et une hâte fâcheuse dans tous les
mouvements de Population ; il indique en second lieu une
coupable indifférence pour la vie des hommes, puisqu'on
la confie par préférence à des femmes dont les études sont
nécessairement superficielles et bornées; enfin il fait pres-
sentir une misérable existence des médecins prussiens, induction confirmée par les recherches de l'un d'eux
(Casper, *Gaz. méd. Berlin*, 3/1/34).

§ 5. *Fécondité du travail.*

On peut, pour une vue plus élevée de la science sociale,
recomposer et résumer, comme il suit, le tableau de distribution donné p. 194.

FRANCE. P' et P''.

Hommes et femmes employés aux travaux où domine la main : cultivateurs, industriels, domestiques, soldats..	20 585 838
— employés aux travaux où domine l'esprit : Commerçants, savants, gens de justice, d'administration, de médecine, d'église, artistes et littérateurs..	853 624
Total des fonctionnaires sociaux en activité....	22 439 462
— Femmes et enfants à la charge des chefs de famille..........	11 778 841
— Hors du travail régulier (à la charge de la communauté) : Retraités, pensionnés, rentiers ou propriétaires oisifs, détenus, infirmes, vagabonds, mendiants, voleurs...............................	1 781 697
	36 000 000

Un trait inattendu frappe à la vue de ce tableau : c'est la
petite quantité de femmes et d'enfants qui restent à la
charge des fonctionnaires du travail : *un demi* par travailleur. En sorte que, en moyenne générale, et sauf répartition
faussée, chaque travailleur n'aurait à gagner que sa vie et

celle d'une demi-personne avec lui. En joignant aux femmes
et aux enfants les adultes qui sont hors du travail régulier,
on trouve, au lieu d'1/2, 3/5. Il paraît résulter de là que, si
la répartition des produits du travail était faite convenablement, et si tous les travailleurs étaient instruits et raisonnables, l'aisance serait partout, et la misère serait chassée
de la terre de France.

Ne dites pas que, dans les classes des gens que l'on donne
pour travailleurs, il y a les travailleurs vrais, ceux qui produisent, et les travailleurs faux, ceux qui ne produisent pas.
Ce serait ne pas distinguer le travail pour la famille et le
travail pour la société ; et ce serait oublier que, produire
un objet ou produire un service, c'est toujours produire.
Si *le prêtre vit de l'autel,* le domestique vit de la brosse,
et le gendarme du baudrier. Tout travailleur d'un ordre
quelconque produit donc ou doit produire et pour lui
et pour ceux qui lui sont attachés par un lien légitime,
et que leur sexe ou leur âge empêche de concourir au
travail.

Mais le mal vient de ce qu'il y a répartition trop inégale tout-à-la-fois des produits du travail et de ses charges. Le travailleur n'étant pas entièrement libre dans ses
moyens de défense (association, instruction, corporation),
est opprimé par la concurrence,—puissance légitime, même
quand elle abuse,— et il subit la loi du vaincu, dépouilles
et rançon. D'un autre côté, il y a les ménages célibataires,
lèpre dorée ; il y a cette foule de jeunes ouvriers, et d'autres travailleurs de divers âges, qui ne songent qu'à eux-
mêmes, vivent dans la débauche ou la dissipation, et, ou-
bliant ce qu'ils doivent à leurs parents, les contraignent à
recevoir l'aumône des bureaux, ou des sacristies ou des
hospices. De ces causes il vient que le devoir retombe plus
lourd sur ceux qui ont à cœur de le remplir, et qu'une
foule de familles honnêtes sont, malgré le travail, l'ordre

et l'économie, dans une détresse que n'accuse pas le résumé général de la Population française.

C'est pourquoi il faut deux conditions pour que cette détresse s'allége et devienne de plus en plus rare : la première, nous l'avons fait entendre plusieurs fois ; la seconde, c'est que les travailleurs soient instruits et raisonnables. Or, ils le deviennent tous les jours : nous nous en convaincrons au livre suivant.

LIVRE II.

DÉVELOPPEMENT INTELLECTUEL ET MORAL.

Lorsqu'on analyse l'intelligence, que l'on en cherche la base, l'élément primitif qui doit constituer la connaissance, on n'en trouve pas d'autre que la notion d'égalité. Nous ne concevons rien que par des rapports, rapports de quantité ou de nombre (loi sérielle). Or, l'idée de nombre n'existe pour nous que par la conception de l'égalité absolue des unités. Cela est de toutes les sciences : mais cela est particulièrement des mathématiques, où l'idée de nombre seule compose la science toute entière. C'est sans doute pour cela que la certitude y est plus éclatante que chez les autres.

Ainsi, la certitude, dans les connaissances humaines, est en raison directe de l'application de l'idée d'égalité. Si l'économie politique a été jusqu'à présent incertaine et contestée, c'est qu'elle a repoussé plus ou moins l'idée d'égalité. Lorsque la science sociale, nettoyée de la fange des abus acquis, et dégagée du faux éclat des systèmes, ne sera plus que le développement pur de cette idée et son application à tous les rapports des hommes entre eux, cette science atteindra le plus haut degré de certitude et d'évidence.

Les mathématiques sont le développement de l'idée d'égalité à toutes les puissances. Dans l'addition, l'égalité agit à la première puissance, $2+3+5$; il n'y a que l'égalité des unités. Dans la multiplication, elle est à la seconde puissance, 3 fois 8 : il y a l'égalité des unités et l'égalité des 3 séries huit. Dans le cube elle est à la troisième puissance. Dans la quantité algébrique simple, $5a^z$, l'égalité agit à la quatrième puissance : égalité des unités de la quantité a, égalité des séries a répétées a fois, égalité de cette répétition par l'effet du cube, et égalité des séries a^3 répétées 5 fois.

Si l'on pose $5a^3b^4$, l'égalité agit à la seizième puissance, etc., etc.

Ainsi, votre progrès en mathématiques est en proportion directe des vibrations répétées de l'idée d'égalité.

L'égalité, quand elle a pour unité, non plus des choses matérielles ou des abstractions, mais l'homme lui-même, prend le nom d'équité, et compose toute la morale.

Le grand précepte (qui est bien l'aîné de l'Évangile)
Alteri ne feceris quod tibi fieri non vis,
n'a ni motif ni sens, s'il ne suppose comme principe organique de l'humanité l'égalité morale de tous ses membres, le droit égal de chacun au respect et à l'amour de tous, la fraternité et la solidarité. *Alteri* égale *tibi.*

O profonde misère de notre intelligence qui n'est capable que d'une seule idée certaine !

O sublime élévation de notre nature, qui d'une seule idée gouverne le monde, et règne sur tous les êtres qu'elle peut atteindre !

CHAPITRE IX.

PROGRÈS DE LA CONNAISSANCE.

Nous voulions ouvrir ce chapitre par un tableau des progrès de la connaissance humaine, tels que l'histoire les constate. Nous ne disons pas, des progrès de l'esprit humain, parce qu'il n'est pas à notre connaissance que l'esprit humain ait, depuis l'origine des choses, changé de nature, de constitution, de facultés, d'étendue ou de méthode. Que nous lisions Homère ou Shakspeare, Hippocrate ou Cabanis, Aristote ou Cuvier, nous buvons toujours aux mêmes sources d'idéalité, aux mêmes sources d'observation et de jugement. Nous retrouvons toujours l'homme et son génie. L'individu n'a donc pas été modifié, que nous sachions. Mais l'état de l'espèce a changé : elle a acquis, elle a perdu; elle n'a traversé les siècles et les espaces ni impunément ni infructueusement. Les peines qu'elle a souffertes, les richesses qu'elle a acquises, sont le fonds de l'histoire de l'humanité.

C'est ce capital, incontestablement commun dans sa partie intellectuelle, que l'ordre de notre travail nous oblige à passer maintenant en compte à nos lecteurs. Pour préparer ce tableau, nous avons voulu relire l'*Esquisse* qu'en a tracée Condorcet aux derniers jours d'une vie si utilement remplie et si déplorablement abrégée. Nous avons relu son ouvrage, et la plume nous est tombée des mains. Que dire, en effet, qui puisse remplacer cette parole mâle et honnête, inspirée par le plus pur amour de l'humanité, uni aux plus hautes lumières de la science?

Nous t'exhortons donc, lecteur, si tu es démographe ou si

tu aimes assez tes semblables pour aspirer à le devenir,
nous t'exhortons à lire l'*Esquisse des progrès* ; car elle fait
partie intégrante de la science démographique, elle est de
premier fonds dans la *statistique humaine*. Si tu as été atteint de cette teigne d'égoïsme que l'on nous a inoculée avec
un soin si perfide, tu te sentiras purifié. Si tu as douté de
l'avancement du genre humain, de la fécondité des épreuves
subies, de la valeur des traditions, tu te sentiras affermi.
Nous ne lisons pas assez les écrits marqués au coin de cette
époque extraordinaire, terrible et grandiose, dont nous
sommes si près par le temps, si loin par les idées et les sen-
timents. Nous ne savons pas combien l'héroïsme des nobles
passions, l'incandescence du patriotisme, ajoutait d'élévation aux idées, d'éclat aux lumières, de largeur aux conceptions. Lis donc Condorcet, ce martyr de la liberté, de la
science et de la vertu. Et si tu as le courage de revenir ensuite à ce livre-ci, tu y trouveras le peu qu'il te puisse
donner, — quelques chiffres, quelques faits précis, parci-
monieusement fournis par des administrations avares de
lumières, sur l'état intellectuel des masses en notre siècle.

Le moyen employé par les démographes pour constater
l'instruction du Peuple est de relever le nombre des écoles
primaires fonctionnant dans chaque pays, et le nombre rela-
tif des enfants qui les fréquentent. Ces nombres d'étudiants
doivent être mis en rapport non avec la Population totale,
comme on fait le plus souvent *(France stat.* tabl. D, p. 26),
mais avec cette seule partie qui est en âge de suivre les cours
élémentaires, par exemple, V_{5-15}. En effet, on a vu, ch. VII,
p. 176, que la proportion des impubères aux adultes varie
d'une nation à l'autre ; elle varie même dans les divers
groupes ou classes formant un seul peuple (p. 178 *seqq.*).
La confrontation serait inexacte, qui renfermerait d'autres
éléments que ceux qu'il s'agit de comparer. Par exemple :

	POPULATION.	V$_{0-15}$.	ECOLIERS (élémentaires).	RAPPORT à	
				P.	V$_{0-15}$.
FRANCE 1840	34 451 476	0.277	2 881 679	0.084	0.305
PRUSSE 1843	15 471 765	0.568	2 328 146	0.151	0.407

Si l'on prend le rapport à la Population, la Prusse l'emporte sur la France de plus des 3/4 (79 sur 100) ; si l'on prend le rapport à l'enfance, elle ne l'emporte que d'1/3 (34 sur 100). Le résultat vrai nous est bien assez défavorable sans le surcharger fictivement et injustement.

Il faut donc comparer les enfants aux enfants, la quantité fréquentant les écoles avec la quantité en âge de les fréquenter, pour bien apprécier, par les écoles, l'activité plus ou moins grande que les Peuples mettent à sortir de l'abîme d'ignorance où on les a retenus trop longtemps. Cette comparaison ne pourra se faire avec exactitude, que lorsqu'on aura de bons dénombrements par âges, et mieux encore, des *Tables de* P correctement calculées.

Nous protestons, en conséquence, contre le relevé suivant, que l'on trouve au *Monit. univ.*, 1829, p. 1394, et au *Journ. instr. publ.*, t. v, 1836, et t. vII et vIII.

1 ÉCOLIER DES 2 SEXES SUR

4 V	dans l'État de New-York,	11	aux États-unis,
6	en Suisse,	13.30	en Angleterre,
6	en Saxe royale,	15	dans l'empire d'Autriche,
6.75	en Hesse-Kassel (élect.),	17	en Irlande,
7	en Prusse,	17.60	en France,
8	en Bavière,	30	en Vénétie,
8.50	en Bohême,	67	au royaume de Naples,
9.50	en Styrie,	86	au royaume de Portugal,
10	aux Pays-bas,	164	en l'empire de Russie,
11	en Écosse,	200	dans le royaume d'Espagne.

On peut cependant (et c'est pour cela que nous le rapportons) en tirer parti pour comparer un pays avec lui-même et
apprécier jusqu'à un certain point ses progrès. Ainsi, les
10 provinces qui composent proprement les Pays-Bas, ont
en 1840 , 2 663 731 habitants et 330 000 élèves primaires : c'est 1 élève sur 8 habitants, au lieu de 1 sur 10
qu'elles avaient douze ans auparavant : il y a progrès, —
pourvu que la proportion des enfants dans la Population n'ait
pas crû autant que le nombre des élèves (*Rapp. offic.* 1841,
Journ. génér. instr. publ. t. xi).

Le ministre russe de l'instruction publique dans son *Rapport* pour 1837, totalisant tous les élèves des écoles secondaires et primaires avec ceux des six universités, des mané-
canteries d'église , des colléges militaires , des gymnases
professionnels et des écoles supérieures, arrive à dénombrer, dans la Russie d'Europe qui a 48 millions d'habitants,
467 535 élèves de ces établissements ; et *supposant* 600 000
enfants instruits dans leurs familles , il conclut à 1 élève
sur 45 habitants. Mais, si l'on s'en tient aux 89 000 élèves
secondaires et primaires (du même *Rapport*), et quand on
admettrait un nombre égal d'enfants instruits au logis ,
comme le ministre le veut, on n'aurait, malgré cette hyperbole de doublement, que 1 élève sur 270 habitants. Ce rapport, qui est le plus faible de tous les rapports connus, s'a-
moindrirait encore si, au lieu de P, on prenait V_{5-15} pour
dénominateur (comme nous avons prouvé qu'on doit le
faire), la Russie étant, de tous les États de l'Europe, celui
qui a la plus forte proportion d'enfants.

Nous ne sommes point surpris de voir au haut de cette
liste une des républiques du Nouveau-monde, et nous pour-
rions la retrouver en tête d'une liste plus régulière. Les
heureux habitants de l'Amérique du Nord, qui se gouvernent
eux-mêmes, savent que l'ignorance est la plus mortelle en-
nemie de la liberté. Aussi leur souveraineté affranchit de

toute entrave la circulation de la pensée : leur poste trans-
porte les lettres d'un Océan à l'autre pour 1 *cents* (5 cen-
times), et les publications périodiques pour rien (*Rapp.
offic.*)

Le but social est évidemment celui-ci : que tous les citoyens des deux sexes, sans exception, passent toutes les années de l'enfance à acquérir les notions dont ils ne peuvent
être privés sans injustice et cruauté, dont ils ne peuvent
rester dépourvus sans détriment pour leur bien-être et leur
dignité, sans perte pour eux et pour tous. « De tous les
moyens d'ordre intérieur, disait V. Cousin en 1832, le plus
puissant est l'instruction générale. C'est une sorte de conscription intellectuelle et morale. En Allemagne, chaque
village a son maître d'école. Je suis convaincu qu'un temps
viendra où l'instruction populaire sera reconnue aussi parmi
nous comme un DEVOIR SOCIAL imposé à tous dans l'intérêt
de tous » (*Rapport*, 2ᵉ part., p. 19).

En effet, dans la plus grande partie de l'Allemagne, les
lois obligent les parents à envoyer leurs enfants à l'école
ou à fournir la preuve de l'instruction qu'ils reçoivent au
logis. Ces lois datent de l'origine du protestantisme. En
Saxe, l'électeur Maurice convertit les grands couvents en
écoles, sans toucher à leurs dotations : la prébende qui
nourrissait des moines oisifs et inutiles à l'État, entretient
maintenant les fonctionnaires qui lui rendent les plus utiles
et les plus laborieux services.

En Prusse, l'institution d'un ministère de l'instruction
publique, qui date de 1819, en faisant « prendre à la
science le rang qui lui appartient dans l'État, » donna
une impulsion vive à l'enseignement de tous les degrés.
Un conseil fut (à l'instar de la France) placé auprès du ministre. L'auteur cité approuve cette institution en ces termes : « Les affaires sont rapportées, discutées; le Conseil
donne son avis : le ministre décide comme il lui plaît,

puisqu'il est responsable; mais il a été averti » (*l. c.*, p. 8).

C'est parfait, s'il y a toute publicité.

Ce Conseil « n'a aucun caractère ecclésiastique; l'esprit de sacerdoce y est remplacé par l'esprit de gouvernement; c'est l'idée de l'État qui domine toutes les autres » (*Ib.*, p. 13). Il n'y a pas d'inspecteurs-généraux, mais beaucoup d'inspections spéciales.

« Je regarde la France et la Prusse comme les deux pays les plus éclairés de l'Europe, les plus avancés dans les sciences et les lettres, les plus vraiment civilisés, sans excepter l'Angleterre, toute hérissée de préjugés, d'institutions gothiques, de coutumes demi-barbares, sur lesquelles est mal étendu le manteau d'une civilisation toute matérielle. » (*Ib.*)

Mais la France abandonne l'instruction des enfants à l'apathie et à l'ignorance des pères et mères. Cette mollesse de notre législation nous tient, sous ce rapport, en arrière des nations voisines.

PAYS.		V$_{5-15}$.	ELÈVES primaires.	PROPORTION.	SOURCES.
Pays-Bas.....	1840	213 000	330 000	0.540	*Rapport offic.* 1841.
Zurich (cant.)..	1838	55 000	29 689	0.540	*J. instr. publ.* t. II.
Belgique......	1831	781 000	293 000	0.375	Ib. t. XI.
Ib.........	1840	850 000	453 381	0.531	Ib.
Ib.........	1846	897 000	470 000	0.524	*Recens. offic.*
France.......	1840	6 175 000	2 881 679	0.467	*Recens. Rapp.*
Ib.........	1850	6 444 648	3 335 639	0.518	Ib.

Dans ces pays, comme on le voit, c'est seulement 1 enfant sur 2 à peu près, que ses parents font instruire. Parmi tant de pères et de mères, il n'en est sûrement pas un, il n'en est pas une qui ne chérisse son enfant : mais combien il en est encore qui paraissent ignorer à quoi cet amour les oblige!

En France, les pouvoirs publics, mal disposés et peu éclairés eux-mêmes, ont longtemps résisté aux instances des hommes d'élite qui réclamaient pour le peuple la première culture de l'esprit. Il a fallu, depuis la paix de 1815, agir vingt ans consécutifs sur l'opinion publique, pour qu'elle exigeât et obtînt que l'on songeât à multiplier les instituteurs primaires, et à faire un sort supportable à ces fonctionnaires que leur dévouement rend si dignes de respect, et dont les soins assidus préparent l'avenir de nos générations. L'indifférence des gens du pouvoir se dénotait par un détail, que l'on trouvera peut-être bien minime, mais caractéristique. Jusqu'en 1825, le mot *Instruction publique* manque aux *Tables* du *Moniteur officiel;* et c'est en 1833 seulement que l'on y trouve pour la première fois l'*Instruction primaire.*

L'enseignement primaire, solénnellement promis en 1791, fut en vain recommandé aux conseils municipaux par la loi de mai 1802, en vain confié à l'Université par le décret de monopole 17/3/08. Ses progrès furent peu sensibles. En 1816 on envoya des inspecteurs-généraux étudier ce qui se faisait en Hollande. A leur retour et sur leur rapport, des comités cantonnaux furent institués; une nouvelle ordonnance, 2/8/20, leur donna plus d'activité. On put dès lors noter quelque mouvement. Le nombre des élèves qui, en 1817, était à peine de 1 sur 100 habitants, alla en quelques académies à 1 sur 50, même 1 sur 20. Les départements de l'Est se distinguaient déjà : quelques-uns envoyaient aux écoles 1 élève sur 11 habitants. Les villes s'enrichissaient d'écoles mutuelles : on en compta bientôt 1500. La réaction *ultra-catholique* (comme on l'appelait alors par hyperbole), essaya d'enrayer le progrès : elle obtint l'ordonnance royale 8/4/24, qui ôtait l'instruction primaire à l'Université pour la mettre aux mains des évêques. La rétrogradation se fit sentir aussitôt (*Rapport* Salvandy). Mais l'opinion publi-

que était saisie de la question : elle résista énergiquement
à l'impudente bravade du parti clérical. Ce débat fut certainement une des causes de la victoire libérale remportée
en 1830.

Dès le 16/10/30, les comités cantonnaux furent réorga-
nisés. En 1831 le gouvernement publia pour la première fois
la statistique de l'instruction populaire, et il prit, par l'ordonnance 5/10/31, l'engagement de renouveler cette publication régulièrement de 3 ans en 3 ans.

Vint enfin la loi 28/6/33, qui impose à toutes les communes l'obligation d'entretenir au moins une école élémentaire, en leur permettant toutefois, en cas de ressources in-
suffisantes , de s'associer aux communes voisines. Elle
institua un comité de surveillance auprès de chaque école
communale. On crut peut-être instituer la liberté de l'enseignement primaire, en l'affranchissant de l'autorisation et
lui laissant la double restriction du brevet de capacité et du
certificat de moralité.

Double atteinte portée à la liberté, double usurpation,
double faute.

Le brevet de capacité est un brevet d'asservissement aux
méthodes usitées ; c'est une barre au-devant des innovations
par lesquelles le génie de l'homme manifeste sa puissance et
rajeunit ses voies, innovations sans lesquelles toute science
dégénère bientôt en routine et toute profession en métier.
Par qui le brevet est-il délivré? Par ceux qui ont appris
comme on apprenait, et qui, n'apprenant plus, ne conçoivent
pas et ne veulent pas qu'on apprenne comme on apprendra.
Les sciences et les arts, dans leur développement progressif,
passant de l'enfance à la jeunesse, de la jeunesse à la virilité, les brevets de capacité mettent l'âge viril sous la loi de
la jeunesse, la jeunesse sous la loi de l'enfant.

Le *certificat de moralité* est plus absurde encore, s'il est
possible. Un certificat de moralité, donné à un homme

par un ou plusieurs hommes ! immorale turlupinade ! Qui
donc est apte, parmi mes semblables, à certifier mon état moral ? Et qui certifiera la moralité du certificateur ? qui certifiera son désintéressement, son impartialité, la fermeté de
son caractère, le zèle de ses investigations, la sûreté de ses
lumières et de son jugement ? toutes qualités dont la certitude est indispensable à l'autorité de son attestation ! Un ar-
change n'y suffirait pas : Dieu seul scrute les cœurs. Mais
on connaît l'homme par ses œuvres ; et Dieu se manifeste
par la publicité.

La publicité est la seule condition licite et efficace qui
puisse être imposée aux actes libres ; et elle suffit pour équilibrer partout la liberté. Que l'instituteur qui vient s'établir
dans une commune soit tenu seulement de déclarer son intention au maire. Que le maire soit tenu d'afficher, à la porte
de la maison commune et aux piliers de la halle, tout ce
qu'il connaît du nouvel instituteur,— les faits déclarés par lui
ou par ses parrains, et les antécédents vérifiés sur les registres communaux de P. Plait-il au nouveau-venu de faire
connaître toute sa vie an par an, sans solution de continuité ?
On saura qui il est, et l'on présumera quel il pourra être et
ce que l'on en doit espérer. Lui plait-il de laisser un voile
sur une ou plusieurs périodes de sa carrière ? Les lacunes apparaîtront. Elles apparaîtront de même, si le maire néglige
quelque partie des vérifications qui lui incombent comme
administrateur du Peuple et protecteur-conservateur de la
moralité publique. La Commune est donc mise à même de
juger, et d'accorder ou de refuser sa confiance. Si elle est réputée ignorante, et s'il s'y trouve un ou plusieurs citoyens
aptes à délivrer un *certificat de moralité*, ils seront aptes à
conseiller leurs concitoyens sur le danger ou la sécurité qu'ils
ont à envoyer leur enfants à l'école nouvelle.

Cette institution de liberté qui, comme on le voit, n'ôte
rien à l'action des MEILLEURS (ἀριστῶν), a, en outre, besoin

d'une sanction : elle la trouve dans la surveillance assidue
des fonctionnaires communaux, et dans les inspections ordonnées par les administrations centrales, — inspections
non périodiques, fréquentes, inattendues, et toujours suivies de rapports publiés et affichés.

Ainsi, l'autorité constituée a le·droit d'information, le
droit d'inspection, de surveillance quotidienne ; elle a le devoir de publicité : elle a tout pouvoir pour empêcher le mal,
elle n'en a point pour empêcher le progrès et la transformation des méthodes. Elle s'enquiert du passé, surveille le présent, constate tout, fait tout connaître : et l'on juge l'arbre
par ses fruits. Si les élèves font des progrès et ne reçoivent
que de bons exemples, leurs parents le savent. Si cela n'est
pas, ils le savent encore. L'autorité administrative instruit
l'affaire, dont l'intérêt est si grave et si universel, elle la débat, elle la rapporte. L'autorité judiciaire connaît des délits,
si malheureusement il y a lieu. Mais, pour la question de
confiance, l'autorité paternelle, seule, juge souverainement
et en dernier ressort.

Ces mesures acquerront une grande facilité d'exécution et
une grande sûreté de résultats, lorsque chaque commune
aura son livre de P, tenu comme l'a proposé l'illustre Villermé au congrès statistique de Bruxelles ; et lorsque tout
enseignement sera public, vitré, soumis à la surveillance
universelle, au contrôle incessant et illimité, comme l'a demandé et lucidement développé Cormenin.

Les dispositions prises, soit par les particuliers zélés,
soit bon gré mal gré par les autorités royales, ont déjà,
quoiqu'imparfaites, porté des fruits précieux,. constatés par
le relevé qui suit .

FRANCE.	1829	1832	1837	1840	1850
Communes pourvues d'écoles. . .	23 919	26 710	29 613	33 099	33 711
Écoles communales ou privées. .	. .	. .	52 779	55 342	60 579
Élèves en hiver : p'	969 340	1 200 715	1 570 544	1 641 407	1 803 363
Id. p''	. .	. .	1 110 147	1 240 272	1 532 276
V'_{5-15}	. .	. .	. .	3 145 000[1]	3 278 630
r''_{5-15}	. .	. .	. .	3 030 000[1]	3 163 018
Un élève sur . . . . . V'_{5-15} .	. .	. .	. .	1.92	1.82
Id, sur . . . . . V''_{5-15} .	. .	. .	. .	2.44	2.06

Ce qui nous plait surtout en ces résultats, c'est que le sexe qui est le plus arriéré est aussi celui qui fait maintenant le plus de progrès.

Le tableau qui précède est extrait des *Rapports au roi* pour 1837 et 1840, et de renseignements officieux mais authentiques. La bibliothèque impériale n'a pas ou ne communique pas les rapports subséquents. Celui de 1840 serait-il le dernier ? Le ministère de l'instruction publique se laisserait-il vaincre par le ministère des cultes ?

L'inaction des bureaux de l'Université nous laisserait sans lumière sur les progrès de l'instruction populaire depuis 1840, si le ministre de la guerre ne venait à notre secours par les *Comptes-rendus du recrutement*. Chaque année, en effet, l'autorité militaire constate par des examens individuels l'instruction des jeunes gens qui sont appelés au tirage. Les résultats généraux en sont consignés dans un tableau à colonnes, donnant le nombre total des jeunes gens de la classe qui ont subi l'examen, et les nombres partiels, par départements, de ceux qui savent lire et écrire, — qui savent lire seulement, — qui ne savent pas lire.

[1] Selon la proportion de 1850.

On ne saurait trop louer cette sage mesure. Il est à regretter seulement que l'examen ne porte pas aussi sur les éléments du calcul et de la comptabilité. Car, ils entrent, aussi bien que la lecture et mieux que l'écriture, dans les connaissances indispensablement nécessaires au travailleur libre.

En 1827, lorsque l'on examina pour la première fois les jeunes gens qui se présentaient au tirage, on constata qu'il y en avait, en moyenne pour toute la France,

0.577 ne sachant pas lire. Plus de la moitié! Il n'y en a plus que

0.480	dans la période	1831-35,	*Ctes du recrutement.*
0.437	»	1836-40,	*Cte gén. de la justice.*
0.400	»	1841-45,	
0.362	»	1846-50. En 1851, il y en a encore	

0.350. Encore plus du tiers!

Le progrès est lent, mais il est continu. Espérons que les clameurs nouvelles des vieux et incorrigibles ennemis des lumières ne réussiront point à l'arrêter.

Il n'y a donc pas à désespérer de notre peuple : loin, loin l'abattement et le découragement ! Voyez comme cette grande masse profite du peu que l'on a fait pour Elle jusqu'à ce jour. Quelle nation pourra la surpasser, lorsqu'avec tous ses autres avantages, elle aura marché encore, pendant quelques périodes, dans cette carrière d'instruction, qui lui a été ouverte si tard? Quelle superstition pourra la dominer? Quel joug vieilli ne saura-t-elle pas rejeter?

Le tableau suivant montre que tous les départements de France, sans exception, ont participé au progrès, qui plus, qui moins.

DÉPARTEMENTS par rang d'INSTRUCTION POPULAIRE.

		ILLETTRÉS SUR 1000 examinés, en		
		1851.	1844.	1827.
1.	Doubs.	45	68	186
2.	Bas-Rhin	45	54	841 [1]
3.	Vosges.	46	46	357
4.	Meuse.	55	57	245
5. {	Meurthe.	80	111	495
	Haute-Marne.	80	106	270
7.	Jura.	83	83	265
8.	Seine.	84	135	203
9.	Aube.	87	148	356
10.	Haute-Saône.	88	113	345
11.	Haut-Rhin.	101	89	348
12.	Côte-d'Or	118	109	355
13.	Hautes-Alpes.	122	182	269
14. {	Moselle.	130	141	566
	Marne.	150	155	312
16.	Seine-et-Oise.	138	151	404
17.	Ardennes.	142	149	369
18. {	Seine-et-Marne	163	180	448
	Rhône.	163	299	440
	Isère.	163	407	622
21.	Oise	172	483	598
22.	Manche	179	181	380
23.	Calvados	219	212	374
24.	Aisne	237	265	441
25.	Orne	240	344	514
26.	Eure-et-Loir	241	270	416
27.	Somme.	256	545	500
28.	Yonne.	260	295	492
29.	Hautes-Pyrénées	262	328	446

[1] Ce chiffre est accidentel ou erroné, car dès 1828 il s'abaisse à 250.

DÉPARTEMENTS.	Illettrés sur 1000 examinés, en		
	1831.	1844.	1827.
30. Aude	274	579	611
31. Eure	276	540	466
32. Hérault	291	348	481
33. Gard	292	329	581
34. Pas-de-Calais	297	316	466
35. Ain	306	332	566
36. Seine-inférieure	308	346	519
37. Lozère	331	426	680
38. Deux-Sèvres	342	461	566
39. Nord	349	391	551
40. Cantal	350	359	587
FRANCE	350	390	577
41. Charente-inférieure	352	382	594
42. { Loiret	354	386	561
{ Drôme	354	381	528
44. Basses-Alpes	362	450	486
45. Gironde	363	420	562
46. Bouches-du-Rhône	381	503	561
47. Saône-et-Loire	389	491	652
48. Aveyron	390	430	582
46. Corse	392	366	476
50. { Vaucluse	403	416	558
{ Vendée	403	506	696
52. Loire	408	541	861
53. Basses-Pyrénées	415	424	546
54. { Gers	421	455	579
{ Haute-Garonne	421	409	662
56. Var	422	424	631
57. { Sarthe	431	455	635
{ Lot-et-Garonne	431	521	670
59. Puy-de-Dôme	435	641	742
60. Loir-et-Cher	436	416	675
61. Charente	444	489	648

DÉPARTEMENTS.	ILLETTRÉS SUR 1000 examinés, en		
	1851.	1844.	1827.
62. Maine-et-Loire.	446	488	720
63. Loire-inférieure	465	498	725
64. Mayenne	477	570	691
65. Tarn-et-Garonne	479	531	715
66. Indre-et-Loire.	493	569	696
67. Creuse.	492	598	766
68. Ardèche	501	540	631
69. Ille-et-Vilaine	502	556	588
70. Lot.	515	562	696
71. Pyrénées-Orientales . . .	538	521	658
72. Vienne.	540	607	708
73. Landes.	546	598	677
74. Tarn.	567	572	722
75. Ariége.	591	605	771
76. Haute-Loire	610	510	761
77. Nièvre.	620	699	794
78. Côtes-du-Nord	625	660	775
79. Dordogne.	643	707	799
80. Morbihan.	645	594	834
81. Cher.	670	705	821
82. Finisterre.	685	692	831
83. Indre.	695	742	812
84. Haute-Vienne.	714	751	851
85. Corrèze	738	671	833
86. Allier.	758	780	840

La distribution des départements dans ce tableau est remarquable. L'instruction populaire a ses contrées de choix, où elle se propage avec ardeur, comme fomentée par une bienfaisante contagion ; dans d'autres elle semble atteinte d'une maladie de langueur.

On voit aux premiers rangs la cohorte compacte de tous

les départements de l'Est. Le Doubs est à leur tête. Pas un ne manque à l'appel. Ils s'adjoignent à distance quelques départements du Nord, puis tous ceux qu'habitent les Normands.

Nous nous plaisons à rappeler ici qu'entre le Doubs et le Jura a séjourné pendant plusieurs années, et séjourne peut-être encore, l'un des fils de l'illustre Joseph Jacotot, ce grand et désintéressé promoteur de l'émancipation intellectuelle.

On ne s'étonne pas de trouver la *Seine* bien placée [8]. On s'étonne plutôt que le numéro 1 ne lui appartienne pas : la ville de Paris met tant de zèle, tant de dépenses à entretenir ses écoles et à les multiplier ! Mais l'argent ne suffit pas : il faudrait perfectionner les méthodes, qui sont encore si peu imbues des progrès de la théorie, si pratiquement gothiques, qu'elles ne réussissent que sur les sujets les mieux disposés. Et puis Paris, ce diamant de la civilisation, a sa gangue limoneuse qui le ternit, sa banlieue.

En reprenant la série en sens inverse, on trouve, aux derniers rangs d'ignorance, les départements spécialement signalés comme insalubres :

86 Allier,	83 Indre,	77 Nièvre,	71 Pyrénées-orientales,
84 Haute-Vienne,	81 Cher,	73 Landes,	52 Loire.

Les cinq premiers forment le marécage central, le *cloaca massima* de cette France, si renommée pour l'habileté de ses ingénieurs, l'équité de ses lois et le dégagement de son administration. Dans ce sol bourbeux, l'ignorance implante ses racines comme un jonc tenace, et multiplie ses tiges stériles. Elle y fait pendant à la brièveté de la vie. Pressé de vivre, ou plutôt de mourir, l'indolent habitant ne prend pas la peine d'éduquer des organes qui vont se dissoudre. Les rares enfants qu'il envoie aux écoles, expirent en chemin [1].

[1] Legoyt, *Fr. Stat.* tabl. D, p. xxvi.

A ce triste courant se joignent, comme affluents de l'Ouest, la *Corrèze* [85], la *Dordogne* [79], la *Vienne* [72], le *Lot* [70], la *Charente* [61].

Cette première liste ôtée, viennent les départements de l'ancienne Bretagne :

Finisterre [82], *Morbihan* [80], *Côtes-du-Nord* [78], et plus loin,

Île-et-Vilaine [69], *Loire-inférieure* [63], *Vendée* [50].

Ceux d'*Indre-et-Loire* [66], de la *Mayenne* [64], de *Maine-et-Loire* [62], de *Loir-et-Cher* [60] et de la *Sarthe* [57] participent par voisinage à l'obscurité bretonne, et en forment la pénombre.

La Bretagne est bien bas placée sur l'échelle d'instruction. Mais elle marche ; voyez les trois nombres mis en regard de chacun de ses départements. Honneur à la Vendée ! Courage au Morbihan ! il y a beaucoup à espérer de la Bretagne ; car le difficile était de l'émouvoir ; et, le premier pas fait, son obstination dans la routine se changera en persévérance dans le progrès. D'ailleurs, la lumière voisine presse et atteint cette presqu'île récalcitrante, sur toute la ligne qui la joint à la terre ferme : la Manche et toute la Normandie avec Eure-et-Loir au nord, les Deux-Sèvres et la Charente-Inférieure au midi, lui forment une enceinte lumineuse, qui la dirige, l'excite au mouvement, comme la miraculeuse colonne qui encourageait les Hébreux dans le désert, mais sans autre miracle ici que l'entraînement du bon exemple.

Tout ce qui reste du contingent de l'arriéré est formé exclusivement des départements de l'Ouest et surtout du Sud-Ouest : brouillard épais, formidable, immense, qui s'étend de la Nièvre à l'Océan et aux Pyrénées, couvre, sauf de rares éclaircies, cinquante de nos départements, et glace leur progrès social. Le souffle venu du Nord-Est pousse vers l'Océan les noires vapeurs de l'ignorance et de la superstition. Elles s'arrêtent encore, pestilentielles et tenaces, aux dernières terres ; mais elles céderont, le pays en sera purgé.

Le département du Rhône est fort au-dessus de sa latitude. Il doit ce bonheur aux efforts privés de ses citoyens. En 1827, une société se forma spontanément pour activer l'instruction élémentaire dans la ville de Lyon et le département du Rhône. Un fonds de 130 mille francs fut réuni en quelques jours par les seules souscriptions particulières. On fut ensuite aidé par la caisse municipale et par le conseil général. La société, présidée par François Terme, fonda des écoles d'enfants pour les deux sexes, des écoles d'adultes, une école normale. Partout l'enseignement eut pour base le principe de l'émancipation intellectuelle (méthode J. Jacotot). En récompense de ce zèle éclairé, le département du Rhône a le 18ᵉ rang d'instruction populaire. L'Isère, qui lui est contigu, a profité de sa lumière, et s'est élevé avec lui. L'Ain [35] doit quelques progrès à leurs exemples et à sa *société d'émulation*.

Les Hautes-Alpes et les Hautes-Pyrénées font encore une flatteuse et singulière exception à l'ignorance apathique du peuple méridional. Est-il que, ne pouvant dormir comme la marmotte tout le temps qu'ils sont ensevelis sous les neiges, le repos forcé du corps les tourne à l'exercice de l'esprit ? Ce serait à bénir les salutaires rigueurs de l'âpre climat, si d'un autre côté elles ne poussaient ces montagnards, à demi instruits, à quitter leur pays et à le priver de leur industrie, au lieu d'y jouir en paix des dons de la nature que pourrait féconder leur laborieuse activité [1].

Les habitants des montagnes du Gard, de la Lozère et du Cantal, sont eux aussi, au-dessus de la moyenne de la France. L'Hérault ne se sépare pas du Gard.

---

[1] Le ministre de l'intérieur dit qu'en /46-50, il est sorti par les Basses-Pyrénées 11 000 émigrants, et des nombres divers de 20 autres départements (*V. Ann. hyg.* XLVIII).

Un moyen de confrontation nous est fourni, pour quelques départements, par la *Caisse* publique *des retraites pour la vieillesse*. Neuf départements ne versent pas à cette caisse; les voici sous les rangs et numéros d'instruction qu'ils ont, p. **224**.

30	Aude,	75	Ariége,
37	Lozère,	78	Côtes-du-Nord,
49	Corse,	83	Indre,
57	Lot-et-Garonne,	84	Corrèze.
73	Landes,		

Ils sont tous du Midi, hors les *Côtes-du-Nord* (Bretagne) et l'*Indre* (Berry); ils sont tous, hors les deux premiers, au-dessous de la moyenne de la France pour l'instruction.

Les comptes-rendus du recrutement fournissent encore un intéressant indice de la progression des besoins intellectuels et de l'émancipation des esprits parmi nous.

JEUNES GENS EXEMPTÉS ANNUELLEMENT

	1816-23.	/24-30.	/31-35.	/36-40.	/41-45.	/46-50.	/51
comme destinés à la profession ecclésiastique.........	864	1491	685	639	866	813	786
comme membres de l'instruction publiq. et élèves des écoles spéciales.........	204	448	538	620	753	792	927

Ces deux progressions ont plus de valeur que celles de Malthus. Ce ne sont hypothèses, or si fait bien double série de faits authentiques : l'une descendante, mais avec des recrudescences qui indiquent une lutte suprême, comme d'un malade qui, sentant que la vie lui échappe, fait pour la retenir des efforts fébriles et impuissants; l'autre s'élevant par une gradation continue, sans secousse, mais sans arrêt, comme un corps sain qui grandit naturellement et se fortifie par le seul bienfait de l'âge : toutes deux, ainsi rapprochées, peignent bien la marche et l'esprit du siècle rénovateur.

Nous ne parlerons pas ici des 104 universités de l'Europe , qui en 1837 , avaient 70 235 étudiants (*J. instr. publ.*, V), ni des 28 universités allemandes, qui en avaient 19 354 en /51 (*Monit. univ.*, 21/1/55). Il faudrait démographier la bourgeoisie; mais elle ne fournit pas ses pièces. Encore plus tairons-nous l'université de Rome, qui n'est abordable qu'aux seigneurs, puisqu'il faut, pour y être admis, justifier d'un revenu de..... *scudi :* le nombre nous échappe, qu'importe? Il suffit que le désir de s'instruire soit taxé et réprimé comme besoin de luxe.

Encore vaut-il mieux repousser de l'école les pauvres enfants que de les y admettre pour les supplicier. Le fouet a disparu devant les progrès de la raison et de la douceur des mœurs. Mais les traditions des Jésuites ne sont pas perdues pour cela. Un arrêt de la cour royale de Paris, rendu en 1838, constate que, dans l'établissement de Saint-Nicolas, où plus de 300 enfants de 6 à 15 ans étaient réunis sous l'abbé Bervanger, on avait comme instruments de punition des *genouillères à bords tranchants*, dont « l'usage était fréquent » disent dans leur Rapport les inspecteurs-généraux Demonferrand et Dutrey ; on avait aussi pour les fautes plus graves la *genouillière perfectionnée* (*Journ. gén. instr. publ.*, t. VIII). Détournons nos regards de ces perversités.

Mais arrêtons-les avec joie sur un monument du progrès que la connaissance a fait dans le genre le plus utile et le plus immédiatement applicable. Nous voulons parler de l'*Introduction* aux *Annales d'hygiène publique*, qui ouvre cet utile recueil, dont les vingt premiers volumes ont tant contribué à déblayer les voies de la Démographie, grâce aux travaux consciencieux des Villermé, des Quetelet, des Benoiston et de plusieurs autres. L'auteur de cette Introduc-

tion, docteur Marc, remonte à l'antiquité, où il trouve les
préceptes d'hygiène liés au culte, chez Moïse comme chez
d'autres législateurs. Les Grecs, et après eux les Romains,
prirent des soins admirables pour la salubrité des habita-
tions et de la voie publique, pour les aliments, les eaux, pour
les principales conditions qui intéressent la vie des hommes.
Leurs institutions se conservèrent en Gaule ; et l'on rencontre quelques mesures d'hygiène publique dans les capi-
tulaires de Charlemagne. Mais la barbarie et la superstition
du moyen-âge détruisirent tout. Au treizième siècle, on
trouve, dans les constitutions siciliennes de l'empereur Fré-
déric II, une ordonnance portant qu'il serait procédé *tous les
cinq ans* à la dissection publique d'un cadavre humain. C'est
en 1374 que la faculté de Montpellier obtint pour la première fois la permission d'ouvrir les corps. Déjà depuis quelques années une ordonnance de Jean-le-bon avait créé à
Paris la police de santé. On y fit peu de progrès jusqu'au
milieu du 17e siècle, où Delareynie réforma la police générale de cette ville. Les provinces commencèrent à imiter la
capitale. Il y eut des progrès de détail, à Lyon, à Marseille,
pendant le 18e siècle. En 1740 furent institués à Paris les
secours aux noyés : le service n'en fut bien organisé que 30
ans après par les soins du bienfaisant échevin Pia. Enfin la
création de la *société* royale *de médecine* ouvrit l'ère de l'hygiène publique. On commença les *topographies médicales*,
dont quelques-unes (que nous citons en leur lieu) sont de
bons morceaux de statistique. En 1802, le préfet Dubois,
sur la proposition de Cadet-Gassicourt, institua le conseil de
salubrité, dont les travaux ne furent rendus publics que 15
ans plus tard. Lyon, Marseille, Nantes et Lille, eurent bientôt
le leur. Mais tous les départements doivent l'avoir. Le zèle
des savants a, comme toujours, devancé de beaucoup la lenteur de l'administration. Dès 1580, André Dubreil écrivait
sur la police médicale, et Delamarre en donnait un traité en

1705. Mentionnons la thèse soutenue en 1759 par un botaniste qui devait devenir illustre, sur le *concert qui doit être
formé entre les magistrats et les médecins pour l'allégement de
la mortalité* (Jussieu). Le premier corps de doctrine est dû
au docteur J.-C. Franck : sous l'influence de ses travaux l'hygiène publique entra dans l'enseignement des universités
allemandes. L'Allemagne a devancé la France pour le perfectionnement de la médecine légale. Son flegme était
moins hostile au progrès que la morgue de l'ancienne faculté de Paris.

L'ère de l'hygiène publique, selon la belle expression du
docteur Marc, date à peine d'un siècle, et elle a déjà opéré
une révolution dans l'état des villes. En effet, dans toutes
ou dans presque toutes, les Décès surpassaient les Naissances : ce déplorable effet ne se rencontre plus aujourd'hui
que par exception.

En face des éclatants bienfaits que les Populations urbaines doivent à la science sanitaire, il est difficile de contester l'heureuse influence de l'instruction sur le bien-être.
Mais les incorrigibles ennemis des lumières, se rejetant d'un
autre côté, soutiennent que l'instruction n'influe pas favo-
rablement sur la moralité. Ils trouvent prétexte à ce dé-
nigrement dans les pays où l'industrie et l'instruction se dé-
veloppent avec rapidité, parce que dans ce mouvement hâtif
il y a une espèce d'enivrement temporaire dont les mœurs
se ressentent. Mais si l'instruction n'est pas assez pure,
assez sévère, qui empêche ceux qui la donnent de l'épurer?
N'est-elle pas aux mains des gouvernants, et comme précepte et comme exemple? Pourquoi leur police, au lieu de
poursuivre les écrivains qui rappellent aux hommes leurs
droits, ne poursuit-elle pas ceux qui leur font oublier leurs
devoirs? Estampes, théâtres, romans, nous ne nous plain-
drons jamais que l'œil sévère des administrateurs publics se
fixe sur tout ce qui blesse les mœurs, et le frappe des coups
de la Loi.

CHAPITRE X.

PROGRÈS DE LA MORALITÉ.

§ 1er. *Libre arbitre fondement de la morale.*

La loi morale est la loi de justice et d'amour. Elle est écrite dans la conscience de tout homme qui n'a pas été dégradé par une profonde altération d'organisme.

C'est elle que les théologiens et certains philosophes imbus de leur méthode ont voulu nommer la loi naturelle par opposition à la loi divine. Cette distinction nous paraît irreligieuse, parce qu'elle donne droit d'inférer que la nature de l'homme n'est pas le fait de Dieu : ce qui conduit à l'athéisme. Cette distinction est donc un *préjugé légitime* contre la théologie aussi bien que contre les systèmes des philosophes, lesquels n'appartiennent point à la philosophie.

La loi morale a été nommée, avec plus de poésie et de vérité, le Verbe de Dieu qui illumine tout homme venant en ce monde. Elle est professée dans les Évangiles avec une pureté qui a excité l'admiration de dix-huit siècles consécutifs et ne l'a point épuisée.

La justice est la base unique et exclusive de tous les rapports des hommes entre eux. L'amour pur en est le couronnement.

Lorsqu'elle s'exerce de particulier à particulier, elle s'appelle équité, terme dérivé de *œquus,* égal. Elle retient le nom de justice, quand elle s'exerce par la communauté, ou par le pouvoir qui en sort, qui la représente, l'ordonne et la dirige.

Si l'on définit la liberté

le droit et le pouvoir qu'a tout homme de penser et d'agir selon son libre arbitre, — d'exercer toutes ses facultés comme il lui plait, sous la réserve et dans les limites du même droit et du même pouvoir chez autrui,

on induira que

toute atteinte à la liberté est une atteinte à la justice, et tout progrès dans la liberté, un progrès de moralité publique.

L'idée de justice n'est intelligible que par l'idée de liberté. L'automate n'a ni droit ni devoir. Il en est de même de l'être organisé qui vit et ne sent pas, ou qui sent et ne pense pas, ou qui pense et ne veut pas, ou qui veut et ne peut pas. L'être qui vit, qui sent, qui pense, qui veut et peut, c'est l'être libre, c'est l'homme : car c'est le même. Donc, l'homme qui n'est pas libre n'est pas un homme; l'homme qui n'est qu'imparfaitement libre n'est qu'imparfaitement homme. Donc aussi,

développement de l'humanité,

développement de la justice,

développement de la liberté,

sont synonymes. Donc enfin, on doit accepter comme principes fondamentaux de l'ordre social que

la liberté de chacun s'étend en tout sens jusqu'aux points où elle rencontre la liberté d'autrui; et que

tout pouvoir constitué qui restreint la liberté au-delà de ce qui est rigoureusement nécessaire pour la conserver, usurpe et forfait.

Car le but essentiel, la raison d'être du Pouvoir, ou plutôt de l'Autorité, c'est la conservation de la liberté sociale. Le droit de réprimer la licence naît uniquement de ce que la licence détruit la liberté, aussi criminellement que le despotisme, qui n'est qu'une licence titrée.

Détruire ou nier la liberté, c'est détruire ou nier toute idée de droit, toute morale, toute sagesse, toute raison, tout motif de réfléchir, d'agir ou de s'abstenir, de parler ou de se taire; c'est détruire ou nier la sanction des lois, la légitimité des peines, le sens des enseignements et des conseils; c'est délier de tout devoir, de tout lien de société et de famille; c'est anéantir l'œuvre de l'esprit parmi les hommes, et livrer l'humanité au pouvoir exclusif des causes physiques.

Douter de la liberté, c'est remettre en question tous les problèmes que la marche incessante de la civilisation a résolus.

L'ordre sans la liberté est un mensonge hypocrite; la liberté sans l'ordre est une utopie absurde. *Liberté et ordre public* est un pléonasme. Cette devise équivoque du juste milieu convenait bien au gouvernement bâtard qui, poursuivant un équilibre imaginaire entre deux principes qui ne sont qu'un, faisait preuve d'ignorance ou d'astuce, et devait périr par ses propres œuvres.

De même que la justice se maintient par la force et par la prudence, l'injustice a pour moyens la violence et la fraude.

La violence attente

principalement aux personnes : homicide, coups, rapt, transportation, séquestration;

secondairement aux choses possédées : confiscation, brigandage, incendie.

La conquête réunit les deux attentats.

La fraude attente

soit aux choses possédées : escroquerie et toutes ses variétés;

soit aux personnes : séduction de témoins, de fonctionnaires, de conscience, d'opinion, — de sexe.

Nous voyons dans l'histoire ancienne et moderne (ne parlons pas de la contemporaine) que l'une et l'autre voie d'iniquité a été suivie, pendant la longue et maladive enfance

du genre humain, par les deux classes auxquelles on peut le
réduire : les hommes qui, représentant l'autorité, ne savaient pas qu'elle n'existe et n'est concevable que pour la
liberté, et les hommes qui, représentant exclusivement la
liberté, ne savaient pas qu'elle ne peut vivre sans l'égalité,
la justice et l'autorité, — en un mot par les gouvernants et
par les gouvernés.

Les conceptions législatives eussent gagné beaucoup en
simplicité et en lumières, si elles avaient été dirigées vers ce
phare unique, la justice-liberté. Mais on voulait, on affectait
de vouloir favoriser l'industrie, favoriser le commerce, favoriser l'agriculture, favoriser les lettres et les arts, favoriser l'église, la propriété, l'hérédité, etc., etc. De toutes ces
faveurs naissaient des *droits acquis,* qu'il fallait protéger : il
n'en est qu'un que l'on ait délaissé, le seul qui soit vraiment
inviolable et imprescriptible, le seul qui soit l'objet et la
raison d'être de l'autorité, — le droit de tout le monde.

Les efforts que l'humanité a faits depuis l'origine des
temps pour instituer la liberté, sont consignés dans l'histoire de la civilisation. On connaît les succès et les revers ; on
sait l'avancement et le recul, avancement en somme. Mais
les crises ont été terribles, les fluctuations fréquentes : souvent les torrents de la violence ont débordé, et il a fallu des
siècles de réparations.

Elle n'est entrée dans son adolescence que par la découverte de l'imprimerie. Jusque-là la connaissance était le privilége de quelques-uns : le sort des nations dépendait des
vertus ou des vices de leurs chefs. La presse a fondé définitivement le pouvoir de l'intelligence commune ; et, lorsque
la connaissance sera devenue générale, le sort des nations ne
dépendra plus que d'elles-mêmes. Mais la connaissance
n'ayant pas encore pénétré dans les masses, c'est *l'opinion*
qui gouverne, — gouvernement intérimaire, destiné seulement à préparer le règne définitif de la science. Déjà une

grande classe sociale, la bourgeoisie, a appris que la vraie et seule base de la prospérité est le travail, et que, le travail ne devenant fécond que par l'échange, les nations ne peuvent être désormais que des raisons de commerce et des ateliers en rapports mutuels d'intérêts et d'affaires. Le pouvoir qu'elle doit à son instruction, à son activité et à son entente, elle a, par la pente naturelle des passions et des pouvoirs, cherché à le garder tout pour elle : il lui a échappé... Cette expérience lui doit apprendre que, si le commerce ne peut prospérer que par la tranquillité et la confiance, la tranquillité et la confiance ne peuvent être acquises définitivement que par l'équitable distribution des instruments et des produits du travail, qui est le pouvoir du monde moderne, et que, tant qu'une grande classe de travailleurs, sinon la plus nombreuse, au moins la plus condensée, sera martyre de l'industrie[1], au lieu d'en être, comme elle y a droit, la suzeraine et la bénéficiaire[2], l'ordre social ne pourra être qu'apparent et éphémère, tenant à la vie d'un homme fort, à un accident de récoltes ou de combats, à un coup de soleil, un brouillard, une gelée. Il est vrai que, quand même la bourgeoisie le voudrait, elle ne pourrait remettre le pouvoir solide aux mains des travailleurs, tant que ceux-ci ne CONNAÎTRONT pas les conditions d'ordre sous lesquelles l'humanité se développe, se maintient et prospère, conditions dont la première notion est dans la Loi de P. La bourgeoisie elle-même connaît-elle ces conditions? Ne tombe-t-elle pas à cet égard dans de grossières erreurs, dans des contre-

---

[1] Voyez les rapports du professeur Blanqui, du docteur Villermé, les enquêtes du Parlement anglais. « Le rapport des profits avec les salaires est un rapport d'hostilité. » Dupont-White. « Chez les nations les plus prospères une partie de P périt tous les ans de besoin. « J.-B. Say, *Traité*, l. 2, ch. xi, 3e édition, p. 157. « L'insuffisance des salaires est la cause la plus générale de l'indigence parmi les individus valides. » Rémusat, ministre de l'intérieur, 1840. (V. ci-dessus p. 119).

[2] Rossi, *Cours*, t. 3 cité au *Monit. univ.* 28/6/53.

sens grotesques? Par exemple (et théoriquement parlant),
ne la voit-on pas, en divers pays, chercher le remède à la
crainte qu'elle a des violences du pouvoir, dans l'institution
de la violence civile sous le nom de garde nationale?

L'instruction des masses est donc, à notre époque de développement, le vrai desideratum de la liberté. Il faut savoir
attendre et préparer. C'est folie de croire que l'obstacle
tienne à un homme, à une famille. « Philippe est-il mort,
dit l'un? Non, il n'est que malade, répond l'autre. Mort
ou malade, que vous importe, puisque, s'il n'était plus,
votre indolence et votre peu d'entendement, votre anarchie et vos divisions vous auraient bientôt fait un autre
Philippe? » (Démosth. *Disc. de la couronne.*)

On ne s'étonnera point après cela si le progrès moral que
la Démographie cherche à constater au sein des masses est
encore faible ou contestable en certains points.

§ 2. *Épreuve judiciaire.*

Il serait à désirer que l'on pût calculer la moyenne de moralité par un procédé direct et positif, comme on le fait à-peu-
près pour l'instruction. Mais ce procédé n'existe pas. L'évidente nécessité sociale de réprimer les actes coupables fait
qu'ils sont partout recherchés, punis et enregistrés. La nécessité de récompenser les actions vertueuses n'étant pas
généralement comprise, on ne s'en occupe point, ou
c'est seulement par exception et par privilége. Les lois ré-
pressives foisonnent chez tous les peuples policés, et s'y multiplient de plus en plus. Les lois rémunératoires n'existent
pas : elles ne seront peut-être jamais qu'en une séduisante
utopie... Ah! laissez-nous l'espoir que, dans l'avenir, un
heureux effort de la science sociale en enfantera le secret.

Résignons-nous cependant à étudier l'état de la moralité

dans le tableau de ce qui lui manque, le seul qui soit accessible à nos yeux.

Le bureau de statistique institué (seulement depuis 1825 par le directeur Guerry) près du ministère de la justice, dresse chaque année le *Compte général de l'administration de la justice* répressive en France. Le *Compte* de 1850 est accompagné d'un beau et solide résumé des 25 années antécédentes, qui fait le plus grand honneur au bureau, à son chef Arondeau, et au ministre Abbatuci. Ce travail, presqu'en tout point digne d'approbation, témoigne surtout d'une entente de la méthode démographique, d'autant plus remarquable qu'elle est encore fort rare, surtout au sein des bureaux constitués. Nous recommandons aux studieux particulièrement le tableau H (p. cxiv), qui appelle de longues et profondes méditations, non sans promettre de les bien récompenser.

La loi française donne aux faits répressibles trois qualifications : les *crimes*, pour lesquels *l'accusé* est renvoyé devant une cour d'assises ;

les *délits*, pour lesquels le *prévenu* est traduit en police correctionnelle ;

les *contraventions*, qui sont jugées par les tribunaux de simple police. Cette troisième classe, qui est beaucoup plus considérable, par le nombre des faits, que les deux autres ensemble, ne renferme pourtant que les infractions à certaines lois spéciales concernant presque uniquement la surveillance de la chasse et des forêts.

La Population de la France recevant des accroissements continus, on doit s'attendre à une augmentation simultanée des actes justiciables. Cette augmentation trouve un autre motif dans le perfectionnement de l'art administratif, qui a sa part des progrès par lesquels tous les arts se signalent en notre siècle, et qui laisse chaque année moins de faits répressibles échapper à la justice. Ce perfectionnement est démontré par la diminution continue du nombre des accusés contumaces. L'accroissement des accusations · et préventions est sensible en effet, de la première à la cinquième des périodes étudiées. Toutefois, il n'est pas régulièrement continu. La dernière période offre une brusque recrudescence, effet évident des diverses calamités qui s'y sont appesanties. C'est donc une période abnormale, sur laquelle il ne serait pas juste de s'appuyer pour rechercher l'état permanent ou la marche ordinaire de la moralité. Par ce motif, nous croyons rationnel de nous en tenir d'abord aux quatre premières périodes quinquennales.

CATÉGORIES.	1826-30	1831-35	1836-40	1841-45	1826-45	ACCROIS-SEMENT.	1846-50
Accusés.......	7 130	7 466	7 885	7 104	7 396	0	7 430
Crimes contre les personnes....	1 824	2 371	2 153	2 186	2 133	0.198	2 438
— Contre les propriétés......	5 306	5 095	5 732	4 918	5 263	0	4 992
Prévenus de délits........	49 452	36 267	69 553	78 379	58 363	0.583	100 063
— de contraventions.......	128 569	166 940	122 434	117 145	133 772	0	121 351
Somme des prévenus.......	178 021	203 207	191 787	195 524	192 135	0.098	221 414
Accusés et prévenus.......	185 151	210 673	199 672	202 628	199 531	0.094	228 844

De 1825 à 1845, la Population s'est accrue de 0.102 (chap. III, p. 49). Le nombre des faits répressibles, jugés durant ces vingt années, n'a pas augmenté dans cette proportion : il s'est accru, accusés et prévenus, de 0.094. L'accroissement est dû tout entier aux préventions; car les accusations ont diminué, loin d'avoir augmenté : en /41-45, le nombre des crimes dénoncés est moindre qu'en /26-30.

Voilà un premier témoignage juridique du progrès général de la moralité. Les masses se portent moins aux voies violentes ; leurs mœurs s'adoucissent.

La recherche des passions qui poussent aux crimes d'homicide et d'incendie fournit un second témoignage de cet adoucissement.

		1826-30	1831-35	1836-40	1841-45	1846-50	/ 26-50
1.	Haine, vengeance....	0.310	0.328	0.299	0.271	0.306	0.301
2.	Besoin, cupidité......	0.130	0.145	0.174	0.178	0.183	0.166
3.	Querelles, rencontres..	0.154	0.143	0.148	0.146	0.130	0.143
4.	Dissensions de famille.	0.136	0.106	0.118	0.138	0.129	0.126
5.	Amour, jalousie, débauche..........	0.135	0.119	0.119	0.119	0.112	0.119
6.	Divers motifs........	0.135	0.159	0.142	0.148	0.140	0.145
		1.000	1.000	1.000	1.000	1.000	1.000

Des cinq classes principales de passions violentes, instigatrices du crime, quatre ont subi diminution. Une seule s'est augmentée continûment : c'est celle que le ministre qualifie exclusivement de cupidité. Elle était la cinquième en influence, elle est devenue la seconde. Il n'y a pas eu accroissement de passions, mais déplacement, métastase.

Si l'on prend à part les prévenus de *délits* correctionnels,

	DÉLITS contre	/26-30.	/41-45.	ACCROISSEMENT.	PROPORTION.
1.	les propriétés: vols simples, escroquerie, contrefaçon, banqueroute, abus de confiance..	20 040	32 184	0.607	0.411
2.	les personnes : coups et injures	18 247	23 060	0.263	0.294
3.	l'ordre public : rébellion, outrages, mendicité, vagabondage.................	10 438	21 687	1.075	0.276
4.	les mœurs	727	1 448	0.992	0.019
		49 452	78 379	0.584	1.000

en laissant de côté les contraventions, dont le nombre a beaucoup diminué, on trouve que les délits se sont accrus au-delà de leur rapport avec l'accroissement de P.

La catégorie qui s'est le moins aggravée est celle des délits contre les personnes, ce qui se rapporte à l'adoucissement des mœurs que nous avons remarqué à propos des accusés.

La catégorie qui s'est le plus formidablement aggravée, est la troisième, celle qui comprend, entr'autres, les *délits* de mendicité et de vagabondage.

Avant de rechercher dans quelles circonstances s'est produite cette aggravation, jetons un regard rapide sur la période /46-50. Le surcroît des accusations ne porte que sur les crimes contre les personnes; et c'est seulement /49 et /50 qui y contribuent : ces deux années donnent les maxima des 25 ans. Viennent ensuite /32, /33 et /35.

Le nombre total des accusés est en /46 au-dessous de /26 et /27.

L'année 1847, qui reste au-dessous de la moyenne des trois périodes précédentes pour les crimes contre les personnes, s'élève au maximum des crimes contre la propriété. On reconnaît les *mauvais conseils* de la faim [1]. Après /47 viennent /32, /40 et /37.

Si la recrudescence qu'indique la cinquième période est due aux calamités qui l'ont frappée, on peut espérer qu'il y aura diminution dans la période suivante; et 1851 et /52 le font déjà voir. Dès 1850, la surexcitation commence à diminuer : la diminution est plus rapide en /51, plus encore en /52. Mais, à mesure que les attentats personnels deviennent moins fréquents, ceux contre la propriété, qui avaient considérablement baissé en 1848 et /49, commencent à remonter : il semble que les passions vindicatives et meurtrières, s'exaspérant, avaient arrêté le train ordinaire des passions cupides, et que, s'effaçant, elles le

[1] Virg. *Æn.* VI.

laissent passer. Toutefois la reprise est lente ; une partie de l'amélioration demeure acquise, et 1852 reste au-dessous du chiffre de toutes les années antérieures à 1848.

§ 3. *Circonstances qui influent sur la moyenne de moralité.*

Si l'on recherche les causes qui ont déterminé la progression des quatre classes de délits, on verra que tout ce qui ne tient pas à l'accroissement de P ou aux poursuites plus exactes de la justice peut être attribué

ou à une tendance à la démoralisation,

ou à la surexcitation universelle du mouvement social depuis la paix,

ou à l'augmentation de gène et de malaise dans quelqu'une des classes composant la Population.

a. *Surexcitation et malaise.*

Le travail industriel, arrêté par la compression et les longues guerres de la révolution et de l'empire, devait naturellement prendre à la paix un rapide essor. Ce mouvement, s'il eût été laissé à lui-même, se fût produit selon les lois propres à la nature humaine, et équilibré par l'action combinée de l'intelligence et de la liberté. Mais il a subi l'action de diverses causes perturbatrices, dont les principales sont les entraves douanières, l'avidité des gouvernements, la rivalité des nations. L'effet des prohibitions et des droits exagérés qui les valent, est de déplacer arbitrairement les viscères de l'industrie, de donner de l'enflure aux uns, de la maigreur aux autres, de les tenir tous dans un état de maladie, de souffrance et de crise imminente. Les gouvernements qui se regardent comme des êtres *sui generis*, et se font une vie et des intérêts à part, trouvant un accroissement de revenu dans les développements de l'industrie et du commerce, s'occupent de ces développements plus qu'ils ne devraient, les fomentent, prétendent les *favoriser*, mais en réalité les surexcitent et les dénaturent. De là, les mouve- ments imprévoyants, précipités, téméraires, et les chûtes fréquentes. Pour leur compte, les nations, ou plutôt les classes mercantiles, ne sont pas plus sages que leurs maî- tres : elles se laissent facilement éblouir, enivrer par l'i- mage de la fortune et de toutes les jouissances qu'elle pro- met. A cet entraînement se joignent les rivalités natio- nales : entre français, anglais et allemands, c'est une émula- tion folle : on veut produire plus que les autres et en tout genre ; pour produire plus, il faut consommer davantage : alors on ne consomme plus pour les simples besoins du bien- être, on consomme pour consommer, on érige les excès du luxe en principe *d'économie politique* ; on les encourage au lieu de les réfréner, et l'on se félicite de toutes les intem- pérances.

Est-il surprenant que l'activité humaine, ainsi détournée de son but, échauffée, égarée, pousse au précipice les indi- vidus chez lesquels dominent les penchants avides et qui ont la tête trop faible pour se conduire et rester debout au mi- lieu de ce galop infernal ?

Les preuves de l'exagération du mouvement social sont dans le *rapport* judiciaire que nous avons analysé. Pendant les 25 années qu'il résume, le nombre des morts acciden- telles s'est élevé de 4781 à 8691, accroissement 0.820 ; le nombre des suicides s'est accru dans une plus forte propor- tion, de 1739 à 3446, accroissement 0.980. Le nombre des sociétés de commerce s'accroît pareillement ; leur multi- plication est beaucoup plus considérable que celle des *pré- ventions* correctionnelles. La précipitation du mouvement commercial multiplie aussi les procès du genre : leur nom- bre s'accroît de 100 p. 0/0. De 1817 à 1850, les faillites ont triplé. Combien tout ce mouvement dépasse l'accroissement des actes coupables !

Le nombre des affaires civiles, loin d'augmenter comme les causes correctionnelles et commerciales, a diminué. La possession immobilière, qui ne s'accroît pas, est la matière des litiges civils, tandis que la possession mobilière est celle des crimes et délits. C'est une preuve à l'appui de l'accusation que nous portons, avec le ministre (*Rapport*, p. LXVI), contre l'exagération du mouvement industriel.

Quand on voit croître les accidents physiques et financiers plus rapidement que les accidents moraux, il faut donc conclure que le mal a sa cause dans l'activité plus excitée, dans l'agglomération plus serrée, et non dans la perversité aggravée. Il faut même reconnaître, si l'on est juste, que le principe moral a résisté, mieux que l'organisation matérielle, à l'entrainement, aux heurts, aux enseignements mauvais et aux autres causes de désordre.

Les effets de cette exagération transsudent de tous les documents officiels. Toutes les misères sur lesquelles l'administration étend la main pour y jeter quelque palliatif, s'augmentent d'une manière continue et bien au-delà de l'augmentation de P.

De 1830 à /40, la Population de la France s'est accrue (p. 49 ci-dessus) de 0.0465

De /35 seulement à /40, le nombre des aliénés s'est accru (*Stat. Fr. Adm.* I. n° 39) de 0.2920

De /33 à /41, le nombre des malades admis dans les hospices et hôpitaux s'est accru (*Ib.* p. 230) de 0.1335

Le nombre des pauvres assistés à domicile par les bureaux de secours s'est élevé de 700 826 à 806 970 (*Ib.* n° 42) : accroissem. 0.1500

Le mouvement des prêts sur gage exprime plus vivement encore la gêne publique : le nombre des articles déposés aux **41** *Monts-de-piété* de France s'élève,

de 2 092 044 en 1830,

à 2 987 615 en 1840 (*Ib.* n° 50). Accroissement. . . . 0.4260

Avec la gêne de l'engagement croît la torture du dégagement :

	1834	1841
Effets engagés.	1. 000	1. 000
— dégagés.	0. 816	0. 779
— réengagés.	0. 145	0. 166
— vendus.	0. 039	0. 055

Le nombre absolu des articles vendus a doublé :

1834.	81 696	1841. . . .	161 971

L'accroissement des plaisirs fait un contraste poignant
avec l'accroissement des souffrances; mais l'un et l'autre
mesurent la force du torrent : le droit prélevé à Paris,
pour les pauvres, sur les amusements des autres (l'auteur
du document dit, *jocosè*, « sur les amusements *publics de
la ville* de Paris »), part de 300 000 francs en l'an V, et
touche à 900 000 en 1840 (*Ib.* nº 45). Accroissement
2.000. Le rendement du droit a triplé.

Enfin, ce qui démontre le plus vivement l'augmentation
du malaise dans quelqu'une des classes qui composent la
Population, c'est l'extraordinaire accroissement de la mendicité. De tous les maux dont on déplore l'aggravation, aucun ne s'est élevé aussi brusquement et aussi haut. Le
ministre déclare que le nombre des prévenus de ce *délit*
a décuplé (966 — 8 317) ! Le vagabondage s'est élevé
de 2 910 à 6 661.

Quand on a dû constater de tels faits, comment peut-on
attribuer à la seule cupidité l'accroissement des délits contre
la propriété? Nous demandons au ministre de la Justice si
le froid excite la cupidité? Car nous lisons dans son *Rapport*
qu'on a compté,

d'avril à septembre. . . .	0.470 crimes contre la propriété,
d'octobre à mars.	0.530 » (*Cte-gén.* p. xlv).

Nous lui demandons ce qu'elle avait, pour exciter la cupidité, cette fatale année 1847, où les vols se sont aggravés de 0.33? Nous lui demandons aussi pourquoi les bâtards commettent plus de crimes contre la propriété que contre les personnes, comme il le note p. xx ?

Le besoin ne justifie pas le crime ; mais sans le justifier il l'explique, et il en indiquerait le préservatif, s'il y avait des oreilles ouvertes pour l'entendre. Frappez de toute votre réprobation le garçon qui souffre seul, et qui ne sait pas souffrir jusqu'à la mort plutôt que d'aller au déshonneur. Mais le père de famille, ce n'est pas la cupidité, c'est le besoin qui le pousse au crime et au délit. Nous le lisons dans les registres des bagnes : cet enseignement doit-il être méconnu? Les forçats, mariés ou veufs, se distribuaient ainsi en 1836-42 (*Stat. Fr. adm.* II. n° 75) :

0.237	étaient sans enfant,
0.216	avec un enfant,
0.547	avec plusieurs enfants.
1.000	

On peut présumer qu'il en était de même pour les détenus des maisons centrales. Le gros volume cité ne donne à cet égard qu'un document insignifiant, qui se rapporte à la seule année /43, — document qui n'est point statistique, mais matière inerte. Lisons-y pourtant, en passant, qu'il y avait :

0.230	détenus, mariés sans enfant,		
0.222	»	»	avec un enfant,
0.548	»	•	avec plusieurs enfants.
1.000			

MALESUADA FAMES. Est-ce que *fames* doit se traduire cupidité ?

Non, encore une fois, le besoin ne justifie pas le crime. Les théologiens disaient, s'il nous en souvient, *metus gravis*

tollit voluntarium, ce qui nous a toujours paru un enseignement peu moral. Aussi nous ne disons pas *egestas tollit ar-
bitrium.* Mais nous disons qu'on accélèrera immanquable-
ment le progrès de la moralisation, en prenant les mesures
efficaces indiquées par la vraie science économique, pour
faire germer l'aisance dans tout le champ social qui, sauf
quelques oasis, est encore en friche.

Il n'y a nulle raison de croire que la France souffre seule
des maux résultant d'un développement précipité. Les renseignements spéciaux nous manquent généralement sur les
pays étrangers. On a énoncé devant une savante compagnie
que, dans un grand État où se trouvent l'extrême activité et
l'extrême condensation industrielles, la justice poursuit
quatre fois plus de meurtres, de vols et autres crimes que
dans le nôtre (*Ctes r. ac. sci.* /38, VI. 160). Mais à des assertions aussi graves il faudrait des preuves. Nous trouvons
qu'à Wien, à Milan, les morts d'apoplexie s'accroissent
d'une manière continue (Balbi, *scr.* I. 171).

Dans l'État sarde (terre-ferme), les *Informazioni* (IV, 331)
constatent l'augmentation continue des suicides, mais augmentation moindre que celle de la Population.

ÉTAT-SARDE.	Suicides.	Accr. annuel.	Accr. annuel de P.
1825-29	258		
/30-34	336	0.0053	0.01555
/35-39	379	0.0024	0.00755

Il y a progrès d'aisance et de moralité. Observez de plus que
l'accroissement des suicides va diminuant, comme celui de
P. On peut donc penser que les pays où le développement
industriel est moins précipité, sont exempts de ces accroissements de souffrances qui frappent les autres. Aussi le Piémont n'a-t-il, même dans la deuxième période, que 1 suicide
sur 50 300 V, tandis qu'il y en a 1 sur 13 300 en France,
période 1836-40 (*Cte gén. just.* XCI).

Nous croyons avoir démontré que l'accroissement des délits au-delà de l'accroissement de P est dû en premier lieu à une imprudente surexcitation sociale, en second lieu au malaise croissant de quelque classe de la Population. D'Ivernois en indique une troisième cause, à laquelle nous nous rangeons complétement. L'augmentation des délits contre la propriété est, dit-il, une suite naturelle de l'augmentation des richesses (en quelques mains), « richesses dont l'étalage stimule les « convoitises de la classe qui en est privée » (*Bibl. univ.* /10/33). Cette observation avait déjà réuni dans la même pensée deux illustres publicistes, que l'on ne s'attend pas à trouver ensemble, Bonald et Jean-Jacques, l'un demandant « si, pour bannir la men-
» dicité, il ne faudrait pas commencer par prévenir l'ac-
» croissement immodéré des fortunes » ; l'autre, faisant de ce soin « l'une des plus importantes affaires du gouver-
» nement » (*Enc. méth. Economie*).

b. *Agglomération et industrialisme.*

Si l'accroissement des délits est dû aux causes que nous lui avons assignées, il doit s'être produit plus particulièrement parmi les lieux et les professions qui sont le plus soumis à l'action de ces causes. Le *Compte général* signale, en effet, la classe qui paie les plus gros tributs à la justice répressive.

« L'augmentation des délits est surtout considérable dans les arrondissements industriels et où il existe de grands centres de population » p. LXVI.

Il est très-fâcheux que les *Rapports* et *Comptes rendus* ne mettent pas à même de reconnaître par des nombres les lieux de provenance des prévenus. On peut cependant s'en faire une idée par les départements où ils ont été jugés, attendu qu'il y en a, en moyenne, 0.869 jugés dans le département où ils sont domiciliés.

Voici, à gauche, les départements où il y a eu le plus de préventions, à droite, ceux où il y en a eu le moins :

1 prévenu sur		1 prévenu sur	
127 V.	Seine.	518 V.	Manche.
160 —	Haut-Rhin.	518 —	Tarn.
169 —	Bas-Rhin.	527 —	Haute-Loire.
175 —	Doubs.	531 —	Orne.
184 —	Seine-et-Oise.	537 —	Corrèze.
190 —	Aisne.	559 —	Sarthe.
204 —	Rhône.	578 —	Lot-et-Garonne.
215 —	Corse.	601 —	Ariége.
227 —	Seine-et-Marne.	680 —	Cantal.
231 —	Aube.	698 —	Creuse.

Le contraste de ces départements confirme l'accusation portée par le ministre contre les grosses agglomérations industrielles.

Le *Nord* ne se trouve point parmi les 10 premiers : on s'en étonnerait, si l'on ne voyait sur la carte de France et de Belgique quelle longue ligne d'échappement il offre aux coupables.

La provenance des *accusés* est formulée avec plus de précision, dans le *Compte-général* :

0.39 appartiennent aux villes,

0.61 aux campagnes. Or, la Population des villes étant à celle des campagnes : : 1 : 4, le rapport des accusés des villes à ceux des campagnes, proportionnellement à la Population respective, est : : 4 : 1.56. Pour tous les vols sans distinction, les campagnes ne fournissent que 230 coupables, les villes 770 (proportionnellement à P). Ainsi, il serait plus exact de prendre la Population des villes que la Population totale pour y rapporter l'accroissement des délits, et l'on trouverait cet accroissement beaucoup moindre. On en affaiblira encore l'importance, en remarquant que, de 1825 à /45, la Population des villes ne s'est accrue, à la vérité, en moyenne générale, que de 0.39, mais qu'une foule de petites villes inertes sont restées à-peu-près stationnaires, tandis que celles qui ont levé le drapeau de l'industrie active, ont enrôlé de toutes parts de nouveaux habitants, ont doublé, triplé la Population qu'elles avaient à la reprise du travail. Ces énormes agrandissements ont eu lieu surtout aux portes des plus grandes villes ; et l'on ne peut nier que ces banlieues, qui ressemblent un peu à la Rome de Romulus et Rémus, ne contribuent pour la plus grande part à entretenir l'activité des tribunaux répressifs.

Le *Compte-général* donne aussi (p. xxiii) la proportion des professions parmi les accusés :

Agriculteurs	0.368.
Ouvriers de tous métiers et traficants.	0.367.
Commerçants.	0.088.
Domestiques attachés à la personne.	0.072.
Professions libérales et fonctions publiques. . .	0.053.
Vagabonds, f. publiques.	0.047.
	1.000

Ce qui, comparé avec le tableau des professions, p. 194, donne

1 accusé sur 210 agriculteurs,
       162 fonctionnaires et gens instruits,
       112 ouvriers,
        66 vagabonds, ...

On n'ose continuer : car pour les commerçants et les gens de maison on tombe sur des nombres assourdissants. Combien il est urgent de convenir d'un classement des professions et de publier complétement ce qu'on aura classé ! Si, dans la même ville, à quelques pas de distance, deux bureaux ministériels font des classements impossibles à confronter, comment s'entendra-t-on entre nations ?

Les villes sont encore cruellement accusées par le résultat

ci-dessus, puisque les professions libérales paraissent plus entachées que la profession agricole.

Aussi les villes sont aux campagnes, quant au nombre des forçats qui en proviennent, comme 3 429 est à 6 020. Leur Population étant 4 fois moindre, leur part proportionnelle est plus que double (*Stat. Fr. Adm.* II. n° 71).

Franscini calcule, pour la Suisse, 1 condamné sur 665 habitants, vers 1840 (P 0.0015). De /27 à /44, sur une Population qui ne s'est accrue que de 0.17, les condamnations se sont accrues de 0.38. L'auteur ne veut pas que l'on attribue cette aggravation à démoralisation : il affirme qu'elle doit s'expliquer par une action plus exacte de la police judiciaire. Zürich avec ses métiers, et Fribourg avec ses jésuites, dépassent de beaucoup la moyenne du pays : à Zürich 1 condamné sur 435, à Fribourg 1 sur 400 (*Nouv. stat.*, p. 84, 86).

La Belgique accuse à son tour la fâcheuse influence que l'industrie agglomérée et désordonnée exerce sur la moyenne de moralité. Au 31/12/49, ses prisons retenaient 1 condamné sur 480 habitants des villes, 1 sur 1125 habitants des campagnes. Voici les provinces belges rangées dans l'ordre du moindre nombre des condamnés détenus, originaires de chacune d'elles. [3] numérote les mêmes provinces d'après la prédominance de P_a (la Population agricole) sur P_i (la Population industrielle) (Heuschl. *Bull. comm. centr.* V, 391).

Les industries assises et casanières (Flandres) disposent au vice plus que celles qui exigent l'activité et la locomotion (Liége, Hainaut). Il est vrai que celles-ci sont mieux rétribuées, et plus régulièrement. Le démon qui damne et qui tue, c'est le chômage.

Remarquez la situation de la moyenne : les trois derniers départements, qui sont les plus *coupables (turpis egestas!)*, suffisent à en équilibrer six qui le sont moins.

RANG de moralité.	PROVINCES Belges.	P_a/P_i.	Industries.
[1]	[2]	[3]	[4]
1.	Namur.	3.	Vie agricole.
2.	Luxembourg.	2.	Vie agricole.
3.	Liége.	8.	Extraction de fer, de houille ; métallurgie.
4.	Limbourg.	1.	Vie agricole.
5.	Hainaut.	7.	Extraction de houille ; métallurgie.
6.	Brabant.	4.	
	BELGIQUE.		
7.	Anvers.	5.	
8.	Flandre orient.	6.	Lin et coton filés, tissés.
9.	Flandre occid.	9.	Lin et coton filés, tissés.

c. Influence des cultes.

Nous ne disons pas influence de la religion. Qui pourrait nier que le sentiment religieux, quand il est vrai, ne vienne à l'appui de la morale? Mais la religion est dans l'impénétrable sanctuaire du cœur : elle est « le règne de Christ », qui n'est pas de ce monde matériel et visible. Elle ne fournit pas de faits à classer.

Pour les cultes, c'est autre chose. Ils ont corps saisissable, organisation, hiérarchie, signes de ralliement, nombre, quantité relative. Le culte est en Angleterre un moyen de gouvernement pour une papesse, en Russie un instrument de conquête, de fascination et d'abrutissement ; à Stamboul un croissant sur la poignée d'un cimeterre rouillé ; à Miaco une crosse et un sceptre soudés au feu et moirés au sang. Le culte est partout un salaire, une conscription, une propagande, enfin un intérêt, comme l'a dit un croyant[1]; et comme tel il se peut calculer.

---

[1] Montalembert, *Des intérêts catholiques au 19e siècle.* Voyez aussi le mandement de l'évêque d'Amiens, publié dans le *Journal des Faits* 23/1/53. Ce mandement énonce avec beaucoup de candeur les termes du *traité* que *l'Église conclut avec le pouvoir de fait qu'elle rencontre sur son chemin*, et les *conditions* et les effets de ce traité.

Le culte participe à l'immutabilité du Dieu qu'il sert. Son *intérêt* est par conséquent en opposition naturelle avec le progrès. Il participe de plus à la tendance envahissante de tout pouvoir : et, comme Dieu ne peut se soumettre aux hommes, il faut que le culte domine ou périsse. C'est ce que l'on peut bien observer dans les pays où l'état *social* ancien n'a pas encore été altéré :

» Dans l'Orient, les mœurs, les religions et les lois sont
» soudées ensemble, et formant un réseau compliqué, oppo-
» sent une résistance des plus énergiques à toutes les innova-
» tions... Dégager l'État de l'étreinte des diverses religions,
» tel est le problème à résoudre... et l'on peut se souvenir
» par quelles crises terribles ont passé les nations les plus
» avancées de l'Europe pour atteindre au pareil but. »
(*Mon. univ.* 10/9/54).

Un vieux proverbe témoigne pourtant que le genre humain place dans son estime la Loi de conscience fort au-dessus du culte ou *loi révélée*. Nous le rapportons, quoiqu'il soit d'une crudité populaire, et précisément à cause de cette crudité, qui est son cachet d'authenticité :

« Je cracherais sur l'Évangile plutôt que de mentir ».
Ce qui signifie en simple langage philosophique : « Il est
» évident que la morale existe indépendamment des idées
» religieuses » (Guizot, *Hist. de la civil.* p. 136).

Le comte d'Angeville a fait (*Essai stat.* p. 338, 7° *tabl.*) un classement des départements français d'après leur catholicité, qu'il évalue par le rapport de leur impôt direct à leurs souscriptions pour la *propagation de la foi* en 1827-34. En considérant ce curieux tableau, où la criminalité est mise en regard de la souscription religieuse, on voit se former 4 catégories, qui répondent aux variétés morales de l'espèce :

1re. Dans certains départements la foi va avec l'innocence :

Rhône,	Ille-et-Vilaine,	Gironde,	Meurthe,
Loire,	Vendée,	Landes,	Saône-et-Loire,
Loire-inférieure,	Finisterre,	Lot-et-Garonne,	Var,
Ain,	Haute-Garonne,	Hérault,	Mayenne,
Bouches-du-Rhône,	Gers,	Isère,	Morbihan ;

2e — ou déserte avec elle :

Ariége,	Eure,	Ht.-et-Bas-Rhin,	Pyrénées orientales,
Basses-Alpes,	Gard,	Oise,	Seine-et-Marne,
Lot,	Loir-et-Cher,	Orne,	Seine-et-Oise,
Aveyron,	Moselle,	Seine,	Seine-inférieure.

3e. Dans d'autres, l'innocence va toute seule :

Cher,	Nord,	Maine-et-Loire,
Nievre,	Dordogne,	Deux-Sèvres,
Creuse,	Indre,	Hautes-Pyrénées.

4e. Dans d'autres, enfin, la foi va avec le crime :

Vaucluse,	Doubs,	Puy-de-Dôme,
Cantal,	Haute-Loire,	Haute-Saône,
Calvados,	Lozère,	Tarn.
Ardeche,	Haute-Marne,	

Dans la 1re catégorie, on trouve une foi éclairée ou comprenant bien son *intérêt ;* dans la 2e, on croit voir étouffer du même coup la conscience et la foi ; la 3e montre la conscience écoutée, conduisant l'homme libre à la vertu ; la 4e offre des exemples du fanatisme aveugle, ignorant et cruel.

Ces catégories ont chacune leur région principale, dont le sol semble plus spécialement propice à chaque sorte de religiosité.

La 1re catégorie, la plus considérable, embrasse toute la *Bretagne,* et s'étend dans le bassin de la *Loire* et dans ceux du *Rhône* et de la *Garonne ;*

La 2e attriste le bassin de la *Seine*, de *l'Oise*, de *l'Eure* et de *l'Orne*, et quelques départements épars ;

La 3e forme un seul tennement de la *Nièvre*, du *Cher*, de *l'Indre* et de la *Creuse*, qui s'arrondit à distance par *Maine-et-Loire*, les *Deux-Sèvres* et la *Dordogne*.

Remarquons de nouveau la position exceptionnelle du *Nord*.

La 4e enfin semble verser la violence avec les torrents des hautes montagnes, où sont les sources des fleuves et des races.

En Suisse on voit, aux deux premiers rangs de la criminalité, Fribourg le catholique et Zürich le protestant, aux derniers rangs Argovie et Saint-Gall, cantons mixtes. Si cette observation pouvait se généraliser, on en conclurait que, quand un culte règne seul, il laisse, quel qu'il soit, flotter les rênes des passions ; mais que, quand deux cultes sont en présence et leurs forces balancées, ils se surveillent l'un l'autre, et se contiennent. Ce serait un argument de plus, s'il en était besoin, en faveur de la tolérance et contre les cultes d'État.

d. *Influence de l'instruction.*

Le *Rapport* du ministre de la justice relève la diminution continue du nombre des accusés ne sachant ni lire ni écrire,

PÉRIODES.	ACCUSÉS illettrés.	CONSCRITS illettrés.
[1]	[2]	[3]
1826-30.	0.61	0.57.
1831-35.	0.58	0.48.
1836-40.	0.57	0.44.
1841-45.	0.52	0.40.
1846-50.	0.51	0.36.
Diminution.	0.16	0.25.

et remarque avec raison que ce mouvement est un nouveau

témoignage des progrès de l'instruction en France. Il aurait pu ajouter que c'est en même temps un nouvel indice du progrès de la moralité. Il dit seulement que la diminution a été plus forte sur les crimes contre les propriétés que contre les personnes, et il en donne pour cause unique qu'il y a eu diminution des accusés de vol (parmi lesquels il y a beaucoup d'illettrés), et augmentation des faussaires, qui savent presque tous lire et écrire. Mais pourquoi moins de vols et plus de faux ? Il nous semble qu'il faut retourner l'explication, et dire : il y a proportionnellement moins de voleurs et plus de faussaires, parce qu'il y a plus de gens sachant lire et écrire.

L'instruction diminue le nombre des crimes de vol : c'est un fait. Quant aux faussaires, si leur nombre s'accroît autant ou plus que la Population agglomérée, c'est que l'instruction a besoin d'être étendue et complétée. Étendez-la, complétez-la : il dépend de vous, il vous incombe.

Les accusations rurales entrent pour	0.41 contre les personnes, 0.59 contre les propriétés ;	les accusations urbaines, pour	0.30 0.70

Ainsi, instruisez mieux les paysans, le nombre des crimes violents diminuera encore.

L'instruction oppose une digue aux mauvaises passions. Vous en avez la preuve dans le tableau de la page précédente, où l'effet de l'instruction sur les accusés [2] est confronté avec son effet général sur la Population [3]. S'il n'était pas vrai que l'instruction lutte contre les suggestions coupables, la diminution des illettrés chez les accusés serait la même que chez les conscrits : or, elle est de 0.25 chez ceux-ci, et seulement de 0.16 chez ceux-là.

C'est ce qui apparaîtra d'une manière encore plus frappante par le tableau suivant, où les mêmes nombres authentiques sont reproduits avec leur rapport à la Population adulte.

FRANCE.

	1826-30.	1846-50.
Habitants adultes (15 ans et au-delà).	22 200 000	25 700 000
— illettrés	13 820 000	9 300 000
— lettrés	8 380 000	16 400 000
Accusés (moyenne annuelle).	7 130	7 430
— illettrés	4 350	3 780
— lettrés.	2 780	3 650
Un accusé illettré sur.	3 180 V	2 460 V
— lettré sur	3 020 V	4 500 V
Accroissement proportionnel des accusés illettrés		+ 0.228
Diminution proportionnelle des accusés lettrés.		— 0.490

Nous voudrions pouvoir entrer dans le détail des départements. Il en sortirait sans aucun doute de précieuses lumières. Mais il faudrait que l'on nous fît connaître, pour chacun, l'origine des accusés et des prévenus. La *Stat. de Fr.* en donne un tableau par départements (*Admin.* II, nº 47). Nous n'en pouvons faire usage, parce que ce tableau ne relève qu'une année, au lieu d'une période. Nous sommes obligés de stigmatiser ce mépris de la méthode statistique, toutes les fois qu'il se représente, parce que, s'il n'est pas de faute plus commune, il n'en est pas de plus nuisible à la science.

On a donné ce tableau pour une fois; on le peut donner pour chaque année : on le doit. L'administration se le doit à elle-même.

e. *Influence de l'état civil.*

La proportion des célibataires, parmi les accusés, est plus que double de celle des mariés :

FRANCE. 1825-50.

ACCUSÉS	$V_{15-\infty}$ (P adulte).	PROPORTION.	1 ACCUSÉ sur
célibataires	0.563	0.367	1.517	2 340
mariés	0.392	0.535	0.733	4 800
veufs	0.045	0.098	0.458	7 550

(Cte gén. xv. P. II. 261.)

Ainsi, le Mariage, qui est, en lui-même, un hommage rendu à l'ordre social, est aussi, par son influence, un puissant secours pour l'observation des lois civiles, une aide efficace dans la lutte contre les mauvais penchants.

Il suit de là que l'accroissement de la proportion des gens mariés ou veufs dans une Population doit être regardé comme un indice de progrès moral.

FRANCE. PROGRÈS DE L'ÉTAT DE FAMILLE,
présumé d'après les recensements (P. I. n° 41 à 46. II. n° 17 à 19).

	P'			P''			P		
	célibat.	mariés.	veufs.	célibat.	mariées	veuves.	célibat.	mariés.	veufs.
1801	0.5625	0.4375		0.5465	0.4535		0.5545	0.4455	
1806	0.5890	0.3650	0.0460	0.5605	0.3535	0.0860	0.5747	0.3592	0.0660
1821	0.5755	0.3790	0.0455	0.5525	0.3570	0.0905	0.5640	0.3680	0.0680
1831	0.5755	0.3792	0.0453	0.5455	0.3645	0.0900	0.5605	0.3718	0.0676
1836	0.5775	0.3775	0.0450	0.5424	0.3630	0.0946	0.5599	0.3702	0.0698
1841	0.5775	0.3772	0.0453	0.5437	0.3590	0.0973	0.5606	0.3681	0.0713
1846	0.5660	0.3900	0.0440	0.5260	0.3820	0.0920	0.5460	0.3860	0.0680
1851	0.5605	0.3925	0.0470	0.5204	0.3860	0.0938	0.5404	8.3892	0.0704

La proportion des mariés augmente, celle des non-mariés diminue : ce qui démontre à la fois le progrès de l'esprit de famille et le progrès de la durée de la vie aux âges adultes.

PAYS.	ANS.	CÉLIBATAIR.	MARIÉS.	VEUFS.	
France............	1851	0.541	0.389	0.070	*Recens. l. c.*
Suisse	1850	0.543	0.380	0.077	Franscini[1].
Etat-Sarde........	1838	0.589	0.345	0.066	*Inform. Cens.*
Saxe roy..........	1849	0.589	0.352	0.060	*Mitth..* I. 175.
Dalmatie..........	?	0.590	0.340	0.'70	Hain, 304.
Danmark..........	1850	0.608	0.333	0.059	Ib.
Slesvig, Holst. Lau.	1845	0.616	0.322	0.062	Ib.
Belgique...........	1846	0.639	0.305	0.056	*Exp. sit.* 11.
Bavière..........	1840	0.657	0.294	0.049	*Beitr.*

La comparaison se pourrait faire plus correctement, si l'on était à même de l'établir avec exactitude entre mariés ou veufs et *célibataires nubiles* : ce serait plus juste et moins défavorable aux pays où la charge des enfants est plus grande à cause de la brièveté de la vie.

Nous sommes confus d'avouer que nous n'avons pas su trouver l'état de famille dans les ccxxi pages du *Census of Great Britain /*51, ni dans les *Annual Reports of the Registrar-general.*

Nous avons peine à admettre que la Belgique, qui ordinairement coudoie la France, s'en éloigne autant en ce point. Nous ne savons pas expliquer cette divergence : car, quand on supposerait que les cent et quelques mille hommes qu'elle nous prête fussent mariés pour la plupart, et qu'on les rétablît au contrôle civil, cette rectification ne relèverait pas d'un numéro notre bonne voisine. Il est fort à souhaiter que l'on arrive à pouvoir dresser la démographie des absents.

Quant à la Bavière, tous ses registres sont concordants : il n'en est pas un qui ne dénonce son pitoyable état social.

---

[1] L'état civil, que l'auteur appelle très-bien l'*état de famille*, n'est donné, au recensement de 1850, que pour 1 942 740 habitants.

§ 4. *Unions illégitimes.*

Il est une classe d'actes répréhensibles, que les lois ne répriment pas, sans doute parce qu'elles trouvent des complices dans les victimes de ces actes. Ce sont les unions illégitimes. Indépendamment du préjudice qu'elles causent à la femme en la mettant hors des lois qui lui confèrent un état civil, elles nuisent à la société entière, sous plusieurs rapports, mais notamment en ce qu'elles diminuent son élément viril, le seul qui soit destiné au travail, et en ce qu'elles aggravent les décès du jeune âge. Le premier point a été établi, chap. VII, où l'on a vu que les États qui comptent le plus de naissances illégitimes sont aussi ceux où le déficit de P' est le plus grand et le plus persistant (Saxe, Bade, Württemberg, Bavière). Le second point se constate par l'énorme excès de mort-nés que présente cette classe d'enfants (v. ci-dessus, p. 154), et par la mortalité qui s'appesantit sur elle. Le fait de cette mortalité est notoire dans toutes les grandes villes et dans les pays où surabondent les naissances naturelles. Le docteur Hermann était bien placé pour l'étudier ; il n'a pas manqué à l'appel de la science. Sur ses laborieux relevés, nous avons pu établir la survie et la mortalité respectives des enfants légitimes et illégitimes.

BAVIÈRE, 1835-44 (Herm. *Beitr.*).

SURVIE.	LÉGIT.	ILLÉGIT.	MORTALITÉ.	LÉGIT.	ILLÉG.
Conceptions	1000	1000			
N viv.	972	966	ND	0.0289	0.0323
S_0	686	640	d_0	0.2940	0.3400
S_1	647	602	d_1	0.0563	0.0590
S_2	629	584	d_2	0.0287	0.0289

Engel constate, en Saxe, un excès pareil de mortalité sur les enfants illégitimes (*Mitth.* II. *Enleit.* 88).

	LÉGIT.	ILLÉGIT.
1847-9. $d_0 = D$ 0.2301.		0.2886.

Nous avons rapporté, au chapitre précité, page 153, tous les témoignages que nous avons pu réunir sur la proportion des Naissances illégitimes chez les diverses nations. Voici, en y joignant les renseignements que **J.** Hain fournit sur les provinces autrichiennes, l'ordre dans lequel on peut classer sous ce rapport les États de l'Europe, en commençant par ceux qui comptent le moins de ces Naissances hors la loi.

État sarde (*t.* ferme).	Provinces rhénanes (*gr.* duché).	Moravie.
Vénétie.	France.	Silésie.
Istrie.	Slesvig et Holstein.	Saxe roy.
Dalmatie.	Prusse (sans prov. rhén).	Boheme.
Lombardie.	Krain.	Haute-Autriche.
Tirol et Vorarlberg.	Belgique.	Bavière.
Toscane.	Palatinat.	Salzburg.
Naples (*t.* ferme).	Galizie.	Styrie.
Suède.	Hanovre.	Istrie.
Angleterre.	Württemberg.	Basse-Autriche.
Bukovine.	Danmark.	Karinthie.

On éprouvera quelque surprise à voir que les pays qui tiennent le haut bout pour la légitimité des Naissances sont méridionaux et de race italique... Il est peut-être, avec le mariage comme *avec le ciel, des accommodements...* La Suède et l'Angleterre se trouvent fourvoyées parmi eux : pour la première, le chiffre est un peu ancien ; pour l'autre, nous avons déjà fait nos réserves sur les défectuosités de sa statistique. Il est fort à présumer que la police des mœurs est nulle ou très-négligée dans ses grandes villes, au moins si l'on en juge par la capitale.

Dans cette ébauche de classement doit-on reconnaître une influence de race ? On est porté du moins à la soupçonner, en voyant groupés au haut de la liste les pays qui sont italiens en tout ou en partie, — au milieu les pays qui sont français ou qui l'ont été (Galls, Celtes, Belges, Palatins, Westphaliens), les Danois et les Slaves, — au bas la plupart des pays allemands, notamment et presque tout d'un trait ceux qui obéissent à Sa Majesté Apostolique.

La Saxe et la Bavière ne sont guères mieux que les fiefs de l'Autriche, et la première paraît reculer encore au lieu d'avancer (p. 153 [4]). Nous avons déjà remarqué chez elle (p. 181) l'énorme déficit de P', qui reste au-dessous de P'', peut-être dès l'âge d'un an, rare et terrible effet de l'énorme fréquence des Naissances illégitimes, qui font tout à la fois

$$N'/N'' \langle \quad \text{et} \quad D'/D'' \rangle .$$

Le désordre général des mœurs est une cause continue d'affaiblissement et de dégénérescence pour une nation. On ne saurait trop signaler aux Peuples Saxon et Bavarois et aux gouvernements qui les administrent avec si peu d'entendement, ce funeste résultat d'une législation vicieuse. L'exemple du Palatinat, qui les touche de près (sans en aller prendre plus loin), devrait leur ouvrir les yeux, et les convaincre que la justice des lois fait la moralité des peuples.

La Prusse, qui est allemande plus qu'aux 3/4, s'élève pourtant fort au-dessus du rang où descend cette race. Il est vrai qu'on y trouve beaucoup de mélange. S'il était permis de s'appuyer sur une année isolée (le Bureau de Berlin ne donne pas mieux), nous poursuivrions sur les provinces prussiennes l'influence des races, en y joignant celle des croyances, qui y sont diverses aussi (*Tabell.* 1).

PRUSSE 1849.	N illégit.	Catholiques.	RACES.
Rhin................	N 0.0384	P 0.063	Allemands, Français.
Westphalie....	0.0403	0.561	Allemands.
Posen.............	0.0565	0.634	Polonais, Juifs.
Preussen...........	0.0565	0.263	Lettes.
Moyenne des 6 pro-vinces...........	0.0794		
Poméranie........	0.0825	0.754	Allemands, Kassoubes (Slaves).
Sachsen	0.0910	0.063	Allemands.
Brandebourg........	0.0910	0.009	Allemands, Wendes.
Schlesien...........	0.0990	0.477	Allemands , Wendes , Czèches.

Les deux premières provinces témoignent hautement de l'heureuse action d'une législation améliorée, d'un état social moins inique. Dans les autres c'est l'influence de race qui paraît prédominer : les Allemands vont partout au-delà de la moyenne du déréglement des mœurs, tandis que les Lettes, les Polonais et les Juifs restent en deçà. Toutefois, il faut ajouter que les provinces de *Posen* et de *Preussen* sont essentiellement agricoles, tandis que la *Silésie* et le *Brandebourg* sont manufacturiers. Le Brandebourg a la capitale du royaume et d'autres grandes villes.

Cette observation nous indique que l'agglomération urbaine et l'inorganisation industrielle ne provoquent pas moins aux unions illégitimes qu'aux délits répressibles.

Les départements de France vont nous donner le même enseignement. Ceux qui ont la plus grande proportion de N illégitimes, sont en 1846-50 (P. II. n° 43) :

Seine..................	0.2840	Landes..................	0.0953
Gironde................	0.1412	Haut-Rhin...............	0.0911
Rhône.................	0.1583	Bas-Rhin................	0.0906
Seine-inférieure.........	0.1175	Bouches-du-Rhône........	0.0902
Calvados..............	0.1073	Nord...................	0.0890

Dans cette liste peu honorable, on trouve les cinq plus grandes villes de France, que suivent de près Lille, Strasbourg et Caen. La fâcheuse influence de l'agglomération excessive est donc hors de doute. Elle peut être regardée comme la circonstance la plus propre à multiplier les Naissances illégitimes. Mais elle n'est pas seule en cause. Outre les plus grandes villes, on voit aussi dans cette liste les départements les plus renommés pour leur industrie manufacturière. Cette industrie (telle qu'elle se pratique jusqu'à présent) est donc bien complice de la démoralisation urbaine.

Le département des *Landes* est étrangement fourvoyé là. C'est d'autant plus singulier que, dans tous les autres départements marécageux, le nombre des illégitimes reste au-dessous de la moyenne de la France. Étude à faire sur les lieux. Il y a peut-être quelque influence spéciale, soit de race, soit de climat; car les *Basses* et *Hautes-Pyrénées* suivent d'assez près les *Landes*.

Au reste, il ne faut pas omettre de remarquer que la France, qui est le grand pays agricole, constate dès aujourd'hui un progrès dans le respect de l'état-civil de la femme. On a vu, à la page citée 153, que la proportion des Naissances illégitimes diminue constamment depuis 1831-35. Cette diminution continue même dans les quatre premières années de la dernière période; et 1850 est la seule qui y fasse exception.

Le Würtemberg et la Bavière annoncent un progrès analogue, constaté pour l'un jusqu'en 1842, pour l'autre jusqu'en 1850.

La Belgique paraît être encore dans la crise de croissance manufacturière. On ne peut lire sans chagrin (*Exp.* p. 20), que la proportion des N illégitimes continue de s'accroître chaque année, dans toutes les provinces hors une. L'accroissement est moindre dans celles où l'on ressent moins la fièvre industrielle.

PROVINCES BELGES. Accroissement des Naiss. illégit., de 1841 à /50.

Brabant	0.2700	Anvers	-0.0784
Flandre occ.	0.2045	Limbourg	0.0634
Flandre ori.	0.1690	Namur	0.0264
Hainaut	0.1472	Luxembourg	0.0200
Belgique	0.1468	Liége	0.0344

On remarquera cet étrange et attristant phénomène, que la diminution considérable de N, qui a eu lieu de /46 à 50, a porté toute entière sur les Naissances légitimes, au moins dans 6 provinces sur 9. Dans ces 6 provinces les illégitimes continuaient de s'accroître malgré les causes de décroissement. Il est vrai que c'est principalement en /49 et 50 que cet accroissement illégal se fait noter : dans ces deux années il a maculé toutes les provinces sans exception.

Dans le détail de la statistique anglaise (8th report, p. 78), les N illégitimes sont distribuées d'une manière bizarre, et que nous ne saurions expliquer de loin. C'est un problème intéressant à résoudre, un curieux champ d'étude, que nous voudrions bien pouvoir fouir.

Le catholicisme se vante d'opposer à l'entraînement des passions un frein plus fort que les autres cultes. Cette prétention n'est pas justifiée par le tableau prussien qu'on a lu page 264. Les catholiques, qui dominent en Poméranie, en Silésie, paraissent moins sages que les protestants du Rhin et de la vieille-Prusse. D'un autre côté, les Tabellen (qui ne fournissent pas leurs séries), donnent un résumé général, duquel on pourrait conclure que les catholiques ont moins de N illégitimes que les protestants, les juifs moins que les catholiques, et les memnonites moins que tous les autres :

PRUSSE.	N illégitimes. 1816-49.		
Protestants	N 0.0910	Juifs	0.0222
Catholiques	0.0625	Mennonites	0.0167

Mais, les deux dernières sectes étant extrêmement res-
treintes, nous devons nous souvenir et rappeler à l'éditeur
des *Tabellen* qu'il n'y a induction sûre à tirer que des très-
grands nombres.

L'influence catholique ne paraît pas plus forte dans l'État
bavarois, puisque les provinces de Palatinat, de Souabe et
de Basse-Franconie, plus qu'à moitié protestantes, sont au
premier rang pour le respect de l'état-civil (*Beitr*)

§ 5. *Mariage.*

Nous n'avons pas à nous occuper de ce que les auteurs appellent la *fécondité des Mariages* : cette expression est poé-
tique et sonore, mais elle n'a pas de sens démographique. La
fécondité est une faculté, une puissance qui appartient, non
pas au Mariage, mais à l'espèce, et sur laquelle il sera temps
de raisonner physiologiquement, quand les faits humains seront mieux connus. Le fait des Naissances est subordonné,
comme nous l'avons démontré, à l'équation générale des
subsistances, et par conséquent à la durée de la vie. Le mouvement moyen des Mariages est lié à tous les mouvements
de P. Si la vie est courte, les Naissances sont hâtives et les
Mariages précoces, comme dans les marais des Dombes et
sous la dévorante ardeur des Tropiques.

Dans l'ancienne France, lorsque P/D s'élevait à peine à
30, P/M allait à 110 (1 D sur 30 habitants, 1 M sur 110);
dans la nouvelle France, P/D dépasse 40, P/M dépasse 120,
va même jusqu'à 130. Nous ne voulons pas dire que les deux
rapports, de D et de M à P, se suivent constamment, dans le
détail des années ou même des périodes. Non : trop d'in-

fluences conspirent à les faire diverger. Nous traiterons plus loin, ch. xii, de celles qui modifient D. Quant à M, si l'accroissement continu de V_m tend à le diminuer par le ralentissement général des mouvements, ce qui rendrait $P/M \rangle$, ce même accroissement, en augmentant dans P la proportion des personnes adultes, tend à augmenter M et à rendre $P/M \langle$. Si les deux causes se balancent, P/M sera stationnaire : c'est à-peu-près ce que l'on observe en France, de 1821 à 1850.

Le mouvement de M dépend encore du mouvement de moralité : on a $M\langle$, là où la subornation est plus fréquente, plus tolérée, et en quelque sorte plus excitée par l'oppression pesant sur certaines classes.

$$P/M.$$

KARINTHIE. . . . . . }	1830-47	191	Hain, *Handb.* 338.
SALZBURG . . . . . }			
BAVIÈRE.	1826-50	151	*Beitr.*
BELGIQUE	1841-50	149	*Exp.* 34.
PORTUGAL	1838-41	143	*Reg.-gen. 6th rep.*
WURTTEMBERG . . .	1815-29	141	Bernouilli *ap*. Hain, 344.
BADE	1827-50	141	*Ib*.
NAPLES (contin.) . .	1822-33	140	*Ib*.
SUEDE.	1826-35	132	*Reg.-gen. 6th rep.*
SLESVIG et HOLSTEIN	1840-45	131	Bernouilli, *ap*. Hain, 344.
FRANCE	1816-50	129	P. I et II, *et ici* p. 47.
ANGLETERRE	1816-45	125	*Reg.-gen. 8th rep.* 30.
HANNOVER	1824-33	133	Tellkampf.
Ib.	1834-43	123	*Ib*.
SUISSE	1835-40	121	Kocher, *ap*. Fransc.
AUTRICHE (empire) .	1830-47	120	Hain, *Handb.*. 538.
SAXE roy.	1831-50	119	*Mitth.* II. 90.
PRUSSE	1816-40	113	*Reg.-gen. 6th rep.* p. 336.
RUSSIE	1815-29	110	Bernouilli, *ap*. Hain, 344.
BUKOWINE	1830-47	110	Hain, *Handb.* 538.
GALIZIE.	id.	105	*Ib*.

Il paraît donc que, ce qu'il y a de plus désirable dans le mouvement de M, c'est une certaine mesure aussi éloignée de l'effervescence que de la torpeur. Car, si ce mouvement est par trop lent, ce ne sera pas assez, pour l'expliquer, d'une certaine élévation de Vm ; il faudra reconnaître en outre une grande facilité à former des unions illégitimes. La Karinthie est dans cette double condition : elle est de toutes les provinces autrichiennes celle qui a la vie moyenne la plus élevée et les naissances naturelles les plus nombreuses ; elle obtient, chose bizarre, le n° 1 dans les deux listes. Le Salzburg se rapproche d'elle sous l'un et l'autre rapport. En Bavière, le maigre nombre des Mariages dénonce aussi la trop grande dose de bâtardise.

Si, au contraire, le mouvement de M est trop précipité, c'est, comme nous l'avons dit, un symptôme de la brièveté de la vie : la Saxe, la Prusse, la Russie, en offrent de déplorables exemples, et surtout la Galizie et la Bukowine, qui sont les dernières provinces de l'empire autrichien pour la vitalité, ayant Vm au-dessous de 22 ans (Hain, 385).

Et pourtant P/m est, dans ces provinces mêmes, bien au-dessus de ce qu'il était, dans la majeure partie de l'Europe, au 17e siècle et jusqu'au milieu du 18e, puisque Süssmilch, et après lui Deferrière, ont relevé que ce rapport descendait à 82 dans un grand nombre de villes qu'ils citent. Il est vrai que déjà il s'élevait par une gradation lente, qui indiquait dès-lors l'effort et la tendance des Populations vers un état social moins mensonger (*Arch. stat.* II. 193-252).

On peut soupçonner une influence de race en voyant vers le bas de la liste ci-dessus le rapprochement de certains pays : les deux dernières provinces sont slaves et pour moitié ruthènes, elles doivent donc toucher à la Russie ; la Prusse est slave aussi pour une grande part, ainsi que d'autres pays liés à l'empire autrichien ; la Saxe n'est pas encore entièrement germanisée.

Le mouvement de M peut être utilement observé an par an, parce que c'est de tous les éléments démographiques celui qui reflète le plus immédiatement les conjonctures sociales.

FRANCE.

		MARIAGES.
1813	Conscription rigoureuse, exemption pour les mariés	387 186
1814	Invasion et ruine	193 020
1815	Paix.	246 045
1816	Id. et renaissance du travail.	249 247
1817	Disette.	205 877

M ne se relève de cette dernière chute que lentement, mais progressivement, et reste, jusques et compris 1822, au-dessous de 1815. Le choléra amène une rechute en 1832, comme la disette l'avait causée en 1817 ; mais elle est moins grave et réparée incontinent. La misère est donc plus damnable que la peste, quoi qu'en dise un habile statisticien (*Ctes-r. ac. sc.* t. 2, p. 585).

En Saxe (royale), où P/M = 120 (1831-45), ce rapport passe à 130 en 1847, pour venir à 104 en 1850 (*Mitth.* II. *Enl.* 90).

En Belgique, la chute de M affecte /46 et /47 ; mais /48 le rehausse immédiatement au-dessus des cinq années précédentes, et /50 le porte plus haut qu'aucune époque antérieure.

Voyez ci-dessus, p. 51, 52, 68, 72.

LIVRE III.

CHAPITRE XI.

VITALITÉ.

§ 1. *La mort mesure la vie.*

La vigueur de la Population prise en masse est mesurée par la proportion des adultes qu'elle renferme (Necker, Lacroix, *Cal. prob.* 1re éd. 1816, p. 187. D'Ivernois, Quet.). Nous avons fait voir, ch. VII, § 3, que la proportion des adultes ne peut être donnée par un recensement, même bien exécuté et bien publié, que sous la forme incertaine d'un fait isolé et plus ou moins accidentel. L'état moyen de la Population ne peut nous être connu que par la série de ses *mouvements.* Puisque les Naissances se répètent d'autant moins fréquemment que la durée de la vie est plus longue, il est clair que cette durée mesure avec précision la vigueur générale et moyenne, la vraie force de la Population.

La durée moyenne de la vie, par abréviation *Vie moyenne*, V_m, se calcule en faisant la somme des âges des décédés, et la divisant par leur nombre. Le quotient est la valeur moyenne de la durée : c'est le nombre d'années que chacun aurait eu en partage, si la durée de la vie eût été la même pour tous (Fourier, *Rech. stat.* p. xxii).

Nous nommons (tables) Mortuaires les listes de D rangés par âges, sur lesquelles on calcule V_m. Pour que l'on puisse tirer de ces tables l'expression exacte et comparable de la vitalité d'une Population, il faut qu'elles comprennent tous les Décès des personnes qui lui appartiennent dans la période que l'on considère, et qu'elles n'en comprennent pas d'autres.

Force est d'avouer qu'aucune table à nous connue ne jouit jusqu'à présent de cette double propriété.

Aucune administration publique n'a pris les mesures propres à obtenir des Mortuaires complètes et triées. On n'attache pas assez d'importance à la vie des hommes, à leur sort individuel. Cependant la patrie n'est-elle pas une mère ? et une mère néglige-t-elle un seul de ses enfants ? Combien n'y aurait-il pas à gagner, et pour la moralité et pour la surveillance générale, à ce que l'on sût où a commencé chaque citoyen et où il finit ?

La Démographie demande donc, d'accord avec l'économie publique :

la publication annuelle des listes de sorties et de rentrées des nationaux ;

l'inscription authentique des Décès de nationaux survenus à l'étranger, ce qui pourrait se faire par transmission réciproque d'État à État :

le tri des Décès intérieurs, par département, ce qui doit se faire par envoi réciproque de préfet à préfet ; enfin

la publication annuelle des Mortuaires ainsi rectifiées et complétées, avec le procès-verbal justificatif des rectifications opérées.

Jusqu'à ce que ces mesures soient ordonnées d'un commun accord, et fidèlement exécutées *sous contrôle*, les tables mortuaires, il faut bien en convenir, pourront être

dressées à titre de renseignement,

consultées à titre provisoire,

comparées à titre parallèle,

mais elles ne feront point encore foi complète de la vitalité propre aux nations.

Est-ce à cause de ces inconvénients qui lui sont connus (*Leg.Fr.st.* LXXXII *seqq.*) que l'administration française, au lieu de les corriger comme il est en son pouvoir, se dispense de publier aucune table de ce genre ? Mais il n'est pas donné à l'homme d'atteindre à la perfection autrement que par des essais imparfaits et répétés. Nous le disons avec confusion et chagrin : notre pays se laisse donner par ceux qui l'avoisinent des leçons dont il ne profite pas, des exemples qu'il ne suit point, quand il devrait être le premier à les donner. L'intelligent ministère belge publie chaque année des tables, qui ne sont point parfaites, mais où les Décès sont déjà distingués par sexes, par âges, par provinces, par villes et campagnes. L'Angleterre et le pays de Galles, la Suède, le Danmark, la Hollande, le Hanovre, la Saxe, la Bavière, la Suisse, presque tous les duchés, comtés et royaumes que détient l'Autriche, et la Prusse elle-même, quelque peu soucieuse qu'elle soit de se connaître, et la Savoie et le Piémont et Gênes, et la Russie enfin, si nous ne nous trompons, ont leurs Mortuaires publiées par l'autorité publique. La France n'en a point !

Qu'est-ce que le bureau central français nous a fait connaître sur nos mouvements de P depuis 1837 jusqu'à 1854 ? Rien directement. Et dans sa grande et unique publication, riche d'ailleurs en documents généraux, il n'y a pas une ligne de D par âges ! Que fait-il des listes mortuaires qui lui affluent chaque année de toutes les préfectures ? Quel parti

tire-t-il des tables décennales dressées en exécution de la loi?
Il est vrai qu'il manque à ces tables un renseignement important et qu'il serait bien facile d'y ajouter, *l'âge des décédés*.
Ce simple chiffre à inscrire à la suite du nom n'augmenterait
pas d'une demi-heure, dans 36 000 communes, le travail du
secrétaire municipal, et il doublerait l'usage et le mérite de
ces tables. Mais cette indication d'âge se trouve sur les listes
des préfets ; elle s'y trouve depuis le commencement du siècle : et il n'a pas été donné aux hommes studieux d'en voir
encore Une ! Si l'on recule devant la dépense de publier
50 années des 86 Mortuaires départementales, qu'on les résume en périodes décennales, c'est tout ce qu'exigent les
besoins de la science, et l'on n'aura plus à donner que 5 séries, qui formeront un médiocre volume. Ne comprend-on
pas quel important service sera rendu à la science de l'homme?
quelle abondante lumière on jettera sur l'état physiologique
et moral des Populations ? N'est-il pas temps enfin de fonder
en France la statistique humaine ?

Il faudrait aller plus loin : et, bien que prématurément,
nous ne pouvons nous dispenser d'indiquer ce que l'avenir
exigera. Les relevés préfectoraux sont indispensables à connaître ; et ce serait un injustifiable déni de justice que d'en
différer plus longtemps la publication. Mais le progrès de la
science voudra plus. Il demandera que les tableaux des sous-
préfectures soient envoyés (après contrôle) au Bureau central, monté et organisé de manière à les pouvoir dépouiller
régulièrement. Car le besoin politique pour lequel la cir-
conscription des départements a été tracée, n'a tenu, bien
entendu, nul compte des indications biologiques, s'est peut-
être efforcé de les rompre et triturer. Ce besoin est satisfait.
Il faut dorénavant satisfaire à ceux de la science, qui sont les
plus pressants de tous les besoins sociaux, et lui fournir les
documents assez détaillés pour qu'elle fasse elle-même un
classement qui n'appartient qu'à elle seule, mais qui profitera

à tous. On a maintenant un bon cadre d'opérations premières dans l'institution des commissions cantonales. Que feront ces commissions pour répondre au sage et bienfaisant dessein qui les a créées? Elles relèveront les sacs de blé et d'avoine, les hectolitres de pommes-de-terre, les enfants des chevaux, des vaches et des brebis! c'est très-bien. N'oublieront-elles de relever que les enfants des femmes?

Nous avons donné dans nos *Éclaircissements* (*Annu. stat.* Guilln 1854, p. 446) la réduction des Mortuaires générales de la France dues au dévouement laborieux de trois démographes distingués, Demonferrand pour la période 1817-31, A. Legoyt pour /31-40 et X. Heuschling pour /40-49. Nous avons proclamé leur haute utilité, l'éminent service que l'on a rendu à la science en les composant : cependant elles laissent toutes quelque chose à désirer, et ne peuvent dispenser l'Administration publique de l'obligation que nous lui avons rappelée plus haut.

Nous voudrions pouvoir produire ici toutes les tables mortuaires qui ont été publiées, soit par des administrations conscientes de leur devoir, soit par des particuliers zélés. Qu'elles appartiennent à de grandes et puissantes républiques, ou à d'humbles et étroites localités, aucune ne serait de trop dans une *Démographie comparée*. Car ce sont les portraits les plus ressemblants des Populations. Nous les avons recherchées avec ardeur pendant plusieurs années : sur toutes celles qu'il nous a été donné de rencontrer, nous avons opéré la réduction proportionnelle et unitaire, et calculé V_m au moins pour l'ensemble des âges ou table entière. Nous publierions ici ces tables ainsi rendues comparables, si nous pouvions faire à nos lecteurs les honneurs de l'in-quarto, si nous en avions, comme quelque haut fonctionnaire, le privilége et la gratuité. Mais les progrès que l'art typographique n'a pas encore faits, et les charges qui, pesant sur lui, retombent sur les éditeurs, élèveraient le prix de ce livre fort au-dessus de ce qu'il faut pour rendre possible sa publicité. Nous sommes donc contraints à ne donner ici que le résultat sommaire de toutes ces tables. L'indication soigneuse des sources mettra le lecteur à même d'y remonter, toutes les fois qu'il le voudra, et de vérifier l'exactitude des calculs. (V. ci-après, p. 282 *seqq.*)

§ 2. *Les Naissances mesurent la vie.*

Pour contrôler les Tables mortuaires et pour suppléer à celles que l'on n'a pas, on a cherché ailleurs l'expression de V_m. On l'a trouvée dans le rapport de P à N.

On conçoit que la Population propre à un pays (déplacement supposé nul ou compensé) est égale au nombre des individus qui y naissent par an, multiplié par le nombre des années qu'ils vivent (*Rech. stat. Paris*, I, *not. gén.* n° 26). S'il naît 1 million d'individus, et qu'ils vivent 36 ans, P = 36 millions. On a donc l'équation

$$[a] \quad N \times V_m = P; \quad \text{d'où} \quad V_m = P/N.$$

Les auteurs admettent unanimement cette valeur de V_m, pour le cas où P est stationnaire. Quelques-uns ont cru à la nécessité d'une formule plus compliquée, lorsque P croît ou décroît, ou du moins lorsque la loi de P varie (Cournot, *Exp.* ch. x). On a voulu trancher la question, en donnant comme expression approchée de V_m la moitié de la somme des deux rapports P/N et P/D (Price *Obs. on revers. Paym.* Malth. *Ess.* l. II, ch. 11). Ce procédé, qui n'est appuyé sur aucune preuve, est d'ailleurs réfuté par toutes les tables mortuaires connues; il exagère constamment V_m. Il a pourtant séduit quelques statisticiens (*Ctes r. ac. sc.* XXVI, p. 586; XXVIII, p. 370. Bigeon, *Aperçu stat.* p. 3 et 36).

Nous ne voyons pas qu'une variation intrinsèque de P puisse altérer la justesse de l'équation [a]. P ne peut varier intrinsèquement que par un changement ou dans le nombre des Naissances ou dans la durée de la vie ; et toute altération de la valeur de N ou de V_m agit en proportion directe sur la valeur de P. C'est ce qui résulte évidemment de l'équation [*a*], dont tous les termes sont affectés du même signe. Éclaircissons cela par des exemples.

Supposons premièrement que V_m devienne $\rangle$, N restant le même, c'est-à-dire, qu'une pratique plus éclairée ou plus générale de l'hygiène accroisse la durée de la vie, et qu'un accroissement des subsistances empêche en même temps la diminution des Naissances ; que V_m s'élève, en 30 ans, de 30 à 36. La moyenne de cette longue période sera $V_m = 33$. L'équation [*a*] donnera, pour un million de N, au commencement de la période,

$$1\,000\,000 \times 30 = 30\,000\,000,$$
au milieu, $1\,000\,000 \times 33 = 33\,000\,000,$
à la fin , $1\,000\,000 \times 36 = 36\,000\,000.$

Ainsi, l'accroissement parallèle de V_m et de P ressort simplement de la formule.

La Population de la France réalise cette hypothèse. On a vu plus haut, p. 47, que de 1821 à 1850 N oscille autour d'un million sans augmentation continue, tandis que P/N s'accroît graduellement (p. 282). De la table mortuaire calculée par A. Legoyt pour 1831-40, on tire $V_m = 33.83$. Du *mouvement* moyen (p. 47), on tire P/N $= 33.75$. Cette parfaite coïncidence prouve donc en fait que P/N $= V_m$, même en Population intrinsèquement croissante. Le procédé Price exagérerait de 3 ans : $\frac{1}{2}$ (P/N+P/D) $= 36.78$.

Supposons, deuxièmement, que N s'accroisse et que V_m soit stationnaire. Si les naissances s'élèvent en 30 ans d'un million à 1 060 000, la moyenne est 1 030 000 ; et, puisqu'on a admis V_m stationnaire, on a supposé que la mortalité ne s'est pas augmentée. Par conséquent on voit, d'un côté, que

P se sera accru, par ex., de 30 millions à 30 900 000, et de l'autre, que l'équation [*a*] donnera

$$1030\,000 \times 30 = 30\,900\,000,$$

ce qui est conforme à l'hypothèse.

Mais cette hypothèse n'est pas bien conforme à la nature. En fait, tout accroissement de N accroît la proportion des Décès, à cause de la grande mortalité du premier âge. N $\rangle$ entraîne donc V_m $\langle$. Dans le dernier exemple, si l'on suppose une vie probable égale à la vie moyenne, les 900 000 N de plus auront donné 450 000 D de plus ; P se sera élevé seulement à 30 450 000, et l'équation [*a*] se traduira

$$1030\,000 \times 29.5631 = 30\,450\,000$$

ce qui la confirme encore.

Supposons troisièmement qu'il y ait à la fois accroissement de N et diminution des autres causes de mortalité ; — que pendant 30 ans N s'accroisse continûment comme dans l'exemple qui précède, et que pendant la même période trentennale, V_m eût pu s'élever de 29 à 32 par l'atténuation des causes de mortalité sans l'obstacle résultant de l'augmentation de N. Il faudra soustraire de l'accroissement de V_m la diminution causée par l'augmentation des Naissances, ce que l'on effectuera par la proportion

$$32\,900\,000 : 32 :: 32\,450\,000 : 31.56,$$

et l'équation [*a*] donnera

$$1\,030\,000 \times 31.56 = 32\,506\,800.$$

Le mouvement de la Population française nous offre encore une réalisation de cette hypothèse. On a vu, p. 47, que N, qui était tombé à 939 633 après la grande révolution, s'est relevé, par une gradation continue, pendant les 30 premières années du siècle, jusqu'à 1 005 744. Nonobstant cet accroissement qui pesait sur le rapport P/N, ce rapport s'est élevé, pendant le même laps de temps, de 29.40 à 32.27. Ce dernier nombre représente-t-il exactement V_m

pour la période quinquennale **1826-30**, à laquelle il appartient? La grande table Demonferrand répond par $V_m = 32.66$ pour la période **1817-31** (*J. école polyt. 26e cah. p. 253*). Nous avons fait remarquer ailleurs (*Éclaircissements*) que ce chiffre est un peu surhaussé par la déduction que l'auteur a cru devoir faire de documents suspects.

Le calcul de Price donnerait pour **1821-30**,

$$P/2(N+D) = 36 \text{ ans.}$$

L'*Annuaire des longitudes*, qui parle tous les ans de V_m, de son évaluation, de ses accroissements, ne s'est jamais rendu complice de ce procédé vicieux. Pourtant ce bon petit livre est lui-même convaincu, par son accord avec la table Demonferrand, de quelque exagération, due à l'omission des mort-nés dans le calcul du rapport P/N.

On peut donc en toute exactitude transformer la définition de la Vie moyenne qui a été donnée au commencement de ce chapitre, p. 272, pour en fournir une expression plus générale, et dire que, dans une Population livrée à ses propres et seules forces, c'est-à-dire où il n'y a ni perte d'émigrés ni acquêt d'étrangers (à moins que l'un ne compense l'autre),

La Vie moyenne est le rapport de la Population aux Naissances.

Car il est visible qu'à égalité de Naissances le pays le plus peuplé est celui où l'on vit le plus longtemps (Laplace, *Mém. ac. sc. 1783, p. 694*).

D'Ivernois était sur la voie de cette vérité, lorsqu'il recommandait avec une si grande et si judicieuse insistance de considérer non point l'accroissement numérique, mais *la mortalité proportionnelle des peuples comme mesure de leur aisance et de leur civilisation*. Villermé, Benoiston, Casper, Morgan, Quetelet et plusieurs autres, avaient déjà établi que la diverse mortalité marque la distinction entre les riches et les pauvres, entre ceux pour qui la vie est une jouissance et ceux pour qui elle est une douleur. Les faits, acquis depuis lors à la science, ont prouvé que la vraie et juste mesure de la vie, de l'aisance, du progrès, n'est point encore la morta- lité, mais la *natalité proportionnelle*, et que cette mesure peut être donnée soit par le simple rapport de N à P, soit par les Tables mortuaires, ce qui est en résultat la même chose.

On objecte : 1° N étant stationnaire et $>$ D, si P et D s'ac- croissent dans la même proportion, la durée de la vie ne s'accroît pas, — jusqu'à ce que D $=$ N. Et pourtant P/N s'accroît.

Réponse. Hypothèse impossible : N étant stationnaire, P ne peut pas s'accroître, sans que P/D ne diminue.

On objecte : 2° « Dans les années calamiteuses, on a D $>$, N $<$, par conséquent $P/N >$; dans les prospères, tout est opposé. Donc, P/N est loin d'augmenter ou de décroître avec la longueur de la vie ; donc, la mesure de la longévité est bien plutôt $P/2(N+D)$ » (*Ctes r. ac. sci.* XXVI, 586).

Réponse. 1° On ne peut pas dire en général que dans les années calamiteuses les naissances diminuent : c'est vrai, si la calamité frappe les subsistances ; c'est le contraire, si elle frappe directement les vivants, telle qu'une épidémie. 1847 et 49 en font foi. Or, si l'on a accroissement de Nais- sances et de Décès tout à la fois, on a $P/N <$, ce qui détruit l'objection.

2° Si l'on a D $>$ et N $<$, c'est une double raison pour que P diminue : comment donc assurez-vous que l'on aura $P/N >$? La variation de P/N dépendra du rapport dans le- quel diminueront ses deux termes. Il est vrai que, P/N étant un entier, et P beaucoup $>$ N, il pourra arriver, en effet, que P/N augmente, par une diminution de N équivalente à l'aug- mentation de D. Voyons si, dans ce cas, la valeur de V_m augmentera : moins de Naissances, moins de Décès d'enfants du premier âge ; la surcharge des Décès portera sur les âges suivants ; donc, on aura $V_m >$ en même temps que $P/N >$.

Donc vous n'avez pas raison d'assurer que P/N croît ou décroît en sens inverse de la longueur de la vie.

Il est vrai qu'il y a quelque chose d'étrange à penser que
la Vie moyenne s'accroît dans une année calamiteuse ; et
pourtant ce n'est pas sans quelque vérité. Mais il serait illo-
gique de juger de la marche régulière de V_m par une année
accidentelle, bonne ou mauvaise ; on sait bien qu'après une
augmentation de Décès vient, l'année suivante, une augmentation de Naissances, ou *vice versâ* : c'est à cause de cette loi
de compensation que l'on ne calcule pas les éléments démographiques sur une année isolée, mais sur une période d'années. Personne ne le sait mieux que le savant auteur de
l'objection, car personne n'est plus fidèle à ce principe fondamental de la statistique. On s'étonnerait donc de le lui voir
oublier une fois, si l'on ne savait combien il est facile de va-
ciller sur ces routes encore peu frayées.

L'erreur du procédé de Price et successeurs peut être démontrée *à priori* par un double argument. 1° Ce procédé
donne V_m d'autant plus grand que la divergence est plus
grande entre P/N et P/D ; et cette divergence est d'autant
plus grande que l'accroissement de P est plus grand. Or ,
il est d'observation que, là où P s'accroît beaucoup, V_m est
faible (Seine, Nord, Haut-Rhin, Saxe, Prusse, Istrie, Lombardie, 282 *seqq.*), et *vice versâ* (Eure, Orne, Calvados,
Salzburg, Karinthie, *ibid.*). Faire V_m proportionnel à la divergence de N et de D , c'est donc justement le rebours de
ce que fait la nature.

2° S'il était vrai que $V_m = P/2\,(N+D)$, P/N serait d'autant plus au-dessous de V_m que P s'accroît davantage ,
c'est-à-dire que le rapport N/D est plus grand. Or, cela est
contraire aux faits accumulés dans les tableaux qui suivent, comme on le peut vérifier notamment sur les départements des Vosges, de la Haute-Saône, du Nord, de l'Aveyron, sur la Belgique, la Saxe, la Prusse, l'Angleterre.

TABLEAUX DE LA VITALITÉ.

(Il est tenu compte des mort-nés par un calcul proportionnel,
quand ils ne sont pas exprimés dans les documents.)

PAYS.	PÉRIODES	N/D.	P/D.	P/N.	Vm.	SOURCES.
[1]	[2]	[3]	[4]	[5]	[6]	[7]
FRANCE	av. 1750	. .	. .	. .	20.58	Dupré *dans* Buffon.
Ibid..........	vers 1760	. .	. .	. .	24.55	Moh. *Recherch.*
Ib............	1771-75	1.165	29.60	25.40		*Mém. ac. sci.* 1783,
Ib............	1776-80	1.205	30.15	25.		p.712,1784,p.592.
Ib............	1781-85	1.083	27·70	25.58		P. I, n° 65.
Ib............	fin 18ᵉ si.	. .	. .	. .	27.80	Duvillard *Anal.*
Ib....	IX - XIII	1.181	33.40	29.40		P.I, n° 107.
Ib............	1806-10	1.240	36.90	29.80		Ib.
Ib............	1811-15	1.212	37.	30.50		Ib.
Ib............	1816- 0	1.300	40.	30.74		Ib.
Ib............	1821-25	1.307	40.90	31.56	32.66	Ib.
Ib............	1826-30	1.233	39.77	32.27		Ib.
Ib............	1831-35	1.175	38.85	33.18		Ib.
Ib............	1836-40	1.205	40.80	34.31	33.83	P. II, n° 44, p. 368
Ib............	1841-45	1.242	42.60	34.60	34.24	Ib.
Ib............	1846-50	1.123	40.45	36.20		Ib.
Hautes-Alpes.....	1789...	. .	51.	26.	27.40	*Stat.* Bonnaire *préf.*
Meurthe.........	id. ...	1.188	51.	26.	25.80	*Stat.* Marquis *préfet.*
Bouches-du-Rhône.	1791...	. .	29.60	25.	25.64	*Préfet* Villeneuve.
Marne..........	an IV ..	. .	38.	26.	26.	*Préfet* Bourgeois.
Indre..........	an IX ..	. .	38.50	26.20	27.29	*Préfet* Dalphonse.
Ain............	1805...	. .	30.	28.60	26.42	*Préfet* Bossi.
Bas-Rhin........	1806-12	1.487	38.	25.10	26.37	Guadet-Loriol.
Hérault.........	1813-20	. .	. .	29.40	29.59	*Stat.* Creuzé.
Haut-Rhin.......	1822-31	1.463	36.60	25.85	26.14	Dufau-Loriol.
Orne	1807...	0.847	32.50	35.40	36.09	*Annu. dép.*
Id	1827-31	1.214	52.	42.56	42.74	Odolant-Loriol.
Seine-et-Marne...	1822-31	1.192	38.	31.60	28.50	Dubarle-Lor.
Gironde.........	1813-22	. .	. .	34.40	34.87	Jouannet.

Remarquez que Vm ne nous apprendrait rien, s'il ne
nous apprenait P/N. En effet, les variations de Vm
dépendent des variations de la mortalité. Or, aucune cause

PAYS. [1]	PÉRIODES [2]	N/D. [3]	P/D. [4]	P/N. [5]	Vm. [6]	SOURCES. [7]
Gironde........	1823-32	. .	. .	37.20	37.11	Jouannet.
Haute-Saône.....	1834...	1.277	43.70	51.70	31.	*Annu. dép.*
Saône-et-Loire ...	1826-35	1.195	35.50	31.	30.84	*Stat. Ragut.*
Doubs	1841-42	. .	39.	33.25	34.25	*Annu. Laurens.*
Yonne ········	1840-44	1.204	43.	38.	34.23	*Annu. dép. 8°.*
Aveyron........	1831-35	1.248	41.	32.50	36.	Dr Bertillon.
Id...........	1841-45	1.360	44.	33.75	34.	Id.
Côte-d'or.......	1831-35	1.199	42.	35.	33.33	Id.
Id...........	1841-45	1.153	45.	39.	36.	Id.
Lot...........	1830-40	1.105	39.50	36.75	37.45	*Annu. Giraud.*
Id...........	1841-45	1.246	46.40	37.35	38.40	Ib.
Nord..........	id.	1.302	38.50	29.80	29.67	Devaux *et* Dem.
Puy-de-Dôme	1822-31	1.249	42.23	33.22	33.35	Gonod-Loriol.
Id...........	1841-45	1.252	45.	36.35	37.53	P. II. 342, *Nous.*
Vosges.........	id.	1.286	44.75	35.33	35.26	*Annu. dép.*
Eure-et-Loir	1846-48	1.098	43.	39.	34.	*Annu. Lefèvre.*
SUÈDE.........	1754-56	. .	. .	. .	26.54	Wargentin.
Ib........D'.	1755-60	. .	. .	. .	25.49	Id.
Ib........D''.	id.	. .	. .	. .	31.07	Id.
DANMARK........	1835-44	. .	45.25	31.65		Hain, 388.
Ib.........	1845-49	. .	44.	31.21		*Tabelwærk,* 1850.
Ib. duchés.....	1803-30	. .	40.15	28.97		Ib. 1846, II *heft.*
Ib...........	1835-40	. .	43.50	30.15		Ib.
Ib...........	1840-45	. .	49.	30.68		Ib.
HOLLANDE	1804-13	. .	. .	30.40		Hain, 388.
Ib..........	1815-24	. .	38.	28.70		Ib.
Ib..........	1825-28	. .	. .	28.60		Ib.
BADE....	1819-30	. .	. .	26.90		Bernouilli.

ne modifie la mortalité générale aussi fortement et aussi
fréquemment que les variations de N. C'est pourquoi il serait facile de montrer, par les grands faits qui ont enrichi
ces tableaux, que dans beaucoup de cas la Vie moyenne
est représentée plus exactement par P/N que par Vm,
plus exactement par le registre des Naissances que par celui des Décès. Mais, pour avoir le résultat le plus solide,

PAYS.	PÉRIODES.	N.	D.	N/D.	P/D.	P/N.	Vm.
SUÈDE [1]	1757-60	85 348	66 292	1.287	35.50	27.55	26.54
Ib..........	1796-05	. .	. .			. .	30.76
Ib. [2].......	1816-25	90 480	60 624	1.492	43.20	29.	31.27
Ib..........	1826-35	95 153	69 511	1.368	41.50	30.40	32.53
BELGIQUE [3]....	1831-35	134 700	108 403	1.242	38.20	30.70	
Ib..........	1836-40	142 652	107 735	1.326	39.90	29.40	
Ib.........	1841-45	141 144	103 716	1.360	40.66	29.85	31.
Ib..........	1846-50	130 159	115 749	1.124	37.80	33.60	
HANNOVER [4]....	1824-33	. .	. .	. .	43.50	30.25	
Ib..........	1834-43	. .	. .	. .	43.70	30.02	
Ib [5].........	1848-52	59 031	40 001	1.475	43.	30.50	
ENGLAND [6] . P'	1838-44	257 589	176 199	1.481	42.25	28.85	26.07
Ib...... P''	id.	243 013	168 726	1.460	43.50	31.60	28.61
WALES ..... P'	id.	16 630	10 629	1.564	42.70	27.30	28.
Ib....... P''	id.	15 688	10 200	1.538	43.50	29.60	31.91
ANGLETERRE et GALLES [7]....	1813-30	368 322	237 900	1.548	50.	32.50	31.63
Ib. [8].......	1841-45	552 301	373 222	1.482	43.80	29.72	
Ib.........	1846-50	595 246	430 458	1.472	40.40	29.25	
BAVIÈRE [9]......	1818-23	. .	. .	. .	. .	. .	30.50
Ib.........	1826-30	138 747	111 759	1.245	36.60	29.50	29.65
Ib.........	1831-35	147 603	122 848	1.204	34.20	28.35	28.94
Ib.........	1836-40	151 916	127 529	1.192	34.	28.60	28.07
Ib.........	1841-45	156 978	129 643	1.212	34.30	28.30	27.81
Ib.........	1846-50	157 778	128 543	1.229	35.20	28.70	27.85

il est nécessaire de les confronter tous deux. Car, si vous ignorez les Naissances, vous ignorez la mesure principale de la mortalité ; et, si vous ne relevez pas les Décès et les âges, vous ne pouvez supputer la Population moyenne, ni par conséquent sa vitalité.

Lorsque les deux valeurs équivalentes P/N et Vm ne con-

[1] Coll. acad. XI. — [2] Reg.-gen. 6th rep. — [3] Exp. off. — [4] Tellkampf Verhœlln. — [5] Zur Stat. — [6] Reg.-gen. 8th rep. — [7] Rickm. Abstract. — [8] Reg.-gen. 8th rep. — [9] Beitr.

PAYS.	PÉRIODES.	N.	D.	N/D.	P/D.	P/N.	Vm.
Prusse [1]	1816-20	468 742	307 902	1.520	37.60	24.80	
Ib.........	1821-25	506 960	313 374	1.650	40.	24.70	
Ib.........	1826-30	501 706	374 511	1.340	35.70	26.60	
Ib.........	1831-35	519 973	420 529	1.238	33.30	26.80	25.18
Ib.........	1836-40	567 433	411 181	1.380	35.40	25.60	
Ib.........	1841-45	618 048	426 584	1.450	36.30	24.85	
Ib.........	1846-50	631 051	496 364	1.272	32.70	25.75	
Saxe roy. [2]	1836-40	66 518	49 787	1.338	33.55	25.10	25.64
Ib.........	1841-45	72 297	53 069	1.362	35.15	24.40	24.58
Ib.........	1846-50	77 476	56 789	1.365	33.	24.25	
Ib........P'	1847-49	39 233	28 761	1.364	31.80	23.15	23.60
Ib........P''	id.	36 805	27 159	1.354	35.40	26.25	27.33
Wurttemberg [3].	1832-37	71 443	58 243	1.227	27.73	22.65	
Ib.........	1838-42	72 557	56 047	1.290	28.18	23.10	
Suisse [4]........	1835-40	73 200	53 900	1.358	40.	30.	
Etat-sarde, t.f. [5]	1828-37	145 749	120 325	1.211	33.35	27.51	27.56
R. Naples, t. f. [6]	1821-24	222 073	. . .	. . .	23.		
Portugal, t. f. [7]	1838-41	113 450	[8]66 000	. . .	. . .	28 ?	
I. Açores......	1838-41	8 783	. . .	. . .	23.		
I. Madère.....	Id.	6 048	. . .	. . .	19.		
Russo-grecs [9]...	1841-48	2 623 750	2 110 875	1.243	24.85	20.	21.98 [10]

corderont pas parfaitement, leur divergence nous invitera à
rechercher et nous mettra à même de trouver ce qu'il y a
de défectueux dans les documents d'où ces valeurs émanent.
On n'a jusqu'ici, presque dans aucun cas, la véritable
expression de P. On y supplée par le chiffre du recensement, qui pèche le plus souvent par omission. Il peut donc

[1] *Tabell.* — [2] *Stat. Mitth. II.* 50 *et tab.* xii. — [3] Bernouilli's *Popul.* — [4] Ko-
cher *ap.* Franscini. — [5] *Inform. movim.* 172. — [6] D'Ivern. *Bibl. univ.* octobre /34.
— [7] *Reg.-gen. 6th rep.* – [8] Les prêtres euregistrent rarement les décès au-dessous
de 7 ans. N aussi est certainement incomplet. — [9] Tegoborski. — [10] Omission
vraisemblable de D en bas âge. V. aussi Bulgarin's *Russl.* i.

(Hain *Handb.*)	P.	N.	D.	N/D.	P/D.	P/N.	Vm.
B.-Autriche.							
1831-35..	1 304 680	49 586	49 233	1.008	26.42	26.28	25.58
1856-40..	1 344 529	53 181	49 730	1.070	27.	26.63	
1841-45..	1 415 695	57 639	49 264	1.170	28.58	24.58	25.80
1846-50..	. . .	59 562	55 050	1.082			
H.-Autriche.							
1831-35..	689 358	20 955	19 272	1.090	35.80	32.80	31.52
1856-40..	697 854	21 119	19 553	1.080	33.75	33.10	
1841-45..	705 489	22 017	19 733	1.115	35.80	32.10	31.12
1846-49..	. . .	20 905	19 712	1.062			
Salzburg.							
1831-35..	141 558	4 183	3 956	1.057	33.75	35.80	33.99
1856-40..	143 715	4 247	4 409	0.963	32.65	35.90	
1841-45..	145 809	4 372	4 312	1.015	33.80	35.30	32.71
1846-50..	. . .	4 229	4 140	1.021			
Styrie.							
1831-35..	903 700	31 890	27 686	1.152	32.65	29.35	30.86
1856-40..	942 672	31 757	26 755	1.186	35.25	29.70	
1841-45..	976 265	32 898	26 643	1.237	36.70	29.68	30.29
1846-50..	. . .	52 402	30 246	1.070			
Karinthie.							
1831-35..	302 564	9 130	8 769	1.041	34.55	33.47	34.65
1856-40..	304 805	9 052	8 366	1.082	36.45	33.70	
1841-45..	313 558	9 498	8 162	1.163	38.45	32.95	33.92
1846-50..	. . .	9 450	8 488	1.113			
Krain.							
1831-35..	430 351	13 372	11 879	1.125	36.20	32.15	30.28
1856-40..	458 603	14 297	12 577	1.060	34.90	30.70	
1841-45..	455 179	15 284	11 044	1.383	41.10	29.65	29.66
1846-50..	. . .	15 183	12 980				

arriver fréquemment que P/N soit un peu plus faible que Vm. C'est peut-être ce qui a trompé Price et ses imitateurs. Aussi, comme on l'a vu, nous n'obtenons la parfaite concordance des deux expressions pour la France

	P.	N.	D.	N/D.	P/D.	P/N.	Vm.
ISTRIE.							
1831-35 .	375 154	14 408	10 659	1.353	35.25	26.	
1836-40 .	390 364	14 852	11 369	1.305	34.35	26.25	25.48
1841-45 .	407 719	15 295	11 197	1.366	36.45	26.70	25.08
1846-50 .	. . . .	14 995	11 869				
TIROL.							
1831-35 .	811 426	25 221	22 493	1.121	36.	32.20	
1836-40 .	819 988	26 276	23 425	1.125	35.	31.22	29.58
1841-45 .	843 555	27 479	23 205	1.184	36.30	30.75	29.24
1846-50 .	865 777	26 826	24 305	1.102	35.70	32.28	
BOHEME.							
1831-35 .	3 913 106	157 656	119 188	1.323	32.80	24 85	
1836-40 .	4 039 245	159 719	118 919	1.343	34.	25.35	25.42
1841-45 .	4 249 669	171 121	121 070	1.412	35.12	24.82	24.33
1846-50 .	. . . .	174 482	138 807	1.258			
MORAVIE.							
1831-35 .	1 647 505	65 657	57 867	1.134	28.45	25.12	
1836-40 .	1 657 757	65 505	54 502	1.201	30.30	25.30	25.54
1841-45 .	1 740 031	70 854	50 889	1.392	34.20	24.53	23.75
1846-50 .	. . . .	69 054	60 908	1.132			
SILÉSIE.							
1831-35 .	417 719	16 814	13 772	1.222	30.35	24.85	
1836-40 .	434 167	17 318	12 796	1.354	33.90	25.07	25.78
1841-45 .	452 015	18 208	13 062	1.396	34.65	24.80	25.
1846-50 .	. . . .	15 751	18 044	0.873			

qu'en opérant sur un chiffre de Population dûment rectifié d'après N-D.

Même sans erreur de recensement, P/N pourrait encore être indûment affaibli par le seul effet de l'émigration. D'un autre côté Vm peut être exagéré par l'immixtion des Décès d'étrangers dans les listes du pays.

Lorsqu'au contraire on trouve P/N > Vm (Angleterre, 1813-30), on doit rechercher si N a été relevé incom-

	P.	N.	D.	N/D.	P/D.	P/N.	Vm.
GALICIE.							
1831-35 .	4 107 000	175 471	169 610	1.033	24.20	23.20	
1836-40 .	4 264 503	194 694	140 899	1.381	30.25	21.90	23.44
1841-45 .	4 538 691	210 526	151 406	1.392	30.	21.58	22.21
1846-50 .	. . . .	182 415	228 169	0.800			
BUKOWINE.							
1831-35 .	290 468	12 869	8 858	1.452	32.78	22.55	
1836-40 .	320 734	14 664	8 149	1.800	39.35	21.90	21.07
1841-45 .	352 588	16 645	9 717	1.713	36.27	21.20	20.28
1846-50 .	. . . .	16 183	12 402	1.304			
DALMATIE.							
1831-35 .	350 388	11 885	7 479	1.587	46.80	29.50	
1836-40 .	378 917	12 072	8 816	1.366	43.	31.40	31.15
1841-45 .	397 051	12 658	8 730	1.450	45.50	31.35	30.79
1846-50 .	. . . .	11 165	9 884	1.128			
LOMBARDIE.							
1831-35 .	2 416 567	99 914	83 698	1.193	28.83	24.15	
1836-40 .	2 474 741	106 310	92 963	1.143	26.62	23.23	24.14
1841-45 .	2 588 526	110 853	85 198	1.304	30.35	23.35	22.86
1846-50 .	2 709 742	106 534	92 261	1.155	29.38	25.45	
VÉNÉTIE.							
1831-35 .	2 041 180	81 747	74 271	1.101	27.50	25.	
1836-40 .	2 102 182	85 166	74 466	1.142	28.23	24.68	24.72
1841-45 .	2 207 996	88 198	71 191	1.238	31.	25.08	23.35
1846-50 .	2 280 138	85 049	78 070	1.090	29.20	26.82	

plétement, si, par exemple, les mort-nés ont été omis dans la somme, ou bien si P se trouve indûment grossi par une accession d'étrangers dont les procréations ne seraient pas enregistrées aux Naissances; ou si enfin V_m serait accidentellement affaibli, ou mal calculé par défaut de détails suffisants. C'est ainsi que V_m est amoindri dans le département de Seine-et-Marne par les Décès hâtifs des nourrissons qu'on y apporte de Paris. Dans ce cas, il est mieux de s'en rapporter à P/N.

§ 3. *Progrès de la vitalité française.*

LISTE ALPHABÉTIQUE DES DÉPARTEMENTS FRANÇAIS

avec l'estimation de leur vitalité respective vers le commencement et vers le milieu du XIXe siècle.

DÉPARTEMENTS.	P/N.		ND.
	an IX.	1841-45.	1846-50.
Ain	30.50	35.40	0.0321
Aisne.	32.	36.40	0.0471
Allier.	31.15	31.10	0.0304
Alpes (Basses-)	24.15	33.35	0.0519
Alpes (Hautes-).	28.12	32.20	0.0328
Ardèche	30.40	29.75	0.0094
Ardennes.	32.80	37.10	0.0453
Ariége	34.	33.30	0.0189
Aube.	33.60	43.55	0.0413
Aude.	29.50	34.65	0.0235
Aveyron	40.75	32.70	0.0161
Bouches-du-Rhône	27.40	30.	0.0545
Calvados.	39.25	48.80	0.0336
Cantal	37.	37.20	0.0207
Charente.	28.70	43.35	0.0214
Charente-inférieure	32.	41.55	0.0551
Cher	22.50	27.80	0.0220
Corrèze	30.30	30.80	0.0082
Corse.	36.	31.90	0.0098
Côte-d'Or.	31.	39.70	0.0414
Côtes-du-Nord	28.20	31.60	0.0372
Creuse	29.30	34.90	0.0109
Dordogne.	31.20	34.55	0.0226
Doubs.	29.20	35.	0.0432
Drôme.	30.	33.80	0.0576

DÉPARTEMENTS.	P/N.		ND.
	an IX.	1841-45.	1846-50.
Eure.	33.80	48.60	0.0367
Eure-et-Loir.	33.	39.50	0.0365
Finisterre.	26.60	27.76	0.0461
Gard.	28.	29.25	0.0212
Garonne (Haute-)	30.80	38.70	0.0386
Gers.	37.25	46.	0.0217
Gironde	36.	39.52	0.0275
Hérault	31.50	33.	0.0281
Ille-et-Vilaine.	26.70	32.30	0.0542
Indre.	25.40	30.80	0.0304
Indre-et-Loire	33.80	42.	0.0390
Isère.	27.30	34.14	0.0387
Jura.	26.	36.42	0.0396
Landes	23.70	31.10	0.0127
Loir-et-Cher.	27.70	34.25	0.0272
Loire.	28.75	29.35	0.0371
Loire (Haute-)	29.	32.30	0.0208
Loire-inférieure	28.60	32.75	0.0392
Loiret.	28.	31.72	0.0360
Lot	31.50	37.35	0.0203
Lot-et-Garonne	33.	48.20	0.0141
Lozère	35.40	32.50	0.0082
Maine-et-Loire	34.30	40.40	0.0328
Manche	40.50	42.65	0.0552
Marne.	30.46	36.20	0.0483
Marne (Haute-)	35.50	41.20	0.0345
Mayenne.	30.56	36.80	0.0427
Meurthe	28.20	34.50	0.0576
Meuse	27.60	37.	0.0385
Morbihan.	29.40	31.30	0.0353
Moselle	26.	32.80	0.0403
Nièvre	27.10	30.	0.0248

DÉPARTEMENTS.	P/N.		ND.
	an IX.	1841-45.	1846-50.
Nord.	27.25	29.80	0.0490
Oise	35.50	39.20	0.0358
Orne	33.70	49.70	0.0274
Pas-de-Calais	30.40	34.60	0.0358
Puy-de-Dôme	30.60	36.40	0.0348
Pyrénées (Basses-)	34.50	38.80	0.0083
Pyrénées (Hautes-)	32.50	39.10	0.0138
Pyrénées-orientales	22.20	27.55	0.0199
Rhin (Bas-)	24.50	26.85	0.0377
Rhin (Haut-)	27.50	26.55	0.0496
Rhône	26.20	30.60	0.0491
Saône (Haute-)	34.	34.75	0.0376
Saône-et-Loire	28.10	32.17	0.0358
Sarthe [1]	30.	42.55	0.0437
Seine.	28.	26.65	0.0611
Seine-et-Marne	35.	37.25	0.0324
Seine-et-Oise	35.20	40.15	0.0541
Seine-inférieure	33.60	35.40	0.0469
Sèvres (Deux-)	33.	37.85	0.0220
Somme	31.80	37.	0.0288
Tarn	50.60	34.20	0.0192
Tarn-et-Garonne.		41.50	0.0464
Var	25.60	35.40	0.0451
Vaucluse.	25.60	29.50	0.0389
Vendée	30.	31.50	0.0205
Vienne	39.60	36.50	0.0241
Vienne (Haute-).	27.40	27.82	0.0274
Vosges	26.60	35.33	0.0547
Yonne	29.40	39.	0.0241
FRANCE	29.20	34.54	0.0357

[1] 1790-1800, P/N est au-dessous de 27. *Stat. du préf. Auvray.*

Dans ce large et général progrès de la vitalité française, on s'étonnera de voir que quelques départements semblent stationnaires ou rétrogrades :

Allier	Aveyron	Corse	Seine
Ardèche	Cantal	Lozère	Seine-inférieure
Ariége	Corrèze	Rhin (Haut-)	Vienne.

Il faut passer condamnation pour le *Haut-Rhin* et la *Seine* : avec un accroissement double et quadruple de l'accroissement moyen de la France, ces deux départements n'en sont pas à voir augmenter leur Vie moyenne. Passons aussi pour la *Seine-inférieure*, dont la Population est sous le joug du salaire, soit agricole soit industriel. Quant aux autres, on peut les suspecter de n'avoir enregistré que très-incomplétement leurs Naissances, dans les premières années du siècle, et regarder en conséquence la valeur de P/N, pour cette époque, comme fictivement grossie chez eux par cette irrégularité. Ce soupçon est appuyé sur quelques observations partielles que nous avons pu faire en compulsant les feuilles préfectorales conservées aux archives de France, et aussi sur l'inscription irrégulière des mort-nés, puisqu'on verra tout à l'heure que ces départements se trouvent parmi ceux qui en déclarent le moins.

On ne peut jusqu'ici, vu l'imperfection des documents, porter qu'un jugement très-réservé sur la différence effective qui peut exister entre les diverses localités relativement à la réussite des Naissances.

Les départements qui enregistrent le plus de mort-nés sont :

Seine,	Haut-Rhin,	Seine-inférieure,	Sarthe,
Meurthe,	Rhône,	Tarn-et-Garonne,	Doubs,
Vosges,	Nord,	Finisterre,	Mayenne,
Bouches-du-Rhône,	Marne,	Ardennes,	Côte-d'Or,
Basses-Alpes,	Aisne,	Var,	Aube.

Les grandes villes et les manufactures sont encore ici

accusées et condamnées. La moitié de ces départements en subit l'influence. Pour les autres, nous n'avons pas motif de croire qu'ils aient réellement plus de ND que ceux qui n'entrent pas dans cette liste ; ils n'ont peut-être que le mérite de les inscrire plus exactement.

Les départements qui inscrivent le moins de mort-nés sont :

Charente,	Vendée,	Aveyron,	Corse,
Haute-Loire,	Lot,	Lot-et-Garonne,	Ardèche,
Gers,	Pyrénées-orientales,	Hautes-Pyrénées,	Basses-Pyrénées,
Gard,	Tarn,	Landes,	Lozère,
Cantal,	Ariége,	Creuse,	Corrèze.

Ils appartiennent tous à la France du Sud ; ils n'y forment, en quelque sorte, qu'un seul tennement qui occupe tout le Sud-Ouest. On est d'abord porté à croire, en voyant là toutes les Pyrénées, les montagnes d'Auvergne et les Cévennes, que l'élévation du sol influerait sur la bonne issue des conceptions. Mais, d'une part, la *Charente*, le *Lot*, *Lot-et-Garonne*, les *Landes* surtout, ne sont pas dans ce cas ; et d'autre part, on trouve dans la première liste les *Vosges*, les *Basses-Alpes*, les *Ardennes*, le *Var*, le *Doubs*, la *Côte-d'Or*, départements que leurs montagnes ne garantissent pas d'un excès de mort-nés. On ne voit donc pas de raison probable pour que ces départements aient en réalité moins de mort-nés que les autres ; et l'on conclut à les accuser de ne les inscrire que très-irrégulièrement. Cette accusation est appuyée sur ce que le plus grand nombre de ces départements sont signalés par leur répugnance à adopter les progrès sociaux, les principes et les procédés de la vie nouvelle : ils se montrent indifférents pour l'instruction, récalcitrants à la vaccine ; ils peuvent bien aussi être rétifs à l'état-civil. Nous avons été à même, par notre séjour dans quelques-uns

des départements ci-dessus exposés, de vérifier la flagrante irrégularité de l'inscription des mort-nés : nous
avons ouï les aveux des maires et des secrétaires de
mairie, accusant les agents du culte de contrevenir aux
lois, soit par une molle condescendance pour la routine
des paysans, soit par revendication ou résumption de
pouvoir; nous avons vu des registres légaux où, même
en ces dernières années, des cantons entiers inscrivent à
peine un ou deux mort-nés par an. L'autorité administrative a fait quelqu'effort de circulaire pour déraciner ce coupable abus : l'abus a tenu bon; il s'est dissimulé, il s'est
nié, il s'est blotti sous l'autel. C'est à l'autorité judiciaire
d'intervenir par des injonctions efficaces et des vérifications
sévères. Nous en exprimons de nouveau le vœu pour le
respect dû aux Lois et dans l'intérêt de l'ordre public, avec
lesquels l'intérêt de la science est identifié.

Il n'est pas douteux que les mesures de la vitalité (soit
par P/N, soit par V_m) ne deviennent plus exactes, lorsque
l'enregistrement et le tri des mort-nés seront plus complets.

On peut trouver dans la série des moyennes (il serait
mieux que l'on permît de dire la *sériation*) un témoignage
de leur degré d'exactitude, et aussi de la tendance des
mouvements qui les modifient graduellement. Groupons ensemble les départements qui ont, à 1 ou 2 ans près, la même
vitalité (en 1841-45), et voyons l'importance relative des
groupes.

P/N,	27 ans et au-dessus . . .	3	départements.
	27-29	4	»
	29-31	10	»
	31-33	15	»
	33-35	15	» — France moyenne.
	35-37	9	»
	37-39	9	»

P/N,   39-41 . . . .   8 départements.

       41-43   6   »

       43-45   2   »

       45-47   1   »

       47-49   3   »

       49 - ∞   1   »

On voit que les nombres de départements qui appartiennent à chaque durée de la vie sont d'autant plus grands qu'ils se rapprochent plus de la moyenne de la France, et d'autant plus petits qu'ils s'en éloignent davantage. Aussi y a-t-il 59 départements dont la vie moyenne est entre 30 et 40 ans, tandis qu'il n'y en a que 15 où elle soit de 40 et plus, et seulement 12 de 30 ans et moins. Ce résultat est assez conforme à la loi des grands nombres et à la théorie des probabilités pour affermir et justifier notre confiance aux chiffres qui le constatent. Quant aux causes qui l'ont déterminé, on les trouvera soit dans une certaine fusion des races et des autres éléments qui composent la Nation, soit surtout dans cette forte et féconde UNITÉ de l'administration et des lois, qui fait que le même gouvernement est partout sur ces 53 millions d'hectares l'organe de la même législation, et que tous les Français se présentent comme un seul homme à la barre de la Justice, n'y ayant entr'eux distinction d'aucune sorte, ni privilége extra-légal : Unité, liberté, égalité...

On voit aussi que la série marche plus régulièrement au-dessous de la moyenne qu'au-dessus ; dans les années les plus élevées, les nombres semblent comme saccadés et n'être pas encore rangés : en effet, c'est là que le classement est en train de s'opérer, les modifications dans la durée de la vie étant dirigées dans le sens de l'accroissement progressif. En ce qui concerne les courtes durées, le mal est fait et classé ; il s'agit de le défaire : en ce qui concerne la longue vie, le bien est à faire ; il s'agit de le poursuivre et de le compléter. Il faut, pour s'éclairer dans cette poursuite, bien connaître les conditions organiques qui déterminent le progrès, et les perturbations qui le ralentissent ou l'annulent : étude que nous ferons au livre suivant.

Les *Comptes-rendus* du *recrutement*, qui nous ont déjà servi (ch. IX) à évaluer l'avancement de l'instruction populaire, peuvent constater aussi le progrès de la vigueur et de la bonne constitution corporelle.

PROPORTION　(sur 1000 examinés) des exemptés pour

	Infirmités de toute sorte.	faible constitution.	hernie.	défaut de taille.
1824-29	436	» ...	» ...	»
1831-35	412	75 ...	26 ...	99
1836-40	384	92 ...	22 ...	78
1841-45	388	113 ...	21 ...	71
1846-50	365	105 ...	18 ...	70
1851	352	100 ...	17 ...	60

CHAPITRE XII.

MORTALITÉ.

§ 1. *Signification de* P/D.

La mortalité est le rapport moyen des décès à la Population. C'est la dîme annuelle que la mort lève

Sur ces troupeaux dont elle est le pasteur.

C'est la capitation payée en nature.

Les démographes expriment la mortalité par le rapport P/D, dont nous allons chercher la signification.

En considérant les tableaux, p. 282 *seqq.* au chapitre précédent, on voit d'abord que la signification principale du rapport P/D est de l'accroissement de P. En effet, ce rapport est, dans chaque pays, en proportion avec N/D, qui est la propre mesure de cet accroissement. Ils s'élèvent ensemble ou s'abaissent ensemble : c'est constant. Au contraire, la proportion ou distance de P/D à P/N est très-variable, aussi

variable que l'accroissement de P. L'écart de P/N et P/D
est précisément représenté par N/D.

Nous disons, la signification principale, non la seule. En
effet, quand on considère P/D en passant d'une nation à une
autre, on voit qu'il reflète jusqu'à un certain point la différence de vitalité. Il est en Bavière, en Saxe, en Prusse, dans
tous les pays allemands, au-dessous de ce qu'il est en
France, en Belgique, en Suède, en Angleterre, de même
que P/N.

A cause du mélange de ces deux significations, il peut arriver que la vitalité s'accroisse, P/D restant stationnaire ou
même diminuant, comme le montrent, en France, les périodes 5, 12, 13, 16; Belgique, période 4; Prusse, périodes
4, 7; Tirol, Lombardie, Vénétie, période 4;
et réciproquement, que la vitalité soit stationnaire ou diminue, P/D augmentant : Bavière, période 4; Belgique, période 2; Prusse, périodes 2, 5, 6; Autriche haute et basse
et la plupart des pays qui lui obéissent, période 3.
On doit donc se garder, si l'on veut être exact, de conclure
de l'un à l'autre. Les statisticiens ont commis souvent cette
méprise, et la science en a été retardée d'autant. L'un d'eux
avait pourtant invité ses confrères, il y a déjà plus de
vingt ans, « à ne jamais mettre en avant de chiffre de Décès,
» à moins d'y associer celui des Naissances qui en est l'expli-
» cation nécessaire » (D'Ivern. *Bibl. univ. oct.* /33). Les confrères n'ont tenu compte de l'avertissement. Ils ont conti-
nué à traiter de la mortalité, sans penser aux Naissances,
ou bien ils ont, sur les pas du bonhomme Malthus, mis la
durée de la vie au milieu juste entre la mortalité et la Vie
moyenne. D'Ivernois lui-même tombe dans le piège dont il
avertit les autres : il prend la *mortalité proportionnelle*
comme *mesure de la vie et de l'aisance des Peuples*.

On voit en second lieu, que l'accroissement de P/N
($= V_m$) est le plus souvent en raison inverse de l'accroisse-

ment de P. En d'autres termes, Vm tend d'autant plus à
s'accroître que P/d et P/n tendent à se rapprocher. C'est en
France que l'accroissement de P est le plus modéré, et l'accroissement de Vm le plus grand et le plus constant. En
Prusse, P s'accroît beaucoup plus dans la province de Silésie qu'en Westphalie. P/n est 23 dans la première, quand
26.82 dans l'autre (1849, *Tabell.* I). L'observation se confirme en Lombardie, en Vénétie ; elle se confirme encore par
le mouvement général de la Prusse, où l'on voit, aux diverses
périodes, croître P/d avec N/d et décroître P/n, ou réciproquement (p. 285). Cette réciprocité est surtout démontrée
par la période 1846-50, dans presque tous les pays.

Lors donc que l'on voit croître P/d, on n'est aucunement
fondé à induire qu'il y ait accroissement de vitalité. Mais,
quand on voit croître P/n, on est sûr qu'il y a accroissement
de Vm : car cet accroissement existe toutes les fois que ce
rapport s'élève, soit par P ⟩ , N restant le même, soit par
N ⟨ , P étant stationnaire.

On voit par les Mortuaires que D est beaucoup plus grand
au premier âge qu'aux suivants. La naissance est par elle-
même une cause de mort. L'accroissement de N est donc
cause efficiente d'accroissement de D, et suffit souvent pour
l'expliquer, sans qu'il soit besoin d'aucune recrudescence des
autres causes de mortalité. Aussi voyons-nous, dans les pays
où N s'accroît rapidement et continûment, Saxe, Prusse,
Angleterre, Autriche, Vm ne faire aucun progrès, et la mortalité empirer ou osciller stérilement.

C'est le progrès du travail qui fait croître les Naissances.
Mais ce même progrès augmente aussi (au moins temporairement) les ressources des travailleurs, par conséquent leur
vitalité et celle de leur famille. La cause qui fait croître les
Naissances peut donc aussi faire décroître les Décès. C'est
l'heureux résultat qu'a donné la période féconde 1841-45,
dans une grande partie de l'Europe, et notamment en

France, en Belgique, en Lombardo-Vénétie et autres propriétés de l'Autriche.

Il suit de là que la considération générale de la mortalité, si on la sépare de celle des Naissances, ne peut amener à des déductions solides sur les causes qui la provoquent ou la modifient, ni par conséquent sur la vitalité relative. On peut voir au tome XXIV de la *Revue britannique* (mars 1830, p. 63-105) l'exemple d'une longue dissertation sur la mortalité, rendue vaine par l'oubli de cette corrélation. D'autres exemples plus récents sont fournis par d'estimables statisticiens, qui prennent des distractions et des étourdissements au bruissement des chiffres, quand ils ne l'arrêtent point par de solides principes. Le *8th Report* du *Reg.-gen.* construit sa page 276 avec de belles colonnes de P et de D, mais il ne les appuie pas d'une ligne de N : aussi donne-t-il une idée très-exagérée de la mortalité du premier âge.

Un auteur célèbre, que ses nombreux et utiles travaux nous mettent dans le cas d'admirer souvent et de critiquer quelquefois, — dans un bon travail de méthode démographique *sur l'appréciation des moyennes (Bull. Comm. centr.* II, 207 *seqq.*), disserte longuement sur la mortalité des provinces, des villes et des campagnes, sans regard à N, par conséquent sans solidité. C'est d'autant plus singulier qu'il remarque très-bien, p. 217, « qu'une Population a la mortalité » d'autant plus forte qu'elle a plus d'enfants », par conséquent plus d'individus exposés à une mort précoce. Voyez encore même *Bull.* II, 157 *seqq.* IV, 1 *seqq. Ann. hyg.* XII, 217 *seqq.* XLVI, 318.

C'est donc sur le rapport P/N qu'il faut s'appuyer dans ces recherches générales, ainsi que nous l'avons fait au chapitre précédent et que nous le ferons encore aux suivants. Et quand on passe au débat de P/D, on doit toujours appeler N comme témoin.

§2. *Balance des mouvements.*

Les trois éléments N, D, P, desquels se forme la notion de la Population et de ses mouvements, sont déterminés par les conditions de la vie, et ils doivent nous les révéler. Mais il faut démêler soigneusement les influences multiples et réciproques qu'ils subissent et qu'ils exercent.

La cause unique qui augmente la Population n'est pas nécessairement liée aux influences qui agissent sur la vitalité. Cette cause est l'accroissement des subsistances disponibles. L'accroissement des subsistances accroît P par deux voies : accélération de N, ralentissement de D. P, qui résulte de N-D, est donc altérable par N et par D, soit par l'un ou par l'autre seulement, soit par l'un et l'autre en même temps.

N et D sont altérables par des influences que l'on peut concevoir comme produisant, soit sur l'un soit sur l'autre, des effets positifs ou négatifs. Nous allons essayer de représenter synoptiquement ces influences et le sens de leurs effets, en désignant l'effet positif par le signe ⟩ comme effet d'accroissement ou d'accélération, et l'effet négatif par le signe ⟩ comme effet de diminution ou de ralentissement. Nous entreprendrons de les analyser avec détail au livre suivant, en nous appuyant toujours sur la grande et unique base des déductions légitimes, les faits généraux, observés, publiés et comparés.

Remarquez que les deux signes qui, dans les mathématiques pures, signifient seulement *plus grand, plus petit,* — ici, dans la Démographie qui est une branche des mathématiques appliquées, ont pour synonyme

⟩ accéléré,   ⟨ ralenti.

C'est en les traduisant ainsi qu'il faut lire ce qui suit pour le bien saisir.

PHÉNOMÈNES SOCIAUX

que l'on conçoit comme accélérant ou ralentissant les mouvements de P.

CAUSES OU INFLUENCES PRÉSUMÉES.	EFFETS.
Abondance, joie, espoir, liberté. . . .	N ⟩ D ⟨
Disette ; privation de liberté ou de toutes autres jouissances légitimes	N ⟨ D ⟩
Progrès du travail, éréthisme de la concurrence.	N ⟩ D ⟩
Epidémies ; guerres et bombardements, tremblements de terre meurtriers ; révolutions industrielles ; ignorance ; mauvaise santé ; abus des jouissances ; tourments de l'ame.	D ⟩
Salubrité et autres phénomènes hygiéniques ; bonne race ; force de constitution ; instruction ; goûts épurés, modération des désirs et calme de l'ame.	D ⟨
Emigration.	N ⟩
N ⟩	D ⟩
D ⟩	N ⟩
D ⟨	N ⟨
N ⟨	D ⟨

On voit que tel phénomène accélère N et ralentit D, ou réciproquement ; que tel n'agit directement que sur N ou sur D ; que tel autre accélère à la fois tous les deux.

Quand N et D sont en rapport simple (comme dans les quatre dernières lignes du tableau), les deux termes de ce rapport ont le même signe, c'est-à-dire que l'accélération de l'un détermine l'accélération de l'autre, et réciproquement.

L'émigration agit comme accélération de D.

Les influences physiques ou morales, organiques ou volontaires, individuelles, sociales ou politiques, agissent d'abord sur N et sur D ; puis N et D réagissent l'un sur l'autre :

N ⟩ amenant D ⟩ produit l'accroissement de P, parce que, quand N augmente, il augmente régulièrement plus que D ;

D ⟩ amenant N ⟩ restaure la Population qui a été entamée,

D ⟨ amenant N ⟨ est le propre effet de la prolongation de la vie, et le symptôme de la vraie *prospérité publique*, sans lequel tous les autres symptômes sont menteurs et ne méritent aucune créance ;

N ⟨ amenant à son tour D ⟨ est la suite et la consolidation de cet état prospère : c'est le but final (matériel) de tous les efforts des arts utiles, et des sciences qui éclairent les arts, les dirigent et les perfectionnent.

On lit dans l'*Introduction* à une publication officielle : « Un accroissement temporaire de Naissances accompagne » en général un accroissement de prospérité » (*Recens. belg.* 1846, p. xliii).

Il faudrait s'entendre une fois sur ce que l'on veut appeler *prospérité*. Est-ce le nombre brut, ou le bien-être ? est-ce la richesse de quelques-uns, ou l'aisance de tous ? Nous demandons que l'on s'en tienne à la langue de Bossuet, de Bonald et de Louis-Napoléon, la préférant à celle que les économistes s'obstinent à parler, en dépit de Blanqui et de Say lui-même. Say, qui avait fait d'abord le *Traité* de la formation, de la distribution, de la consommation des *richesses*, ne parla plus dans son *Cours* que de la distribution des *revenus*. Colins explique malignement ce changement de front par la crainte d'être forcément conduit à discuter la distribution du sol, source de toute richesse, et l'inévitable et implacable question de droit naturel qu'elle suscite et

maintient (*Qu'est sci. soc.* t. 3, p. 137). Quant à cet autre professeur, Blanqui, cet économiste réfractaire (cité plus haut, p. 118), nous avons dû lui faire observer qu'il était à la vérité aussi social, mais moins exact que Bonald et Châteaubriand, — que tout son talent ne lui donnait pas qualité pour changer le sens d'un mot usuel, pour appeler richesse autre chose que ce qu'on appelle en français richesse, — et que, pour employer les termes avoués par la langue, il devait exprimer ainsi sa pensée, qui est logique, juste, humaine et profonde : « Nous ne consentirons plus à nommer » *société* une agglomération quelconque où la somme du » produit national ne sera pas équitablement distribuée » entre tous les producteurs et entre les seuls producteurs, » une agglomération d'hommes qui, nés pour s'aimer et » s'entr'aider, sont ennemis les uns des autres [1], parce que » cette équitable distribution n'existe pas. Telle est l'école » française : elle fera le tour du monde. »
Nous en acceptons l'augure.

Les actions et réactions des éléments démographiques (N, D, M, P et leurs rapports) sont toujours commandées par la loi, ci-dessus démontrée, de l'équation générale des subsistances (chap. IV). On ne saurait trop en répéter la vérification, en confrontant la suite des mouvements tantôt période par période, tantôt même an par an, pour saisir l'effet des accidents éphémères, qui passent comme un souffle dévastateur ou fécond. La série déjà longue des périodes françaises est éminemment propre à cette étude (p. 47 et 282). On peut méditer fructueusement de grandes heures sur le tome II (Population) de la *Statistique de France*, récemment publié, et s'arrêter surtout à cette magnifique page de *Résumé* où se concrète le tableau n° 44.

---

[1] « Le rapport des profits avec les salaires est un rapport d'hostilité » (Dupont-White, *Essai*, p. 15).

On se convaincra de plus en plus que le besoin de la Démographie est, d'abord, d'étudier N et ses effets partout où
ils sont saisissables, et ensuite de séparer l'action de N de
celle de D, pour faire le juste compte de celle-ci et en tirer
de nouvelles lumières. Car, si le rapport de N à P est celui
qui nous instruit le mieux des conséquences du mouvement
général de la Population, il faut convenir qu'il ne suffit pas
encore, et qu'il laisse lui-même, indivises et indiscernées,
avec l'influence des naissances, les autres influences qui
peuvent aussi modifier la vitalité.

§ 3. *Détail de la mortalité.*

On opère cette division, on arrive à ce discernement, en
détaillant P/D par âges. C'est, dans l'état de la science,
la seule manière de faire une étude fructueuse de ce
rapport.

Voici quelques *tables de mortalité* (ce mot pris dans le
sens usuel de la langue française et non du jargon pseudo-
statistique ; — la *survie* reviendra après). Nous les donnons
pour mémoire, et pour ce qu'elles valent. Elles valent au
moins comme point de départ de la science, et comme appel
de tables plus méthodiques et plus exactes.

N. B. On trouve au *Bulletin* de la *Commission* belge, (V,
p. 24), un résumé de calculs sur la mortalité, faits par divers
auteurs en Belgique, en France, en Hollande et en Angleterre.

SUÈDE.

MORTALITÉ EXPRIMÉE EN FRACTION DES VIVANTS DE CHAQUE AGE ET DE CHAQUE SEXE.

(Coll. acad. étr. XI. Reg.-gen. 8th. rep. 276.)

AGES.	D'			D''		
	1757-63	1821-30	1831-40	1757-63	1821-30	1831-40
ND	0.0275	»	»	0.0211	»	»
0-1	0.2298	0.1876	0.1700	0.2088	0.1595	0.1480
1-5	0.0576	0.0408	0.0373	0.0563	0.0370	0.0325
5-5	0.0289	0.0166	0.0152	0.0285	0.0159	0.0142
5-10	0.0141	0.0077	0.0076	0.0151	0.0073	0.0072
10-15	0.0067	0.0045	0.0050	0.0062	0.0044	0.0046
15-20	0.0067	0.0049	0.0051	0.0061	0.0048	0.0049
20-25	0.0093	0.0081	0.0089	0.0072	0.0065	0.0064
25-30	0.0103	0.0097	0.0100	0.0088	0.0075	0.0074
30-35	0.0118	0.0121	0.0150	0.0119	0.0093	0.0096
35-40	0.0128	0.0137	0.0163	0.0110	0.0107	0.0111
40-45	0.0177	0.0175	0.0186	0.0159	0.0126	0.0158
45-50	0.0204	0.0228	0.0213	0.0152	0.0149	0.0151
50-55	0.0268	0.0256	0.0270	0.0201	0.0167	0.0198
55-60	0.0322	0.0345	0.0364	0.0249	0.0253	0.0276
60-65	0.0435	0.0491	0.0448	0.0390	0.0393	0.0356
65-70	0.0585	0.0658	0.0671	0.0542	0.0548	0.0595
70-75	0.0885	0.1028	0.1022	0.0863	0.0883	0.0912
75-80	0.1229	0.1515	0.1492	0.1201	0.1351	0.1330
80-85	0.1904	0.2345	0.2426	0.1867	0.2005	0.2150
85-90	0.2630	0.3700	0.3355	0.2432	0.2865	0.3080
90-95	0.4065	0.4478	0.4175	0.3900	0.4270	0.3412
95-...		0.5625	0.2815		0.5620	0.2731
	0.0299	0.0255	0.0241	0 0279	0.0223	0.0216

	FRANCE. 1840-49.				BELGIQUE. 1841-50.	
AGES.	P'.	P''.	MORTALITÉ ANNUELLE[1]		MORTALITÉ ANN.[2]	
			D'.	D''.	D'.	D''.
[1]	[2]	[3]	[4]	[5]	[6]	[7]
	N' 494 455	N'' 468 172				
0-1 an	405 000	401 000	0.1710[3]	0.1483[4]	0.1630[3]	0.1468[4]
1-5	1 325 000	1 302 000	0.0407[5]	0.0399[6]	0.0386[5]	0.0397[6]
5-10	1 646 000	1 601 600	0.0104	0.0109	0.0098	0.0116
10-15	1 572 000	1 550 000	0.0053	0.0064	0.0056	0.0085
15-20	1 566 000	1 530 000	0.0070	0.0077	0.0073	0.0100
20-25	1 429 000	1 508 000	0 0158	0.0091	0.0108	0.0097
25-30	1 410 000	1 418 500	0.0106	0.0095	0.0098	0.0108
30-35	1 330 000	1 338 000	0.0092	0.0098	0.0097	0.0118
35-40	1 272 000	1 262 800	0.0097	0.0102	0.0106	0.0135
40-45	1 164 000	1 161 000	0.0122	0.0117	0.0133	0.0152
45-50	1 036 000	1 053 000	0.0145	0.0138	0 0156	0.0146
50-55	1 021 000	1 015 000	0.0147	0.0158	0.0217	0.0186
55-60	725 600	821 500	0.0225	0.0221	0.0299	0.0246
60-65	581 000	744 000	0.0371	0.0329	0.0398	0.0348
65-70	461 000	520 000	0.0502	0.0502	0.0567	0.0498
70-75	327 800	560 000	0.0745	0.0816	0.0876	0.0796
75-80	167 800	206 000	0.1310	0.1228	0.1180	0.1076
80-85	72 100	97 200	0.2290	0.1890	0.1668	0.1608
85-90	25 585	50 800	0.2997	0.2565	0.2168	0.2078
90-95	5 190	7 760	0.4048	0.5265	0.2675	0.2865
95-100	1 285	1 882	0.4520	0.3480	0.2350	0.2366
100-...	100	178	0.5520	0.4270	0.5500	0.6152
	17 541 460	17 860 220	0.0235	0.0229	0.0241	0.0240

[1] Présumée d'après le recensement de 1851, réduit proportionnellement à la Population de 1845, après restitution des 158 713 V_0 omis (v. ci-dessus p. 46). 8 217 697 décès (sans mort-nés) relevés par X. Heuschling.

[2] Pressentie sur le recensement de 1846 et D 1841-50, sans autre correction ni altération aux chiffres du recensement que l'adjonction de V'_0 7 500 et V''_0 6 500, dont il reste au-dessous de la moyenne décennale, comme il appert de N-d_0 (Exp. p. 14 et 26).

[3] Fraction de N'. [4] Fraction de N''. [5] Fraction de V'. [6] Fraction de V''.

SAXE. 1846-49. (*Stat. Mitth.* 2e livrais.).

AGES. [1]	P' [2]	P''. [3]	D'. [4]	D''. [5]	MORTALITÉ.	
					[6]	[7]
0-1 an	27 617	28 190	10 575	8 452	0.3828 N'	0.3010 N''
1-6	117 855	119 600	3 983	3 813	0.0338 V'	0.0318 V''
6-14	152 070	154 522	866	850	0.0057	0.0055
14-30	264 440	284 503	1 804	1 941	0.0068	0.0068
30-40	119 991	127 494	1 205	1 485	0.0100	0.0117
40-50	97 747	102 951	1 499	1 462	0.0153	0.0142
50-60	66 351	72 813	1 862	1 920	0.0281	0.0264
60-70	42 359	47 175	2 581	2 897	0.0611	0.0615
70-80	16 072	16 710	2 194	2 403	0.1368	0.1439
80-90	2 391	2 640	648	720	0.2715	0.2762
90-...	66	76	54	70	0.5225	0.9205
	906 959	956 474	27 251	26 013	0.3010	0.2720

Il y a, en Suède, du 18e au 19e siècle, un progrès considérable pour la conservation des enfants et des jeunes gens jusqu'à 30 ans ; ce progrès s'étend même jusqu'à 55 ans pour les femmes. Si l'on n'observe pas le même avancement pour les hommes faits, il faut sans doute l'attribuer à la grande émigration à laquelle les Suédois étaient poussés par une législation absurde et barbare, qui a été amendée. Quant au siècle présent, on voit encore persévérer le progrès, mais seulement pour les enfants et pour les vieillards. Si les tables sont exactes, il y aurait perte de vitalité, de 10-15 à 65-70, et même pour les femmes : ce qui nous montre encore une fois l'effet de la surexcitation générale que nous avons signalée ch. X, et nous porterait à conclure que l'art médical et hygiénique a eu plus d'avancement que l'art social.

La Belgique paraît conserver les enfants mieux que la France, jusqu'à l'âge de 10 ans. Elle doit probablement cet avantage à son climat, qui est humide sans être froid. Elle le perd pour les deux périodes suivantes ; le retrouve pour

ANGLETERRE. Population et MORTALITÉ. 1838-44.
(Reg.-gen. 9th. rep. 176.)

AGES. [1]	POPULATION recensée 7/6/41. [2]	P. [3]	D. 1838-44. [4]	MORTALITÉ. [5]
0-1 an	427 656	0.02695	76 806	0.1525
1-5	1 671 816	0.10555	61 024	0.0365
5-10	1 898 559	0.11940	17 566	0.0092
10-15	1 726 814	0.10920	9 099	0.0055
15-25	3 128 771	0.19721	25 712	0 0082
25-35	2 445 417	0.15410	24 239	0.0099
35-45	1 767 411	0.11147	22 075	0.0125
45-55	1 269 109	0.07980	21 104	0.0166
55-65	828 909	0.05209	24 545	0.0286
65-75	482 508	0.03030	30 081	0.0625
75-85	189 749	0.01191	26 154	0.1455
85-95	30 450	0.00192	8 666	0.2855
95-...	1 670	0.00010	691	0.4135
	15 866 599	1.00000	347 542	0.0219

les jeunes gens de **20-30** ans, qui succombent en France avec une lamentable précocité, et pour les vieillards des **2** sexes, de 75 ans jusqu'à la fin. Mais, pour ces âges avancés, elle profite peut-être d'une fiction des petits nombres.

Au reste, en comparant la mortalité française avec la belge par les tables présentes, il ne faut pas omettre de remarquer que, 1850 ayant eu en France 14000 Décès au-dessous d'un an, de moins que la période 1840-49, sans diminution des Naissances, la mortalité, calculée sur 1841-50, serait moindre que sur 1840-49, au moins pour la première enfance.

Il est très-fâcheux qu'en 1855 on ne puisse pas savoir authentiquement quels tributs les âges français ont payés à la mort, entre 1840 et /50. Il est très-fâcheux que l'on ne puisse pas évaluer la mortalité de la France du Nord, celle de la France médiane et de la France du Sud. Voyez, M. Rouher, M. Legoyt, M. Block, quels flots de lumières jailliront sur la science, de la publication des Mortuaires départementales. Hâtez-vous d'attacher honorablement vos noms à cette œuvre de réparation et de perfectionnement, ou craignez les justes reproches des amis du bon ordre administratif et du bon ordre intellectuel.

En Saxe, après l'abondante moisson des premiers mois la mortalité se ralentit. De 1 à 30 ans, elle est moindre qu'en France. Puis elle reprend son intensité, toujours plus grande jusqu'à la fin.

L'Angleterre semble avoir quelqu'avantage sur la France et la Belgique quant à la mortalité de l'enfance et de la jeunesse : mais il faut attendre, pour juger, que l'inscription de ses Décès soit plus complète et plus authentique. Elle a déjà fait quelque progrès d'ordre : au lieu d'un $P/_D = 58$, nombre insensé que proféraient sérieusement Malthus et D'Ivernois, au lieu de 50, nombre encore fantastique auquel parvenait Rickman, le consciencieux W. Farr donne, pour /44-45, $P/_D = 43.80$, et pour /46-50, $= 40.40$. On voit que l'enregistrement approche de plus en plus de la sincérité. Mais il est à craindre que le jeune *Registrar-general* n'ait encore pu prendre ou obtenir les mesures nouvelles qui sont indispensables pour assurer la continuation de ce progrès. Quelle garantie d'exactitude et de légalité peut-on espérer, tant que l'on n'aura pas un véritable état-civil, indépendant de l'église? C'est en vain que vous avez changé les têtes de vos colonnes (*Census* /51, CXXXI.) : vos N (*Births*) ne sont encore que des baptêmes, et vos D (*Deaths*) que des enterrements. Si de vos paroisses vous ne faites des communes, vous aurez peine, quelqu'habiles cultivateurs que vous soyez, à voir fleurir dans votre empire la statistique humaine, et changer en bien-être la misère proverbiale de votre Peuple.

§ 4. *Résultats spéciaux.*

L'étude de la mortalité peut fournir un contrôle de la tenue des maisons publiques.

MORTALITÉ ᴅᴀɴs ʟᴇs **MAISONS CENTRALES DE DÉTENTION.**

1836-40. (*Stat. Fr. Adm.* II, n° 60.)

ORDRE INVERSE DE LA MORTALITÉ.	MAISONS CENTRALES.	DÉPARTEMENTS.	DÉTENUS [1].	MORTALITÉ.
1	Montpellier............	*Hérault*	2 361	0.0289
2	Melun...............	*Seine-et-Marne*......	5 197	0.0358
3	Poissy	*Seine-et-Oise*........	3 650	0.0392
4	Cadillac............	*Gironde*	1 232	0.0422
5	Clermont	*Oise*	2 750	0.0461
6	Loos...............	*Nord*..............	6 155	0.0480
7	Clairvaux...........	*Aube*..............	8 950	0.0502
8	Haguenau...........	*Bas-Rhin*...........	2 520	0.0509
9	Mont-saint-Michel. ...	*Manche*............	3 020	0.0531
10	Rennes.............	*Ille-et-Vilaine*........	2 850	0.0546
	Moyenne	. .	4 466	0.0696
11	Fontevrault..........	*Maine et-Loire*	8 020	0.0717
12	Embrun.............	*Hautes-Alpes*........	3 700	0.0740
13	Gaillon.............	*Eure*..............	5 700	0.0740
14	Beaulieu............	*Calvados*...........	4 620	0.0755
15	Ensisheim...........	*Haut-Rhin*	4 280	0.0923
16	Limoges............	*Haute-Vienne*	4 235	0.0931
17	Nismes.............	*Gard*	6 210	0.0971
18	Riom...............	*Puy-de-Dôme*	3 375	0.1223
19	Eysses.............	*Lot-et-Garonne*......	6 050	0.1245

Voilà une mortalité qui, portant sur les mêmes âges, dif-

[1] Nombres réduits en années pleines.

fère trop d'elle-même pour être naturelle. La différence entre Montpellier et Eysses est de 1 à 4.30 : la première perd moins de 3 pour cent, la dernière laisse mourir plus de 12 pour cent. Cette diversité excessive est sans rapport avec la salubrité connue des départements, sans rapport avec leur vie moyenne. A quoi tient-elle? Il est urgent de résoudre cette question. Car il n'est pas permis (s'il n'est pas inévitable) d'aggraver l'expiation mesurée par l'arrêt de justice, et de changer la peine de détention en la peine de mort.

Le *Tableau* laisse voir que la mortalité s'accroît par l'agglomération. Des dix maisons dont la mortalité est au-dessous de la moyenne, 7 sont au-dessous aussi pour le nombre des détenus; et des 9 qui sont au-dessus, 5 offrent la même corrélation.

En étudiant deux périodes successives, on trouve une autre preuve du funeste effet de l'agglomération (*Ib. n*° 59) :

	DÉTENUS.	DÉCÈS.	MORTALITÉ.
1836-38.....	72 256	3 267	0.0452
1840-42.....	79 518	4 446	0.0554

La mortalité s'accroît donc avec l'entassement.

Il est remarquable que la mortalité des maisons centrales dépasse de beaucoup celle des bagnes. Ne devra-t-on pas tenir compte de cette différence dans l'application des peines proportionnellement à la gravité des délits? (*l. c. n*° 98.)

1836-42.	CONDAMNÉS.	D.	MORTALITÉ.
Maisons centrales........	25 310	1 277	0.0500
Bagnes..............	7 647	257	0.0336

Cela indique que l'exercice régulier du corps, même sous la chaîne, est plus favorable à la vie que la contrainte dans le repos absolu. Si l'on peut agrandir les espaces de la détention et procurer aux détenus le mouvement du corps et de l'air respiré, la peine subie sera plus conforme à la peine prononcée. On sera plus humain et plus prévoyant : car le moral des condamnés n'y gagnera pas moins que la justice de la répression.

§ 5. *Survie.*

Avec des tables donnant la mortalité des divers âges de la vie humaine dans un pays, on peut dresser la survie correspondante. Si la table de mortalité est exacte, la table de survie le sera aussi, mais sous l'hypothèse d'une mortalité stationnaire : car, cette méthode de construction ne tient aucun compte des variations que peut subir le rapport moyen des Décès à la Population.

Ainsi, la méthode dont nous parlons ici (qui est celle de Moser, dernièrement employée par A. Quetelet et autres calculateurs), diffère de celle que nous avons proposée, *Annuaire Guillaumin pour /54*, en ce que la nôtre (qui est celle de Halley modifiée, v. plus haut p. 161), étant basée sur toute la série du mouvement moyen de Population, représente la survie sous l'influence des modifications observées dans la natalité ou le vitalité ; tandis que celle-ci, s'appuyant sur la mortalité d'une seule période, représente la survie dans la seule hypothèse où la mortalité de cette période fait loi pour toute la durée de la vie humaine.

Le premier nombre, qui dérive de 1 000 Naissances et qui représente S_o (voyez ci-après [6] *pages* 314 et 315), est toujours tiré de $N - d_o$.

Pour les suivants, nous n'avons senti ni la nécessité théorique ni l'utilité pratique de détailler la mortalité an par an, ce qui nous eût entraîné dans l'arbitraire des hypothèses.

Nous avons calculé directement S_5, S_{10}, S_{15}, etc... jusqu'à la fin, au moyen d'une formule simple et commode.

Soit S_n un nombre donné, entier ou fractionnaire (survivants d'un âge quelconque),

δ une fraction de ce nombre (la mortalité de la période correspondante),

p le chiffre exprimant une période de temps, par exemple un nombre déterminé d'années. Faisant

$$S_n - \delta S_n = S_1$$
$$S_1 - \delta S_1 = S_2$$
$$S_2 - \delta S_2 = S_3$$
$$S_3 - \delta S_3 = S_4$$
$$S_4 - \delta S_4 = \ldots S_{n-p},$$

on demande une formule pour tirer immédiatement S_{n-p} de S_n sans passer par les soustractions intermédiaires. L'équation

$$S_{n-p} = S_n (1-\delta)^p$$

satisfait à la demande.

Voici, en conséquence, et seulement pour exemple du procédé, — sous toute réserve, — deux *Tables de survie*, respectivement applicables à l'ensemble de la Population française, sous l'hypothèse d'une mortalité immuable, calculée sur la période décennale 1840-49 (voyez ci-dessus, § 3, p. 306).

CALCUL DE SURVIE. FRANCE. S'.

Ages.	$1-\delta$.	Log. $1-\delta$.	$id \times p$.	Nombre correspondant.	SURVIVANTS S'.	au bout de	Probabilité de vivre jusqu'à
[1]	[2]	[3]	[4]	[5]	[6]	[7]	[8]
							ans
N' viv. . .	. .	. .	. .	. .	1 000	. .	40.33
	»	»	»	»	829.	1 an	53.46
1-5	0.9593	$\bar{1}.98195$	$\bar{1}.9278$	0.8469	703.	5	61.07
5-10	0.9896	$\bar{1}.99543$	$\bar{1}.9772$	0.9489	667.	10	62.50
10-15	0.9947	$\bar{1}.99769$	$\bar{1}.9884$	0.9737	649.	15	63.21
15-20	0.9930	$\bar{1}.99694$	$\bar{1}.9847$	0.9654	626.	20	64.12
20-25	0.9862	$\bar{1}.99396$	$\bar{1}.9698$	0.9329	584.	25	65.72
25-30	0.9894	$\bar{1}.99537$	$\bar{1}.9768$	0.9480	554.	30	66.81
30-35	0.9908	$\bar{1}.99598$	$\bar{1}.9799$	0.9348	527.	35	67.78
35-40	0.9903	$\bar{1}.99576$	$\bar{1}.9788$	0.9324	502.	40	68.69
40-45	0.9878	$\bar{1}.99466$	$\bar{1}.9735$	0.9404	472.	45	69.78
45-50	0.9855	$\bar{1}.99365$	1.9682	0.9294	437.	50	70.96
50-55	0.9853	$\bar{1}.99356$	$\bar{1}.9678$	0.9286	405.	55	72.03
55-60	0.9775	$\bar{1}.99011$	$\bar{1}.9505$	0.8923	365.	60	73.36
60-65	0.9629	$\bar{1}.98358$	1.9179	0.8278	302.	65	75.44
65-70	0.9498	$\bar{1}.97763$	$\bar{1}.8881$	0.7729	233.	70	77.60
70-75	0.9255	$\bar{1}.96637$	$\bar{1}.8318$	0.6789	158.	75	79.95
75-80	0.8690	$\bar{1}.93901$	$\bar{1}.6950$	0.4955	78.25	80	83.43
80-85	0.7710	$\bar{1}.88703$	$\bar{1}.4352$	0.2724	21.50	85	88.00
85-90	0.7005	$\bar{1}.84528$	$\bar{1}.2264$	0.1684	3.60	90	92.70
90-95	0.5952	$\bar{1}.77466$	$\bar{2}.8733$	0.0747	0.27	95	99.82
95-100	0.5480	$\bar{1}.73878$	$\bar{2}.6939$	0.0494	0.13	100	
100-...	0.4480	$\bar{1}.65127$	$\bar{2}.2563$	0.0180	0.	105	

La somme des survivants [6] (avec multiplication par périodes) est 36 561, qui $\times N'$, donnent V' 18 millions. Le recensement de 1846 ne porte que 17 542 077 V'. Ainsi se vérifie l'exagération de la survie, qui résulte de ce que le Bureau compte les étrangers dans P, et les exclut de D. Comme résultat cette exagération est peu de chose; mais nous devons la signaler pour la rigueur scientifique et pour l'appréciation de la méthode.

SURVIE. FRANCE. S''.

Ages.	1-δ.	Log. 1-δ.	id × p.	Nombre correspondant.	SURVIVANTES		Probabilité de vivre jusqu'à
					S''.	au bout de	
[1]	[2]	[3]	[4]	[5]	[6]	[7]	[8]
							ans
N" viv.	. .	. .	. .	. .	1 000	. .	43.35
	»	»	»	»	852.	1 an	54.85
1-5 an	0.9601	1.98251	1.9292	0.8496	724.	5	61.55
5-10	0.9891	1.99524	1.9762	0.9467	685.	10	65.25
10-15	0.9936	1.99721	1.9860	0.9685	663.	15	64.18
15-20	0.9923	1.99664	1.9832	0.9621	638.	20	65.20
20-25	0.9909	1.99602	1.9801	0.9553	610.	25	66.16
25-30	0.9905	1.99585	1.9792	0.9553	581.	30	67.15
30-35	0.9902	1.99572	1.9786	0.9520	552.	35	68.16
35-40	0.9898	1.99554	1.9777	0.9500	525.	40	69.14
40-45	0.9885	1.99488	1.9744	0.9428	493.	45	70.14
45-50	0.9862	1.99396	1.9698	0.9329	460.	50	71.10
50-55	0.9842	1.99308	1.9654	0.9235	425.	55	72.12
55-60	0.9779	1.99029	1.9514	0.8942	380.	60	73.35
60-65	0.9671	1.98347	1.9273	0.8459	322.	65	75.12
65-70	0.9498	1.97763	1.8881	0.7729	249.	70	77.45
70-75	0.9184	1.96305	1.8151	0.6533	163.	75	80.47
75-80	0.8772	1.94309	1.7154	0.5193	84.50	80	86.31
80-85	0.9110	1.95956	1.7978	0.6278	53.	85	88.25
85-90	0.7435	1.87128	1.5564	0.2272	12.	90	92.90
90-95	0.6735	1.82833	1.1416	0.1385	1.66	95	99.
95-100	0.6520	1.81424	1.0712	0.1178	0.20	100	102.63
100-...	0.5750	1.75815	2.7907	0.0617	0.01	105	

La somme des survivantes [6] (avec multiplication par périodes) est 38 223 qui multipliés par N'' donnent V'' 17 900 000. Le recensement de 1846 porte 17 858 409 V''. On devine qu'il y a relativement peu d'étrangères au recensement.

Franscini donne (*Nouvelle Statistique de la Suisse*, édition française, page 113) une table mortuaire, formée

de 392 000 Décès recueillis dans une période de 8
à 9 ans, et une Table de survie qui en est extraite (sans
compensation de mortalité), et qui est « admise comme base
» par la Caisse nationale de prévoyance ». La somme des
Vivants donnés par cette survie est 38 203 pour 1 000 N.
On ne connaît N que de 14 cantons. C'est, pour 1835-40
(Franscini, allem. page 75, franç. page 115, par à-peu-
près) 60 849. Ces 14 cantons ont P (1837) 1 832 162. Si
la proportion de N est la même dans le reste de la Suisse
(comme Franscini l'admet), on aura N = 72 800 pour les
22 cantons. Cette quantité, divisée par 1 000, et multipliée
par la somme des vivants, donne . . . 2 781 200.
Or, la Population en 1837 était de . . . 2 190 258;
et en 1850 elle n'est encore que de . . . 2 392 740.
La survie officielle paraît donc être très-exagérée. La *Caisse
nationale* fera des bénéfices; elle sera un impôt, au lieu d'être
un secours. Sommes-nous induit en erreur, soit par l'état-
civil imparfaitement tenu, soit par l'hypothèse hasardée de
l'auteur ? C'est fort désirable, pour la bonne opinion qu'il
faut que tout le monde prenne des caisses publiques de re-
traite et de prévoyance.

V_p.

On recherche, dans des vues d'application pratique,
quelle est la probabilité de la vie à chaque âge [8] p. 314
et 315.

La durée probable de la vie, par abréviation, *Vie probable*, V_p, est cette durée intermédiaire telle, qu'il y a autant d'individus qui parviennent au-delà, qu'il y en a qui
meurent avant de l'atteindre (Four. *Rech. stat. p.* LXVIII).
C'est l'âge auquel il ne reste plus en vie que la moitié de
ceux qui sont nés en même temps ou qui sont arrivés en
même temps à un âge donné : en sorte qu'on peut parier

avec égale chance de gagner ou de perdre, avec égale *pro-babilité*, qu'un de ces individus arrivera ou n'arrivera pas à cet âge.

On voit que la Table de survie peut seule donner V_p ; et qu'elle le donne dans l'hypothèse où elle a été construite, hypothèse de mortalité décroissante ou de mortalité sta-tionnaire, selon la méthode employée.

On voit aussi que Demonferrand s'est trompé en avançant que l'on peut considérer « la loi de mortalité comme étant la même dans les deux sexes » ; et l'on s'étonne que A. Quetelet cite cette opinion erronée sans la contredire (*Bull.* v, 21). Nos Tables, p. 314 et 315, indiquent la probabilité de vivre plus grande pour le sexe, à tous les âges, excepté entre 60 et 70 ; et cette exception est infirmée par l'état accidentel où se trouve P', état qui a été signalé et expli-qué pages 142 *seqq.*

On ne saurait confondre la Vie probable avec la Vie moyenne (que nous avons définie p. 272 et 280).

V_m a rapport au passé, V_p à l'avenir. Ils se touchent dans le présent.

V_m est un récit, V_p une prédiction.

V_m est une abstraction arithmétique, une opération éga-litaire, par laquelle on somme les années qu'ont vécu un groupe de personnes mortes chacune à leur âge : les années vécues, divisées par le nombre des décédés, donnent pour quotient V_m. C'est la durée de vie que chacun d'eux aurait eue, s'ils eussent été tous également partagés, s'ils se fus-sent tous éteints après le même parcours. C'est le rapport de vitalité du groupe vu comme un seul homme.

V_p est plus près du fait concret ; mais il risque de s'en éloigner par l'inévitable nécessité où l'on est d'admettre une hypothèse dans son calcul.

En France, période 1840-49, $V_m = 34$ à la naissance (p. 282) : c'est la vie du *français moyen* ; ce serait la vie de

tous les individus qui naissent en France, si la nature et la
société les traitaient tous également. $V_p = 41$: il y a un à
parier contre un qu'un Français qui vient de naître vivant
dans cette période, arrivera à **41** ans (quand même la mortalité resterait ce qu'elle est) ; c'est probable, mathémati-
quement parlant.

L'un et l'autre résultat a son enseignement ; l'un et
l'autre a son côté faible. V_m (comme nous l'avons prouvé
p. **283**) ne conclut rien de complet sans les rapports P/N et
N/D. V_p, qui se jette audacieusement dans l'avenir, a le
risque d'y rencontrer des variations de mortalité, qui l'al-
tèrent et le peuvent rendre méconnaissable : au moins ne
doit-il jamais se présenter sans sa déclaration d'origine,
c'est-à-dire sans montrer le cachet de l'hypothèse sous laquelle il a été calculé.

Mais ces résultats scientifiques, pour n'avoir pas la vérité
absolue, n'en ont pas moins toute l'exactitude requise pour
que l'on puisse comparer les nations entre elles, ou les
états successifs d'une même nation, et juger avec une parfaite équité des degrés relatifs d'avancement de chaque
Peuple ou de chaque période. Leurs vacillations répondent,
comme il convient, aux variations des mouvements de l'humanité ; elles deviennent moindres à mesure que les mouvements se calment et se régularisent.

La Nature, ne soulevant à nos yeux qu'un coin du voile qui
la couvre, nous semble avoir d'inexplicables caprices, qui
paraissent céder plus ou moins à la puissance de l'esprit humain et des arts qu'il met en action. Tout ce que l'on peut
exiger de l'observation et de la science, c'est qu'elles représentent fidèlement les phénomènes au prorata de la distance
où ils se laissent atteindre, et que leurs formules dociles
se plient avec souplesse à tous les mobiles effets des Lois
générales, auxquelles et la matière inerte et l'homme intelligent et libre sont tenus d'obéir.

FIN DU LIVRE TROISIÈME.

CORRESPONDANCE DÉMOGRAPHIQUE

RELATIVE A

L'ÉQUATION GÉNÉRALE DES SUBSISTANCES.

— — —

I.

21/2/55, Paris.

A MONSIEUR LE DOCTEUR VILLERMÉ,

MEMBRE DE L'INSTITUT DE FRANCE, ETC. ETC.

La bonté que vous me témoignez me fait un devoir de n'accepter pas, sans un mot de défense, le mot de critique dont vous avez honoré ma première lecture.

Vous savez que le bureau de l'académie a retranché les 4/5 de mon travail, par des scrupules dont je ne suis pas juge, mais justiciable : ainsi je n'ai pu lire que ce qu'il a décidé être tout-à-fait inoffensif pour les opinions des personnes présentes ou absentes, ou liées avec les présentes et les ab- sentes par la confraternité académique.

« J'ai dit des choses que les académiciens savent tous. »

J'en suis bien persuadé ; je connais et respecte leur science. Pouvais-je venir devant eux avec la prétention de les ins- truire ? Je ne suis point capable d'un tel excès de témérité. Qui peut se flatter de dire des choses nouvelles ? Nous sommes nés trop tard. Mais il peut être utile et social de rajeunir des idées vieilles qui s'oblitèrent, surtout quand ces idées sont de celles qui importent au bonheur des hommes. C'est ainsi que Fr. d'Ivernois rappela, à partir de 1830, pendant 4 an- nées de suite, aux statisticiens et aux hommes d'état, un principe très-clairement établi par Fourier dès 1821 dans les *Recherches* sur Paris (not. gén. n° 60).

J'ai cru en outre que *l'équation des subsistances* n'avait pas été jusqu'ici démontrée d'une manière complète et scientifique, et qu'à cause de cela on en avait méconnu les légitimes conséquences. Me suis-je trompé? quelque livre important de statistique aurait-il échappé à mes longues recherches? Vous me feriez une grâce de me l'indiquer.

Si l'équation dont je parle est trop connue, comment se fait-il que la croyance attribuée à Malthus (injustement, selon moi) soit encore au catéchisme de nos économistes? Comment se fait-il que cette équation ait été contredite tout récemment dans les *Annales de la Charité* par Cormenin, qui a fondé publiquement un prix contre elle, et dans le *Journal des économistes*, par le docteur Juglar, l'inspecteur Fayet, et autres hommes instruits? Comment se fait-il qu'elle ne soit pas démontrée ou seulement énoncée dans les Traités élémentaires de statistique, *comprenant les principes généraux de cette science?* Comment se fait-il qu'elle soit combattue dans les *petits livres* de 1848, réimprimés in-4° comme *mémoires* académiques? Comment se fait-il que, dans vos dernières séances, des écrivains célèbres, des hommes d'état justement honorés, aient encore parlé contre elle? Comment se fait-il enfin (si votre bonté excuse l'audace de cette dernière question) que vous n'ayez jamais relevé les erreurs commises contre cette Loi par Fr. D'Ivernois, dans les lettres qu'il a eu autrefois l'honneur de vous adresser et l'imprudence de publier dans la *Bibliothèque universelle?*

Vous me pardonnerez, Monsieur, l'importunité de mes demandes. Je n'ai d'autre excuse que mon amour pour la science et ma profonde considération pour l'opinion d'un savant qui en a si bien mérité.

II.

LA TENDANCE ET LE FAIT.

Les lecteurs du *Journal des Économistes* ont dû suivre avec intérêt la discussion sur la question de Population qui, ouverte devant la Société d'économie politique, s'est poursuivie de mois en mois dans le journal, et a pénétré même à l'Académie des sciences morales par suite des lectures de J. Garnier [1]. L'élite des économistes y a pris part : mais la statistique y a été peu appelée, peu écoutée. Pourtant, elle avait sa compétence bien établie dans un tel débat. Ne serait-ce pas à cause de cet oubli que, malgré le talent remarquable des contendants, la question paraît n'avoir pas abouti, les convictions ne s'être pas rapprochées, et chacun avoir gardé jusqu'à la sortie la position qu'il avait prise en entrant ?

La question a deux parties bien différentes : la partie *historique* et la partie *dogmatique*. On a fort allongé le débat, pour ne les avoir pas distinguées.

La partie historique, qui a trait aux opinions plus ou moins concordantes émises par quelques auteurs célèbres sur le mouvement général de la Population, a été la plus largement traitée. On a combattu Malthus, on l'a défendu : on a paru s'accuser réciproquement de l'avoir mal lu, ce qui, de la part d'esprits aussi éminents, me paraît prouver avec évidence que Malthus n'est pas toujours clair, et qu'il est difficile à lire. On a rendu hommage à la moralité de son but, à l'honnêteté de ses intentions, à la patience sagace de ses investigations. On a pu, sans rien retrancher à ces éloges, rappeler quelques travaux antérieurs dont il a dû profiter : un anglais illustre (lord Brougham) a nommé Townsend ; on pouvait citer avec plus de raison encore l'*Ami des hommes*, dont Malthus parle en un endroit, et dont le chapitre second

[1] V. *Journ. des Écon.*, 15 juin 1853, t. XXXV, p. 428.

a pour titre : *La mesure de la subsistance est celle de la Population*.

La partie dogmatique de la question a elle-même deux branches qu'il importait beaucoup de ne pas enchevêtrer : ce sont la *tendance* de la population à s'accroître, et *le fait général* de son accroissement.

Sur la tendance, il y a eu peu à dire. Elle n'a point été contestée ; elle appartient à tous les êtres organisés. « La nature prodigue à l'infini les germes de la vie dans les deux règnes. » Les naturalistes le proclament ; tout le monde le reconnaît.

Mais, pour qu'un certain nombre de ces germes se développe, il faut la double condition de l'espace et de la nourriture. Est-on d'accord aussi sur la Loi générale de ce développement ? Il ne paraît pas. Les uns parlent des *grands maux que produit le principe de Population* (Malthus , *Essai*, l. III, p. 452, et *passim*), ce qui implique que l'on aurait observé quelque part la population s'accroissant au-delà de ses moyens actuels de subsistances ; les autres avancent que la reproduction des denrées marche plus vite que celle des hommes, ce qui tendrait à prouver que l'accroissement de Population *n'engendre point de maux par lui-même*, et qu'aux souffrances des peuples il faut assigner d'autres causes.

C'est la statistique qui doit résoudre ce doute : c'est devant elle qu'il faut poser cet important problème, dont la solution est le pivot de la science économique. Que l'on fasse des relevés exacts de la production en tout genre chez chaque nation, que l'on compare les dénombrements des produits avec les dénombrements des habitants, que l'on répète cette comparaison à diverses époques chez la même nation, et aux mêmes époques chez des nations diverses, et l'on saura quel est le rapport de la production à la Population, le rapport du travail à la vie, et de la vie au travail.

Peu de nations offrent jusqu'ici ces documents essentiels ;

aucune ne les a consécutivement et périodiquement rassemblés. J'en ai recueilli le plus que j'ai pu ; j'ai fait le travail que je viens d'indiquer, autant que l'a permis l'imperfection des documents. Je suis arrivé à des résultats qui m'ont paru assez bien établis pour les consigner dans mes *Études de Démographie comparée*, dont l'Académie des sciences morales a bien voulu entendre lire quelques fragments dès le mois de février. Il ne m'est plus resté de doute sur la vérité du principe cité plus haut, que Mirabeau a donné pour titre à son ch. II, et qu'il y a développé avec chaleur, force et clarté, — principe que Malthus a reconnu quelquefois (liv. II, chap. XIII, fin, propositions générales), quelquefois aussi ses disciples, — principe qui est la loi de tous les êtres organisés, l'*Équation générale des subsistances*, et que, pour l'appliquer spécialement à la race humaine, je modifie en ces termes :

La Population se proportionne aux subsistances disponibles.

Je donne de cette loi neuf démonstrations, dont une seule est tirée du raisonnement pur ; les autres résultent des grands faits que la statistique a recueillis depuis un siècle... (Voy. le ch. IV ci-dessus, p. 55 *seqq.*).

Le plus récent de ces faits, celui qui, s'il eût été connu de son temps, eût probablement élucidé certaines pensées de Malthus et certaines pages de ses écrits, est celui-ci : Il est des nations chez lesquelles deux phénomènes marchent de front, l'*accroissement intrinsèque de* P (sans immigration), et la *diminution de* N, même en nombre absolu. Cela résulte de la statistique de la Population en divers pays, notamment en France et en Belgique.

En rapprochant ces faits de ceux antérieurement connus, on peut conclure avec quelque assurance que ce n'est pas seulement la Mort qui est chargée de contenir la population dans les limites des subsistances ; que la Nature n'impose

pas impitoyablement aux femmes les douleurs de la mater-
nité trompée et de l'enfantement improductif; mais qu'Elle
se charge aussi de régler les conceptions et les naissances par
une loi plus bienfaisante, que nous ne faisons encore qu'en-
trevoir, et dont cependant les effets nous sont déjà certainement connus.

(Suivait l'application de ces principes au Pas-de-Calais.)

A cet article inséré plus longuement au *Journal des Économistes* (15/8/53, t. xxxvi, p. 184), le rédacteur en chef
opposa la note qui suit :

L'auteur de l'article précédent a pensé combattre la doctrine de Malthus, à l'aide
des résultats de la statistique. Nous ne pouvons le laisser conclure, sans lui soumettre quelques observations.

Il est d'abord à remarquer qu'il donne en plein dans les idées de Malthus, en pro-
clamant la *tendance* de la population à s'accroître avec une rapidité qui, si elle n'était
maintenue, aurait bientôt dépassé les subsistances. Cette tendance, il la croit incontestable et même incontestée. Sur ce dernier point il se trompe, car il y a plusieurs con-
tradicteurs de Malthus, qui repoussent cette tendance de la population ; et lui-même,
il ne s'aperçoit pas qu'il la nie, en disant que la nature se charge elle-même de régler
les naissances. Car, de deux choses l'une : ou l'homme peut se livrer sans préoccupation aucune à l'acte de la génération, parce que la nature veille pour lui à l'é-
quation générale des subsistances, et alors il ne faut pas dire que la population a
tendance à s'accroître plus que ces subsistances, ou bien l'homme a pour premier devoir de régler le nombre de ses enfants, devoir qui résulte surtout de cette tendance.

Toutefois, les chiffres reproduits par M. Guillard ont pour but d'établir qu'en fait,
dans certains pays, la population ne dépasse pas les subsistances nécessaires. Nous
admettons, par hypothèse, l'exactitude des résultats avancés ; mais l'exemple de la
France et de la Belgique prouve-t-il pour le monde entier! prouve-t-il pour toutes les
localités, pour toutes les classes de population, pour toutes les familles d'un même
pays? Assurément non, et il suffit de citer les Flandres en Belgique, les classes misérables de Lille et d'un grand nombre d'autres localités en France. On se fait bien
certainement illusion dans cette question, en raisonnant à l'aide des moyennes *nationales*. La moyenne nationale de France peut, en effet, établir qu'en bloc, dans une
masse de 36 millions d'individus, le progrès et la prévoyance d'une part et l'impré-

voyance d'autre part se balancent mieux qu'en Irlande, ce qui est déjà beaucoup ; mais ce serait se tromper singulièrement que de croire que ce balancement et cette équation se manifestent dans toutes les couches de la population, comme le prouvent et au-delà de nombreuses études et enquêtes sur les populations ouvrières, et notamment sur celles de plusieurs contrées manufacturières et de plusieurs localités agricoles où les hommes naissent et meurent dans la misère et le dénûment.

Maintenant, si le résultat invoqué par M. Guillard était non-seulement une moyenne nationale, mais l'expression de ce qui se passe réellement dans le sein de toutes les familles (éléments de cette moyenne en France, en Belgique et partout ailleurs) dans les pays civilisés comme dans les pays sauvages, dans les pays riches comme dans les pays pauvres ; s'il était l'expression de faits constants et universels dans le présent et le passé ; si partout et toujours les pères de famille et leur progéniture avaient été protégés par la loi de l'équation des subsistances, oh ! alors, nous croirions que la nature se charge seule de régler les naissances. Jusque-là, et comme nous voyons dans des millions de cas spéciaux que c'est la mort, précédée des souffrances de la misère, qui a contenu et contient les populations dans les limites des subsistances, nous croyons que Malthus était dans le vrai, en signalant aux familles souffrantes la prévoyance comme le premier de leurs devoirs et le principal moyen d'arriver à une condition meilleure. Et Malthus était d'accord avec la statistique qui a bien constaté que la misère est plus prolifique que l'aisance, et que la mort fait proportionnellement plus de victimes anticipées dans les familles nécessiteuses que dans les familles qui ont de quoi subvenir à leurs principaux besoins.

JOSEPH GARNIER.

A MONSIEUR JOSEPH GARNIER.

Mon cher professeur,

Vous êtes trop préoccupé de Malthus : vous le voyez partout ; vous semblez le révérer comme un père de votre Église. Mais la science ne se nourrit de nom propre ni de vénération. Je n'ai point pensé à combattre son livre, sur lequel je trouve que la discussion est épuisée, et qui d'ailleurs me paraît plutôt livre de faits que de doctrine, puisque l'on y puise tour à tour des arguments pour les opinions contraires : écoutez Cherbuliez en avril, et Fontenay en mai.

J'ai souscrit aux éloges que vos amis lui ont donnés, bien qu'ils n'aient pas signalé le principal mérite de son ouvrage, qui est, selon moi, d'avoir fait ressortir, en amoncelant des exemples très-nombreux puisés chez les peuples civilisés comme chez les peuples sauvages, d'une part l'heureuse influence de l'organisation civile sur la reproduction et la distribution des subsistances, et de l'autre les maux que laisse subsister cette organisation encore imparfaite; en sorte qu'il a réfuté par avance les erreurs opposées de ceux qui nient avec ingratitude les bienfaits d'une administration régulière, et de ceux qui, croyant que l'ordre social rend tout ce qu'on en doit attendre, ne veulent entendre à aucune modification importante dans ses rouages. Quant aux conseils de l'estimable pasteur, lus peut-être de quelques hommes aisés et éclairés qui n'en ont guère besoin, jamais lus des classes nombreuses, pauvres et ignorantes auxquelles ils s'adressent, on a trouvé qu'ils ressemblaient un peu au pansement mis à côté de la plaie. Car la classe qui lit le moins est aussi celle qui a le moins de N, — c'est la classe rurale. Les moralistes ont jugé ces conseils diversement à un autre point de vue, qui ne concerne ni l'économie politique ni la statistique.

Je n'ai pas nié que ce ne fût « un devoir pour l'homme de régler le nombre de ses enfants »; la Nature peut veiller à l'ensemble sans dispenser de prévoyance l'individu. Ainsi, les deux branches de votre dilemme portent à faux. Vous regardez avec raison la prévoyance comme une vertu salutaire; je la tiens pour indispensable, et voudrais que tous les humains en fussent largement doués. Si les lois de la nature protégent l'équilibre général de l'humanité, si celles de la société protégent l'équilibre des familles, la prudence du père de famille doit protéger les êtres dont il a pris charge, et leur procurer la jouissance des biens que créent et conservent les lois. Mais, parce que la nature, en établissant les siennes, ne paraît pas avoir eu en vue les individus, doit-on méconnaître ces lois, les nier?

C'est une de ces lois naturelles que je recherche, avec une ardeur proportionnée au sentiment de son immense intérêt pour tous les hommes. C'est un point de science que je tâche d'établir, une formule qui doit être tissue, non de conseils de morale ni d'opinions de tel ou tel auteur, mais bien de faits publics publiquement constatés. Mes recherches, si elles se rapportaient à Malthus, tendraient plutôt à l'éclaircir et à le compléter qu'à le combattre. Vous l'avez plaint vous-même de « n'avoir eu à sa disposition que des relevés statistiques d'une portée assez médiocre » (*J. écon.* 1844, t. 7, p. 381). Je ne m'éloigne donc pas de vous en pensant que, si la science eût été plus avancée, son ouvrage eût été plus clair et plus logique. Pour preuve d'impartialité, je suis prêt à accepter, comme innocentes, les deux propositions dans lesquelles vous avez résumé sa doctrine (*Elém. de l'Éc. pol.*, p. 56), si vous en voulez bien accepter une troisième, que je demande à y adjoindre comme ressortant logiquement des faits que la statistique a amassés et coordonnés depuis le commencement du siècle.

Première proposition MALTHUS-GARNIER : « La population, si aucun obstacle ne s'y opposait, se développerait incessamment, suivant une progression géométrique et sans limites assignables. »

Deuxième proposition MALTHUS-GARNIER : « Les moyens de subsistance ne peuvent jamais se développer que suivant une progression arithmétique, comme 1, 2, 3, 4, etc. »

Troisième proposition (MIRABEAU-GUILLARD) : EN FAIT, *la Population se développe suivant la même progression que les subsistances.*

Celle-ci est-elle opposée aux autres? Nullement; elle ne saurait les rencontrer : elles sont toutes trois dans des plans divers, qui ne se croisent pas entre eux. La première est une *hypothèse* de pure théorie, absolument irréalisable :

la deuxième pose une limite, encore théorique, à un développement aussi variable que les vents et les générations ;
la troisième est un résumé d'observations, une simple ligne
d'histoire naturelle.

Dans la discussion provoquée par vos savantes lectures,
maint académicien a, je crois, traité les progressions malthusiennes d'exagérations poétiques habillées en chiffre.
Pour moi, je n'y ai fait aucune allusion.

Je vérifie, au point de vue réel et positif, l'*équation générale des subsistances*. Les Décès l'établissent; les Naissances
ne la démontrent pas moins : et la statistique agricole confirme ce qu'a témoigné l'État-civil. Vous admettez mes
chiffres, *par hypothèse*, pour la France et la Belgique (hypothèse ! les registres de l'État-civil), et vous demandez s'il en
est de même du reste du monde. Je vous renvoie à M.-Jon-
nès, qui affirme l'augmentation du·rapport P/N pour tous
les grands États de l'Europe, depuis la mer glaciale jusqu'à
Gibraltar, qui l'affirme même de la Russie ! Et je vous demande à votre tour si l'on connaît un seul pays où la statistique ait démontré l'*inéquation* des subsistances.

L'Irlande ? — Rançonnée par la prélature anglaise, qui ne
lui laisse pour vivre que les pommes de terre, elle multiplie
à la fois les pommes de terre et les enfants. Le tubercule
vient à pourrir, en même temps qu'une agitation impuissante ralentit le travail : il faut que l'Irlandais meure ou soit
exporté. Cette affreuse infortune confirme, loin de l'ébran-
ler, l'équation des subsistances.

Les Flandres ? — La mécanique *coupe les pouces aux fi-
leuses ;* elles meurent avec leurs familles que ces pouces
nourrissaient, vérifiant à la fois le proverbe flamand et la
Loi de Population. Et pourtant, hors de cet accident, les
Flandres aussi participent au progrès général de la Population belge. Voyez leurs comptes-rendus.

Lille et nos autres cités manufacturières ? — En avez-vous des statistiques exactes? Vous feriez acte de vrai savant à les publier. La population ouvrière s'accroît-elle au-delà du besoin? Non, puisque nos centres d'industrie se recrutent par une immigration incessante. Mais, s'il est démontré (ce que, hélas! je ne suis pas en état de contester) que les ouvriers de nos fabriques ne s'élèvent pas encore au progrès de l'immense majorité de nos concitoyens, à l'œuvre statisticiens! Economistes, à la rescousse! recherchez, découvrez quelle est la cause exceptionnelle qui tient ces familles laborieuses dans un état contre nature, et indiquez le remède à ceux qui ont devoir et pouvoir de l'appliquer. Que manque-t-il à cette classe souffrante? Est-ce la connaissance de l'art de vivre? Réclamez pour elle une instruction prodiguée et large comme la voulait Rossi. Est-ce la dignité et l'indépendance que donne la propriété? En effet, nos paysans vivent mieux, beaucoup mieux, depuis qu'ils possèdent la terre qu'ils cultivent, et qu'ils sont maîtres de leur profession. Comment fera-t-on que le fabricant devienne maître aussi de la sienne? Les négociants de Mulhouse, avec des intentions généreuses et prudentes, rôdent autour de ce problème ardu dont ils n'ont pas la clef, — que vous seuls pouvez donner.

Qui songe à nier la misère? à voiler des plaies qu'il faut étaler au grand jour des rues et des places publiques, afin d'appeler sur elles toutes les commisérations, tous les soulagements? Mais la cause? la cause? Ce n'est pas à vous, Professeur, que l'on peut apprendre que la main-d'œuvre est une marchandise, toujours plus offerte à mesure qu'elle est plus demandée, dont la matière première est la subsistance, et dont le prix doit par conséquent descendre jusqu'à la limite de l'inanition.

Ainsi, l'accroissement du travail et de ses produits est la cause de l'accroissement de Population. Dans les départements où le travail et ses produits paraissent stationnaires, la Population cesse de s'accroître, les Naissances ne dépassent plus les Décès : Eure, Calvados, Lot-et-Garonne. Ce sont ceux où le rapport P/N est le plus élevé, où la Vie moyenne est la plus longue.

Mais dans l'ensemble des classes, la misère et l'augmentation de Population font-elles partie liée ? Les statistiques de France et de Belgique répondent authentiquement : NON ! Le doyen des statisticiens français répond : non, pour tous les pays de l'Europe. Dans tant de contrées dissemblables de climat, de mœurs et de gouvernement, la vie générale s'allonge, donc la misère générale diminue ; l'aisance générale augmente en même temps que la Population. La Population s'accroît par le moyen de l'accroissement de la vie ; les Naissances diminuent proportionnellement à ce double accroissement : donc, encore une fois,

La Population se proportionne aux subsistances disponibles.

Vous craignez que le beau des *moyennes nationales* ne dissimule le laid des moyennes particulières ! Est-ce que l'on peut gagner sur l'ensemble sans gagner sur le plus grand nombre des parties ? Je ne vous ai cité pour exemple de moyenne locale qu'un département, parce que je ne pouvais joncher de chiffres tout votre journal ; je m'engage à en produire soixante-dix autres non moins progressifs, si vos colonnes le souffrent. Pour établir la Loi générale de Population, il n'est pas nécessaire que j'en puisse démontrer l'effet, même sur les nations qui ne fournissent pas leurs chiffres ; il suffit bien, après les exemples allégués, qu'il n'y en ait pas une, civilisée ou sauvage, riche ou pauvre, ancienne ou moderne, qui puisse être inscrite en faux contre cette Loi.

Économistes ! ne vous lassez pas de fouir ce terrain, ne vous lassez pas de demander à la statistique des instruments toujours neufs pour sa précieuse culture. Votre science ne peut devenir classique, elle ne peut même être définie (quelques-uns de vous en conviennent peut-être), avant que vous n'ayez défini avec exactitude ce que vous entendez, en fait, par le *principe de Population*, avant que l'on n'ait formulé avec précision la Loi ou les Lois suivant lesquelles l'humanité se développe en nombre. Tant que vos livres ne seront pas éclairés par cette vive lumière, ils seront repoussés du vulgaire, comme le déplorait votre excellent Bastiat; votre science, qui doit être le ciment de l'édifice social, ne fournira aux gouvernants qu'une lanterne sourde, aux gens d'esprit qu'un tir à épigrammes, à vous-mêmes que des recherches incertaines, des débats sans conciliation, des luttes sans merci. Je vois aujourd'hui même M. Dussard encore frappé de la vaine crainte que l'agriculture française ne puisse tenir les subsistances au niveau de l'accroissement de Population. Hier, on voyait aux prises, sur *l'intérêt* et le *principal*, sur les *harmonies* et les *contradictions*, deux brillants économistes, deux hommes savants, éloquents, convaincus. Ils ont fourni des passes superbes. L'un deux s'est vanté d'avoir tué son adversaire, qui ne s'est pas moins proclamé vainqueur. Qui ont-ils persuadé, que ceux qui l'étaient déjà? Si Bastiat, dont les aspirations étaient si pures et si droites, se fût mieux représenté la Loi de Population, il n'eût point écrit 300 pages pour prouver que *la valeur est le mal*, triste *harmonie*. Si Proudhon eût tenu compte de l'équation des subsistances, il aurait saisi le fil des apparentes *contradictions économiques*, et son génie en eût tiré une douce et harmonique clarté au lieu d'un feu dévorant.

Puisque la misère est à la fois plus meurtrière et plus prolifique que l'aisance (double mal), tâchons, selon le vœu de Droz, que l'on généralise l'aisance par de bonnes lois, — plus efficaces que les meilleurs conseils.

A. G.

III.

24/10/53. Paris.

M. Block demande A QUEL PRIX *la population se proportionne aux subsistances disponibles.*

Cette question semble impliquer adhésion à ma proposition ; mais, en même temps, elle insinue que pleurs et deuil paient fatalement l'*équation des subsistances.*

Il faut distinguer :

1° Dans les périodes où le prix des subsistances se maintient au taux moyen ou au-dessous du taux moyen, l'*équation* se maintient par la diminution proportionnelle des Naissances. Cela est prouvé par l'exemple de la France, de la Belgique et de tous les pays où la durée de la vie s'accroît. Ces deux phénomènes, l'accroissement de V_m, la diminution de N sont tellement liés, que l'un démontre l'autre, et réciproquement (V. ci-dessus, ch. xi, § 2, p. 276.).

2° Dans les périodes où le prix des subsistances s'élève brusquement, l'*équation* se rétablit par la mort de ceux qui souffraient et aussi par la diminution des Naissances. Cette brusque élévation n'arrive guère que par la faute des gouvernants. Mais quelle qu'en soit la cause, déficit de récoltes, entrave de circulation ou crise d'industrie, c'est un accident qui est soldé par un accident.

Peut-on citer un seul pays où, *dans une période normale,* la Population se soit accrue au-delà de l'appel du travail? Pas un seul.

Le premier et nécessaire effet de cet accroissement exagéré serait un accroissement progressif et continu de la proportion des Décès, — accroissement qui serait (selon une figure trop célèbre) en raison géométrique de l'accroissement de Population. Or, un tel monstrueux accroissement n'a été observé nulle part, tant que la source des subsistances n'a pas été profondément altérée, ou la vie attaquée par des fléaux extraordinaires et passagers.

Comment donc expliquer la misère? On peut l'expliquer diversement : — chez les paysans par l'ignorance de l'art de vivre, par la grossiéreté du mécanisme agricole, par l'aveugle répartition du sol; — chez les ouvriers par l'essence même du salaire, par la démoralisation qu'il entraine, etc. Mais, quelque parti que l'on prenne sur ces explications, toujours est-il démontré que la misère n'est point due à une reproduction abnormale de la Population. En effet, si cette reproduction contre nature engendrait la misère, la fille tiendrait de la mère, — la misère serait plus grande dans les classes où la reproduction serait plus excessive. Or, c'est le contraire qui s'observe. Tout le monde sait que la misère sévit plus cruelle sur les aggrégations manufacturières, et que ces aggrégations sont loin de multiplier trop, puisqu'elles se recrutent sans cesse du dehors.

« Si elles ne multiplient pas assez, dites-vous, c'est parce » qu'elles meurent trop vite. » — Pourquoi meurent-elles trop vite? — « Parce qu'elles sont misérables. » — Et pourquoi sont-elles misérables? Vous ne répliquerez point; parce qu'elles multiplient trop, ce serait la plus flagrante contradiction, le plus vicieux des cercles vicieux.

Mais vous insistez par une distinction subtile : « La classe » ouvrière ne multiplie pas assez, j'en conviens; et c'est » parce qu'elle reproduit inconsidérément : cette reproduc- » tion abortive l'épuise sans la compléter. » Qu'est-ce à dire? qu'en faisant moins d'enfants elle produirait plus d'hommes! ce n'est pas soutenable. Ou bien vous me faites un étrange aveu : oui, d'après vous, la classe ouvrière est hors d'état de conserver les enfants dont elle a besoin pour se recruter et pour maintenir ses lignes sur le champ de bataille du travail! Si tel est votre sens, c'est la condamna-

tion du salaire, c'est sa réprobation ; mais c'est la confirmation de la Loi que j'ai démontrée : la Population se proportionne aux subsistances disponibles.

Permettez-moi de vous remettre sous les yeux quelques
belles lignes d'un socialiste éminent, aujourd'hui désabusé
du socialisme et retiré dans le conseil d'état. Après avoir
pulvérisé les progressions malthusiennes. il ajoute : « L'hypothèse fondamentale de Malthus est démentie par les faits.
Sa théorie dégagée des raisonnements spécieux et des faits
intéressants dont il l'avait entourée, est inexacte…. Les faits
à l'aide desquels il a cru démontrer que la Population me-
naçait de déborder prouvent seulement la fâcheuse condition de l'industrie et des manufactures. La Population paraît
surabondante seulement parce qu'à de certains moments, à
cause de l'imprévoyance sociale,
    — Il veut dire administrative,
à cause de la vicieuse organisation de l'industrie,
    — Lisez inorganisation,
à cause de l'imperfection des règles qui gouvernent les
relations internationales, un morne silence succède dans
les ateliers à une activité démesurée…

Il faut répartir convenablement les fruits du travail entre
les membres de l'atelier social. Il faut développer le sentiment d'association. L'association doit bannir le paupérisme,
et assembler dans un ordre social régulier les éléments sans
cohésion des sociétés modernes » (*Population, Dictionnaire
de la convers.*)

IV.

DISCUSSION DES RELATIONS ENTRE LES SUBSISTANCES ET LA QUANTITÉ OU LE BIEN-ÊTRE DE LA POPULATION.

LETTRE du docteur AD. BERTILLON,
MÉDECIN DE L'HOSPICE DE MONTMORENCY.

La lecture de votre manuscrit m'a vivement intéressé. Votre ouvrage porte la vigoureuse empreinte de la période scientifique où entre enfin l'intelligence humaine, période dans laquelle, abandonnant les spéculations philosophiques, dernier lambeau de ses préjugés, l'homme digne de ce nom n'accepte plus *en toutes choses*, comme cela se fait en géométrie, que ce qui est démontré, et *sait ignorer* ce qui ne l'est pas encore. Près de lui l'éloquence elle-même fait de vains efforts, si elle n'est la traduction vivante des faits et des chiffres. Aussi, votre livre, par cette masse de faits si laborieusement amassés et si consciencieusement présentés, deviendra un manuel d'anatomie et de physiologie démographiques à l'usage des médecins du corps social, qui, sans être gradués, doivent être assez pénétrés de leur haute mission pour s'empresser d'en étudier les instructions nouvelles dans le *formulaire* que vous leur présentez.

Votre travail m'ayant porté à quelques recherches sur la distribution des subsistances, je vous fais part de mes résultats, vous les offrant, pour être plus bref, sous forme synthétique et un peu algébrique. Je ne vois pas pourquoi la logique se priverait de cette admirable langue, toutes les fois qu'elle peut la parler.

Comme vous j'appelle subsistances *tous les produits du travail* que nous utilisons : et, bien que les aliments occupent une place importante parmi ces produits, ce serait méconnaître l'homme et le ravaler au rang des animaux que de croire qu'une nation ne subsiste que par ce qu'elle digère. Les satisfactions de l'intelligence et de l'imagination, la soif du vrai et du beau, deviennent de jour en jour plus indispensables à ce bien-être que les hommes recherchent avec tant d'ardeur.

Cela posé, soient

S les subsistances d'un peuple ou d'une fraction de peuple,

P la Population qui les consomme ; et faisons

$$\frac{S}{P}=R. \quad . \quad . \quad . \quad . \quad . \quad [1].$$

R sera la ration de subsistances dont chaque homme a besoin pour vivre. Je dis *a besoin* : car vous avez surabondamment démontré que cette ration une fois acquise ne peut diminuer sans qu'une diminution de P ne tende aussitôt à rétablir sa valeur primitive.

On pourrait, il est vrai, demander si, quand S diminue, l'égalité se rétablit uniquement par la diminution de P, et si la grandeur R elle-même n'est pas affectée. Je ne sais si l'on pourrait statistiquement résoudre ce problème : il m'intéresse moins que celui qui va suivre, parce que la diminution de S n'est qu'un accident toujours passager, et qui exerce peu d'influence sur la marche générale de l'humanité.

Cependant, comme il est notoire que, si les subsistances diminuent pendant plusieurs années dans un pays, non-seulement P diminue par l'augmentation des Décès et la diminution des Naissances, mais les vivants perdent une partie de leur bien-être, ils restent donc misérables jusqu'à ce que S soit rétabli par une autre cause que la diminution de P. On peut en conclure que P ne diminue pas dans la même proportion que S, puisque la ration R des survivants reste affaiblie.

Ainsi il paraît acquis, ou du moins vraisemblable, que dans ce cas, les mouvements de P et de S ne sont pas *parfaitement* parallèles, et par conséquent déjà dans ce premier cas votre *équation de P avec les subsistances* pourrait être suspectée, si vous n'aviez dit « avec les subsistances *disponibles*, ce qui enlève à cette formule sa rigueur mathématique, point principal sur lequel on aurait pu la contester [1].

Reprenant maintenant la formule [1], examinons comment se maintiendra l'égalité si S s'accroît continûment. La discussion de ce problème présente un vif intérêt, puisqu'il va nous initier au mouvement normal de l'humanité.

En effet, l'augmentation de S résulte de l'effort incessant de l'homme par le travail : or, si les autres termes P et R restaient constants, il faudrait ajouter au second membre de l'équation une valeur *d*, croissant sans cesse comme S, laquelle représenterait une quantité de subsistances disponibles toute prête à être consommée, mais ne l'étant pas et restant actuellement inutile. Nous aurions la formule

$$\frac{S'}{P} = R + d \ \ldots \ldots \ [2].$$

Or, cette équation n'a qu'une existence virtuelle ; elle ne se réalise jamais ; et la formule [1] ne cesse pas d'être la forme réelle, vous l'avez parfaitement démontré. En effet, quand vous dites . il y a équation entre P et les subsistances *disponibles*, c'est comme si vous disiez, les subsistances superflues *d* ne peuvent jamais se constituer ; quand, par l'accroissement de S, *d* va prendre une valeur, il est aussitôt absorbé par un accroissement de P, et, comme je le démontrerai, par un accroissement de R. De là votre expression d'équation générale constante entre les subsistances disponibles et la Population, et vos multiples et irréfragables démonstrations.

---

[1] Il nous paraît que le mot *disponibles*, en limitant l'équation, resserre sa rigueur au lieu de la relâcher, et ce, dans le propre sens de l'auteur de la lettre, auquel nous adhérons volontiers. Il est *rigoureusement* vrai de dire que P égale les subsistances disponibles, c'est-à-dire, suivant la traduction de notre savant correspondant, que le nombre des Vivants est égal au nombre des *rations*. A. G.

Nous admettons donc que l'équation [1] ne cesse pas d'être vraie, quand la valeur de S s'accroît progressivement. Or, par suite de cet accroissement, il ne peut se présenter que trois cas :

1° ou P augmente dans le même rapport que S, la valeur de R restant fixe, et si c exprime le coefficient de S, on aura

$$\frac{cS}{cP} = R \ldots \ldots \ldots [3].$$

2° ou P restera invariable, et le rapport R seul croîtra autant que le dividende ; d'où l'équation

$$\frac{cS}{P} = cR \ldots \ldots \ldots [4].$$

3° ou enfin P et R augmenteront tous deux, de sorte que le produit de leurs coefficients $c' \times c''$ égalera c, soit la formule

$$\frac{cS}{c''P} = c'R \ldots \ldots \ldots [5].$$

1er *cas.* La formule [1] devient [3]. Cette expression théorique se réalise-t-elle ? Y a-t-il des peuples assez malheureux pour que leur bien-être R n'augmente jamais, et que chez eux l'accroissement de S ait pour effet unique l'accroissement de P ? Dans de telles conditions, le coefficient de S peut diminuer jusqu'à l'unité, et la formule [3] devenir le symbole de l'immobilité. Telles sont les conditions d'existence des plantes et des animaux à l'état sauvage. La Ration de chacun d'eux est à-peu-près invariable, puisque R ne consiste qu'en aliments dont la nature et la quantité sont invariablement fixées : le progrès de leur bien-être est donc nul ; et la valeur S, fixe ou variable, n'a d'influence que sur P.

Peut-être les tribus sauvages sont à-peu-près dans le même cas ; peut-être certains peuples apathiques, immobiles ou esclaves, sont pendant de longues périodes à cet état de pétrification. C'est d'eux que l'on pourrait dire sans réserve, qu'il y a équation perpétuelle entre la Population et les subsistances, ce que je préfère appeler un rapport constant entre S et P. La statistique nous permettra rarement de le démontrer : car de tels peuples ne relèvent guère leurs *mouvements*. En général, la statistique des produits du travail est encore embryonnaire. Nous sommes donc hors d'état d'apprécier directement les mouvements de S et de R, même seulement depuis un quart de siècle.

Mais, comme c'est un des théorèmes les mieux démontrés de la Démographie que V_m augmente ou diminue suivant que le bien-être R croît ou décroît, et réciproquement, on peut en conclure que, si V_m est immobile, R l'est aussi ; d'où résulte que, pour une nation donnée chez laquelle les rapports P/D, P/N, valeurs généralement connues, sont fixes, V_m stationnaire dénote que R l'est aussi. De la fixité de ces rapports, et même, suivant vous, seulement de P/N, on tire celle de V_m, puis celle de R; et l'on en doit inférer que la formule [3] des immobiles, des végétaux, des brutes, s'applique (au moins temporairement) à cette nation. C'est ce que nous constatons avec tristesse (quant à l'époque actuelle) du développement purement quantitatif de plusieurs pays allemands et particulièrement de la Prusse, de la Boheme et de plusieurs autres improgressifs (v. chap. xi, p. 285, 287).

Dans ces malheureuses contrées, dont un préjugé vulgaire vante la prospérité et la richesse, la Vie moyenne, le bien-être et la valeur R, non-seulement ne s'accroissent pas, mais diminuent, l'augmentation de S ne pouvant suffire à leur intempestive fécondité. Intempestive : car, si P s'accroît rapidement, plus rapidement que S (puisque V_m ou R diminue), c'est seulement par accroissement de N; ce qui veut dire que la proportion des adultes diminue, tandis que celle des enfants augmente, de sorte qu'à mesure que P s'accroît, le peuple se détériore et s'apauvrit.

2ᵉ *cas*, où la formule [1] devient [4].

$$\frac{cS}{P} = cR.$$

Chez l'heureux peuple dont elle exprime la marche, tout l'accroissement *c* que l'effort incessant du travail imprime à S, est converti en augmentation de bien-être : jamais la moindre parcelle de subsistance *disponible* qui puisse inviter à l'accroissement de P ; les produits du travail augmentent, la part de chaque travailleur augmente d'autant ; la vie moyenne s'allonge, la mortalité, la maladie, la souffrance s'affaiblissent ; le nombre des Naissances diminue sans diminuer P : car, si l'on a moins d'enfants avec plus de bien-être, on conserve mieux ceux que l'on a ; et cette diminution des Naissances n'a d'autre effet que de supprimer des dépenses et des douleurs inutiles.

Dans ce cas, le progrès se mesure par la valeur du coefficient *c* qui est lui-même le résultat de l'effort et de l'intelligence du travail. Or, y a-t-il des peuples dont l'économie soit représentée par cette formule ? Ici encore la statistique ne nous fournit point de preuve directe, puisque les valeurs S et R ne nous sont connues que très-imparfaitement (pour la France par un seul relevé général ou à une seule époque) ; de sorte que nous ne pouvons apprécier le coefficient de S. Mais, en nous servant des considérations développées page 325, nous dirons que, là où P est stationnaire et V_m augmente, existe très-certainement un Peuple chez lequel le bien-être augmente et dont l'économie satisfait à notre formule [4]. En France, une vingtaine de départements sont dans cette condition favorable, comme le prouvent l'état à-peu-près fixe de leur P et le progrès croissant de leur Vie moyenne (*Stat. de Fr.* P. ii, n° 43).

Dans quelques-uns même, il semble que S n'augmente pas assez vite au gré de ces races avides de bien-être ; elles laissent P s'affaisser un peu par ralentissement de N, de sorte que R, et par suite V_m, s'accroissent et de l'augmentation de S et de la diminution de P. Nonobstant cette diminution de nombre, ces Populations augmentent en vigueur : car il y a chez elles moins d'enfants et plus d'adultes. Telle est la tendance remarquable des départements que nous citons ici.

TABLEAU **A.**

DÉPARTEMENTS.	PÉRIODES.	P.	N (compris ND).	$P/N = V_m$
Calvados	1836-40	498 986	10 416	47.7
	1841-45	497 290	10 175	48.8
	1846-50	494 787	9 618	51.5
Lot-et-Garonne......	1836-40	43 7000	7 412	46.8
	1841-45	546 860	7 169	48.5
	1846-50	543 800	7 422	51.2
Eure...............	1836-40	425 280	8 918	47.7
	1841-45	424 450	8 743	48.5
	1846-50	419 500	8 273	50.7
Gers	1836-40	312 000	7 012	44.5
	1841-45	513 000	6 818	46.
	1846-50	311 100	6 285	49.6
Basses-Alpes........	1836-40	.157 550	4 684	33.6
	1841-45	156 350	4 660	33.5
	1846-50	154 350	4 419	35.

Nous ne pourrons calculer *c* (mesure du progrès de leur bien-être), que lorsque les importants relevés statistiques sur la *totalité des productions du travail* nous seront donnés à des époques successives

3ᵉ *cas*. La formule primitive [1] devient [5],

$$\frac{c\,S}{c''P} = c'R.$$

Plus le coefficient de R sera fort, plus celui de P sera faible, plus le progrès du bien-être sera rapide, et par suite plus V_m s'allongera.

Ainsi, cette dernière formule donne le mouvement le plus désirable pour les nations ; et c'est la comparaison des rapports $c' : c''$ qui indique les diverses étapes du progrès qu'elles parcourent, tandis que la progression $R : R\,c''$... indique la vitesse du progrès de chaque nation.

Il faut remarquer que la formule [5] dans laquelle les coefficients peuvent prendre toutes les valeurs positives, entières ou fractionnaires, contient tous les cas discutés plus haut, et qu'elle est par conséquent *la formule générale* qui représente le mouvement de l'humanité [1].

Nous voudrions bien en vérifier l'exactitude sur les données statistiques. Malheureusement, comme nous l'avons dit, ces données manquent en ce qui concerne S et R à deux époques successives, connaissance indispensable pour apprécier le mouvement, qui est le seul objet de nos considérations.

Vous avez montré que, dans plusieurs pays de l'Europe, P et V_m suivent un mouvement progressif, ce qui est, d'après les déductions précédentes, la vérification de notre formule

---

[1] En effet, si $c=1$, on aura $c'=1$, $c''=1$, et par suite la formule [1] des immobiles. Si $c'=1$, on aura $c=c''$, et la formule [5] deviendra la formule [3], où P et S croissent sans que le bien-être augmente. Si R diminue (comme il est probable dans la Styrie, la Moravie, ch. xi, p. 286 et 7), c'est que c' deviendra moindre que 1 et on aura $c'' > c$: car dans ce cas P augmente plus vite que S, et R diminue, parce qu'il est multiplié par une fraction c'. De même, si $c'=1$, on aura la formule [4], dans laquelle l'accroissement des subsistances n'est employé qu'à l'augmentation du bien-être. Si $c'' < 1$, on aura $c' > c$, cas où en effet R croît plus vite que S, et ce aux dépens de P, comme on en voit quelques exemples tableau A. Enfin dans les années de disette on aura $c < 1$, et par conséquent c' ou c'' ou tous deux deviendront aussi plus petits que 1.

[5]. Cependant, comme vous ne vous êtes pas occupé de la progression de R dans le mouvement social, et que cet élément du bien-être me paraît digne de fixer l'attention, je voudrais montrer directement cette progression, et faire voir qu'il appartient à l'espèce humaine d'augmenter en puissance, aussi bien, sinon plus, par l'accroissement de R que par celui de P ; — que R, peu variable dans un même temps et dans un même milieu, est essentiellement différent dans des civilisations diverses, c'est-à-dire dans des classes, dans des siècles, dans des races différentes.

La Ration de la bourgeoisie n'est-elle pas plus large que celle du peuple ? celle d'un Français plus grande que celle d'un nègre africain ? celle d'un paysan du 19e siècle plus forte que celle d'un serf du moyen-âge ? Niera-t-on que nos meilleurs départements, les normands et les aquitains, cités dans le tableau A, ne rendent incessamment leur travail plus fructueux, n'accroissent leur bien-être, puisqu'ils accroissent leur vie moyenne ; et, si leurs produits augmentent, P étant fixe, il faut bien que R augmente.

Mais enfin ne pouvant, faute de données, suivre la même localité dans son développement successif, je vais comparer, dans la même période, des départements qui ne sont point arrivés au même degré de progrès, les uns ayant marché plus vite que les autres. Ainsi, pendant qu'en l'an IX l'Orne et Lot-et-Garonne avaient environ $V_m = 33$, la Dordogne, la Mayenne, la Corrèze donnaient $V_m = 30$ à 31, et la Haute-Vienne $V_m = 27$. Or, en 1841-45, tandis que l'Orne et Lot-et-Garonne se sont élevés à plus de 48 ans de Vie moyenne, la Dordogne, la Mayenne, la Corrèze, sont arrivés à peu près au chiffre où étaient les deux premiers en l'an IX : il est donc naturel de penser que les trois derniers ont en 1845 le degré de bien-être qui caractérisait les deux premiers en l'an IX : de sorte que, en résumé, comparer pour une même époque l'état de divers départements arrivés à différents degrés de progrès successif, c'est comme comparer un département à lui-même à des époques différentes de son développement. Or, si ce dernier travail ne nous est pas permis, le relevé des produits de l'agriculture et de l'industrie donné pour 1838 par la *Statistique de France*, bien que très-incomplet, nous permettra une ébauche qui ne laissera aucun doute

1° sur l'élévation progressive de la valeur R, soit en quantité, soit en qualité ;

2° Sur l'élévation à peu près parallèle de R et de V_m .

TABLEAU **B**.

DÉPARTEMENTS.	$V_m (P/N)$ 1841-45.	R (VALEUR des produits consommables).	DÉTAIL DE LA RATION INDIVIDUELLE (annuelle)					
			froment	seigle.	pomme de terre.	vin.	cidre.	viande.
	ans	francs	lit.	lit.	lit.	lit.	lit.	kilog.
Lot-et-Garonne ...	48	133	284	27	58	118		16.40
Gers............	46	141	570	13	43	232		9.75
Charente	43	140	167	53	187	100		14.
Tarn............	54	118	180	101	180	86		16.60
Dordogne........	54	118	150	50	200	74		13.17
Aveyron........	32	86	100	131	489	86		19.50
Corrèze	31	96	41	176	441	62		13.
Haute-Vienne	28	91	54	190	609	22		13.50
Orne	49	122,5	150	38	76	11	200	13.
Mayenne	57	90	150	77	173	1	9	12.

Les valeurs R renferment

1° les produits agricoles relevés dans la *Statistique de France*, moins les fourrages, orges et avoines, qui se changent en viande et seraient ainsi comptés deux fois;

2° Les *salaires* des ouvriers employés par l'industrie.

Ces départements sont *pris au hasard*, sans autre soin que de préférer des localités dont la vie moyenne soit notablement différente, afin de mieux faire ressortir les rapports, et des départements agricoles et voisins, afin que les différences dans la manière de vivre et dans le prix des denrées, et l'importance des lacunes statistiques, ne troublent pas trop les comparaisons. C'est pourquoi nous ne comparons pas l'Orne aux départements du Midi, mais à son voisin la Mayenne. En effet, les produits de l'Orne et de la Mayenne ont été beaucoup plus affaiblis par l'omission des produits de basse-cour et de ceux du laitage, objet de grand commerce dans ces contrées.

C'est pourquoi dans le tableau ci-dessus, la valeur de R n'est qu'un minimum qui ne renferme guère que les produits de grande culture et les viandes de boucherie, les petites productions ayant été omises, telles qu'œufs, beurre, lait, fromage, poissons, volailles, etc. Ainsi, les produits de la pêche maritime ayant eux-mêmes été négligés malgré leur importance, on ne peut comparer les départements côtiers

Si l'on ne découvre aucune loi dans la distribution de la viande, c'est parce qu'une partie de la viande produite est consommée dans la chaumière, comme le porc; et une bonne partie des aliments azotés (œufs, fromages et autres produits de la basse-cour), ne provenant pas de la boucherie, a complétement échappé à la *Statistique*, qui n'a guère noté à ce sujet que la consommation des villes.

Vous voyez que, tandis que les uns ont 130 et 140 fr. par tête, les autres n'ont que 96 à 86; mais, tandis que les premiers ont une vie moyenne de 49 à 42, les seconds l'ont à peine de 32.

Une seconde remarque à laquelle donne lieu ce tableau, bien que conséquence logique de la première, n'en est par moins intéressante. C'est l'influence de la qualité des aliments et des boissons sur V_m.

A la première inspection il semblerait que le seigle et les pommes de terre sont des poisons lents, dont les contre-poisons sont le froment et le vin: Cependant le seigle et les parmentières sont des aliments fort salubres, quand ils ne rem-

placent pas exclusivement ou immodérément tous les autres.
L'eau n'a rien de malfaisant pour l'homme riche, dont la table est couverte de mets aussi variés qu'abondants; mais
elle est mortelle quand elle ne détrempe que le pain noir et
les pommes de terre.

Enfin, devant ces chiffres, qui appuient inexorablement
la logique, nous devons conclure avec une nouvelle certitude que même en France, même au milieu du 19e siècle, la ration alimentaire est loin d'être égale pour tous les
hommes : que ceux dont l'alimentation est chétive et misérable vivent peu ; que ceux qui l'ont abondante et de bonne
qualité, qui arrosent de bon vin leur pain blanc, vivent longtemps. Et pour nous consoler de cette triste conclusion, tirons cette autre qui ressort de notre formule [5]: que l'homme
n'est pas fatalement condamné à ne pouvoir augmenter
ses subsistances sans les voir absorber par des naissances
nouvelles, comme un lecteur inattentif aurait pu l'inférer de
ce que vous appelez l'*équation de la Population avec les subsistances disponibles*. Dans les pays les plus émancipés, les
producteurs et leurs familles, dont le niveau moral et intellectuel s'élève, savent fort bien absorber eux-mêmes le surplus de leur produit, et n'en point laisser de *disponible* qui
puisse favoriser un accroissement de naissances; le paysan
qui a acquis par un travail pénible et continu la possession
du sol qu'il cultive, préfère au plaisir d'avoir beaucoup d'enfants celui de les mieux élever et de les doter; tandis que
dans d'autres pays qui n'ont pas encore secoué le joug du vieil
abrutissement (comme vous en montrez trop d'exemples),
quand S s'accroît promptement, soit par une succession
d'années abondantes soit par des établissements industriels,
P en reçoit une impulsion plus forte et plus prolongée que R.

Mais, puisque vous vous faites fort de démontrer dans votre IVe livre que cette déviation de la colonne vertébrale du
progrès tient à des conjonctures sociales, vicieuses et réfor-

mables,—et l'histoire des siècles qui se sont succédé, l'augmentation générale du bien-être depuis que l'on a commencé
à réformer les institutions, ne me laissent aucun doute à ce
sujet, — il en résulte que le rapport

$$\frac{S}{P} \text{ ou } R$$

croît normalement, et que R progressif (mais lentement progressif) est le caractère propre de l'espèce humaine.

R constant paraît, au contraire, être le propre de tous les
autres êtres vivants.

En termes moins généraux, l'Européen, surtout le Français, produit et consomme plus au XIXe siècle qu'il ne produisait et ne consommait au Xe, tandis qu'il est très-vraisem-
blable que le loup d'aujourd'hui, toujours affamé comme le
loup du moyen-âge, ne consomme ni plus ni moins. Et je
ne puis m'empêcher de noter que ces résultats, obtenus en
dehors de toutes considérations morales, ne puisent pas
moins une sanction et une force nouvelle dans la haute moralité de leurs conséquences immédiates. Ils nous prouvent que
l'homme, aspirant sans cesse au progrès du bien-être, est en
partie satisfait dans ses aspirations quand il demande ses
satisfactions à un travail *continu*, *patient* et *moralisateur*,
comme le travail agricole qui rend peu-à-peu le paysan propriétaire. Ils nous prouvent que le progrès a des limites de
rapidité qu'il ne peut dépasser sans cesser d'être ; que l'homme perd vite ce qu'il gagne trop aisément ; qu'un peuple qui,
au lieu de demander au travail et à des *institutions* justes,
égalitaires, une augmentation de bien-être, la voudrait obtenir tout-à-coup par un partage des richesses sociales, serait comme le joueur qui, demandant ce bien-être à la rou-
lette, aboutit à la ruine, soit par la chance aléatoire du jeu,
soit par la rapide dispersion d'un bien trop vite acquis, ou
comme cet homme de la fable, qui éventre la poule
aux œufs d'or et ne trouve que des viscères au lieu du

trésor qu'il convoitait; — que, pour les collections comme
pour les individus, un solide bien-être ne s'acquiert que peu-
à-peu et à la sueur du front, à la marche et non à la course ;
qu'enfin le secret de bien marcher est peut-être de trouver
le pas qui convient à chaque nation. Le Français, habitué à
gagner les batailles au pas de course , a cru qu'il pouvait
de même conquérir le bonheur, auquel on le conduisait
à trop petites journées. Mais son tempérament peut faire
présumer que ce n'est ni la course échevelée, ni le pas de l'aï
qui lui conviennent. Il ne faut ni exciter sa fougue , ni vouloir l'enchaîner.

BERTILLON, d^r. m.

V.

MALTHUS DÉDOUBLÉ.

L'*Essai sur le principe de Population* devait être un traité
de statistique humaine, s'il eût tenu la promesse de son titre.
Car, par la vertu féconde de la vérité, le *principe* enferme
toutes les conséquences; et le marquis de Mirabeau avait
déjà, un demi-siècle auparavant, posé la synonymie, l'*Ami
des hommes ou Traité de la Population*. Mais une science ne
s'improvise pas en un volume. Malgré la cruelle phrase dont
le fer rouge de Proudhon a éternisé la flétrissure, Malthus
s'est montré véritablement ami des hommes, en recherchant
avec un soin laborieux les faits nombreux qui établissent
leurs misères dans les défaillances de la société. Par l'accu-
mulation de ces faits il a prouvé que l'état sauvage (que de
son temps on appelait l'état de nature) est un état de misère
hideuse, de mortalité pesante, d'affreuse calamité, et que les
nations qui se vantent d'être civilisées portent encore, en
la plupart de leurs membres, des plaies béantes de cette barbarie.

Mais, quand il a voulu analyser cette vaste statistique, et réduire en théorie ses inductions sur la misère, sur ses causes, sur ses remèdes, c'était trop tôt : il a balbutié. Voyant les pauvres chargés de beaucoup d'enfants, et bien qu'il en eût entrevu la cause naturelle, qui est la balance de la mortalité par les Naissances, il en accusa l'imprévoyance des individus, au lieu d'en accuser la main meurtrière de la pauvreté. Il osa dire que *les prolétaires pullullent trop* (délicate traduction de G. Varennes); et il ne trouva rien de mieux que de leur conseiller la continence, *moral restraint* (que le jargon de son école rend burlesquement par la *contrainte morale*). Ce conseil sage était dans le rôle d'un religieux pasteur, successeur de Paul apôtre. Mais ses disciples en ont voulu faire un principe de Population, une doctrine scientifique. Ils ont pris au sérieux deux progressions imaginaires, que leur maître a mises en avant sans y attacher d'importance, puisqu'il n'y a joint aucun des éléments sans lesquels nulle progression n'est affirmable : *premier et dernier termes, somme, raison*. On a bien essayé de leur démontrer que ce lambeau d'algèbre est lettre morte, n'ayant ni application ni fondement dans la nature; qu'en fait général et régulier, la Population se proportionne aux subsistances disponibles : à preuve, que les Naissances diminuent quand la Vie moyenne s'accroît. Lorsqu'on leur parle de l'équation générale des subsistances comme d'une Loi de la nature, ils ne s'enquièrent pas des considérants de cette loi, ni de l'exposé des motifs ; ils la rejettent comme un travers d'esprit des démographes, qui ne sont que des intrus, des littérateurs, que l'on prend en dédaigneuse pitié. Ils s'obstinent à vouloir trouver dans Malthus autre chose qu'un bon recueil de faits, et à ériger en doctrine son *cliquetis mathématique* (Morel-Vindé) ; et tout récemment encore on a vu une société d'hommes, très-savants et très-recommandables d'ailleurs, se réunissant pendant douze ou quinze mois pour dîner et pour devider l'écheveau de Malthus, qu'ils n'ont réussi qu'à embrouiller[1]. C'est à ce propos que l'un d'eux a reçu la lettre suivante, où l'on a tâché de mettre dans un nouveau jour la solidité des jeunes constructions de la Démographie, et l'imbelle vanité des coups qui leur sont portés.

PREMIÈRE LETTRE

A MONSIEUR G. DU PUYNODE,

DOCTEUR EN DROIT.

20/10/54. Montmorency.

Monsieur et honoré collègue,

Vous m'avez cité, vous m'avez raillé[2] ; vous m'avez donné double droit de vous incommoder de ma réclamation. Je vous l'adresse plus tôt qu'au public, d'abord parce que j'aimerais mieux un succès de conciliation qu'une guerre de publicité ; ensuite, parce que, si l'un de nous n'est ni clair ni lisible, ou que l'autre ne soit ni logique ni conséquent, il n'est pas juste de faire souffrir de nos fautes les abonnés de G[n], qui depuis tantôt trois ans sont soûls des dilutions malthusiennes et anti-malthusiennes.

Avez-vous lu mon *Fragment de statistique humaine?* Si vous ne l'avez pas lu, comment vous hasardez-vous à parler de l'*équation générale des subsistances* sans en connaître les termes ? Si vous l'avez lu, comment dites-vous carrément au bon lecteur qu'on lui a proposé cette équation *sur parole?*

Si vous l'avez lu, vous y avez trouvé au moins des essais de preuve. Que ces preuves soient pour vous sans valeur,

---

[1] V. le *Journ. écon.* t. xxxiv, xxxv ; voir aussi t. iv de la 2e série, p. 5.

[2] « J'en sais pour lesquels il n'est besoin que de leur parole pour persuader que la Population se proportionne toujours aux subsistances disponibles ; ce qu'ils nomment simplement *la théorie de l'équation des subsistances*... L'équation des subsistances ne fait plus du dénûment qu'un mot de dictionnaire, et de mauvaise récolte qu'un terme de plaisanterie. » (*Ib.* p. 11.)

vous êtes en droit de les démolir : mais, les nier sans les discuter, les déclarer nulles sans même les mentionner, est-ce ainsi qu'on fait de la science ? Et vous prononcez le gros mot de *calomnie !* Mais prenez garde : vous tenez le couteau par la lame.

Tout pygmée que vous me fassiez, Monsieur, dans cette question, je suis porté sur les épaules des géants ; et vos railleries frappent en pleine poitrine sur Mirabeau, Franklin, Montyon, Lavoisier, Lagrange, Montesquieu, plusieurs autres qui m'échappent ou qui seraient petits après ceux-là, enfin, sur votre Malthus lui-même !

J'ai vu ou cru voir en fait l'équation des subsistances et de la Population : je l'ai racontée comme une page d'observation, et j'ai déclaré mes sources. C'est vous qui donnez à ce simple récit l'enflure d'une *théorie.* Et puis, vous vous plaignez que, pour répondre à une autre théorie, on se soit *enquis de la réalité !* A-t-on fait mal ? le progrès de la science est-il autre chose qu'un perpétuel flux et reflux d'idées théoriques et de faits vérificateurs ?

J'ai donné pour preuve de l'*équation* générale, que l'accroissement des subsistances en France, depuis un siècle, a été exactement corrélatif de l'accroissement de la Population. Je me suis appuyé sur les témoignages des écrivains compétents, et sur les documents de la statistique officielle :

Assertion gratuite.

J'ai fait mémoire des *faits* par lesquels H. Passy a établi que le prix réel du blé est stationnaire depuis un temps immémorial :

Assertion gratuite.

J'ai dit que la Population se proportionne aux subsistances en deux manières :

1° accidentellement, par la mort ; et j'ai cité l'Irlande, les Flandres,

Assertion gratuite ;

— la cherté de 1847 :

Assertion gratuite :

2° normalement, par la diminution de la proportion des Naissances ; et j'ai cité les autorités officielles :

Assertion gratuite.

Vous avez cru, comme J. Garnier, que je combattais Malthus. Oui et non, cela dépend de quel Malthus vous entendez parler. Pour recueillir et amonceler des faits très-instructifs, il n'y a qu'un Malthus, fort érudit et fort laborieux. Mais, pour tirer de ces faits des conséquences et une doctrine, il y a deux Malthus : je vais les mettre en regard ; et je m'empresse de vous dire que je suis pour Malthus de gauche contre Malthus de droite.

1 . « La nature a répandu d'une main libérale les germes de la vie dans les deux règnes, mais elle a été économe de place et d'aliments » (p. 6. *Collection des économistes*, Guillaumin).

1 . « Supposons un pays où les moyens de subsistance soient précisément suffisants à la population. L'effort constant qui tend à accroître celle-ci NE MANQUE PAS d'augmenter le nombre des hommes plus vite que ne peuvent croître les subsistances » (p. 16).

2 . « La population croît comme les subsistances disponibles » (L. II, ch. XII, à la fin, propositions générales et note).

2 . « Le principe de population l'emporte sur le principe productif des subsistances » (p. 11).

3 . « Le bonheur dépend de la répartition des subsistances » (Ch. XII).

3 . « Le vice et la misère proviennent de ce que la Population tend à passer la limite des subsistances » (p. 609).

« Les maux produits par le principe de population » (l. III).

4 . « L'accroissement de la population est nécessairement limité par les subsistances » (Ch. XIII).

« L'Espagne s'est dépeuplée (entre autres causes) par l'usage de mettre les terres en pâture ; de même pour Rome.

4 . « Accroissement naturel et illimité de la population » (p. 452).

5 . « Le pays qui a le plus de morts a le

5 . « Un homme qui naît dans un monde

plus de naissances » (l. ii, ch. iv)
« Les classes qui se nourrissent mal
ont le plus de morts» (l. iv, ch. i. et ii).

6. « Les salaires règlent et limitent la
population » (p. 452).

7. « L'effort que fait la population pour
s'agrandir et atteindre la limite des
subsistances » (Princ., l. ii. ch. i).

8. « La population ne peut jamais pré-
céder la nourriture » (p. 460).
« Les terres incultes ne font aux pauvres ni tort ni profit » (p. 462).

déjà occupé, n'a pas le moindre droit
à réclamer une portion quelconque
de nourriture. Son couvert n'est pas
mis au banquet de la nature. Il faut
qu'il s'en aille.

6. « La population a cette tendance constante à s'accroître au-delà des subsistances » (p. 6).

7. « La race humaine a tendance à se
multiplier plus que la nourriture » (p.
460).

8. « Si l'instinct l'emporte, *la population croît plus que la nourriture* » (l. i.
ch. i).

Ce bon et judicieux Malthus-gauche énonce l'*équation de
la Population et des subsistances* aussi clairement qu'il était
possible de son temps, où la statistique avait jeté encore
peu de lumières sur ce sujet. Il ne s'est pas arrêté au
principe de la fécondité indéfinie, qui appartient, selon
les naturalistes, à tous les animaux : il a vu qu'il faut
d'autres conditions pour le développement des races. Il
a vu la cause, la cause unique de l'accroissement de
Population ; il a vu aussi la cause de l'accroissement des
Naissances ; et s'il n'a pas énoncé le fait de leur décrois-
sance, c'est que ce fait n'était pas encore constaté. Il a
failli le deviner. Il ne lui a pas échappé que les défrichements ne vont jamais sans accroissement de Population. Le
roulement des classes pauvres et souffrantes ne l'a pas
trompé non plus : si elles ont l'enfantement plus fréquent,
c'est qu'elles ont la mort plus prompte ; et c'est le contraire
pour les classes aisées. Combien ce Malthus était plus
avancé, il y a soixante ans, dans la science de la Population, que ceux qui le lisent aujourd'hui sans démêler ses
pensées justes et fécondes !

Quant à Malthus-droite, c'est tout autre chose. Il est si opposé à son jumeau, que, pour le réfuter, il suffit de le lui renvoyer. S'il veut se défendre, il faudra d'abord qu'il dise clairement ce qu'il a entendu par *le principe de Population*, qu'il n'a défini nulle part, et dont personne, sectateur ou adversaire, n'a songé à donner ou à demander la signification. Est-ce la puissance virtuelle, la fécondité? Mais c'est un principe aussi vaste que le monde habité, et qui n'a rien de propre à l'espèce humaine. Seulement ce serait une grosse erreur d'histoire naturelle d'avancer que la fécondité de l'homme fût plus grande que celle des êtres dont il se nourrit. La zoologie pose en principe que la fécondité des espèces est en raison inverse de leur élévation sur l'échelle animale. Cette observation, qui remonte à Aristote, a été éloquemment rajeunie par Buffon. Qu'est-ce que la fécondité de la femme au regard de celle de la poule? de la poule au regard de la carpe? ou enfin, pour généraliser, au regard du grain de blé, qui produit quinze à vingt épis, même trente ou quarante épis, dont chacun mûrit jusqu'à quatre cents grains en une seule saison, en sorte qu'il pourrait, aussi bien que le *grain de jusquiame*, couvrir, en peu de temps, toute la terre? Un couple humain peut, en un demi-siècle, élever trois ou six couples semblables à lui : la belle misère !

Direz-vous que la *tendance à multiplier* est plus grande dans l'homme en raison de la puissance qu'il a conquise sur la création? Alors ce n'est plus un *principe organique*, c'est le résultat d'une position acquise. Mais vous reconnaissez qu'il faut à l'homme, comme aux autres êtres, pour se multiplier, l'espace et l'aliment. Aussi est-ce une loi générale de la nature humaine que *l'accroissement de la Population est en raison inverse de sa densité*. Cette loi se vérifie par la distribution des nations sur le globe, et par les données de leur accroissement respectif. Que si l'homme, dominateur du globe,

a intérêt à écarter tout ce qui fait obstacle à sa multiplication, à supprimer même les êtres qui lui disputeraient le sol
et ses produits, il a précisément le même intérêt à conserver, à multiplier les êtres dont il a fait ses vassaux et ses sou-
tiens ; et avec le même intérêt il y a plus de puissance,
puisqu'il trouve en eux plus de fécondité qu'en lui-
même. Le pouvoir qu'il s'est arrogé sur la nature ne lui
donne donc pas de *tendance à se multiplier* plus qu'à multiplier les êtres dont il a besoin ; bien au contraire.

Entendriez-vous par *le principe de Population*, le goût, la
passion, l'ardeur érotique ? et soutiendrait-on que cette ardeur est plus grande chez l'homme que chez le coq ou chez
le jars, par exemple ? Nouvelle guerre avec Buffon et les
naturalistes. D'ailleurs, cette discussion ne serait plus digne
de la science.

Il n'y a de scientifique en ce sujet que le fait général de
la multiplication. C'est un point de l'histoire de l'espèce :
c'en est le point capital. Or, Malthus n'a pas avancé un seul
fait qui indique qu'en aucun lieu du monde l'état normal ou
moyen de la Population déborde l'état normal ou moyen des
subsistances. Et il en a cité une foule qui démontrent le contraire.

Ses deux *progressions*, du moment où on ne les prend pas
pour une boutade sans conséquence, (qu'on les veuille donner comme rigoureuses ou comme approchant seulement du
vrai) ne sont donc pas seulement assertions *sur parole*, ce
sont billevesées.

Dans une seconde lettre, si vous le permettez, je pren-
drai la liberté d'examiner à quel point le disciple Du Puynode est fidèle à l'école ambigue du bon pasteur Malthus.

Deuxième lettre a M. G. DU PUYNODE, docteur en droit.

G. Du Puynode dédoublé. Démonstration de la Loi de Population.

Vous allez me trouver indiscret. J'ai eu la curiosité de savoir pour lequel des deux Malthus vous avez écrit une fois de plus ce plaidoyer en faveur du nom, factum que je ne puis appeler nouveau, mais nouvellement réimprimé, attendu qu'il ne contient point d'argument qui n'ait été présenté antérieurement. J'ai cherché dans vos 32 pages avec autant d'attention que d'insuccès : partout vous défendez Malthus tout entier. Mais, pour être juste, je dois reconnaître que vous le défendez en disciple fidèle, qui manie l'arme à deux tranchants comme le maître, et qui sait tenir comme lui la porte ouverte et fermée.

Gardant la position que j'ai prise dans ma première lettre, je m'offre pour second à du Puynode-gauche dans son duel contre du Puynode-droite.

1. « Pour accroître la Population, il n'est qu'une chose efficace, c'est de favoriser la production » (*Journal écon.* 8bre /54. p. 31).

1. « Lorsque la Population seule s'accroît, ou qu'elle s'accroît plus rapidement que les subsistances » (p. 16).

2. « La Population s'accroît partout où l'espace et les aliments ne manquent point » (p. 6).

2. « Nous violons une loi naturelle, lorsque nous peuplons au-delà des subsistances » (p. 29).

3. « C'est à mesure que les moyens d'existence se multiplient qu'on rencontre des Populations plus serrées » (p. 17).

3. « Malthus reconnaît dans l'excès de P la nécessité de la misère » (p. 5).

« Sociétés surabondantes, peuples trop pressés, naissances trop multipliées » (ib.)

4. « La quantité des subsistances limite les Populations prises en masse. (ib.)

4. « Il faut prouver que la production des aliments suit celle de P. Or, cette

La guerre, l'émigration ne diminuent pas les Populations (p. 18). Les progrès de l'hygiène n'accroissent pas P » (p. 18).

5. « James Stewart compare ingénieusement le principe de P à un ressort qui s'étend ou se resserre suivant que le poids (négatif des subsistances) s'allége ou s'appesantit » (p. 17).

6. « Jamais Malthus n'a dit cette ineptie que les hommes multiplient en fait, suivant une progression géométrique. Il ne donne cette formule que comme *puissance organique* de multiplication » (p. 10).

7. « Principe de reproduction aussi vrai pour les animaux que pour les plantes... terre couverte d'hommes, sol couvert de blé » (p. 7).

8. « Un grain de jusquiame peut en 4 ans couvrir la surface de la terre » (p. 24).

preuve reste à faire, et la preuve contraire est faite » (p. 11).

5. « Malthus enseigna de la façon la plus complète, la plus manifeste, que la Population peut être surabondante » (p. 32).

6. « La Population double en France tous les 118 ans » (p. 9).

7. « Comment repousser la différence entre la multiplication des hommes et celle des animaux ? Cette différence est aussi vraie que notre liberté » (p. 21).

8. Le Canada passe, en 80 ans, de 60 mille à 600 mille âmes » (p. 16).

Je voudrais bien, vu l'estime et le respect que je vous porte, vous croire un peu *sur parole* : mais comment faire, si l'on ne peut vous affirmer d'un côté sans vous nier de l'autre ?

Il y a tant d'incohérence entre les numéros mis en regard, que l'on a peine à concevoir comment la même plume a pu tracer ces phrases inconciliables, dans le même morceau, et, pour ainsi dire, sur le même feuillet !

Seriez-vous l'homme double du *ballet de Gustave* ?

Quand on vous voit par le flanc gauche, on vous trouve on ne peut plus net et judicieux. En effet, s'il est vrai que, *pour accroître P*, il n'y ait *qu'un moyen efficace*, qui est *d'accroître la production* (n° 1 gauche), il s'ensuit nécessairement que la *quantité des subsistances* limite forcément la *Population* (prise en masse ou séparément, peu importe, n° 4 gauche) ;

que, là où la production est plus abondante, la Population est plus dense (n° 3 gauche) ;

que ce qui n'accroît pas directement la production (*le progrès de la médecine*, par ex.) n'accroît pas directement la Population (4 gauche) ;

que ce qui ne diminue pas directement la production (par exemple *les guerres, les épidémies, l'émigration*) ne diminue pas directement P (*ib.*) ;

qu'en un mot, l'espèce humaine *s'accroît partout où elle trouve espace et aliments disponibles* (n° 2 gauche) ;

que, de même *qu'un grain de jusquiame peut couvrir la surface de la terre*, un couple de harengs remplir la capacité des mers, un grain de blé épuiser tous les guérets des deux hémisphères, de même un couple humain peut occuper toute la terre libre et nourricière, — et l'occupera effectivement avant peu de siècles.

Maintenant, Monsieur, tournez-vous, s'il vous plaît, par le flanc droit.

Si tout ce que vous portez à gauche est vrai et incontestable, comme nous le pensons avec Vous, vous voyez bien

qu'il n'y a pas de *différence* (au point de vue des subsistances) *entre la multiplication des hommes et celle des animaux*, ou celle des plantes ;

que les hommes ne sont pas plus *libres* que les bêtes ou les végétaux, de vivre sans manger ou de multiplier sans réserve (n° 7 droite) ;

qu'il n'est pas possible que *la Population s'accroisse seule*, ou qu'elle s'accroisse *plus rapidement que les subsistances*, et qu'il est oiseux de le supposer (n° 1 dr.) ;

que si *la Population double en France tous les* 118 *ans* au moins, comme vous l'avancez (n° 6 dr.), et comme nous ne le croyons pas, vous devez avancer aussi sous peine d'inconséquence que les subsistances doublent en France tous les 118 ans ; et vous ne pouvez soutenir que *la production des aliments ne suit pas celle de la Population* (4 dr.) ;

Vous devez avouer qu'il ne peut y avoir ni *sociétés surabondantes* ni *peuples trop pressés*, ni *excès de P* (3 dr.) ;

que par conséquent la *nécessité de la misère* n'est pas démontrée (ib.) ;

que si *Malthus enseigna* ce que vous dites (5 dr.), il *enseigna* la contradiction *la plus complète* et l'impossibilité *la plus manifeste ;* — enseignement dont vous avez bien profité, c'est justice à vous rendre.

Oh ! que Malthus est heureux de *n'avoir pas eu que des adversaires* (p. 31) ! Et que sa gloire a gagné à des disciples aussi élégants dans leur langage que souples dans leur jugement ! Qu'ils ont bien sujet d'avoir sans cesse à la bouche les mots de mensonge, de calomnie, d'ineptie, et autres non moins convaincants, et de les jeter résolûment à la face des gens qui leur résistent, sans craindre de recevoir le coup par ricochet !

Vous devez avouer enfin que cette *violation d'une loi naturelle* dont vous essayez de nous faire peur, est un pur fantôme, une apparition surnaturelle, qui se dissipe et s'évanouit au moindre signe que lui fait votre main gauche.

Soyez assez bon, Monsieur, pour nous enseigner où il a été *fait preuve que la production des aliments* reste en arrière de *celle des hommes.* C'est encore un fantôme terrifique, que vous dissiperez en le montrant. Nous vous payons d'avance en vous apprenant que *la preuve contraire est faite* au *Fragment de statistique humaine*, p. 6, et au *Journal des économistes, août* 1853, p. 189 et suivantes.

Jamais selon vous, « Malthus n'a dit cette *ineptie* que les hommes multiplient en fait, suivant une progression géométrique ». *Ineptie !* le terme est dur pour Euler qui a cru cette hypothèse tellement réalisable, qu'il en a fait l'objet d'un beau travail ; — dur pour le capitaine Liagre, qui l'a trouvée réalisée dans les Décès moyens de son pays ; — et dur pour A. Quetelet, qui a fait une table de *mortalité* concordante avec celle dudit capitaine, et qui a été jusqu'à imprimer que *l'inepte* hypothèse se vérifie en Belgique depuis le commencement du siècle (*Bull. comm. centr.* V, 20 et 21). La, la, ne vous montez point la tête sur le seul mot de progression ; le tout est d'en savoir la *raison* ou *quotient*.

Cette obscurité, ces tiraillements contradictoires, ces apparitions menaçantes, vous plongent en un malaise d'esprit, que trahit la langueur de vos paragraphes. Voulez-vous faire avec nous quelques pas sur un sol plus ferme ? Laissez enfin de côté les opinions de Malthus et ses contradictions, excusables par l'état de la science avant ce siècle. Pénétrons ensemble dans la question par la seule tranchée de l'observation. Assez de peuples nous sont aujourd'hui connus par de grandes séries de faits publics authentiquement constatés, pour que nous puissions légitimement et de l'aveu de la science formuler quelques articles des Lois de Population.

L'accroissement de la durée de la vie et l'accroissement de la Population sont deux faits indépendants, qui ne reconnaissent pas les mêmes causes. La Vie moyenne s'accroît par les progrès du bien-être. La Population s'accroît par les progrès du travail, qui n'entraînent pas nécessairement pour le travailleur un accroissement d'aisance.

La Population est stationnaire là où le travail est stationnaire : c'est le cas de ceux de nos départements agricoles où l'industrie ne s'échauffe pas. Au contraire on voit la Population s'accroître partout où l'industrie se développe : c'est le cas de nos départements manufacturiers, de la plupart des États d'Europe, et de tous ceux du Nouveau-Monde.

Partout où la durée générale de la vie s'accroît, la proportion des Naissances diminue. Ce fait fondamental est appuyé à la fois sur la théorie mathématique et sur l'observation. C'est l'équation $P = N V_m$ (la Vie moyenne est le rapport moyen de la Population aux Naissances). Voyez *Rech. statis. sur Paris*, I. *Introd.* Voyez aussi le journal-revue de la statistique *Guillaumin*, t. I de la 2e série, p. 218 [1].

C'est ce principe qui fournit la preuve la plus solide de *l'équation générale* des subsistances. A mesure que la durée de la vie s'accroît dans une population donnée, cet accroissement tend à y augmenter le nombre des vivants. Si les Naissances continuaient dans la même proportion qu'avant, il n'y aurait plus de quoi nourrir tout le monde ; la mortalité remonterait au taux d'où elle est descendue, et l'amélioration acquise se perdrait. Mais, la proportion des Naissances diminuant, la Population reste la même malgré la prolongation de la vie, et cette prolongation demeure acquise. Il y a donc corrélation naturelle entre cette prolongation et la diminution proportionnelle des Naissances. C'est ce rapport qui est exprimé par ces mots : *La Population se proportionne aux subsistances disponibles.*

Y a-t-il là une démonstration, ou suis-je le jouet d'un mirage mensonger ?

Que contestez-vous de ces données ?

La prolongation de la vie chez certaines nations, ou la diminution de la proportion des Naissances ? Vous vous inscrivez en faux contre toutes les statistiques officielles, tous les relevés d'état-civil authentiquement publiés.

Est-ce l'inévitable et mathématique corrélation de ces deux faits ? Vous avez contre vous le géomètre Fourier ; et il

---

[1] Dans une courte mais admirable allocution sur *l'objet et l'utilité des Statistiques,* J. B. Say dit, après le bon Malthus : « Si les hommes vivent plus longtemps, il en naît un moins grand nombre » (*Rev. encycl.* sept. 1827). Et le même Say demande dans un *catéchisme* économiste : « Qu'arrive-t-il si le nombre des Naissances excède ce que les produits de la nation peuvent nourrir » ? Voyez quelle est l'influence de l'enseignement malthusien sur les têtes les plus sages.

faut vous débattre en outre contre les p. **218** et **219** du *Journ.
cité (Janvier dernier)*. Est-ce la conséquence que je tire de
ces deux faits et de *leur corrélation* en faveur de *l'équation
générale des subsistances*? Pourtant il est clair que, si cette
équation est vraie, l'accroissement virtuel de P par l'alonge-
ment de la vie doit être corrigé par une diminution proportionnelle de N et par une augmentation du rapport P/N :
c'est ce qui arrive. Que si au contraire *l'équation générale*
n'est pas vraie, le rapport de P à N n'augmentera pas par la
prolongation de la vie : ce qui est contraire à la fois à tous
les faits observés, et aux principes mathématiques établis
par Fourier (*l. c.*) et admis de tous les savants.

Si vous admettez cette démonstration, vous en conclurez
avec nous que ce qui fait que le paysan multiplie plus lentement que le citadin, c'est que le travail agricole est plus stationnaire que le travail industriel ; c'est aussi que l'on vit
plus aux champs qu'aux ateliers, et que là où il y a plus de
vitalité, il y a moins de Naissances. Et vous ne viendrez plus
nous dire que les campagnards sont ce qu'il y a *de plus
intelligent* parmi nous (p. 26) : car franchement cela est dur
à entendre et difficile à soutenir. Et quand le sophiste Thiers
s'écriera : « Arrêter la fécondité du genre humain est un
crime contre nature[1] ! » Vous lui répondrez : c'est le crime
de la nature elle-même, ou plutôt, c'est un de ses bienfaits.

Il y a plusieurs autres preuves de cette équation que vous
repoussez sans la connaître. Mais je n'abuserai pas du droit
de représailles jusqu'à en surcharger cette épître déjà trop
lourde. Ces preuves ont été communiquées par lecture à
l'académie des sciences morales, et seront consignées dans
un traité de Population que je soumettrai bientôt au public
(Voyez le chap. IV ci-dessus).

---

[1] *De la propriété*, . 5, ch. 7.

Votre article ne laisse pas encore deviner quel but vous vous proposez d'atteindre. On attend ce que vous aurez à dire sur cette *charité*, bien respectable, mais si généralement aveugle, que notre collègue Wolowski a cru pouvoir la définir, le régime protecteur de la misère. On voit seulement que, conscient de la dette que tout homme instruit par la société contracte envers elle, vous voulez la payer mieux que par l'ignare procédé de l'aumône. Votre talent nous promet de nouvelles lumières, si votre courage vous élève au-dessus des ambiguités de Malthus.

On espère que votre pensée ne s'écartera pas trop de celle qu'avait Franklin, lorsqu'il disait : Aucun plan pour secourir la pauvreté ne mérite attention, s'il ne tend à mettre les pauvres en état de se passer de secours.

Quant à moi, mon but en vous écrivant a été de vous porter à examiner sur les bases récemment fournies par la science le vieux *principe de P,* et à reconnaître qu'il y a lieu de rechercher à nouveau quelles sont les causes générales de la misère.

Serais-je assez heureux pour avoir touché juste ? Pardonnez mes railleries, comme je pardonne fraternellement les vôtres; et ne gardons de ressentiment que contre les erreurs nuisibles au genre humain.

P.-S. Pendant que j'attends mon tour d'impression (car au banquet servi par Hennuyer les places sont plus serrées qu'à celui de Douix), je trouve au journal Guillaumin, (janvier /55), 25 pages salies des phrases les plus obscènes de Fourier, Proudhon et autres écrivains dévergondés, toujours pour glorifier un système que vous ne voulez jamais énoncer nettement. Accepteriez-vous cette simple formule?

« Ayez moins de naissances, vous aurez moins de misère. »

Si c'est là le système de Malthus et l'enseignement que

son école s'efforce à perpétuer, il n'y a plus d'ambiguïté. Voilà un terrain net, sur lequel on pourra déployer les faits et les mettre en bataille. J'attends que vous me fassiez l'honneur de relever le gant.

Une seule réflexion. Notre divergence n'est pas grande en apparence, c'est une idée à retourner. Je demande à dire, moi : *Ayez moins de misère, vous aurez moins de Naissances.* C'est simplement une conséquence logique à tirer, mais c'est un abîme à remplir.

TROISIÈME LETTRE A M. G. DU PUYNODE, DOCTEUR EN DROIT
et confesseur de la foi malthusienne.

Quand vous parlez de Populations surabondantes, de Naissances trop multipliées, de procréations imprévoyantes, ou vous ne voulez rien dire, ou vous n'osez pas dire « Les pauvres ont trop d'enfants ». Mais c'est l'équivalent de votre phraséologie. Cela est horrible à penser, honteux à proférer : niez donc que ce ne soit le fond de votre système, de ce que vous appelez votre doctrine, votre science.

Eh bien! voici les faits publics et authentiques.

J'extrais de la *Statistique* officielle *de France* deux listes de départements: l'une, de ceux où la proportion de la Population aux Naissances est la plus grande (gauche), l'autre, de ceux où elle est la plus petite (droite).

Orne,	Haut-Rhin,
Calvados,	Seine,
Eure,	Bas-Rhin,
Lot-et-Garonne,	Pyrénées-orientales,
Gers,	Finisterre,
Aube,	Cher,
Charente.	Haute-Vienne,

Sarthe.	Loire,
Manche,	Gard,
Indre-et-Loire,	Nord,
Tarn-et-Garonne,	Bouches-du-Rhône,
Charente-inférieure.	Rhône.

J'ai l'honneur de vous rappeler que, dans la première, la Vie moyenne dépasse 40 ans, atteint même à 50 ans, ou s'en rapproche à chaque heure ;

que, dans la seconde, elle est au-dessous de 30 ans, ou atteint à peine ce chiffre.

Vous pouvez observer que les Naissances abondent seulement dans deux cas généraux :

1° Lorsque la vie est courte : *Indre, Cher, Bas-Rhin, Finisterre,* etc.

2° Lorsque le travail s'accroît : *Paris, Lille, Roubaix, Lyon, Tarare, St-Denis, Mulhouse,* etc.
Quelles sont donc ces classes pauvres qui, selon vous, ont trop d'enfants ?

Est-ce la classe agricole à courte vie ? Si vous diminuez ses naissances, ses champs resteront en friche : ce dont on se plaint déjà. Demandez au préfet de l'*Indre* s'il n'est pas vrai que les paysans indigènes de la *Brenne* ne suffisent point à y reproduire les bras nécessaires à la culture, et s'ils ne se recrutent pas d'adultes étrangers à leur fertile mais insalubre contrée.

Est-ce la classe industrielle et manufacturière ? Oui, c'est elle seule que vous pouvez avoir en vue, elle dont les plaies béantes sont sous vos yeux, dont les cris importuns troublent votre sommeil, et vous font trembler sur votre avenir. C'est là qu'est la misère menaçante et terrible. Mais ce n'est pas là encore que les hommes naissent trop vite : car tous ces grands ateliers aussi se recrutent incessamment d'étrangers. De 1836 à 50, le département du *Nord* s'est accru de 131 868 de Population effective, et l'excès de N sur D n'a donné que 20 080.

Le *Rhône* s'est pareillement accru d'éléments exogènes : sur une augmentation de 92 721, plus des neuf dixièmes lui viennent du dehors (P. II, n° 20 et 43).

Toutes nos localités manufacturières sont dans le même cas. Le travail producteur de richesse est si actif en France que, la reproduction ne suffisant point chez les pauvres travailleurs, parce que la misère ne laisse pas grandir leurs enfants, il appelle incessamment des travailleurs nés et grandis à l'étranger : rançon que les nations voisines paient, selon le *droit naturel*, à la nation la plus forte, la plus puissante, la plus habile. Le département du *Nord* occupe à lui seul plus de 80 mille belges (*Recensement* 1851 , *Annuaire* départemental),

les	*Ardennes*	. . .	19 000,
les	*Bouches-du-Rhône,*		21 434 italiens,
la	*Moselle*	. . . .	16 589 allemands,
le	*Haut-Rhin*	. . .	12 461　　id.
le	*Bas-Rhin*	. . .	presque autant,
le	*Rhône*	. . . .	15 000 étrangers de toutes nations [1].

Diminuez les naissances au seuil des ateliers, qu'arrivera-t-il?

— ou le travail se ralentira; la misère en sera-t-elle soulagée ?

— ou les ouvriers étrangers entreront plus nombreux : le salaire en sera-t-il relevé ?

Montrez-moi donc une classe où les Naissances soient trop hâtives, où la Population soit surabondante.

Si vous ne le pouvez, dites que c'est le travail lui-même qui est la cause de la misère. Mais comme c'est absurde et

[1] *Voy.* chapitre V ci-dessus, p. 100, et P. I, n° 24.

révoltant, ne vous « entêtez pas à un système » qui manque de base, et cherchez ailleurs : regardez à côté. Car, la vraie cause de la maladie une fois énoncée, reconnue et acceptée comme cause, le remède sera bien près.

Vous avez si bonne grace à proférer les mots « d'ignorance, d'irréflexion, d'erreur oublieuse, de prétention bruyante, de méprise étrange, d'incroyable gageure, de déclamation, de mensonge, de calomnie, » que je dois vous en laisser le privilége. « A la fois [1] ce sont les meilleures » preuves de votre système ; en outre que j'augmenterais » encore ces preuves, si j'imaginais leur ôter toutes leurs » chances [2] ». Mais, si je ne vous dispute pas vos avantages moraux et littéraires, je ne puis m'empêcher de faire remarquer à nos lecteurs que le système ou enseignement que vous appelez malthusien (et qui est, en effet, de l'un des deux Malthus), ne se soutient que par l'ignorance où l'on est généralement des faits démographiques, authentiquement constatés depuis quelques années.

Vous ne demanderez pas ce que c'est que la Démographie. Car, vous qui lisez beaucoup, vous avez lu sans doute la Revue du 19e siècle. Vous avez vu que l'on se sert de ce mot nouveau pour éviter la répétition fastidieuse d'une périphrase. On objectera qu'il y a déjà *anthropologie :* mais c'est une toute autre science. Celle-ci, comme branche de la zoologie, étudie l'organisme individuel ; la Démographie ne s'occupe que des masses. L'une veut être la science de l'homme, l'autre la science de l'humanité. La Démographie est la connaissance, donnée par l'observation, des lois suivant lesquelles les Populations se forment, s'entretiennent, se renouvellent et se succèdent. Démographie est synonyme de statistique humaine, ou de Populationistique,

[1] *J. éc. l. c. p.* 59, 77.
[2] *L. c. p.* 60, 78.

comme articulent les savants allemands, — ou de science
économique, comme l'appelle notre collègue et ami l'érudit
J. Garnier, à la condition toutefois de traiter l'Economique
au point de vue exclusif du travail social, de la fortune sociale, comme vous dites très-bien, en un mot, du progrès
actuel et du bien-être futur des masses. Vous en montrez
l'évidente préoccupation ; c'est celle d'un honnête homme :
nous croyons l'avoir aussi. Vous la soutenez avec talent ;
nous n'avons pour nous que les faits. Mais, puisque nous
tendons au même but, donnons-nous la main, et nous y ar-
riverons ensemble.

A. G.

FIN DE LA CORRESPONDANCE.

ERRATA.

Page 45, *après la ligne 1, lisez :* 1780. . . 25 000 992 Lavoisier, *Résultats.*

49, l. 13 (1re de la col. [3]), *au lieu de* 27 37 054. *lisez* 27 371 054.

53, l. 10, *après* la classe des hauts priviléges, *lisez :* la moins productrice.

54, *ajoutez à note* 2 : Description du département de la Marne, par Bourgeois
préfet : an IV, Naissances 11 454. On n'a jamais, depuis, enregistré un chiffre aussi haut.
Dans le siècle actuel, les Naissances ne se sont élevées qu'une seule fois à 11 000, c'est en
1819 ; et depuis plus de 20 ans elles restent au-dessous de 10 000 (P. II, 330).

Page 146, l. 8, *au lieu de* N¹ (c. ND″), *lisez* N¹ (c. ND′).

Ib. l. 9, *au lieu de* N¹, *lisez* N″.

176, l. 23, *au lieu de* États-unis. . . 1630, *lisez* États-unis. . . 1830.

TABLE

DES MATIÈRES.

FIN DE LA TABLE DES MATIÈRES.

TABLE ALPHABÉTIQUE.

FIN DE LA TABLE ALPHABÉTIQUE.

Défauts constatés sur le document original

Contraste insuffisant ou différent, mauvaise qualité d'impression

Under-contrast or different, bad printing quality

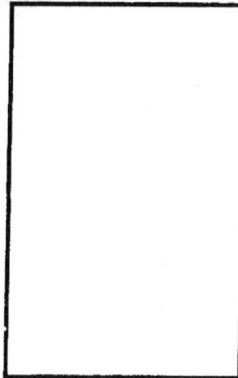

www.ingramcontent.com/pod-product-compliance
Lightning Source LLC
Chambersburg PA
CBHW072008270326
41928CB00009B/1582